O ESTADO DUAL

uma contribuição à teoria da ditadura

CONTRACORRENTE

Ernst Fraenkel

O ESTADO DUAL

uma contribuição à teoria da ditadura

Tradução de Pedro Davoglio

SÃO PAULO
2024

Copyright © *The Dual State: A Contribution to the Theory of Dictatorship* was originally published in English in 1941. This translation is published by arrangement with Oxford University Press. Editora Contracorrente is solely responsible for this translation from the original work and Oxford University Press shall have no liability for any errors, omissions or inaccuracies or ambiguities in such translation or for any losses caused by reliance thereon.

Copyright © *Estado Dual: uma contribuição à teoria da ditadura* foi originalmente publicado em inglês em 1941. Esta tradução é publicada por acordo com a Oxford University Press. A Editora Contracorrente é a única responsável por esta tradução da obra original e a Oxford University Press não terá qualquer responsabilidade por quaisquer erros, omissões, inexatidões ou ambiguidades nesta tradução ou por quaisquer perdas causadas pela confiança nela depositada.

Copyright © EDITORA CONTRACORRENTE
Alameda Itu, 852 | 1º andar |
CEP 01421 002
www.loja-editoracontracorrente.com.br
contato@editoracontracorrente.com.br

EDITORES
Camila Almeida Janela Valim
Gustavo Marinho de Carvalho
Rafael Valim
Walfrido Warde
Silvio Almeida

EQUIPE EDITORIAL
COORDENAÇÃO DE PROJETO: Erick Facioli
REVISÃO E PREPARAÇÃO DE TEXTO: Douglas Magalhães
REVISÃO TÉCNICA: Amanda Dorth
DIAGRAMAÇÃO: Pablo Madeira
CAPA: Maikon Nery

EQUIPE DE APOIO
Fabiana Celli
Carla Vasconcelos
Regina Gomes
Nathalia Oliveira

Dados Internacionais de Catalogação na Publicação (CIP)
(Câmara Brasileira do Livro, SP, Brasil)

Fraenkel, Ernst, 1898–1975
   O Estado Dual : uma contribuição à teoria da ditadura / Ernst Fraenkel ; tradução Pedro Davoglio. -- São Paulo : Editora Contracorrente, 2024.

   Título original: The dual state
   ISBN 978-65-5396-161-6

   1. Alemanha - Política e governo - 1933-1945 2. Ditadura 3. Fascismo 4. Nacional socialismo - História 5. Totalitarismo I. Título.

23-182570   CDD-320.9

Índices para catálogo sistemático:
1. Ditaduras : História política   320.9
Eliane de Freitas Leite – Bibliotecária – CRB 8/8415

@ @editoracontracorrente
f Editora Contracorrente
🐦 @ContraEditora
in Editora Contracorrente

SUMÁRIO

PREFÁCIO À EDIÇÃO DE 1941 11

PREFÁCIO À EDIÇÃO ALEMÃ DE 1974 15

INTRODUÇÃO À EDIÇÃO DE 1941 27

UMA ETNOGRAFIA DO DIREITO NAZISTA: OS
FUNDAMENTOS INTELECTUAIS DA TEORIA DA
DITADURA DE ERNST FRAENKEL 33

  Introdução 33

  O contexto de *O Estado Dual* 35

    Os anos de Weimar 37

    Os anos do nazismo 44

  A gestação de *O Estado Dual* 49

    "Das Dritte Reich as Doppelstaat" (1937) 52

    O Estado Dual (1941) 77

  O argumento de *O Estado Dual* 82

    O desenho institucional do Estado nazista 83

    Os efeitos institucionais do Estado nazista 99

    Origens institucionais do Estado nazista 105

INTRODUÇÃO À EDIÇÃO ITALIANA DE 1983 ... 115

PARTE I – O SISTEMA JURÍDICO DO ESTADO DUAL ... 135

CAPÍTULO I – O ESTADO DE PRERROGATIVA ... 137

1.1 A origem do Estado de Prerrogativa ... 137

1.2 A distribuição e a delimitação das competências ... 142

A) Regulação geral das competências ... 142

B) A polícia do Estado ... 145

1.3 A abolição do Estado de Direito ... 146

A) Introdução histórica ... 146

B) A dissolução do Estado de Direito refletida nas decisões dos tribunais ... 153

1 A abolição das restrições constitucionais ... 153

2 A abolição de outras restrições legais ... 156

3 A abolição das restrições ao poder da polícia ... 161

4 A abolição da revisão judicial ... 167

a) Observações introdutórias ... 167

b) Revisão por tribunais administrativos ... 170

c) Revisão no processo civil ... 174

d) Revisão no Processo Penal ... 178

5 O partido como instrumento do Estado de Prerrogativa ... 180

6 O político como fim do Estado de Prerrogativa ... 185

1.4 O Estado de Prerrogativa em operação ... 198

A) A negação da racionalidade formal ... 198

B) A perseguição aos hereges ... 202

CAPÍTULO II – OS LIMITES DO ESTADO DE PRERROGATIVA ... 215

CAPÍTULO III – O ESTADO NORMATIVO ... 227

3.1 O Estado Dual e a separação de Poderes ... 227

A) O Estado de Prerrogativa e o Executivo ... 227

B) O Estado Normativo e o poder discricionário ... 233

3.2 Os guardiões do Estado Normativo ... 236

A) O nacional-socialismo como guardião do Estado Normativo ... 236

B) Os tribunais como guardiões do Estado Normativo ... 239

1 Reservas internas e externas ... 239

2 O Estado Normativo como guardião das instituições jurídicas ... 241

a) Liberdade de iniciativa ... 241

b) A inviolabilidade dos contratos ... 243

c) A propriedade privada ... 245

d) A concorrência ... 247

e) Direito do trabalho ... 249

f) O direito dos bens imateriais ... 251

3 O Estado Normativo e o programa do partido ... 252

a) O interesse público precede o interesse próprio ... 252

b) A ideia racial ... 258

c) O *status* jurídico dos judeus ... 260

C) Os estamentos como órgãos do Estado Normativo ... 271

1 Autogoverno econômico ... 271

2 A Frente Alemã para o Trabalho ... 277

PARTE II – A TEORIA JURÍDICA DO ESTADO DUAL ... 281

CAPÍTULO I – O REPÚDIO AO DIREITO NATURAL RACIONAL PELO NACIONAL-SOCIALISMO ... 283

CAPÍTULO II – A CAMPANHA NACIONAL-SOCIALISTA CONTRA O DIREITO NATURAL 295

2.1 O sistema cristão do direito natural 295

2.2 Direito natural secular 304

CAPÍTULO III – NACIONAL-SOCIALISMO E DIREITO NATURAL COMUNITÁRIO 321

3.1 Direito natural social e direito natural comunitário 321

3.2 Direito natural comunitário e teoria da ordem concreta 331

PARTE III – A REALIDADE JURÍDICA DO ESTADO DUAL 347

CAPÍTULO I – A HISTÓRIA JURÍDICA DO ESTADO DUAL 349

1.1 O Estado Dual e o Estado dualista 349

1.2 A história do Estado Dual na Prússia e na Alemanha 355

A) O estabelecimento da monarquia absoluta 355

B) Despotismo esclarecido 358

C) Burocracia absoluta 361

D) O *Rechtsstaat* 369

CAPÍTULO II – O CONTEXTO ECONÔMICO DO ESTADO DUAL 373

CAPÍTULO III – A SOCIOLOGIA DO ESTADO DUAL 393

3.1 A "fábrica-comunidade" e as "tropas de fábrica" 393

3.2 Comunidade étnica e *boom* armamentista 405

3.3 O conceito de política na teoria nacional-socialista 410

APÊNDICE I DA EDIÇÃO ALEMÃ DE 1974 – PROCESSO PERANTE O *REICHSARBEITSGERICHT* (TRIBUNAL TRABALHISTA DO REICH) 423

APÊNDICE II DA EDIÇÃO ALEMÃ DE 1974 – PROCESSO PERANTE O *AMTSGERICHT* (TRIBUNAL DISTRITAL) DE BERLIM 429

REFERÊNCIAS BIBLIOGRÁFICAS 433

"Uma etnografia do direito nazista..." 433

"*O Estado Dual*: uma contribuição à teoria da ditadura" 439

O Estado Dual 441

ABREVIATURAS 455

Casos 458

Tribunais administrativos 461

POSFÁCIO À EDIÇÃO BRASILEIRA 463

PREFÁCIO À EDIÇÃO DE 1941

As condições em que este livro foi concebido e escrito merecem um breve comentário. O livro é produto do paradoxal isolamento imposto aos que viveram e trabalharam na Alemanha nacional-socialista mesmo opondo-se a esse regime. O objetivo do autor era descrever os princípios básicos dos desenvolvimentos jurídicos e constitucionais do Terceiro Reich. Sua atividade como advogado militante em Berlim, de 1933 a 1938, proporcionou o contato próximo e contínuo com o sistema jurídico do nacional-socialismo necessário para testar suas generalizações, confrontando-as com a realidade prática.

Ao escrever este livro, o autor teve à sua disposição todas as fontes nacional-socialistas pertinentes ao seu assunto, incluindo todas as decisões relevantes publicadas nas diferentes revistas jurídicas alemãs. Infelizmente, foi impossível para ele levar em consideração o material indisponível na Alemanha, como os escritos dos emigrantes alemães e muitas outras publicações de fora da Alemanha. No essencial, o manuscrito foi concluído antes que o autor deixasse a Alemanha.

O curso deste trabalho foi repleto de dificuldades. Sua publicação teria sido impossível sem a generosa ajuda de vários amigos.

Pelo apoio financeiro, o autor reconhece com gratidão sua dívida com:

A American Guild for German Cultural Freedom [Associação Americana para a Liberdade Cultural Alemã]; o programa de Pós-Graduação em Ciências Políticas e Sociais da New School for Social Research; o Instituto Internacional de Pesquisa Social; o professor Alfred E. Cohn, de Nova York; o Dr. Fritz Karsen, de Nova York; e o Dr. Frederick Pollock, de Nova York.

O manuscrito foi lido e muitas sugestões valiosas foram oferecidas pelo professor Arthur Feiler, da New School of Social Research, de Nova York; professor C. J. Friedrich, da Universidade de Harvard; professor Waldemar Gurian, da Universidade de Notre Dame; professor Friedrich Kessler, da Universidade de Chicago; professor Wolfgang Kraus, do Smith College; professor Oskar Lange, Universidade de Chicago; Dr. N. C. Leites, Universidade de Chicago; Dr. Franz Neumann, Nova York; professor Max Rheinstein, Universidade de Chicago; professor David Riesman, Universidade de Buffalo; e professor Albert Salomon, New School of Social Research, Nova York.

O autor é especialmente grato ao Dr. Gerhard Meyer, da Universidade de Chicago, por sua gentil permissão para usar seus manuscritos inéditos sobre o sistema econômico do Terceiro Reich.

Desejo expressar minha gratidão ao Sr. E. A. Shils, da Universidade de Chicago, que tão generosamente disponibilizou seu tempo e seu conhecimento para a árdua tarefa levada a cabo.

O Sr. Bryan Allin verificou todo o manuscrito em busca de pontos que precisavam de esclarecimento para o leitor americano não familiarizado com a tradição jurídica alemã. O Sr. Allin e os Srs. A. Bell e I. Pool muito gentilmente ajudaram o autor a adaptar

PREFÁCIO À EDIÇÃO DE 1941

o livro para esse fim, cada um tomando conta de um dos capítulos. O Sr. Bell também ajudou o autor a incluir certas seções para dar conta de desenvolvimentos posteriores. O autor gostaria de expressar aqui sua gratidão por essa ajuda.

Para que a natureza do livro permanecesse inalterada, decidiu-se levar em conta somente publicações e decisões nacional--socialistas a ele pertinentes. Deve-se entender que o livro trata do desenvolvimento jurídico e constitucional somente até a eclosão da presente guerra.

Devo agradecer ao Sr. George Rothschild, aluno de pós-graduação da Faculdade de Direito da Universidade de Chicago, por ajudar a preparar o manuscrito para publicação.

O autor é grato aos seguintes editores pela permissão para citar obras com direitos autorais:

G. P. Putnam's Sons: A. J. Carlyle, *A History of Medieval Political Theory in the West*, vol. 1; D. Appleton Century Company: Raymond Gettell, *History of American Political Thought*; The Macmillan Company: Charles H. McIlwain, *The Growth of Political Thought in the West*; J. R. Tanner, *Constitutional Documents of the Reign of James 1*; John Neville Figgis, *Studies of Political Thought from Gerson to Grotius*; International Publishers Inc.: Friedrich Engels, *The Housing Question*; Karl Marx, *Critique of the Gotha Programme*; Charles H. Kerr & Co.: Karl Marx, *Capital*, vols. I & III, ib., *The Eighteenth Brumaire of Louis Bonaparte*; Harcourt, Brace & Co.: R. H. Tawney, *Religion and the Rise of Capitalism*.

Infelizmente, sou forçado a omitir aqui meu reconhecimento à mais importante ajuda recebida na produção deste livro. As concepções contidas aqui foram sobremaneira influenciadas pelas discussões do autor com alguns de seus amigos que atualmente residem na Alemanha e, por isso, precisam permanecer anônimos.

Chicago, 15 de junho de 1940

PREFÁCIO À EDIÇÃO ALEMÃ DE 1974[1]

Mais de um quarto de século se passou desde que concluí, em 15 de junho de 1940, a edição em inglês deste livro, intitulada *The Dual State*. Foi uma tradução da primeira versão de *Der Doppelstaat*, que havia sido escrita ilegalmente e depois contrabandeada para fora da Alemanha nazista. Foi publicada após uma revisão completa do manuscrito, ocorrida depois que emigrei da Alemanha no outono de 1938. A revisão foi necessária para remover uma série de mal-entendidos e imprecisões que são facilmente explicadas pelas circunstâncias incomuns em que o manuscrito foi redigido. As mudanças necessárias diziam respeito principalmente a detalhes. A estrutura e as conclusões da versão original, o *Urdoppelstaat*, e do manuscrito final de *The Dual State* são as mesmas. Isso é ainda mais verdadeiro porque ambos os textos estão baseados nas mesmas fontes.

Enquanto o escrevia, nunca pensei que o livro, embora originalmente redigido em alemão, fosse publicado nessa língua. Isso pode explicar por que guardei o primeiro rascunho da versão em

---

[1] Fonte: FRAENKEL, Ernst. "Vorwort zu deutschen Ausgabe". *In*: _____. *Der Doppelstaat*. Trad. Manuela Schöps. Frankfurt: Europäische Verlagsanstalt, 1974, pp. 11-18.

alemão, que tinha valor sentimental (*"Affektionswert"*) para mim, mas não o manuscrito final. Portanto, a publicação, sugerida com frequência, de uma edição em alemão só era possível se a versão em inglês fosse traduzida novamente para o alemão. Isso foi feito e este livro é tal retradução.

Embora uma retradução seja geralmente mais difícil [do que publicar um livro no idioma em que foi originalmente escrito], isso é especialmente verdadeiro para um texto jurídico-político – isto é, quando tal texto persegue objetivos não apenas acadêmicos, mas também políticos. Na redação do manuscrito e em sua tradução para o inglês, foi dada ênfase especial à explicação do sistema de governo (*"Herrschaftsstruktur"*) do Terceiro Reich em categorias acadêmicas familiares ao leitor americano com formação social e científica – parafraseando-as, se necessário, para torná-las mais compreensíveis. Preciso, contudo, assinalar termos fundamentais como *"Ausnahmezustand"* [que se traduz com maior precisão como estado de exceção] e "Lei Marcial". Uma tradução do texto alemão para o inglês só fazia sentido se também envolvesse uma transposição (*"Transponierung"*) de conceitos do nacional-socialismo para o sistema de governo (*"Regierungssystem"*) americano.

No que diz respeito à retradução, era, portanto, inevitável reverter essa transposição. Isso, contudo, fez com que fosse necessário, em mais de uma ocasião, reconstruir – à custa de uma tradução menos literal – o texto original alemão com base nas fontes citadas. Especialmente em seções específicas da primeira parte do livro, foi imperativo fazê-lo, ao passo que tais dificuldades surgiram apenas esporadicamente nas partes não jurídicas do manuscrito.

Assim, a seção relativa à revisão judicial de ordens policiais (*"polizeilicher Verfügungen"*) teve de ser amplamente reescrita, ao passo que a seção sobre a separação de poderes foi omitida, visto que a doutrina alemã da separação de poderes deriva principalmente de Montesquieu, enquanto na doutrina americana da separação de poderes a influência de Locke é predominante.

PREFÁCIO À EDIÇÃO ALEMÃ DE 1974

Este trabalho não poderia ter sido concluído sem o apoio da *Studienrat* [um título acadêmico conferido a funcionários públicos de nível superior na Alemanha, principalmente professores de escolas de gramática] Sra. Manuela Schöps. Ela realizou a tarefa tremendamente difícil de retraduzir o texto ao inglês e alinhá-lo com a linguagem utilizada nas partes (ainda existentes) do manuscrito original em alemão, a fim de produzir uma [nova] versão alemã que correspondesse à edição inglesa [bem como ao chamado *Urdoppelstaat*].[2] Essa retradução exigiu que ela se familiarizasse com linhas de pensamento de disciplinas tão diversas quanto a ciência jurídica, a sociologia, a ciência política e a macroeconomia (sem falar de história). É somente graças à sua educação geral abrangente e ao seu treinamento metodológico que ela conseguiu realizar tal tarefa. Expresso a ela minha sincera gratidão.

O livro trata somente dos acontecimentos anteriores à minha emigração. (A única exceção é que também levei em consideração a *Kristallnacht* [Noite dos cristais], que ocorreu nas semanas seguintes à minha emigração). Isso explica por que o livro analisa somente no Terceiro Reich dos anos pré-guerra.

The Dual State foi publicado pela Oxford University Press de Nova York entre o fim de 1940 e o início de 1941. O livro foi resenhado em inúmeros periódicos acadêmicos americanos e ingleses. Uma lista de resenhas, embora incompleta, pode ser encontrada na *Book Review Digest*, 1941, p. 318. Cerca de dez anos depois, a tiragem do livro esgotou-se. Em 1969, uma reimpressão não revisada foi publicada, com o consentimento da Oxford University Press, pela Octagon Press (Nova York).

---

2   Para uma discussão sobre a versão original em alemão, o *Urdoppelstaat*, sua gestação e relação com as outras edições de *O Estado Dual*, ver MEIERHENRICH, Jens. "An Ethnography of Nazi Law: The Intellectual Foundations of Ernst Fraenkel's Theory of Dictatorship", neste volume.

O livro é resultado de uma emigração interna (*"innere Emigration"*). Sua primeira versão, que também é a base desta edição alemã, foi escrita em uma atmosfera de alegalidade e de terror. Baseava-se em fontes que coletei na Berlim nacional-socialista e em impressões que me eram impostas dia após dia (*"die sich mir tagtäglich aufgedrängt haben"*). Ele foi concebido a partir da necessidade de dar sentido teórico a essas experiências para poder lidar com elas. Elas decorrem principalmente, embora não exclusivamente, de meu trabalho como advogado militante em Berlim entre os anos de 1933 e 1938.

Apesar de ser judeu, devido ao meu serviço militar durante a [Primeira] Guerra [Mundial], fui autorizado a exercer a advocacia mesmo depois de 1933. A ambivalência de minha existência burguesa fez com que eu ficasse particularmente sintonizado com o caráter contraditório (*"Widersprüchlichkeit"*) do regime de Hitler. Embora, do ponto de vista legal, portasse os direitos de um membro da advocacia, ainda assim estava sujeito a perseguições, discriminações e humilhações que emanavam exclusivamente do *staatstragende Partei* [literalmente: partido político de sustentação do Estado, ou seja, o partido nazista no poder]. Quem não fechou os olhos à realidade das práticas administrativas e judiciais da ditadura de Hitler deve ter sido afetado pelo frívolo cinismo com que o Estado e o partido [nazista] colocaram em questão, em esferas inteiras da vida, a validade do ordenamento jurídico e, ao mesmo tempo, aplicaram, com rigor burocrático (*"mit bürokratischer Exaktheit"*), exatamente as mesmas disposições legais em situações ditas diferentes (*"anders bewerteten Situationen"*).

Com base nas percepções sobre o funcionamento do regime de Hitler que colhi em minha prática jurídica, acredito ter encontrado uma chave para compreender o sistema nacional-socialista de governo (*"der nationalsozialistischen Herrschaftsordnung"*) na dualidade ou existência simultânea (*"Nebeneinander"*) de um "Estado Normativo" (*"Normenstaat"*), que em geral respeita suas próprias leis, e de um "Estado de Prerrogativa" (*"Maßnahmenstaat"*), que viola essas mesmas leis.

PREFÁCIO À EDIÇÃO ALEMÃ DE 1974

Desde que comecei a coletar e revisar materiais para descobrir se essa hipótese de trabalho poderia levar a uma melhor compreensão da anatomia e da fisiologia do regime de Hitler, tive plena consciência de que, em uma ditadura totalitária baseada no terror, somente os apologistas de tal sistema de governo seriam capazes de fazer uso – sem serem perturbados – de estratégias tradicionais de investigação acadêmica ao ousarem pesquisar um tópico altamente sensível. Qualquer tentativa de supostos inimigos do nacional-socialismo de descobrir a lógica (*"Bewegungsgesetze"*) da realidade constitucional do Terceiro Reich (*"Verfassungswirklichkeit des Dritten Reichs"*) era suspeita do crime de "preparação para alta traição" (*"Vorbereitung zum Hochverrat"*). Não apenas todos os judeus eram considerados opositores do Terceiro Reich, mas também aqueles "arianos" que, durante o *"Kampfzeit"* [termo nazista que se refere aos anos de "luta", *i.e.*, o período de 1925-1933, quando o NSDAP – O Partido Nacional-Socialista dos Trabalhadores Alemães – era um movimento insurgente que se opunha e resistia ao "sistema" político ostensivamente falido da República de Weimar] apareciam como "oponentes do movimento" (*"Gegner der Bewegung"*). Segundo a doutrina nazista, eles estavam, por sua descendência ou passado político, predestinados a chegar em seus estudos teóricos do Estado (*"staatstheoretischer Studien"*) a conclusões invariavelmente hostis aos interesses do Estado (*"staatsfeindlichen Ergebnissen"*).

A ideia de usar métodos de pesquisa empírica para abordar meu problema de pesquisa teve de ser abandonada já de início. Teria sido impossível manter tal empreendimento em segredo da Polícia Secreta do Estado [*Geheime Staatspolizei*, geralmente referida pela contração *Gestapo*]. Também não seria possível confiar somente em uma análise de processos judiciais nos quais eu estava envolvido como advogado. Além do fato de que isso teria produzido uma base de evidências excessivamente restrita para que fosse possível derivar conclusões úteis, tal projeto de pesquisa também teria posto em perigo meus antigos clientes; e só por esse motivo já não era uma boa opção.

ERNST FRAENKEL

Vários leitores da edição em inglês lamentaram que, pelas razões acima mencionadas, eu tenha me abstido de demonstrar em pelo menos um ou dois casos como o caráter dual da ordem política nazista (*"der nationalsozialistischen Herrschaftsordnung"*) manifestou-se na administração da justiça. Considerei melhor responder a essa sugestão apresentando um apêndice com o histórico de dois processos: um trabalhista e um criminal. O caso trabalhista, que foi julgado duas vezes pelo *Reichsarbeitsgericht* (Tribunal Federal do Trabalho), me levou a teorizar o fenômeno do "Estado Dual"; o caso de direito penal forneceu uma oportunidade para que eu avaliasse a utilidade prática de minhas teses.[3]

Não pareceu excessivamente afetado examinar também os julgamentos difíceis de encontrar que haviam sido publicados em relatórios jurídicos oficiais e jornais eruditos para ver se eles ofereciam percepções sobre os processos societais (*"gesellschaftliche"*) no Terceiro Reich, que, por sua vez, permitiriam fazer inferências sobre as práticas cotidianas dos órgãos estatais (*"staatlichen"*) do Executivo e do Judiciário nacional-socialistas. Em outras palavras, surge a questão de saber se e até que ponto as decisões judiciais (*"Gerichtsurteile"*) podem ser consideradas fontes confiáveis no estudo da realidade constitucional do Terceiro Reich.

A objeção óbvia de que a censura impedia a publicação de sentenças que poderiam ter sido desagradáveis (*"unliebsam"*) para o regime é geralmente válida para sentenças do *Volksgericht* ("Corte Popular") e para sentenças proferidas pelos tribunais criminais políticos (*"der politischen Strafgerichtsbarkeit"*), mas não para as decisões de outros tribunais. Na verdade, os jornais jurídicos publicavam regularmente julgamentos que os partidários do regime criticavam fortemente em longas notas. Por mais limitadas que sejam as percepções sobre o funcionamento de um regime ditatorial

---

3 Para uma tradução desses relatos de caso, ver os Apêndices I e II da edição alemã de 1974, neste volume.

PREFÁCIO À EDIÇÃO ALEMÃ DE 1974

obtidas a partir do estudo da jurisprudência publicada, sua utilidade reside, no entanto, na possibilidade de correção (*"korrigieren"*) de uma imagem excessivamente esquemática da ordem política nazista a partir de uma infinidade de "fotografias" (*"einer Vielzahl von Momentaufnahmen"*). Elas são tão autênticas (*"realitätsnah"*) quanto possível em um regime cujo atributo definidor é disfarçar seu verdadeiro caráter.

Concluí o prefácio da edição inglesa de 1940 expressando meu pesar por não poder, por razões óbvias, agradecer nominalmente aos meus amigos que permaneceram na Alemanha pela ajuda na concepção e preparação deste livro. Uma expressão geral de gratidão teve de bastar. Eles ajudaram principalmente ao demonstrarem um interesse crítico em meu problema de pesquisa, em minhas teses e na abordagem teórica empregada. Para mim, foi inestimável poder desenvolver, ajustar e corrigir tudo em diálogo com eles – antes de tentar uma formulação mais definitiva. Embora essas conversas só pudessem ocorrer com amigos e colegas próximos (*"im engsten Kreise"*), elas foram vitais para nossas vidas (*"ein Lebensbedürfnis"*). Elas nos salvaram do sufocamento – intelectual e emocional (*"geistig und seelisch"*) – em meio à solidão de nossa emigração interna. A ajuda que meus camaradas de ideias (*"Gesinnungsgenossen"*) me ofereceram incluiu sua disposição de proteger e ocultar materiais de pesquisa, trechos de manuscritos, e de auxiliar em seu "despacho" (*"Verschickung"*) para o exterior [um eufemismo para o contrabando desses documentos, incluindo o *Urdoppelstaat*, a versão original alemã de *The Dual State*, que chegou ao exterior na bagagem de um funcionário da embaixada francesa].

Seria um gesto vazio reconhecer nominalmente agora os amigos de ideias (*"Gesinnungsfreunde"*) que não pude agradecer à época. Muitos já faleceram, outros se foram com o vento e há outros aos quais não me sinto mais conectado. Assim, limito-me a mencionar, antes de tudo, com gratidão, o nome de Fritz Eberhardt e, saudosamente, o nome de Martin Gauger.

ERNST FRAENKEL

Este livro não poderia ter sido concluído sem o incentivo e o apoio contínuo da Internationaler Sozialistischer Kampfbund (ISK, Liga Militante Socialista Internacional), que foi muito ativa e exemplarmente disciplinada no movimento clandestino ilegal. Durante anos, trabalhei em estreita colaboração com o Diretor de Assuntos Internos (*"Inlandsleiter"*) Dr. Hellmut von Rauschenplat (Dr. Fritz Eberhardt), responsável pela coordenação dos grupos de resistência locais do movimento, bem como pela ligação com a Diretoria de Emigração (*"Emigrationsleitung"*), baseada em Paris. Em longas caminhadas, trocávamos ideias sobre o significado e a finalidade do trabalho ilegal (*"illegaler Arbeit"*) e procurávamos obter maior clareza sobre o fenômeno do nacional-socialismo. Na esteira dessas trocas, eu ditava repetidamente as conclusões a que havíamos chegado na forma de pequenos ensaios para Fritz Eberhardt, que fazia notas estenográficas (*"in das Stenogramm diktiert"*). Nosso objetivo era que saíssem na revista *Sozialistische Warte*, do ISK, publicada em Paris e posteriormente distribuída na Alemanha na forma de panfletos ilegais (*"illegale Flugblätter"*). Alguns desses ensaios foram recentemente republicados em meu livro *Reformismus und Pluralismus* [*Reformismo e Pluralismo*]. Um desses artigos contém a primeira versão (*"Urfassung"*) de *The Dual State*. Ele apareceu sob o pseudônimo de Conrad Jürgens.

Fritz Eberhardt estava em contato com um funcionário da embaixada francesa que concordou em transportar um manuscrito antinazista de Berlim para Paris em sua bagagem diplomática. Foi assim que o primeiro rascunho (*"die erste Fassung"*) de *The Dual State* encontrou seu caminho para a liberdade (*"in die Freiheit"*).

Na fase final de minha prática jurídica, frequentemente descrevi meu trabalho para amigos como o de um controlador de tráfego (*"Weichensteller"*). Ou seja, considerei parte essencial de meus esforços garantir que determinado caso fosse tratado de acordo com o "Estado Normativo" e não com o "Estado de Prerrogativa". Colegas com quem mantive relações amigáveis confirmaram que eles também trabalharam repetidamente para

PREFÁCIO À EDIÇÃO ALEMÃ DE 1974

garantir que seus clientes fossem punidos em um tribunal (*"daß ihre Mandanten gerichtlich bestraft würden"*) [em vez de arriscar que fossem punidos arbitrariamente pelo Estado de Prerrogativa].

Conheci Martin Gauger – o consultor jurídico do Conselho Luterano, assassinado em Buchenwald em 1941 – em 1934 ou 1935. Fomos apresentados por Harold Pölchau, o capelão da prisão de Tegel [um subúrbio no norte de Berlim, sede de uma das maiores e mais antigas prisões da Alemanha]. Na época, toda e qualquer organização ou associação que pertencesse ou estivesse ligada à chamada Bekennende Kirche [literalmente: "Igreja Confessante", um movimento separatista da Igreja Protestante, liderado, entre outros, por Martin Niemöller, Karl Barth e Dietrich Bonhoeffer, que se opunha às tentativas do governo de "nazificar" a Igreja Protestante da Alemanha, ou seja, transformá-la em uma instituição da ditadura racial] foi submetida à mesma perseguição e assédio que o movimento operário social-democrata e seus sindicatos sofreram anos antes. Por ter repetidamente prestado aconselhamento jurídico a este movimento, pude falar por experiência própria. O caso *Delatowsky und Genossen* no apêndice [cujo relato é reproduzido abaixo no Apêndice I] ilustra o que poderia acontecer nesse tipo de situação.

Meus intercâmbios com Martin Gauger giraram inicialmente em torno de questões técnicas de direito, até porque tais questões, desde a intensificação da luta da igreja (*"Zuspitzung des Kirchenkampfs"*) [isto é, a política cada vez mais conflituosa em relação à questão da relação entre o Estado nazista e as igrejas do país] começou a ocupar grande parte de seu tempo. Mas não nos limitamos a discutir problemas jurídicos concretos. Era inevitável que nossas conversas, das quais muitas duraram até tarde da noite, tocassem também aspectos jurisprudenciais, filosóficos e sociológicos do fenômeno do "Estado Dual". Não foi sem espanto que percebemos quão grotescamente distorcida era a imagem que cada um de nós tinha do tipo de ser humano (*"Menschentyp"*) ao qual o outro pertencia antes da transição (*"Umbruch"*) [à

ERNST FRAENKEL

ditadura nazista]. Foi assim que, em certa manhã, fundamos a "Frente Unida dos Defensores do Direito Natural" (*"Einheitsfront der Naturrechtler"*) – um evento que informou o capítulo sobre ciência jurídica deste livro.

Jamais esquecerei a noite em que Martin Gauger – cujo "humor e habilidade em lidar com pessoas" foram enfatizados por Annedore Leber (em seu livro *Das Gewissen steht auf* [*O surgimento da consciência*]) – relatou uma discussão com o Dr. Werner Best, o consultor jurídico da *Gestapo*. Quando, depois de muitas tentativas fracassadas, Gauger finalmente conseguiu marcar um encontro com Best para exigir a devolução dos fundos pertencentes à Igreja Confessante que haviam sido confiscados, ele aproveitou a oportunidade para explicar casualmente a Best a Teoria do Estado Dual. Passamos a ver como uma confirmação macabra de nossos esforços teóricos quando Best, em uma contribuição ao *Jahrbuch der Akademie für Deutsches Recht* (Anuário da Academia de Direito Alemão), desenvolveu um argumento que em grande parte ensaiava ideias que Gauger havia compartilhado com ele.[4]

Quanto mais insuportável se tornava o terror após a *"Anschluß"* [a ocupação e anexação da Áustria em 1938], e quanto mais rapidamente o "Grande Reich Alemão" (*"Großdeutsche Reich"*) aproximava-se da guerra, mais terrível se tornava a base de minha existência.

Na fase final de minha prática jurídica, pude perceber que o verdadeiro valor de minha inscrição na Ordem dos Advogados era possuir um cartão de identidade que me dava acesso às coleções de referência das bibliotecas do *Kammergericht* [o Tribunal Superior e de apelação da região de Berlim] e da *Staatsbibliothek*. No "oásis" da Biblioteca Estatal de Berlim, encontravam-se – inteiramente por coincidência, é claro – "inimigos do Estado confiáveis"

---

4 A publicação em questão é BEST, Werner. "Neubegründung des Polizeirechts". *Jahrbuch der Akademie für Deutsches Recht*, vol. 4, 1937, pp. 132-152.

PREFÁCIO À EDIÇÃO ALEMÃ DE 1974

(*"zuverlässige Staatsfeinde"*) como Theodor Heuss, Otto Suhr, Ernst von Harnack, Heinrich Acker e outros. Subindo e descendo a rotunda, trocávamos ideias.

Foi nessas bibliotecas que compilei os trechos de que precisava para a redação de *The Dual State*. Lá, também escrevi uma parte considerável do *Urdoppelstaat* [a primeiríssima encarnação de *The Dual State*].

O plano de aprofundar e expandir o que inicialmente eram meros esboços sobre o Estado Dual e transformá-los em uma análise sistemática e de ciência política do fenômeno surgiu no curso de profundas discussões, durante férias no exterior, com meus amigos Franz Neumann e Otto Kahn-Freund, ambos já emigrados anteriormente.

A publicação da edição alemã foi sugerida por Alexander von Brünneck, professor (*wissenschaftlicher Assistant*) de ciência política da Universidade Técnica de Hannover. Ele foi incansável em seu compromisso de tornar possível a retradução do livro e sua publicação pela Europäische Verlagsanstalt [uma editora alemã criada no pós-guerra e que publicava majoritariamente títulos teóricos de não ficção de esquerda, cujos fundadores haviam sido membros do ISK, o grupo de resistência socialista ao qual Fraenkel esteve intimamente ligado na década de 1930]. Seus esforços são ainda mais significativos porque, devido a doenças graves e recorrentes, não pude apoiar o projeto com o vigor que gostaria. Devo profunda gratidão a ele por seu extraordinário compromisso, por seu interesse e compreensão.

Agradeço também à Europäische Verlagsanstalt, que assumiu, apoiou e possibilitou a publicação do livro de maneira exemplar.

A *Gerichtsreferendarin* [assessora jurídica] Sra. Hela Rischmüller-Pörtner e a Sra. estud. jur. [estudante de direito] Christiane Terveen auxiliaram na verificação das informações bibliográficas, dando assim uma valiosa contribuição para a finalização do livro.

INTRODUÇÃO À EDIÇÃO DE 1941

"Totalitário" é uma palavra com muitos significados, muitas vezes definida de maneira inadequada. Neste tratado, tentamos isolar uma característica importante do Estado totalitário na Alemanha e, ao estudar esse aspecto fundamental do regime nacional-socialista, esperamos tornar mais clara a realidade jurídica do Terceiro Reich.

Não tentamos produzir um quadro exaustivo de todo o sistema jurídico em formação; em vez disso, procuramos analisar os dois Estados, o "Estado de Prerrogativa" e o "Estado Normativo", como os chamaremos, que coexistem na Alemanha nacional-socialista. Por Estado de Prerrogativa, entendemos aquele sistema governamental que exerce arbitrariedade e violência ilimitadas, sem qualquer garantia jurídica, e por Estado Normativo, um órgão administrativo dotado de poderes elaborados para salvaguardar a ordem jurídica, expressa em legislações, decisões de tribunais e atividades de órgãos administrativos. Tentaremos encontrar o significado desses Estados que existem simultaneamente por meio de uma análise das decisões dos tribunais administrativos, civis e penais alemães, ao mesmo tempo procurando indicar a linha divisória entre os dois. Como esse problema ainda não foi avaliado pelos teóricos, será necessário citar *in extenso* as próprias fontes originais. Ao estudar o desenvolvimento da prática judiciária materializada nas decisões, aprendemos que há um constante atrito entre os órgãos judiciais tradicionais que representam o Estado Normativo e os instrumentos da ditadura, os agentes do Estado de Prerrogativa. No início de 1936, a resistência dos órgãos tradicionais de aplicação do direito estava enfraquecida; assim, as decisões dos tribunais são uma ilustração impressionante do progresso do radicalismo político na Alemanha.

A primeira parte deste livro dedica-se exclusivamente a uma descrição do ordenamento jurídico existente. A segunda parte, teórica, tenta provar que, devido ao funcionamento paralelo do procedimento tradicional e de um método de tomada de decisões que considera somente as circunstâncias peculiares do caso individual, a tradição jurídica do Ocidente foi radicalmente modificada na Alemanha. Nessa seção, nos aventuramos a explicar o "dualismo" jurídico que caracteriza todo o sistema de direito público e privado da Alemanha contemporânea. Na terceira e última seção, confrontamos o ordenamento jurídico e a teoria jurídica com a realidade jurídica do Estado Dual. Nessa parte crítica e sociológica, indicamos a relação do capitalismo alemão contemporâneo com o funcionamento do Estado Normativo e do Estado de Prerrogativa. Indagaremos se a situação jurídica caracterizada como Estado Dual não é consequência necessária de determinado estágio de crise que afeta os elementos dirigentes da sociedade capitalista. Talvez possamos demonstrar que eles perderam a confiança na racionalidade e se refugiaram na irracionalidade, num momento em que parece que a racionalidade é mais necessária do que nunca como força reguladora no interior da estrutura capitalista.

Para demonstrar isso, é necessário fazer mais do que compilar uma lista de casos de direito constitucional que não se conformam ao Estado de Direito. O Estado nacional-socialista é notável não apenas por seus poderes arbitrários supremos, mas também pela maneira como conseguiu combinar poderes arbitrários com uma organização econômica capitalista. Uma das proposições básicas

INTRODUÇÃO À EDIÇÃO DE 1941

das obras de Max Weber é que um sistema jurídico racional é indispensável ao funcionamento de uma ordem econômica capitalista. O movimento reformista dos trabalhadores alemães tomou essa proposição como certa. Mas devemos então resolver o paradoxo de uma ordem capitalista que prossegue no interior de um sistema no qual não há possibilidade de cálculo racional das probabilidades sociais. O cálculo racional não é consistente com a regra do poder policial arbitrário característico do Terceiro Reich.

Pode-se argumentar, tanto aqueles que simpatizam com o nacional-socialismo quanto os que a ele se opõem, que o problema do Estado Dual não tem significado fundamental ou permanente, que é um fenômeno meramente transitório. Aos que pensam que o Estado de Prerrogativa é transitório, apontamos os registros de processos judiciais do Terceiro Reich, que mostram que ele está ganhando e não perdendo importância. E lembramos a quem pensa que o Estado Normativo já desapareceu ou que, se existe, é mero resquício do antigo Estado e, portanto, fadado ao esquecimento, que uma nação de 80 milhões de pessoas pode ser controlada de acordo com um plano somente se existirem e forem aplicadas certas regras definidas segundo as quais as relações entre o Estado e seus membros, bem como as relações entre os próprios cidadãos forem reguladas. Esses problemas serão abordados na terceira parte do livro.

Deve ficar bem claro que, quando falamos de Estado Dual, não nos referimos à coexistência da burocracia estatal e da burocracia partidária. Não damos grande importância a essa nova característica do direito constitucional alemão. Embora a literatura nacional-socialista frequentemente discuta esse problema, e embora este livro refira-se a ele ocasionalmente, uma tentativa de encontrar uma distinção jurídica exata entre as duas seria inútil. Estado e partido tornam-se cada vez mais idênticos, a forma de organização dual é mantida somente por razões históricas e políticas.

Em um discurso em Weimar em julho de 1936, o próprio Hitler definiu a linha divisória entre Estado e partido. Ele afirmou que o governo e a legislação deveriam ser tarefa do partido, e a administração, tarefa do Estado. Obviamente essa afirmação tem pouco valor como explicação jurídica. Nem na legislação nem na administração é possível distinguir as atividades do Estado daquelas do partido; nem mesmo as atividades administrativas são monopólio do Estado. Quando falamos de Estado, portanto, usamos o termo em seu sentido mais amplo, ou seja, como toda a máquina burocrática e pública formada pelo Estado em sentido estrito e pelo partido com suas organizações auxiliares. Ainda não se sabe se esse amálgama de Estado e partido é útil para a análise de fenômenos sociais de natureza jurídica. Para facilitar a análise de uma distinção mais significativa no interior do sistema do Terceiro Reich, o autor sente-se justificado em negligenciar outra de menor importância. Tanto o partido quanto o Estado em seu sentido mais restrito funcionam no âmbito do Estado Normativo e do Estado de Prerrogativa. A preocupação com a distinção superficial entre partido e Estado tende a apagar a distinção mais importante entre Estado Normativo e Estado de Prerrogativa.

O fato de a jurisprudência nacional-socialista dar tanta ênfase ao problema do Estado-partido serve de encorajamento ao autor e fornece uma justificativa indireta a seu empreendimento, visto que um dos recursos favoritos da ciência jurídica nacional-socialista é obscurecer o real sentido de certos assuntos com uma insistência clamorosa na importância de elementos incidentais.

Este livro se restringe a uma discussão sobre a Alemanha nacional-socialista. Embora um estudo comparativo de ditaduras fosse extremamente esclarecedor, ele não foi possível a este autor. Procuramos realizar uma descrição em primeira mão do sistema jurídico nacional-socialista do ponto de vista de um observador participante contrário ao nacional-socialismo. A experiência em primeira mão no sistema jurídico nacional-socialista, bem como o estudo da literatura nacional-socialista cumpriram papel importante em sua construção. Uma discussão de problemas semelhantes em outras ditaduras exigiria que o autor estivesse tão familiarizado

INTRODUÇÃO À EDIÇÃO DE 1941

com a situação delas quanto está com a do Terceiro Reich. O conhecimento de que a ditadura alemã prospera ao ocultar sua verdadeira face nos desencoraja de julgar outras ditaduras por suas palavras e não por seus atos, aos quais não temos acesso adequado.

Uma visão superficial da ditadura alemã pode se impressionar tanto com sua arbitrariedade, de um lado, quanto com sua eficiência baseada na ordem, de outro. A tese deste livro é que a ditadura nacional-socialista se caracteriza pela combinação desses dois elementos.

UMA ETNOGRAFIA DO DIREITO NAZISTA: OS FUNDAMENTOS INTELECTUAIS DA TEORIA DA DITADURA DE ERNST FRAENKEL

Introdução

Embora hoje em grande parte esquecido, *O Estado Dual: uma contribuição à teoria da democracia*, de Ernst Fraenkel, publicado pela primeira vez em 1941, é uma das obras seminais no estudo do direito e da sociedade. Em 20 de setembro de 1938, Fraenkel, um advogado trabalhista alemão e social-democrata de fé judaica, fugiu da ditadura nazista. Na segurança de seu exílio nos Estados Unidos, publicou, pela Oxford University Press, uma edição em língua inglesa de seu relato pioneiro sobre a complicada relação entre o autoritarismo e o Estado de Direito nos primeiros anos da Alemanha de Hitler. Fraenkel redigiu secretamente o manuscrito original na

Alemanha entre 1936 e 1938. Devido a essas origens clandestinas, um comentador descreveu recentemente *O Estado Dual* como "a última peça de resistência intelectual" ao regime nazista.[5]

Uma etnografia do direito elaborada nas circunstâncias mais adversas, *O Estado Dual* é um dos livros mais eruditos sobre ditadura já escritos. Ele continha a primeira análise institucional abrangente da ascensão e da natureza do nacional-socialismo, e foi a única análise desse tipo escrita dentro da Alemanha. Embora tenha sido bem recebido e amplamente resenhado quando de sua publicação nos Estados Unidos no início da década de 1940, o conceito de Estado Dual, com suas duas metades – o *Estado de Prerrogativa* e o *Estado Normativo* – tem recebido pouca atenção desde então. Isso é lamentável, pois, como demonstrei alhures, a ideia do Estado Dual é de relevância imediata não apenas para a teoria da ditadura no século XXI, mas também para a teoria da democracia.[6] Esta republicação da monografia amplamente esquecida (e há muito esgotada) de Fraenkel visa a recolocá-la em seu devido lugar como um clássico dos estudos sobre direito e sociedade. Também representa um esforço para torná-la disponível para um público mais amplo de acadêmicos e estudantes de disciplinas afins às suas temáticas. Dada a florescente literatura sobre a democracia e o Estado de Direito – em todas as suas formas – bem como a preocupação política contínua com a promoção de ambos nas sociedades em mudança em todo o mundo, o relançamento em nosso tempo de um dos mais prescientes relatos sobre desenvolvimentos jurídicos não é apenas oportuno, mas também tardio.[7]

---

5 ZOLLMANN, Jakob. "The Law in Nazi Germany: Ideology, Opportunism, and the Perversion of Justice" (Book Review). *German History*, vol. 32, 2014, p. 496.

6 MEIERHENRICH, Jens. *The Legacies of Law*: Long-Run Consequences of Legal Development in South Africa, 1652-2000. Cambridge: Cambridge University Press, 2008.

7 Importantes análises especializadas sobre o Estado de Direito incluem CAROTHERS, Thomas. *Promoting the Rule of Law Abroad*: in Search of

O que se segue é um relato dos fundamentos intelectuais da teoria da ditadura de Fraenkel. A análise está organizada em três seções. A primeira seção oferece o contexto biográfico e histórico necessário para a compreensão de Fraenkel e sua época. A segunda seção trata da gestação do primeiro manuscrito em língua alemã de *O Estado Dual*, conhecido como *Urdoppelstaat*, de 1938. A terceira e última seção traça a transformação desse manuscrito não público no livro de 1941, que é reimpresso neste volume.[8]

O contexto de O *Estado Dual*

Ernst Fraenkel nasceu em Colônia, em 26 de dezembro de 1898. Seu pai, Georg Fraenkel, um comerciante, e sua mãe, Therese Epstein, vieram de famílias burguesas que praticavam formas esclarecidas de judaísmo. Como resultado, ele e seus dois irmãos mais velhos cresceram em um lar progressista do ponto de vista religioso. No entanto, o desenvolvimento de Fraenkel, embora confortável, não foi nada fácil. No início da vida, Fraenkel perdeu os pais e um irmão. Após essas perdas, Fraenkel e sua irmã mais velha, Marta, mudaram-se para Frankfurt am Main, onde viveram com o seu

---

Knowledge. Washington: Carnegie Endowment for International Peace, 2006; STROMSETH, Jane; WIPPMAN, David; BROOKS, Rosa (Coord.). *Can Might Make Rights?* Building the Rule of Law after Military Intervention. Cambridge: Cambridge University Press, 2006; FLEMING, James E. (Coord.). *Getting to the Rule of Law*: NOMOS L. Nova York: New York University Press, 2011; KLEINFELD, Rachel. *Advancing the Rule of Law Abroad*: Next Generation Reform. Washington: Carnegie Endowment for International Peace, 2012; MARSHALL, David. *The International Rule of Law Movement*: a Crisis of Legitimacy and the Way Forward. Cambridge: Harvard University Press, 2014; e GOWDER, Paul. *The Rule of Law in the Real World*. Cambridge: Cambridge University Press, 2016.

8 Este capítulo introdutório baseia-se em MEIERHENRICH, Jens. *The Remnants of the Rechtsstaat*: an Ethnography of Nazi Law. Manuscrito, setembro de 2016.

tio Joseph Epstein.[9] Foi muito importante para o amadurecimento político de Fraenkel a influência de Wilhelm Epstein, que ajudou o seu irmão Joseph – o responsável legal – na criação das duas crianças. O Epstein mais velho era muito ativo na educação de adultos. Pacifista e admirador da Sociedade Fabiana, ajudou a construir a *Frankfurter Ausschuss für Volksvorlesunge*, uma organização local e privada associada aos sindicatos, onde também lecionava, com o objetivo de tornar a educação acessível às massas.[10]

A Primeira Guerra Mundial encurtou a escolaridade de Fraenkel. Ele se formou em novembro de 1916 e imediatamente juntou-se ao esforço de guerra em curso, para o qual se voluntariou. Como ocorreu com muitos judeus do país, a atmosfera belicosa fez com que Fraenkel se sentisse mais alemão do que nunca: "qualquer que fosse a consciência judaica que eu pudesse ter, ela foi empurrada para segundo plano com a eclosão da guerra. Eu estava profundamente convencido de que a guerra significaria o fim do antissemitismo".[11] Em 3 de abril de 1917, Fraenkel recebeu ordem para ingressar em uma unidade de reserva de infantaria que estava estacionada em Jablonna, na Polônia. Isolada num campo dezoito quilômetros ao norte de Varsóvia, a unidade de Fraenkel passou por um treinamento militar básico para preparar os jovens recrutas para o fronte ocidental, para onde foram enviados em julho de 1917. A experiência da guerra de trincheiras foi para ele "destruidora da alma e intelectual estéril", mas Fraenkel sobreviveu à carnificina, deixando o serviço militar em 28 de janeiro de 1919.[12]

---

9 LADWIG-WINTERS, Simone. *Ernst Fraenkel*: Ein politisches Leben. Nova York: Campus Verlag, 2009, pp. 21-26.

10 BUCHSTEIN, Hubertus; KÜHN, Rainer. "Vorwort zu diesem Band". *In*: FRAENKEL, Ernst. *Gesammelte Schriften, vol. 1*: Recht und Politik in der Weimarer Republik. Baden-Baden: Nomos, 1999, p. 17.

11 FRAENKEL, Ernst. "Anstatt einer Vorrede", p. 15. Salvo indicação em contrário, todas as traduções do alemão são de minha autoria.

12 FRAENKEL, Ernst. "Anstatt einer Vorrede", p. 20.

Os anos de Weimar

Após a guerra, Fraenkel ingressou no curso de Direito na Universidade de Frankfurt, uma instituição progressista e com financiamento privado que havia aberto suas portas apenas alguns anos antes. Lá, os seminários de Hugo Sinzheimer (1875-1945) deixaram as impressões mais profundas em Fraenkel. Sinzheimer ingressara na faculdade de Direito em 1920 para ocupar a primeira cátedra na Alemanha no novo campo do direito do trabalho (*Arbeitsrecht*). Além de avançar nesse novo campo, e em seus interesses relacionados, o estudo da sociologia do direito, Sinzheimer tinha a ambição de ajudar a formar uma nova geração de advogados, que fosse socialmente consciente e comprometida com a criação de uma sociedade justa e igualitária.[13] Para esse fim, Sinzheimer também fundou e editou entre 1925 e 1931 o jornal *Die Justiz*, uma publicação da Federação Republicana de Juízes (*Republikanischer Richterbund*) que procuravam combater o domínio do doutrinarismo e do positivismo jurídico na profissão jurídica. O compromisso de Sinzheimer com a justiça social – e a sua concepção do direito do trabalho para uma ferramenta para promovê-la – exerceu uma influência duradoura em Fraenkel.

Ao concluir sua formação jurídica e o treinamento aplicado em seu *Referendariat*, Fraenkel rapidamente voltou-se à prática privada. Ele começou também a contribuir com comentários mais regulares para publicações de esquerda, como *Die Tat*, *Vorwärts* e *Jungsozialistische Blätter*, bem como para veículos acadêmicos especializados como o *Arbeitsrecht*. Sua paixão pelas causas sociais em geral, e pelo direito do trabalho em particular, rendeu-lhe

---

13 Ver SINZHEIMER, Hugo. "Was Wir Wollen". *Die Justiz*, nº 1, 1925, reimpresso em SINZHEIMER, Hugo; FRAENKEL, Ernst. *Die Justiz in der Weimarer Republik*: Eine Chronik. Neuwied: Luchterhand, 1968, pp. 19-23.

JENS MEIERHENRICH

convites para oficinas e conferências. Seguiu-se um contato cada vez mais próximo com o movimento sindical.[14]

Em fevereiro de 1926, Fraenkel assumiu o cargo de consultor jurídico do Sindicato dos Metalúrgicos Alemães (*Deutscher Metallarbeiterverband*). Sob seus auspícios, assumiu um cargo de professor em Bad Dürrenberg, perto de Leipzig, onde o sindicato acabara de abrir uma *Wirtschaftsschule*, uma instituição educacional destinada a instruir os metalúrgicos em questões de direito e economia, bem como a introduzi-los em assuntos mais gerais.[15] Fraenkel assumiu como sua a missão de contribuir para "a luta pela emancipação do proletariado".[16] Durante sua incursão no ensino, ele continuou a publicar amplamente sobre as questões sociais da época. Ele também completou sua obra mais longa até então, o panfleto de quarenta e cinco páginas *Zur Soziologie der Klassenjustiz* (*Sobre a sociologia da justiça de classe*), publicado pela primeira vez em 1927.[17] Foi uma tentativa de chamar a atenção para os determinantes estruturais da jurisprudência de Weimar, principalmente a reificação dos valores capitalistas na formação dos juízes. Embora o seu ensaio tivesse a marca das ideias marxistas,

---

[14] LADWIG-WINTERS, Simone. *Ernst Fraenkel*: Ein politisches Leben. Nova York: Campus Verlag, 2009, pp. 56/57.

[15] Ver FRAENKEL, Ernst. "Die Wirtschaftsschule des Deutschen Metallarbeiterverbandes in Bad Dürrenberg" [1926]. *In*: _____. *Gesammelte Schriften, vol. 1*: Recht und Politik in der Weimarer Republik. Baden-Baden: Nomos, 1999, pp. 163-166.

[16] FRAENKEL, Ernst. "Die Wirtschaftsschule des Deutschen Metallarbeiterverbandes in Bad Dürrenberg" [1926]. *In*: _____. *Gesammelte Schriften, vol. 1*: Recht und Politik in der Weimarer Republik. Baden-Baden: Nomos, 1999, p. 163.

[17] FRAENKEL, Ernst. "Zur Soziologie der Klassenjustiz" [1927]. *In*: _____. *Gesammelte Schriften, vol. 1*: Recht und Politik in der Weimarer Republik. Baden-Baden: Nomos, 1999, pp. 177-211.

o seu objetivo, escreveu Fraenkel no prefácio do panfleto, era "não acusar, mas explicar".[18]

A publicação de *Zur Soziologie der Klassenjustiz* marcou a transição de Fraenkel de professor para advogado privado. Embora mantivesse laços estreitos com o Sindicatos dos Metalúrgicos Alemães, em março de 1927, Fraenkel abriu um escritório de advocacia privado em Berlim. Situado em *Tempelhofer Ufer* 16ª, em Kreuzberg, especializou-se em direito do trabalho e representou clientes particulares e também o Sindicatos dos Metalúrgicos Alemães. Ele parece ter sido um frequentador assíduo do Landesarbeitsgericht, o Tribunal Regional do Trabalho de Berlim.[19] Esse foi um período intelectualmente gratificante e produtivo para Fraenkel. Ele continuou a escrever sobre temas de direito do trabalho, embora principalmente de uma perspectiva jurídica estritamente doutrinária. Em 1928, conseguiu publicar 17 ensaios e artigos, em 1920, onze.[20] Para os propósitos desta introdução, o mais importante entre eles foi "Rechtssoziologie als Wissenschaft" ("A Sociologia do Direito como Ciência").[21] No texto, Fraenkel contemplou a utilidade política das ciências sociais, nomeadamente a metodologia de Sinzheimer para compreender desenvolvimentos jurídicos: a sociologia do direito. Embora o argumento, de nosso ponto de vista do século XXI, possa

---

[18] FRAENKEL, Ernst. "Zur Soziologie der Klassenjustiz" [1927]. *In*: _____. *Gesammelte Schriften, vol. 1*: Recht und Politik in der Weimarer Republik. Baden-Baden: Nomos, 1999, p. 177.

[19] LADWIG-WINTERS, Simone. *Ernst Fraenkel*: Ein politisches Leben. Nova York: Campus Verlag, 2009, p. 65.

[20] LADWIG-WINTERS, Simone. *Ernst Fraenkel*: Ein politisches Leben. Nova York: Campus Verlag, 2009, p. 75. A maioria desses escritos está disponível em FRAENKEL, Ernst. *Gesammelte Schriften, vol. 1*: Recht und Politik in der Weimarer Republik. Baden-Baden: Nomos, 1999.

[21] FRAENKEL, Ernst. "Kollektive Demokratie" [1929]. *In*: _____. *Gesammelte Schriften, vol. 1*: Recht und Politik in der Weimarer Republik. Baden-Baden: Nomos, 1999, pp. 343-357; FRAENKEL, Ernst. "Rechtssoziologie als Wissenschaft" [1929]. *In*: _____. *Gesammelte Schriften, vol. 1*: Recht und Politik in der Weimarer Republik. Baden-Baden: Nomos, 1999, pp. 370-379.

à primeira vista parecer banal, é importante reconhecer o domínio absoluto da análise doutrinária do direito no início do século XX, na Alemanha e em outros lugares. As abordagens críticas ao direito, especialmente metodologias mistas ou não jurídicas, eram exceção. Mas o artigo de Fraenkel de 1929 não foi apenas pioneiro, foi também programático, um esboço de sua futura trajetória analítica.

Fraenkel procurou estabelecer uma *"Rechtssoziologie"* ("sociologia do direito") como uma abordagem legítima para o estudo dos fenômenos jurídicos. Ele propôs que ela tinha tanto valor – e, portanto, deveria ser vista como metodologicamente equiparável – quanto a abordagem convencional da *"Rechtswissenschaft"* ("ciência jurídica"), bem como as abordagens auxiliares estabelecidas no subcampo da *"Rechtstheorie"* ("teoria do direito"), nomeadamente a *"Rechtsphilosophie"* ("filosofia do direito"), a *"Rechtsgeschichte"* ("história do direito") e a *"Rechtspolitik"* ("política jurídica").[22] Para Fraenkel, a ciência jurídica era mero *"Rechtsanwendungslehre"*, nada mais que a contabilização e interpretação da lei para efeitos da prática jurídica.[23] Para Fraenkel, foi uma abordagem aplicada, não aprendida. Ele queria trabalhar com dados, não com doutrina. Ele tinha em maior consideração as abordagens auxiliares da teoria do direito. E, no entanto, não pensava que os estudos filosóficos, históricos e políticos do direito como tal fossem suficientes como abordagens analíticas. Uma abordagem distintamente sociológica também era necessária, afirmava ele. Ele posicionou essa abordagem e oposição direta ao tipo de positivismo jurídico defendido por Paul Laband, que era extremamente influente naquela época.[24]

---

[22] FRAENKEL, Ernst. "Rechtssoziologie als Wissenschaft" [1929]. *In*: _____. *Gesammelte Schriften, vol. 1*: Recht und Politik in der Weimarer Republik. Baden-Baden: Nomos, 1999, pp. 370/371.

[23] FRAENKEL, Ernst. "Rechtssoziologie als Wissenschaft" [1929]. *In*: _____. *Gesammelte Schriften, vol. 1*: Recht und Politik in der Weimarer Republik. Baden-Baden: Nomos, 1999, p. 370.

[24] LABAND, Paul. *Das Staatsrecht des deutschen Reiches*. 3 vols., 2ª ed. Tübingen: Mohr, 1888.

De acordo com Laband, "[todas] as considerações históricas, políticas e filosóficas" eram "sem sentido" no estudo do direito. O seu positivismo jurídico (conhecido como *Staatsrechtspositivismus* ou positivismo do direito estatal) era cauteloso em relação a considerações extrajurídicas e defendia um "remontar das normas [jurídicas] individuais até conceitos [jurídicos] gerais".[25] O que Laband fazia era considerado a ciência jurídica por excelência. Como escreve Stefan Korioth:

> Pela primeira vez houve tentativas de oferecer uma teoria do direito estatal que pudesse fornecer respostas racionais, logicamente fundamentadas e confiáveis no campo do direito constitucional; em suma, o positivismo estabeleceu uma doutrina de direito constitucional. Além disso, o procedimento positivista conectou o campo do direito aos métodos das ciências naturais em expansão e à tendência, característica do pensamento do século XIX [bem como do pensamento do século XXI], de transformar toda a vida em ciência. A confiança positivista no "que é" correspondeu à tendência geral nas humanidades que se seguiu ao colapso do idealismo filosófico na primeira metade do século.[26]

Do ponto de vista metodológico, Frankel contestava o reducionismo teórico que está no cerne do *Staatsrechtspositivismus*; do ponto de vista político, ele se opunha ao preconceito inerente ao *status quo*. Durante toda a sua longa vida e em seu poderoso pensamento, Fraenkel foi movido, para usar uma frase de Karl

---

25 Citei Laband na tradução disponível em KORIOTH, Stefan. "The Shattering of Methods in Late Wilhelmine Germany". *In*: JACOBSON, Arthur J.; SCHLINK, Bernhard (Coord.). *Weimar*: A Jurisprudence of Crisis Berkeley: University of California Press, 2000, p. 43.

26 KORIOTH, Stefan. "The Shattering of Methods in Late Wilhelmine Germany". *In*: JACOBSON, Arthur J.; SCHLINK, Bernhard (Coord.). *Weimar*: A Jurisprudence of Crisis Berkeley: University of California Press, 2000, p. 43.

Jaspers, pela "vontade incondicional de saber".[27] Como resultado de sua educação social-democrata, ele também nunca deixou de questionar o *status quo*. Ele internalizou a lição de que geralmente são os que têm – raramente os que não têm – que se beneficiam com isso. É por isso que Fraenkel respondeu com tanta força, em termos metodológicos, ao positivismo jurídico de Laband. Num esforço para superá-lo, Fraenkel invocou com admiração as realizações de Anton Menger, Eugen Ehrlich e Karl Renner.[28] Ele considerava que os três principais juristas austríacos estavam na vanguarda da sociologia do direito – o tipo de estudiosos de que a Alemanha carecia profundamente. Ajudou que Ehrlich tivesse formulado uma posição teórica que era, pelo menos nessa altura, também a de Fraenkel: "O direito e, portanto, também as regras jurídicas são apenas uma superestrutura da ordem econômica".[29] Esse artigo de fé serviu como fundamento normativo para muitos dos escritos ocasionais de Fraenkel (bem como para o *Urdoppelstaat*) nos anos do domínio nazista.

Fiel ao seu apelo de 1929 por uma abordagem interdisciplinar ao estudo do direito, Fraenkel combinou e integrou totalmente, como veremos, percepções da ciência jurídica, da teoria do direito, da filosofia do direito e da história do direito para chegar ao seu relato sociológico do direito nazista. Sem saber, ele se baseou também em técnicas da antropologia do direito emergente. O uso que Fraenkel faz de dados etnográficos sobre o papel do direito na vida cotidiana – extraídos de sua própria prática jurídica – enfatizou o

---

27 JASPERS, Karl. *The Idea of the University*. Trad. H. A. T. Reich e H. F. Vanderschmidt. Coord. Karl W. Deutsch. Londres: Peter Owen, 1960, p. 37.

28 MENGER, Anton. *Das bürgerliche Recht und die besitzlosen Volksklassen*. Tübingen: Mohr, 1890; EHRLICH, Eugen. *Grundlegung der Soziologie des Rechts*. Munique: Duncker & Humblot, 1913; RENNER, Karl. *Die Rechtsinstitute des Privatrechts und ihre soziale Funktion*: Ein Beitrag zur Kritik des bürgerlichen Rechts. Tübingen: Mohr, 1929.

29 EHRLICH, Eugen. *Grundlegung der Soziologie des Rechts*. Munique: Duncker & Humblot, 1913, p. 172.

UMA ETNOGRAFIA DO DIREITO NAZISTA: OS FUNDAMENTOS...

valor analítico da observação participante como mais uma abordagem metodológica útil para o estudo do direito na sociedade. *O Estado Dual* foi um exemplo inicial e pioneiro de estudos jurídicos interdisciplinares, concebidos com ousadia e elaborados com maestria em tempos extraordinários.

Na segunda metade do século XX, Roger Cotterrell avaliou o papel dos estudos jurídicos interdisciplinares assim:

> A lista de grandes homens na história da pesquisa que se recusaram a limitar sua visão às fronteiras disciplinares de sua época é suficientemente impressionante para assegurar aos professores e pesquisadores modernos que, apesar dos problemas envolvidos na interdisciplinaridade, ela tem uma história sólida e respeitável como uma das variedades eminentemente produtivas e inovadoras de não conformidade intelectual.[30]

Sabemos pelas suas declarações do pós-guerra que, para Fraenkel, a redação do *Urdoppelstaat*, e posteriormente de *O Estado Dual*, foram atos de não conformidade. Só que a não conformidade de Fraenkel era consideravelmente mais perigosa do que a pesquisa interdisciplinar. Fraenkel teve uma valente atitude de resistência expressa na forma de uma etnografia do direito nazista.

Mas antes de Fraenkel ser forçado a dedicar a sua vida à análise do direito do "Terceiro Reich" – que, no final da década de 1920, ainda era apenas um medo distante –, ele manteve-se fiel à prática do direito do trabalho. Fraenkel uniu forças com Neumann e abriu um escritório de advocacia na recém-construída sede do Sindicato dos Metalúrgicos Alemães, em *Alte Jakobstraße* 148-155. Projetado pelo arquiteto Erich Mendelsohn e concluído

---

[30] COTTERRELL, Roger B. M. "Interdisciplinarity: The Expansion of Knowledge and the Design of Research". *Higher Education Review*, vol. 11, 1979, p. 55.

em 1930, o imponente edifício permitia o acesso contínuo a um dos clientes mais importantes de Fraenkel.

Quando Sinzheimer, desiludido com o estado da democracia na Alemanha de Weimar, renunciou, em 1931, ao cargo de editor principal do *Die Justiz*, Fraenkel continuou em seu lugar e publicou, até que a revista deixasse de sair em 1933, comentários concisos em apoio ao seu ideal de uma sociedade democrática.[31] Num total de onze ensaios incisivos, Fraenkel analisou desenvolvimentos jurídicos e intelectuais que iam desde propostas para uma reforma do processo civil até a utilização crescente do notório artigo 48 da Constituição de Weimar, o que ele chamou de *"Diktaturparagraphen"* ou "dispositivo do ditador"; e das implicações da distinção "amigo-inimigo" de Carl Schmitt para a administração da justiça criminal até às consequências políticas do importante processo *Preussen contra Reich* no *Staatsgerichtshof*, o Tribunal Constitucional da Alemanha de Weimar em Leipzig.

Os anos do nazismo

Pouco antes do incêndio do Reichstag em Berlim, em 27 de fevereiro de 1933, Fraenkel lançou um ousado desafio aos insurgentes nazistas. Em seu último artigo para o *Die Justiz*, ele expressou a sua oposição à revolução dos camisas pardas em termos inequívocos: "Hasteamos com orgulho a bandeira. Nela estão escritas estas palavras: "contra o governo arbitrário!"[32] Sabemos agora que Fraenkel, naquela altura, subestimou a ameaça representada pelos nazistas. Ele avaliou mal quão poucos adeptos o ideal democrático realmente tinha na sua Alemanha natal e quão irreparavelmente dividida estava

---

[31] KIRCHHEIMER, Otto. "Einführung". *In*: SINZHEIMER, Hugo; FRAENKEL, Ernst. *Die Justiz in der Weimarer Republik*: Eine Chronik. Neuwied: Luchterhand, 1968, pp. 14/15.

[32] FRAENKEL, Ernst. "XLIII". *Die Justiz*, fev. 1933, reimpresso em SINZHEIMER, Hugo; FRAENKEL, Ernst. *Die Justiz in der Weimarer Republik*: Eine Chronik. Neuwied: Luchterhand, 1968, p. 396.

a incipiente aliança antinazista. A gravidade da situação tornou-se evidente a nível pessoal no final de março, quando a política deteve Hugo Sinzheimer, mentor de Fraenkel, em Frankfurt, e colocou-o sob custódia protetora (*Schutzhaft*).[33] Foi o início da destruição da vida e do pensamento judaico na Alemanha nazista.[34]

Em 2 de maio de 1933, o novo regime proibiu os sindicatos do país, incluindo o Sindicato dos Metalúrgicos Alemães. As forças das SA invadiram o quartel-general em *Alte Jakobstraße* e prenderam sistematicamente supostos inimigos do Estado, inclusive Franz Neumann. Em 9 de maio, Fraenkel recebeu seu *Vertretungsverbot*, uma notificação oficial de que ele, como judeu, estava dali em diante proibido de representar clientes em tribunais alemães.[35] Neumann recebeu a mesma notificação e aproveitou para fugir para o exterior antes que as coisas piorassem. Fraenkel decidiu ficar em Berlim. Ele apelou da proibição de exercer a advocacia, assim como cerca de 1.700 outros advogados judeus na cidade. Como os nazistas toleravam apenas advogados judeus com passado *Frontkämpfer*, isto é, indivíduos que se envolveram em combates militares nas linhas de frente da Primeira Guerra Mundial, Fraenkel foi capaz de fornecer os testemunhos necessários e a proibição contra ele foi retirada em 11 de maio de 1933.[36] Assim começou a aventura de Fraenkel dentro do que se tornaria, no final da década de 1930, o *behemoth* nazista.

---

33 LADWIG-WINTERS, Simone. *Ernst Fraenkel*: Ein politisches Leben. Nova York: Campus Verlag, 2009, p. 92.

34 Para um panorama abrangente, ver FRIEDLÄNDER, Saul. *Nazi Germany and the Jews, vol. 1*: The Years of Persecution, 1933-1939. Londres: Weidenfeld and Nicolson, 1997. Ver também DEAN, Martin. *Robbing the Jews*: The Confiscation of Jewish Property in the Holocaust, 1933-1945. Cambridge: Cambridge University Press, 2008; e BENZ, Wolfgang (Coord.). *Die Juden in Deutschland 1933-1945*: Leben unter nationalsozialistischer Herrschaft. Munique: Beck, 1988.

35 LADWIG-WINTERS, Simone. *Ernst Fraenkel*: Ein politisches Leben. Nova York: Campus Verlag, 2009, p. 99.

36 Vale ressaltar que a situação de Neumann era diferente da de Fraenkel. Ele não gozava do privilégio limitado e temporário de ter sido um *Frontsoldat*,

Embora seu processo tenha sido revisto novamente em 1934, dessa vez por suspeita de "atividade comunista", Fraenkel conseguiu avançar, assumindo casos cada vez mais delicados. Embora a sua lista de clientes se centrasse anteriormente em indivíduos e organizações envolvidos em disputas de direito trabalhista, nos anos seguintes Fraenkel envolveu-se cada vez mais na representação jurídica de ativistas políticos de esquerda. Mais tarde, ele lembrou que era comum, mesmo para os advogados de defesa, pressionar por longas sentenças de prisão, a fim de poupar os clientes do terror dos campos de concentração nazistas, para onde provavelmente seriam enviados em caso de absolvição ou sentenças menores.[37] Fraenkel reconheceu prontamente o conluio entre "juízes humanos" ("*Hune Richter*") que, pela mesma razão, impunham longas penas de prisão a réus que, de outra forma, cairiam nas mãos do Estado de Prerrogativa.[38]

Mas Fraenkel resistiu ao regime não apenas no tribunal, mas também na imprensa. Em 1934, sob o pseudônimo "Frank III", ele publicou uma análise provocativa da justiça criminal nazista no *Sozialistische Warte*, o periódico da *Internationaler Sozialistischer*

---

razão pela qual a sua condição em 1933 era mais precária que a de Fraenkel.

[37] Fraenkel descreve um desses casos no Apêndice II à edição alemã de 1974 de O *Estado Dual*. Seu resumo do procedimento diante do *Amtsgericht* (Tribunal Distrital) de Berlim foi reproduzido neste volume.

[38] Fraenkel refletiu sobre essa época e suas táticas jurídicas de uma forma tipicamente imparcial em "Auflösung und Verfall des Rechts im III. Reich" [1960]. *In*: FRAENKEL, Ernst. *Gesammelte Schriften, vol. 2*: Nationalsozialismus und Widerstand. Coord. Alexander v. Brünneck, Hubertus Buchstein e Gerhard Göhler. Baden-Baden: Nomos, 1999, pp. 617/618. Para uma discussão de casos específicos, ver MORRIS, Douglas G. "The Dual State Reframed: Ernst Fraenkel's Political Clients and His Theory of the Nazi Legal System". *Leo Baeck Institute Yearbook*, vol. 58, 2013, pp. 5-21. Para uma avaliação recente de um juiz nazista "humano" na linguagem de Fraenkel, ver PAUER-STUDER, Herlinde; VELLEMAN, J. David. *Konrad Morgen*: The Conscience of a Nazi Judge. Londres: Palgrave, 2015.

UMA ETNOGRAFIA DO DIREITO NAZISTA: OS FUNDAMENTOS...

Kampfbund (Liga Militante Socialista Internacional, ISK).[39] Ele relata, *pars pro toto*, o processo criminal contra Oskar Schulze, um metalúrgico de Berlim, seu resultado perverso e a investigação e julgamento que levaram a ele. Para Fraenkel ele era significativo e, portanto, era importante publicá-lo, porque como exemplo de justiça política representava "uma ocorrência cotidiana" (*"eine alltägliche Geschichte"*).[40] Em 1935, dessa vez sob o pseudônimo de "Fritz Dreher", Fraenkel publicou novamente no *Sozialistische Warte*.[41] Dessa vez era um grito de guerra. Fraenkel foi tomado pelo desejo de energizar e fortalecer a resistência à dominação nazista. O seu biógrafo observou que foi nesse momento que Fraenkel abandonou o seu distanciamento analítico e a "ação política tornou-se o centro" da sua vida desditosa.[42] Durante essa fase mais aberta de sua resistência, Fraenkel apelou aos "trabalhadores socialistas" para assumirem um papel de liderança.[43] Se as autoridades nazistas

---

39 FRAENKEL, Ernst. "In der Maschine der politischen Strafjustiz des III. Reiches" [1934]. *In:* _____. *Gesammelte Schriften, vol. 2*: Nationalsozialismus und Widerstand. Coord. Alexander v. Brünneck, Hubertus Buchstein e Gerhard Göhler. Baden-Baden: Nomos, 1999, pp. 475-484. Sobre o papel e as estratégias de contenção do ISK na resistência ao nazismo, ver LEMKE-MÜLLER, Sabine (Coord.). *Ethik des Widerstands*: Der Kampf des Internationalen Sozialistischen Kampfbundes (ISK) gegen den Nationalsozialismus. Bonn: Dietz, 1996.

40 FRAENKEL, Ernst. "In der Maschine der politischen Strafjustiz des III. Reiches" [1934]. *In:* _____. *Gesammelte Schriften, vol. 2*: Nationalsozialismus und Widerstand. Coord. Alexander v. Brünneck, Hubertus Buchstein e Gerhard Göhler. Baden-Baden: Nomos, 1999, p. 475.

41 FRAENKEL, Ernst. "Der Sinn illegaler Arbeit". *In:* _____. *Gesammelte Schriften, vol. 2: Nationalsozialismus und Widerstand*. Coord. Alexander v. Brünneck, Hubertus Buchstein e Gerhard Göhler. Baden-Baden: Nomos, 1999, pp. 491-497.

42 LADWIG-WINTERS, Simone. *Ernst Fraenkel*: Ein politisches Leben. Nova York: Campus Verlag, 2009, p. 116.

43 FRAENKEL, Ernst. "Der Sinn illegaler Arbeit". *In:* _____. *Gesammelte Schriften, vol. 2*: Nationalsozialismus und Widerstand. Coord. Alexander v. Brünneck, Hubertus Buchstein e Gerhard Göhler. Baden-Baden: Nomos, 1999, p. 495.

tivessem descoberto a identidade de Fraenkel por trás do pseudô-nimo, ele certamente teria sido julgado – e condenado – por alta traição. O fato de ele representar juridicamente alguns dos judeus resistentes de Berlim já era uma pedra no sapato das autoridades nazistas. No outono de 1938, os Fraenkel deixaram a Alemanha nazista às pressas. O nome de Fraenkel apareceu numa lista da *Gestapo*. Sua vida estava em perigo.

Após uma breve passagem pela Grã-Bretanha, Fraenkel e sua esposa encontraram refúgio nos Estados Unidos. Foi um momento extraordinariamente difícil para ele. Sua vida profissional estava em frangalhos, com rendimentos escassos ou inexistentes. Sem outras perspectivas, ele decidiu voltar a ser estudante. No outono de 1939, matriculou-se no doutorado da Faculdade de Direito da Universidade de Chicago. Para financiar seus estudos, Fraenkel se inscreveu e recebeu uma bolsa altamente disputada do Comitê Americano para Orientação de Pessoal Profissional. Como parte de sua candidatura, Fraenkel incluiu o segundo rascunho em língua inglesa de *O Estado Dual*.

Em seguida, traçarei o longo e tortuoso caminho que levou à publicação de *O Estado Dual*. Fraenkel certamente escolheu o caminho menos percorrido. Mostrarei por que e como isso fez toda a diferença: como resultou na produção de um clássico de combustão lenta, cujo significado intelectual ultrapassa em muito o de outro livro mais influente sobre a ditadura nazista, publicado no início da década de 1940 – o famoso *Behemoth: estrutura e prática d nacional-socialismo*, de Franz Neumann, também publicado pela Oxford University Press em 1942 e em uma edição ampliada em 1944. As experiências únicas e os perigoso encontros de Fraenkel na Alemanha nazista alienaram-no da maioria dos refugiados judeus alemães que encontrou no exílio nos Estados Unidos. Mas a sua veia ferozmente independente e a sua confiança intelectual garantiram que resistisse ileso às críticas com que alguns conhecidos em Nova York – especialmente na New School for Social Research – sauda-ram as suas ideias sobre a lógica institucional do domínio nazista.

A gestação de O *Estado Dual*

Fraenkel completou o manuscrito para a edição em inglês de *O Estado Dual* em 15 de junho de 1940.[44] A Oxford University Press publicou-a no início de 1941. Mas a jornada desde a concepção do livro até sua eventual publicação foi árdua e provavelmente mais longa do que Fraenkel previra quando começou sua pesquisa na Alemanha nazista em 1936.

Fraenkel foi um dos juristas de maior visibilidade da Alemanha de Weimar. Ao lado de Max Alsberg, Hermann Heller, Max Hirschberg, Hans Kelsen, Otto Kahn-Freund, Otto Kirchheimer, Franz Neumann, Gustav Radbruch, Carl Schmitt e Hugo Sinzheimer, para citar apenas os teóricos e profissionais mais reconhecidos, ele participou de alguns dos debates jurídicos mais importantes de seu tempo.[45] Como veterano da Primeira Guerra Mundial, ele foi autorizado a exercer a advocacia até 30 de novembro de 1938, quando todos os advogados de ascendência judaica remanescentes foram banidos de sua profissão. Com a "Quinta Portaria da Lei de Cidadania do Reich" (*Fünfte Verordnung zum Reichsbürgergesetz*), de 27 de setembro de 1938, o regime nazista completou o expurgo da profissão jurídica.[46] O primeiro expurgo parcial ocorreu logo após a tomada do poder por Hitler em 1933, quando o regime recém-instalado, em conexão com a "Lei para a Restauração do

---

44 FRAENKEL, Ernst. "Prefácio à edição alemã de 1974". *In*: _____. *O Estado Dual*: uma contribuição à teoria da ditadura. São Paulo: Contracorrente, 2024, pp. 11-13.

45 Para esboços biográficos de juristas de esquerda em Weimar e na Alemanha nazista, ver, principalmente, JUSTIZ, Kritische (Coord.). *Streitbare Juristen*: Eine andere Tradition. Baden-Baden: Nomos, 1988; e BUNDESRECHTSANWALTSKAMMER (Coord.). *Anwalt ohne Recht*: Schicksale jüdischer Anwälte in Deutschland nach 1933. Berlim: Verlag, 2007.

46 *Reichsgesetzblatt* 1938 I, 1403-1406. Para uma compilação abrangente dos decretos, legislações e outros instrumentos legais nazistas, ver MÜNCH, Ingo von (Coord.). *Gesetze des NS-Staates*: Dokumente eines Unrechtssystems. 3ª ed. exp. Paderborn: Schöningh, 1994.

JENS MEIERHENRICH

Serviço Civil Profissional" (*Gesetz zur Wiederherstellung des Berufsbeamtentums*), em 7 de abril de 1933 adotou uma lei que determinava à ordem profissional a expulsão de advogados judeus até 30 de setembro daquele ano.[47] Na época, os 4.394 advogados alemães de origem judaica representavam 20% dos aproximadamente "9.500 membros da Ordem dos Advogados da Alemanha".[48]

No Entanto, para desgosto de vários representantes legais do regime nazista, Fraenkel e um número considerável de outros advogados judeus estavam imunes às disposições da "Lei de Admissão à Ordem dos Advogados" (*Gesetz über die Zulassung zur Rechtsanwaltschaft*).[49] Ou eles tinham, como Fraenkel, contribuído para o esforço de guerra, ou perderam pais ou filhos na Primeira Guerra Mundial, ou ainda abriram sua prática jurídica antes de 1914, caso em que foram classificados como *Altanwälte* ("Advogados Antigos") e, portanto, também tinham direito de continuar inscritos na Ordem dos Advogados.[50] Konrad Jarausch estima que 60% de todos os advogados judeus se enquadravam numa dessas categorias e, portanto, estavam fora do âmbito da

---

[47] *Reichsgesetzblatt* 1933 I, pp. 175-177.

[48] MÜLLER, Ingo. *Hitler's Justice*: The Courts of the Third Reich. Trad. Deborah Lucas Schneider. Cambridge: Harvard University Press, 1991, p. 61. Ver também OSLER, Fritz. "Rechtsanwälte in der NS- Zeit". *Anwaltsblatt*, vol. 33, 1983, p. 59. Jarausch dá o número de 19.364 advogados e notários em exercício na Alemanha em 1933. Em suas contas, havia nessa época 10.450 juízes. Ver JARAUSCH, Konrad. *The Unfree Professions*: German Lawyers, Teachers, and Engineers, 1900-1950. Nova York: Oxford University Press, 1990, p. 237. Para um panorama do desenvolvimento da Ordem dos Advogados da Alemanha de seu surgimento em 1878 até 1945, com referência particular ao período da ditadura nazista, ver WILLIG, Kenneth C. H. "The Bar in the Third Reich". *American Journal of Legal History*, vol. 20, 1976, pp. 1-14.

[49] *Reichsgesetzblatt* 1933 I, 188/189.

[50] Essa imunidade foi incluída na legislação a pedido do Presidente do Reich, Paul von Hindenburg.

UMA ETNOGRAFIA DO DIREITO NAZISTA: OS FUNDAMENTOS...

proibição legal.[51] Ingo Müller descobriu que uma percentagem ainda maior pôde escapar da legislação draconiana: segundo seus cálculos, 2.900 advogados judeus, ou 65% de seu número total, "ainda tinham permissão para exercer a profissão", ao passo que 1.500 foram privados de sua inscrição na Ordem dos Advogados durante esse primeiro esforço concentrado para expulsar os judeus alemães da vida jurídica.[52] Por fim, Saul Friedländer sugere que até 70% dos advogados judeus estavam nominalmente autorizados a continuar a trabalhar na profissão que escolheram.[53] Qualquer que seja o número exato, uma quantidade substancial de advogados judeus permaneceu visível na vida pública, menos que por alguns anos. Mas essa visibilidade não deve ser interpretada equivocadamente, até porque ela diminuiu quase imediatamente:

> Embora ainda autorizados a exercer a profissão, os advogados judeus foram excluídos da associação nacional de advogados e deixaram de estar listados em seu diretório anual, passando a aparecer em um guia separado; em suma,

---

[51] JARAUSCH, Konrad. *The Unfree Professions*: German Lawyers, Teachers, and Engineers, 1900-1950. Nova York: Oxford University Press, 1990, p. 129.

[52] MÜLLER, Ingo. *Hitler's Justice*: The Courts of the Third Reich. Trad. Deborah Lucas Schneider. Cambridge: Harvard University Press, 1991, p. 61.

[53] FRIEDLÄNDER, Saul. *Nazi Germany and the Jews, vol. 1*: The Years of Persecution, 1933-1939. Londres: Weidenfeld and Nicolson, 1997, p. 29. Friedländer trabalha com um número inicial um pouco maior do que Müller, partindo de um universo de 4.585 advogados judeus. Deles, ele acredita que 3.167 permaneceram inicialmente como membros da Ordem dos Advogados. Dos 717 juízes e promotores, 336 continuaram exercendo sua função. Com base nesses números, Friedländer afirma que os judeus, em junho de 1933, ainda representavam mais de 16% "de todos os advogados em exercício na Alemanha". Para obter seus números, Friedländer baseia-se em BARKAI, Avraham. *From Boycott to Annihilation*: The Economic Struggle of German Jews, 1933-1943. Trad. William Templer. Hanover: University Press of New England, 1989, p. 4.

apesar do apoio de algumas instituições e indivíduos arianos, eles trabalharam sob um "boicote pelo medo".[54]

As restrições aos advogados judeus tornaram-se cada vez mais abrangentes e culminaram na proibição total de 1938. Esse agravamento das condições fez com que Fraenkel fugisse de sua Alemanha natal.

Durante esses cinco anos de ínterim – isto é, o período de 1933-1938 –, Fraenkel recebeu com relutância um assento desconfortável e muitas vezes perigoso para assistir da primeira fila à destruição gradual do *Rechtsstaat* [Estado de Direito] alemão. Ele teve um acesso apavorante (mas de valor acadêmico inestimável) como observador participante de uma das transformações jurídicas de maior alcance – e mais violentas – já levadas a cabo. *O Estado Dual* é produto dessa extraordinária exposição – cuidadosamente refletida – às origens jurídicas da ditadura nazista. De seu ponto de vista único e com uma lista de clientes cada vez menor, Fraenkel compreendeu teoricamente, da melhor maneira que pôde, o que estava acontecendo ao seu redor. Baseado em sua formação disciplinar tanto em direito quanto em história – e inspirado na metodologia das ciências sociais que Max Weber havia propagado –, Fraenkel abraçou o que ele concebeu como um exercício de sociologia do direito.[55]

"Das Dritte Reich as Doppelstaat" (1937)

A primeira publicação sobre o conceito de Estado Dual ocorreu em 1937. Trata-se de um artigo que Fraenkel escreveu

---

[54] FRIEDLÄNDER, Saul. *Nazi Germany and the Jews, vol. 1*: The Years of Persecution, 1933-1939. Londres: Weidenfeld and Nicolson, 1997, p. 29.

[55] FRAENKEL, Ernst. "Das Dritte Reich als Doppelstaat" [1937]. *In*: _____. *Gesammelte Schriften, vol. 2*: Nationalsozialismus und Widerstand. Coord. Alexander v. Brünneck, Hubertus Buchstein e Gerhard Göhler. Baden-Baden: Nomos, 1999, p. 504.

UMA ETNOGRAFIA DO DIREITO NAZISTA: OS FUNDAMENTOS...

sob o pseudônimo "Conrad Jürgens" para o *Sozialistische Warte*, intitulado *"Das Dritte Reich as Doppelstaat"* ("O Terceiro Reich como um Estado Dual").[56] Nessa publicação, Fraenkel narrou o colapso da democracia a ascensão da ditadura na Alemanha de Weimar. Ele começou com a observação de que a Alemanha nazista, longe de ser o Estado unitário que o regime de Hitler proclamou ter estabelecido, consistia em duas metades paralelas e rivais.[57] O poder do Estado (*"Staatsgewalt"*) dividia-se ao longo de cada uma dessas metades. As estruturas institucionais estavam localizadas lado a lado (*"nebeneinander"*), mas operavam em desacordo (*"gegeneinander"*).[58] Porém, e foi aqui que Fraenkel se afastou de outras perspectivas críticas sobre o Estado nazista que existiam a essa altura, a divisão institucional que ele considerou mais significativa não separava o Estado nazista do NSDAP [*Nationalsozialistische Deutsche Arbeiterpartei* – Partido Nacional-Socialista dos Trabalhadores Alemães]. Segundo Fraenkel, Estado e partido estavam institucionalmente fundidos, e, portanto, eram virtualmente indistinguíveis em termos conceituais. Mais importante do que a distinção superficial (e empiricamente sem sentido) entre Estado e partido, argumentou Fraenkel, era a divisão existente no interior do Estado. Ele considerava essencial introduzir um padrão de diferenciação institucional "na estrutura do Estado" (*"in das Gefüge*

---

56 FRAENKEL, Ernst. "Das Dritte Reich als Doppelstaat" [1937]. *In:* _____. *Gesammelte Schriften, vol. 2:* Nationalsozialismus und Widerstand. Coord. Alexander v. Brünneck, Hubertus Buchstein e Gerhard Göhler. Baden-Baden: Nomos, 1999, pp. 504-519.

57 FRAENKEL, Ernst. "Das Dritte Reich als Doppelstaat" [1937]. *In:* _____. *Gesammelte Schriften, vol. 2:* Nationalsozialismus und Widerstand. Coord. Alexander v. Brünneck, Hubertus Buchstein e Gerhard Göhler. Baden-Baden: Nomos, 1999, p. 505.

58 FRAENKEL, Ernst. "Das Dritte Reich als Doppelstaat" [1937]. *In:* _____. *Gesammelte Schriften, vol. 2:* Nationalsozialismus und Widerstand. Coord. Alexander v. Brünneck, Hubertus Buchstein e Gerhard Göhler. Baden-Baden: Nomos, 1999, p. 505.

des Staates") mesma.[59] Em sua primeira tentativa de teorizar a natureza do Estado nazista, Fraenkel distinguiu o que chamou de "o Estado como unidade política" (*"Staat als politische Einheit"*) e "o Estado como aparelho técnico" (*"Staat als technische[r] Apparat"*).[60] Essas formulações foram as precursoras dos neologismos gêmeos de Fraenkel: o *"Massnahmen-Staat"* (para o qual ele posteriormente adotou a grafia *"Massnahmenstaat"* e eventualmente *"Maßnahmenstaat"*, traduzido como "Estado de Prerrogativa") e o *"Normen-Staat"* (mais tarde grafado *Normenstaat* e traduzido como "Estado Normativo").[61]

Fraenkel traçou as origens remotas da bifurcação institucional do Estado nazista até a transição da "burocratização da política" (*"Bürokratisierung der Politik"*), na Alemanha Guilhermina, para "a politização da burocracia" (*"Politisierung der Bürokratie"*), na Alemanha de Weimar.[62] O legado desses desenvolvimentos compensatórios no final do século XIX e início do XX, sustentou ele, criou um desafio à governança que nenhum dos regimes anteriores da Alemanha tinha resolvidos. A solução que o novo regime autoritário concebeu, segundo Fraenkel, foi criar um sistema institucional em que coexistissem lógicas de governo técnicas

---

59 FRAENKEL, Ernst. "Das Dritte Reich als Doppelstaat" [1937]. *In*: _____. *Gesammelte Schriften, vol. 2*: Nationalsozialismus und Widerstand. Coord. Alexander v. Brünneck, Hubertus Buchstein e Gerhard Göhler. Baden-Baden: Nomos, 1999, p. 505.

60 FRAENKEL, Ernst. "Das Dritte Reich als Doppelstaat" [1937]. *In*: _____. *Gesammelte Schriften, vol. 2*: Nationalsozialismus und Widerstand. Coord. Alexander v. Brünneck, Hubertus Buchstein e Gerhard Göhler. Baden-Baden: Nomos, 1999, p. 505.

61 Para a grafia original, ver FRAENKEL, Ernst. "Das Dritte Reich als Doppelstaat" [1937]. *In*: _____. *Gesammelte Schriften, vol. 2*: Nationalsozialismus und Widerstand. Coord. Alexander v. Brünneck, Hubertus Buchstein e Gerhard Göhler. Baden-Baden: Nomos, 1999, pp. 509, 512 e 514.

62 FRAENKEL, Ernst. "Das Dritte Reich als Doppelstaat" [1937]. *In*: _____. *Gesammelte Schriften, vol. 2*: Nationalsozialismus und Widerstand. Coord. Alexander v. Brünneck, Hubertus Buchstein e Gerhard Göhler. Baden-Baden: Nomos, 1999, p. 507.

e políticas, embora de maneira desigual. A dualidade do Estado nazista era desequilibrada, caracterizada pelo primado (*"Primat"*) do aparato político sobre o aparato técnico do Estado.[63] Como disse Fraenkel, "a Alemanha vive hoje de acordo com um duplo direito" (*"Deutschland lebt heute nach doppeltem Recht"*).[64] Mas, como se apressou em acrescentar, não se tratava apenas de uma questão de governo por dois *tipos* de direito; isso também deu origem a um governo diferentes *princípios* de direito.

O que Fraenkel quis dizer foi que a governança jurídica do aparelho técnico do Estado era estruturada por um conjunto elaborado e sistemático de normas, regras, códigos e procedimentos jurídicos estabelecidos. Em contraste, a governança jurídica do "Estado político" (*"politischen Staat"*) não era sistemática, mas desenfreada e sem sentido. Na leitura de Fraenkel, as poucas disposições jurídicas que foram explicitamente elaboradas para o Estado político, e que, pelo menos em teoria, estruturavam o seu funcionamento, eram "sem exceção, tão superficiais em termos substantivos que equivalem a nada mais do que a aparência de uma norma jurídica" (*"ausnahmslos inhaltlich so farblos, daß sie lediglich den Schein einer Rechtsnorm darstellen"*).[65] Dizendo de outro modo, o Estado técnico (isto é, o Estado normativo) obedecia ao Estado de Direito, enquanto o Estado Político (isto é, o Estado de Prerrogativa) incorporava o Estado de Direito. O primeiro era

---

[63] FRAENKEL, Ernst. "Das Dritte Reich als Doppelstaat" [1937]. *In*: _____. *Gesammelte Schriften, vol. 2*: Nationalsozialismus und Widerstand. Coord. Alexander v. Brünneck, Hubertus Buchstein e Gerhard Göhler. Baden-Baden: Nomos, 1999, p. 508.

[64] FRAENKEL, Ernst. "Das Dritte Reich als Doppelstaat" [1937]. *In*: _____. *Gesammelte Schriften, vol. 2*: Nationalsozialismus und Widerstand. Coord. Alexander v. Brünneck, Hubertus Buchstein e Gerhard Göhler. Baden-Baden: Nomos, 1999, p. 509.

[65] FRAENKEL, Ernst. "Das Dritte Reich als Doppelstaat" [1937]. *In*: _____. *Gesammelte Schriften, vol. 2*: Nationalsozialismus und Widerstand. Coord. Alexander v. Brünneck, Hubertus Buchstein e Gerhard Göhler. Baden-Baden: Nomos, 1999, p. 509.

governado pela racionalidade formal, o segundo pela racionalidade substantiva.[66] O primado do Estado de Prerrogativa sobre o Estado Normativo, argumentou Fraenkel, era evidenciado pelo fato de, do ponto de vista do Estado Normativo, a validade das normas, regras, códigos e procedimentos anteriores ao nazismo ser contingente; ela dependia da não revogação e da não suspensão por parte do Estado de Prerrogativa.

Surge a questão de saber por que o regime nazista não eliminou inteiramente o que restara do *Rechtstaat*. Afinal, como destacou Fraenkel, os nazistas ridicularizavam qualquer Estado que fosse "meramente *Rechtstaat*" ("*nichts als Rechtsstaat*"), essa variante exclusivamente alemã do Estado de Direito.[67] Ele lembrou aos seus leitores que Ernst Forsthoff, um dos jovens advogados constitucionais do regime, tinha há pouco declarado que o *Rechtsstaat* puro era um Estado desprovido de "honra e dignidade" ("*Ehre und Würde*").[68] Mas se os nazistas consideravam o legado jurídico de Weimar "sem valor" ("*Recht ohne Wert*"), e se estavam ainda mais convencidos de que o manifesto político do NSDAP era o instrumento para injetar valor (literalmente) nessa ordem jurídica sem sentido, por que o Estado Normativo de antes sobreviveu? E mais, por que esse Estado que, aos olhos dos nazistas, era substantivamente vazio e formalmente racional não só sobreviveu, mas ocupou "um lugar significativo"

---

66 FRAENKEL, Ernst. "Das Dritte Reich als Doppelstaat" [1937]. *In*: _____. *Gesammelte Schriften, vol. 2*: Nationalsozialismus und Widerstand. Coord. Alexander v. Brünneck, Hubertus Buchstein e Gerhard Göhler. Baden-Baden: Nomos, 1999, p. 510. Ver também, abaixo, minha discussão da tipologia do direito de Weber.

67 FRAENKEL, Ernst. "Das Dritte Reich als Doppelstaat" [1937]. *In*: _____. *Gesammelte Schriften, vol. 2*: Nationalsozialismus und Widerstand. Coord. Alexander v. Brünneck, Hubertus Buchstein e Gerhard Göhler. Baden-Baden: Nomos, 1999, p. 510.

68 FORSTHOFF, Ernst. *Der totale Staat*. Hamburgo: Hanseatische Verlagsanstalt, 1933, p. 30.

("*einen bedeutenden Platz*") na arquitetura institucional do regime nazista, como Fraenkel afirmou que o fez?[69]

Em sua primeira tentativa de fornecer uma resposta, Fraenkel recorreu à ortodoxia. Ele acreditava quem um ditador não encamparia um Estado Normativo por questão de princípio. Essa seria sempre uma escolha estratégica. Um dos desafios mais imediatos que os nazistas enfrentaram foi como garantir que o país prosperasse economicamente em meio a uma revolução social e racial.[70] Ao tomarem o poder, Hitler e o seu governo recém-empossado continuaram, e bastante fortificados, o caminho já desgastado em direção ao intervencionismo estatal na economia que as elites governantes da República de Weimar tinham estabelecido. Mas, como salientou Adam Tooze,

> embora seja importante fazer justiça à mudança nas relações de poder entre o Estado e as empresas que sem dúvida ocorreu no início da década de 1930, devemos ter cuidado para evitar cair na armadilha de ver as empresas alemãs apenas como objeto passivo do novo sistema draconiano de regulação do regime.[71]

Isso nos leva de volta a Fraenkel, que, em 1937, apresentou uma interpretação marxista das origens e da lógica do Estado Dual da Alemanha nazista.

---

69 FRAENKEL, Ernst. "Das Dritte Reich als Doppelstaat" [1937]. *In*: _____. *Gesammelte Schriften, vol. 2*: Nationalsozialismus und Widerstand. Coord. Alexander v. Brünneck, Hubertus Buchstein e Gerhard Göhler. Baden-Baden: Nomos, 1999, p. 512.

70 Ver, em geral, SILVERMAN, Dan. *Hitler's Economy*: Nazi Work Creation Programs, 1933-1936. Cambridge: Harvard University Press, 1998.

71 TOOZE, Adam. *The Wages of Destruction*: The Making and Breaking of the Nazi Economy. Londres: Penguin, 2008, p. 114.

Vale a pena reconstruir essa interpretação com algum detalhe porque ela praticamente desapareceu, por razões que serão explicadas abaixo, da edição de 1941 de *O Estado Dual*. Em 1937, Fraenkel partiu do pressuposto de que o capitalismo se tinha tornado "econômica e ideologicamente impotente".[72] Ele afirmou que o "alto capitalismo" da Alemanha da década de 1920 estava condenado à extinção, a menos que fosse revivido por uma aliança estratégica com um Estado racial cuja ambição de rearmar a nação injetasse na economia em dificuldades os fundos necessários para garantir a sua sobrevivência. Como tanto o regime nazista quanto a enfraquecida "ordem capitalista", como Fraenkel a chamou, tinham um interesse imediato em preservar os fundamentos da atividade econômica na Alemanha, foi necessário abrandar a marcha do Estado de Prerrogativa. A restrição temporária ao Estado Normativo servira como uma ruptura necessária para a consolidação do totalitarismo na Alemanha nazista. Vejamos como Fraenkel tratou disso em 1937:

> Se o capitalismo quiser continuar a ser capitalismo, ele requer internamente um aparelho de Estado que reconheça as regras da racionalidade formal, pois sem uma previsibilidade de oportunidades, sem segurança jurídica (*"Rechtssicherheit"*), o planejamento capitalista é impossível. O capitalismo de hoje exige do Estado uma dupla tarefa (*"ein Doppeltes"*): por ser capitalismo, exige, em primeiro lugar, a ordem formalmente racional de um Estado tecnicamente operativo. Por ser impotente, exige, além disso, um Estado que forneça os apoios políticos (*"politischen Stützen"*) necessários à garantia da continuidade de sua existência; um Estado com inimigos contra os quais o capitalismo possa se armar (...).[73]

---

[72] FRAENKEL, Ernst. "Das Dritte Reich als Doppelstaat" [1937]. *In*: _____. *Gesammelte Schriften, vol. 2*: Nationalsozialismus und Widerstand. Coord. Alexander v. Brünneck, Hubertus Buchstein e Gerhard Göhler. Baden-Baden: Nomos, 1999, p. 517.

[73] FRAENKEL, Ernst. "Das Dritte Reich als Doppelstaat" [1937]. *In*: _____. *Gesammelte Schriften, vol. 2*: Nationalsozialismus und Widerstand. Coord.

UMA ETNOGRAFIA DO DIREITO NAZISTA: OS FUNDAMENTOS...

As consequências desse alinhamento capitalista com a ditadura nazista produziram externalidade positivas tanto para as elites políticas quanto para as elites econômicas:

> O que o regime de Hitler permitiu de positivo às empresas alemãs foi recuperar-se da recessão desastrosa, acumular capital e envolver-se no desenvolvimento intensivo de certas tecnologias-chave, as tecnologias necessárias para alcançar o duplo objetivo do regime: maior autossuficiência (autarquia) e rearmamento.[74]

Fraenkel estava convencido de que os capitalistas da Alemanha sacrificaram o bem-estar dos inimigos reais e imaginários dos nazistas no altar da acumulação econômica. Como ele disse, tomando empresta a terminologia marxista, "o Estado dual é a superestrutura ideológica (*Überbau*) de um capitalismo que prospera na política porque é incapaz de continuar existindo sem política".[75]

Fraenkel detectou a raiz desse mal-estar no caráter mutável da política, que ele acreditava ter sido parcialmente provocada por uma transformação radical do "conceito do político" (*"Begriff des Politischen"*) na Alemanha do entreguerras.[76] Para ele, a ascensão do "Estado de liderança política" (*"politische[r] Führer- Staat"*), o antecedente institucional do Estado de Prerrogativa completamente

---

Alexander v. Brünneck, Hubertus Buchstein e Gerhard Göhler. Baden-Baden: Nomos, 1999, p. Ibid., 518.

[74] TOOZE, Adam. *The Wages of Destruction*: The Making and Breaking of the Nazi Economy. Londres: Penguin, 2008, p. 114.

[75] FRAENKEL, Ernst. "Das Dritte Reich als Doppelstaat" [1937]. *In*: _____. *Gesammelte Schriften, vol. 2*: Nationalsozialismus und Widerstand. Coord. Alexander v. Brünneck, Hubertus Buchstein e Gerhard Göhler. Baden-Baden: Nomos, 1999, p. 518.

[76] FRAENKEL, Ernst. "Das Dritte Reich als Doppelstaat" [1937]. *In*: _____. *Gesammelte Schriften, vol. 2*: Nationalsozialismus und Widerstand. Coord. Alexander v. Brünneck, Hubertus Buchstein e Gerhard Göhler. Baden-Baden: Nomos, 1999, p. 514.

desenvolvido, estava causalmente relacionada com o redesenho intelectual das fronteiras da política e do político por membros do que ficou conhecido como Revolução Konservadora, um movimento vagamente conectado de conservadores e reacionários que pretendia interromper a marcha acelerada de seu país para a modernidade.[77] Ele escreveu com preocupação sobre a "despolitização do Estado", um processo gradual que ele acreditava ter sido acelerado quando o mais alto tribunal do país, o *Reichsgericht*, o Tribunal Federal Supremo para questões civis e criminais, numa decisão em que uma das suas câmaras julgou a questão de saber se um membro das SA era, do ponto de vista jurídico, um servidor público. Fraenkel considerou pouco convincente a conclusão de que o indivíduo em questão não poderia ser considerado um servidor público porque as suas atividades eram de natureza política e que apenas os membros do Estado Normativo eram burocratas em sentido rigoroso. Ele rejeitou a distinção artificial entre o Estado nazista e o Partido Nazista que sustentava o raciocínio do *Reichsgericht*.

---

77 FRAENKEL, Ernst. "Das Dritte Reich als Doppelstaat" [1937]. *In*: _____. *Gesammelte Schriften, vol. 2*: Nationalsozialismus und Widerstand. Coord. Alexander v. Brünneck, Hubertus Buchstein e Gerhard Göhler. Baden-Baden: Nomos, 1999, p. 507. Sobre a anatomia da chamada "Revolução Conservadora" na Alemanha de Weimar, ver, em primeiro lugar, STERN, Fritz. *The Politics of Cultural Despair*: A Study in the Rise of the Germanic Ideology. Berkeley: University of California Press, [1961] 1992; HERF, Jeffrey. *Reactionary Modernism*: Technology, Culture, and Politics in Weimar and the Third Reich. Cambridge: Cambridge University Press, 1984; BREUER, Stefan. *Anatomie der Konservativen Revolution*. Darmstadt: Wissenschaftliche Buchgesellschaft, 1993; SIEFERLE, Rolf Peter. *Die Konservative Revolution*: Fünf biographische Skizzen. Frankfurt: Fischer, 1995; e TRAVERS, Martin. *Critics of Modernity*: The Literature of the Conservative Revolution in Germany, 1890-1933. Nova York: Peter Lang, 2001. Para um relato simpático à *Konservative Revolution* do autor que inventou o termo em 1949, ver MOHLER, Armin. *Die Konservative Revolution in Deutschland 1918-1932*: Ein Handbuch. 2ª ed. ampl. Darmstadt: Wissenschaftliche Buchgesellschaft, 1972. Sobre o pensamento antidemocrático na Alemanha do entreguerras em geral, ver SONTHEIMER, Kurt. *Antidemokratisches Denken in der Weimarer Republik*. Munique: Deutscher Taschenbuch Verlag, [1962] 1978.

Ao basear-se num conceito insustentavelmente estreito de Estado (ou seja, o Estado como o aparato técnico do Estado Normativo), os juízes legitimaram a campanha dos nazistas de despolitização do Estado. A decisão incorporou a infame afirmação hitleriana de que o Estado não governava o NSDAP, mas o NSDAP governava o Estado.[78] Isso, disse Fraenkel, significava a realização institucional de um novo conceito do político – o de Carl Schmitt.[79]

Em sua primeira exposição do argumento sobre o Estado Dual, Fraenkel descreveu Schmitt como "a figura mais proeminente da teoria do Estado neoalemã" (*"der prominenteste Kopf der neudeutschen Staatsrechtslehre"*).[80] Ele o apontou ao opróbrio, responsabilizando o famoso jurista por ter aberto o caminho, especialmente com a publicação de *Die geistesgeschichtliche Lage des heutigen Parlamentarismus* (*A crise da democracia parlamentar*) em 1934, pela ascensão do "contra-Estado nacional-socialista" (*"nationalsozialistische Gegenstaat"*). Além disso, Fraenkel censurou Schmitt por ter obscurecido deliberadamente a natureza e o significado da atividade política. Como escreveu Fraenkel: "não é de todo verdade que a substância da política (*'der Inhalt dessen, was Politik ist'*) é explicada pelo conceito do político".[81] Isso é o

---

78 FRAENKEL, Ernst. "Das Dritte Reich als Doppelstaat" [1937]. *In*: _____. *Gesammelte Schriften, vol.* 2: Nationalsozialismus und Widerstand. Coord. Alexander v. Brünneck, Hubertus Buchstein e Gerhard Göhler. Baden-Baden: Nomos, 1999, p. 514.

79 Sobre Carl Schmitt, ver, de mais recente, os textos publicados em MEIERHENRICH, Jens; SIMONS, Oliver (Coord.). *The Oxford Handbook of Carl Schmitt*. Oxford: Oxford University Press, 2016.

80 FRAENKEL, Ernst. "Das Dritte Reich als Doppelstaat" [1937]. *In*: _____. *Gesammelte Schriften, vol.* 2: Nationalsozialismus und Widerstand. Coord. Alexander v. Brünneck, Hubertus Buchstein e Gerhard Göhler. Baden-Baden: Nomos, 1999, p. 506; SCHMITT Carl. *The Crisis of Parliamentary Democracy*. Trad. Ellen Kennedy. Cambridge: MIT Press, [1923] 1988.

81 FRAENKEL, Ernst. "Das Dritte Reich als Doppelstaat" [1937]. *In*: _____. *Gesammelte Schriften, vol.* 2: Nationalsozialismus und Widerstand. Coord. Alexander v. Brünneck, Hubertus Buchstein e Gerhard Göhler. Baden-Baden: Nomos, 1999, p. 515.

que Fraenkel chamou de "função política" (*"politische Funktion"*) do conceito de político de Schmitt.[82] Ele alertou que a insistência na distinção amigo-inimigo como atributo definidor do conceito de político permitiu e legitimou a "atividade pela atividade" (*"Aktivität um der Aktivität willen"*) na busca de políticas de conflito.[83] Se a política não cuida mais de questões substantivas, mas somente de inimigos existenciais, o caminho que passa pelo Estado de Prerrogativa parece menos um desvio e mais um caminho reto em direção a uma política com mais significado. Fraenkel parafraseou Schmitt: "É de importância secundária quem é o inimigo. A chave é que existe um inimigo. Sem inimigo, não há política (...)".[84] Se acreditarmos em Fraenkel, o que Schmitt escondeu de seus leitores foi que o próprio capitalismo dependia de uma categorização do "outro", de uma divisão do mundo em amigos e inimigos: "sem um inimigo potencial, um contra quem [o país] puder ser mobilizado e armado, o capitalismo deixará de existir na Alemanha".[85]

---

[82] FRAENKEL, Ernst. "Das Dritte Reich als Doppelstaat" [1937]. *In*: _____. *Gesammelte Schriften, vol. 2*: Nationalsozialismus und Widerstand. Coord. Alexander v. Brünneck, Hubertus Buchstein e Gerhard Göhler. Baden-Baden: Nomos, 1999, p. 515.

[83] Fraenkel invoca aqui uma formulação que Hermann Heller usou em *Europa und der Fascismus* (Berlim: De Gruyter, [1929] 2014), aparentemente uma resposta fascista à questão sobre o que caracterizava a natureza do fascismo (FRAENKEL, Ernst. "Das Dritte Reich als Doppelstaat" [1937]. *In*: _____. *Gesammelte Schriften, vol. 2*: Nationalsozialismus und Widerstand. Coord. Alexander v. Brünneck, Hubertus Buchstein e Gerhard Göhler. Baden-Baden: Nomos, 1999, p. 515).

[84] FRAENKEL, Ernst. "Das Dritte Reich als Doppelstaat" [1937]. *In*: _____. *Gesammelte Schriften, vol. 2*: Nationalsozialismus und Widerstand. Coord. Alexander v. Brünneck, Hubertus Buchstein e Gerhard Göhler. Baden-Baden: Nomos, 1999, p. Fraenkel, "Das Dritte Reich als Doppelstaat" [1937], p. 517.

[85] FRAENKEL, Ernst. "Das Dritte Reich als Doppelstaat" [1937]. *In*: _____. *Gesammelte Schriften, vol. 2*: Nationalsozialismus und Widerstand. Coord. Alexander v. Brünneck, Hubertus Buchstein e Gerhard Göhler. Baden-Baden: Nomos, 1999, p. 517.

UMA ETNOGRAFIA DO DIREITO NAZISTA: OS FUNDAMENTOS...

Fraenkel foi presciente sobre a economia política da ditadura. Ele alertou sobre as consequências previsíveis do conluio entre as grandes empresas e o Estado racial. O artigo de 1937 terminava com uma nota retoricamente poderosa. Fraenkel declarou que, embutido na "racionalidade substantiva do nacional socialismo", estava um desejo de destruição do mundo. O nacional socialismo só estava "vivo", opinou ele, porque "estava se preparando para matar" ("*[der Nationalsozialismus] nur dadurch zu leben vermag, daß er sich zum Töten vorbereitet*").[86]

A primeira ofensiva de Fraenkel no *Sozialistische Warte* rapidamente se desenvolveu em um rascunho de um manuscrito clandestino intitulado *Der Doppelstaat: Ein Beitrag zur Staatslehre der deutschen Diktatur* (*O Estado Dual: uma contribuição para a teoria do Estado da ditadura alemã*; doravante *Urdoppelstaat*).[87] O tratamento do tema em forma de livro manteve a mistura única de razão e emoção – de, por um lado, análise imparcial que personificava o ideal weberiano de neutralidade de valores e, por outro, oposição vociferante à destruição nazista do *Rechtsstaat*. Dada a sua natureza explosiva, um dos clientes de Fraenkel, Wilhelm Urban, um comerciante de carvão muito ativo na resistência antinazista, escondeu temporariamente o delicado projeto.[88] O manuscrito do livro, escrito em alemão e destinado apenas ao público de sua terra

---

86 FRAENKEL, Ernst. "Das Dritte Reich als Doppelstaat" [1937]. *In*: _____. *Gesammelte Schriften, vol. 2*: Nationalsozialismus und Widerstand. Coord. Alexander v. Brünneck, Hubertus Buchstein e Gerhard Göhler. Baden-Baden: Nomos, 1999, p. 519.

87 FRAENKEL, Ernst. "Der Urdoppelstaat" [1938]. *In*: _____. *Gesammelte Schriften, vol. 2*: Nationalsozialismus und Widerstand. Coord. Alexander v. Brünneck, Hubertus Buchstein e Gerhard Göhler. Baden-Baden: Nomos, 1999, pp. 267-473.

88 FRAENKEL, Ernst. "Erklärung über die Tätigkeit des Herrn Wilhelm Urban in den Jahren 1933 bis 1938 vom 22. Oktober 1953". *BArch N 1274* (Fraenkel, Ernst)/11, reimpresso em *Gesammelte Schriften, vol. 2*: Nationalsozialismus und Widerstand. Coord. Alexander v. Brünneck, Hubertus Buchstein e Gerhard Göhler. Baden-Baden: Nomos, 1999, p. 625.

natal, chegou aos Estado Unidos via França por meio de um funcionário da embaixada francesa. Um dos colegas de maior confiança de Fraenkel nesse período – Fritz Eberhardt (o pseudônimo de Hellmut von Rauschenplat) – foi decisivo não só para que o *Urdoppelstaat* fosse escrito, mas também para que sobrevivesse.[89] Como Fraenkel recordou em seu prefácio à edição alemã de 1974:

> Este livro não poderia ter sido concluído sem o incentivo e o apoio contínuo da Internationaler Sozialistischer Kampfbund, que foi muito ativa e exemplarmente disciplinada no movimento clandestino ilegal. Durante anos, trabalhei em estreita colaboração com o Chefe de Assuntos Internos (*"Inlandsleiter"*) Dr. Hellmut von Rauschenplat (Dr. Fritz Eberhardt), responsável pela coordenação dos grupos de resistência locais do movimento, bem como pela ligação com a Diretoria de Emigração (*"Emigrationsleitung"*), baseada em Paris. Em longas caminhadas, trocávamos ideias sobre o significado e a finalidade do trabalho ilegal (*"illegaler Arbeit"*) e procurávamos obter maior clareza sobre o fenômeno do nacional-socialismo. Na esteira dessas trocas, eu ditava repetidamente as conclusões a que havíamos chegado na forma de pequenos ensaios para Fritz Eberhardt, que fazia notas estenográficas (*"in das Stenogramm diktiert"*). Nosso objetivo era que saíssem na revista *Sozialistische Warte*, do ISK, publicada em Paris e posteriormente distribuída na Alemanha na forma de panfletos ilegais (*"illegale Flugblätter"*) (...) Um desses artigos contém a versão original (*"Urfassung"*) de *The Dual State*.[90]

---

[89] É incerta a grafia do pseudônimo de von Rauschenplat. O próprio Fraenkel, na edição alemã de 1974, escreveu "Eberhardt", versão que adotei. Os responsáveis pela edição alemã de 2012 de *O Estado Dual* fizeram o mesmo. Contudo, tanto o biógrafo de Fraenkel quanto os organizadores de suas obras reunidas optaram por "Eberhard".

[90] FRAENKEL, Ernst. "Prefácio à edição alemã de 1974". *In*: _____. *O Estado Dual*: uma contribuição à teoria da ditadura. São Paulo: Contracorrente, 2024, p. 22.

Ao longo de sua vida, Fraenkel afirmou que o surgimento do conceito de Estado Dual residiu em seus encontros pessoais com o regime de Hitler – como advogado, social-democrata e judeu. Embora tenha sido autorizado a exercer a advocacia por ser veterano da Primeira Guerra Mundial, Fraenkel foi vítima de discriminação e intimidação oficial e não oficial. Essa experiência esquizofrênica suscitou a ideia do Estado Dual como metáfora e conceito – um Estado que consiste em duas metades, com imperativos conflitantes. Fraenkel descreveu as origens de seu manuscrito clandestino de maneira mais eloquente (e abrangente) no prefácio à edição alemã de 1974 de *O Estado Dual*, que aparece neste volume:

> O livro é resultado de uma emigração interna (*"innere Emigration"*). Sua primeira versão, que também é a base desta edição alemã, foi escrita em uma atmosfera de alegalidade e de terror. Baseava-se em fontes que coletei na Berlim nacional-socialista e em impressões que me eram impostas dia após dia (*"die sich mir tagtäglich aufgedrängt haben"*). Ele foi concebido a partir da necessidade de dar sentido teórico a essas experiências para poder lidar com elas. Elas decorrem principalmente, embora não exclusivamente, de meu trabalho como advogado militante em Berlim entre os anos de 1933 e 1938.
>
> Apesar de ser judeu, devido ao meu serviço militar durante a [Primeira] Guerra [Mundial], fui autorizado a exercer a advocacia mesmo depois de 1933. A ambivalência de minha existência burguesa fez com que eu ficasse particularmente sintonizado com o caráter contraditório (*"Widersprüchlichkeit"*) do regime de Hitler. Embora, do ponto de vista legal, portasse os direitos de um membro da advocacia, ainda assim estava sujeito a perseguições, discriminações e humilhações que emanavam exclusivamente do *staatstragende Partei* [literalmente: partido político de sustentação do Estado, ou seja, o partido nazista no poder]. Quem não fechou os olhos à realidade das práticas administrativas e judiciais da ditadura de Hitler deve ter sido afetado pelo frívolo cinismo com que o Estado e o partido [nazista] colocaram

em questão, em esferas inteiras da vida, a validade do ordenamento jurídico e, ao mesmo tempo, aplicaram, com rigor
burocrático ("*mit bürokratischer Exaktheit*"), exatamente
as mesmas disposições legais em situações ditas diferentes
("*anders bewerteten Situationen*").[91]

Em termos metodológicos, *O Estado Dual* exemplifica a prática
de "extrair novas ideias olhando de perto".[92] Deixando de lado a
observação participante, grande parte do *Urdoppelstaat* baseou-se
em fontes secundárias, bem como em processos judiciais. Fraenkel
realizou esse trabalho na famosa *Staatsbibliothek* de Berlim, na
época a maior biblioteca do mundo de língua alemã. É importante
apreciar plenamente a realização acadêmica de Fraenkel: ele conseguiu pesquisar e escrever – de dentro da Alemanha nazista – uma
análise sofisticada da formação institucional, transformação e de-
formação tanto do direito quanto do Estado do país onde nasceu,
e o fez com base exclusivamente em observação participantes e
fontes aceitáveis para os nazistas.[93] E com pouca consideração por
sua segurança. Quanto contou, anos mais tarde, sobre seus dias de
pesquisa de materiais para o *Urdoppelstaat*, Fraenkel lembrou que
tentou confundir e afastar os espiões nazistas da *Staatsbibliothek*
encomendando uma série de títulos sem qualquer relação entre si
e sobre todos os temas imagináveis.

Apesar do fato de os estudos insurgentes de Fraenkel ocuparem
grande parte de seu tempo, ele continuou a exercer a advocacia

---

91 FRAENKEL, Ernst. "Prefácio à edição alemã de 1974". *In:* _____. *O Estado Dual*: uma contribuição à teoria da ditadura. São Paulo: Contracorrente, 2024, p. 18.

92 COLLIER, David. "Data, Field Work, and Extracting New Ideas at Close Range". *APSA- CP*: Newsletter of the Organized Section in Comparative Politics of the American Political Science Association, n° 10, 1999, pp. 1-6.

93 FRAENKEL, Ernst. "Preface" [1939]. New York Public Library, Manuscripts and Archives Division, American Committee for the Guidance of Professional Personnel records, Box 2, Fraenkel, Ernst, *The Dual State*.

nos tribunais do "Terceiro Reich". Ele costumava descrever para amigos seu papel durante a transição do autoritarismo para o totalitarismo na Alemanha nazista como o de um controlador de tráfego ("*Weichensteller*"):

> Ou seja, considerei parte essencial de meus esforços garantir que determinado caso fosse tratado de acordo com o "Estado Normativo" e não com o "Estado de Prerrogativa". Colegas com quem mantive relações amigáveis confirmaram que eles também trabalharam repetidamente para garantir que seus clientes fossem punidos em um tribunal ("*daß ihre Mandanten gerichtlich bestraft würden*") [em vez de arriscar que fossem punidos arbitrariamente pelo Estado de Prerrogativa].[94]

Eventualmente, o Estado de Prerrogativa voltou-se contra o próprio Fraenkel. Quando, em 1935, o seu nome apareceu numa lista da *Gestapo* de trezes advogados cuja representação de réus do SPD irritara as autoridades nazistas, Fraenkel e sua esposa decidiram procurar refúgio fora do país. Eles deixaram a Alemanha em 20 de setembro de 1938, apenas seis semanas antes do primeiro pogrom sistemático contra os judeus – conhecido pelo eufemismo "*Kristallnacht*" [Noite dos Cristais] –, durante o qual 267 sinagogas foram destruídas, cerca de 7.500 estabelecimentos comerciais de judeus foram vandalizados, saqueados ou os dois, e 30.000 homens judeus foram presos e transferidos para campos de concentração.[95]

Depois de uma breve estada em Londres, para onde os colegas advogados de Fraenkel, Otto Kahn-Freund e Franz Neumann, haviam emigrado anteriormente, os Fraenkel fugiram para Nova York. Conexões familiares garantiram sua entrada nos Estados

---

94 FRAENKEL, Ernst. "Prefácio à edição alemã de 1974". *In*: _____. *O Estado Dual*: uma contribuição à teoria da ditadura. São Paulo: Contracorrente, 2024, p. 22.

95 WACHSMANN, Nikolaus. *KL*: A History of the Nazi Concentration Camps. Nova York: Little, Brown, 2015, p. 181.

Unidos e facilitaram a obtenção de vistos. A carga mais importante de Fraenkel – a que ele chamava de *Urdoppelstaat* – viajou com um funcionário da embaixada francesa em Berlim. O corajoso diplomata que Eberhardt convocara para a causa escondeu o manuscrito do livro em sua bagagem diplomática e o contrabandeou para Paris – garantindo assim a sobrevivência da obra.[96] Sabemos agora que uma cópia carbono foi enterrada como garantia no jardim de Otto e Susanne Suhr, mas foi a cópia que viajou em segurança do *Urdoppelstaat* que serviu de base para a revisão no exílio.[97] Esse primeiro rascunho constituiu o núcleo de *O Estado Dual*.[98]

Alexander v. Brünneck, o editor das obras reunidas de Fraenkel do período nazista, detectou "diferenças significativas" entre o *Urdoppelstaat* (concluído em 1938) e *O Estado Dual* (concluído em 1940). O próprio Fraenkel minimizou tais diferenças, sugerindo que tinham caráter mais semântico que substantivo.[99] Mas v. Brünneck, um acadêmico de longa data e ex-aluno de Fraenkel, está, sem dúvida, correto. Quatro grandes diferenças se destacam.

---

[96] Fraenkel, por exemplo, usou o termo *"Ur-Doppelstaat"* (hoje normalmente grafado como *Urdoppelstaat*) em seu prefácio à primeira edição alemã de *O Estado Dual*, publicada em 1974. Ver seu "Prefácio à edição alemã de 1974". Nessa época, pensava-se que a versão original em alemão estava perdida. Ela reapareceu só anos mais tarde.

[97] FRAENKEL, Ernst. "Prefácio à edição alemã de 1974". *In*: _____. *O Estado Dual*: uma contribuição à teoria da ditadura. São Paulo: Contracorrente, 2024, p. 22. A fonte desse relato sobre a cópia em carbono é Wolfgang Müller. Ele afirmou isso em 29 de setembro de 2009, conforme consta em LADWIG-WINTERS, Simone. *Ernst Fraenkel*: Ein politisches Leben. Nova York: Campus Verlag, 2009, p. 357, nota 148. Otto Suhr, um social-democrata, foi um amigo de toda a vida de Fraenkel. Entre 1955 e sua morte em 1957, Suhr foi prefeito de Berlim Ocidental. Em 1920, Suhr fundou o *Deutsche Hochschule für Politik*, o primeiro departamento de ciência política do país.

[98] FRAENKEL, Ernst. "Prefácio à edição alemã de 1974". *In*: _____. *O Estado Dual*: uma contribuição à teoria da ditadura. São Paulo: Contracorrente, 2024, p. 15.

[99] FRAENKEL, Ernst. "Prefácio à edição alemã de 1974". *In*: _____. *O Estado Dual*: uma contribuição à teoria da ditadura. São Paulo: Contracorrente, 2024, pp. 15/16.

UMA ETNOGRAFIA DO DIREITO NAZISTA: OS FUNDAMENTOS...

Em primeiro lugar, o *Urdoppelstaat* era mais curto do que *O Estado Dual*. Pela estimativa do próprio Fraenkel, o *Urdoppelstaat* compôs não mais do que 60% do manuscrito de *O Estado Dual*.[100] Se compararmos a extensão de ambas as versões tal como aparecem (em alemão) nas obras reunidas, é óbvio que a estimativa de Fraenkel estava errada.[101] Embora seja verdade que a versão (alemã) publicada em 1974 era mais longa que o *Urdoppelstaat*, a diferença era menos substancial do que Fraenkel pensava. Enquanto a reimpressão de 1999 nas obras reunidas da tradução alemã de 1974 (uma retradução da edição da Oxford University Press de 1941) chega a 226 páginas, a reimpressão do *Urdoppelstaat* tem 206 páginas. Se esta segunda versão tivesse as dimensões que Fraenkel imaginava, sua impressão nas obras reunidas deveria chegar a pouco mais de 136 páginas.[102] Em outras palavras, o *Urdoppelstaat* era mais curto que *O Estado Dual*, mas só um pouco, muito menos do que Fraenkel argumentou.

Deixando de lado essas semelhanças inesperadas em termos de extensão, certas seções de *O Estado Dual* são mais elaboradas,

---

100 FRAENKEL, Ernst. *Letter to Alexander v. Brünneck*, April 23, 1970, BArch N 1274 (Fraenkel, Ernst)/98. Ver também BRÜNNECK, Alexander v. "Vorwort zu diesem Band". *In*: FRAENKEL, Ernst. *Gesammelte Schriften, vol. 5*: Demokratie und Pluralismus. Coord. Alexander v. Brünneck. Baden-Baden: Nomos, 2007, pp. 9-36, esp. pp. 21-25.

101 Compare-se FRAENKEL, Ernst. "Der Urdoppelstaat"; e "Der Doppelstaat" [1974]. *In*: _____. *Gesammelte Schriften, vol. 2*: Nationalsozialismus und Widerstand. Coord. Alexander v. Brünneck, Hubertus Buchstein e Gerhard Göhler. Baden-Baden: Nomos, 1999, pp. 33-266.

102 FRAENKEL, Ernst. "Der Doppelstaat" [1974]. *In*: _____. *Gesammelte Schriften, vol. 2*: Nationalsozialismus und Widerstand. Coord. Alexander v. Brünneck, Hubertus Buchstein e Gerhard Göhler. Baden-Baden: Nomos, 1999, pp. 33-259 (exceto três apêndices que não faziam parte nem do *Urdoppelstaat* nem da edição em inglês de 1941); FRAENKEL, Ernst. "Der Doppelstaat" [1938]. *In*: _____. *Gesammelte Schriften, vol. 2*: Nationalsozialismus und Widerstand. Coord. Alexander v. Brünneck, Hubertus Buchstein e Gerhard Göhler. Baden-Baden: Nomos, 1999, pp. 267-473. Para fins de comparação, a edição em inglês de 1941 tinha 248 páginas ao todo.

outras menos, do que no *Urdoppelstaat*. Ver Tabela 1. Para a publicação de *O Estado Dual*, Fraenkel condensou substancialmente o Capítulo II da Parte II, que analisa o ataque nazista ao direito natural na Alemanha. A versão revisada é cinco páginas mais curta. A parte sobre a influência de Hegel na teoria jurídica nazista foi eliminada. Aspectos dessa análise foram integradas por Fraenkel numa versão ampliada do que ele chamou em 1941 de "direito natural secular" (*"das weltliche Naturrecht"*) – e que ele distinguiu do "direito natural cristão" (*"das christliche Naturrecht"*).[103] Diferenças mais significativas são visíveis na Parte III. Nela, Fraenkel expandiu sua análise da economia política do Estado Dual. No *Urdoppelstaat*, ele dedicou oito páginas ao tema; três anos depois, a análise dobrou de tamanho. Isso é interessante devido a uma segunda diferença substantiva entre o *Urdoppelstaat* e *O Estado Dual*.

---

[103] FRAENKEL, Ernst. "Der Doppelstaat" [1974]. *In*: _____. *Gesammelte Schriften, vol. 2*: Nationalsozialismus und Widerstand. Coord. Alexander v. Brünneck, Hubertus Buchstein e Gerhard Göhler. Baden-Baden: Nomos, 1999, pp. 173-184; FRAENKEL, Ernst. "Der Doppelstaat" [1938]. *In*: _____. *Gesammelte Schriften, vol. 2*: Nationalsozialismus und Widerstand. Coord. Alexander v. Brünneck, Hubertus Buchstein e Gerhard Göhler. Baden-Baden: Nomos, 1999, pp. 384-400.

UMA ETNOGRAFIA DO DIREITO NAZISTA: OS FUNDAMENTOS...

Tabela 1 - Comparação de *Urdoppelstaat* (1938) e *O Estado Dual* (1941): estrutura, organização e extensão

Urdoppelstaat (1938)	*O Estado Dual* (1941)
Parte I: *Die Rechtsordnung des Doppelstaates* (97 páginas)	Parte I: *Die Rechtsordnung des Doppelstaates* (103 páginas)
Capítulo I: *Der Maßnahmenstaat* (52 páginas)	Capítulo I: *Der Maßnahmenstaat* (57 páginas)
Capítulo II: *Die Grenzen des Maßnahmenstaates* (8 páginas)	Capítulo II: *Die Grenzen des Maßnahmenstaates* (6 páginas)
Capítulo III: *Der Normenstaat* (33 páginas)	Capítulo III: *Der Normenstaat* (36 páginas)
Parte II: *Die Rechtslehre des Doppelstaates* (49 páginas)	Parte II: *Die Rechtslehre des Doppelstaates* (45 páginas)
Capítulo I: *Die Negation des rationalen Naturrechts durch den Nationalsozialismus* (6 páginas)	Capítulo I: *Die Ablehnung des rationalen Naturrechts durch den Nationalsozialismus* (7 páginas)
Capítulo II: *Der Nationalsozialismus in Kampf gegen die Restbestände des rationalen Naturrechts* (22 páginas)	Capítulo II: *Der Nationalsozialismus im Kampf gegen das Naturrecht* (17 páginas)
Capítulo III: *Nationalsozialismus und gemeinschaftliches Naturrecht* (17 páginas)	Capítulo III: *Nationalsozialismus und gemeinschaftliches Naturrecht* (17 páginas)
Parte III: *Die Rechtswirklichkeit des Doppelstaates* (54 páginas)	Parte III: *Die Rechtswirklichkeit des Doppelstaates* (56 páginas)
Capítulo I: *Die Rechtsgeschichte des Doppelstaates* (18 páginas)	Capítulo I: *Die Rechtsgeschichte des Doppelstaates* (17 páginas)
Capítulo II: *Die Oekonomie des Doppelstaates* (8 páginas)	Capítulo II: *Die ökonomischen Grundlagen des Doppelstaates* (16 páginas)
Capítulo III: *Die Soziologie des Doppelstaates* (24 páginas)	Capítulo III: *Die Soziologie des Doppelstaates* (19 páginas)

Nota: Por uma questão de precisão, a comparação baseia-se nas edições alemãs de 1999 de ambos os livros, tal como aparecem nas obras reunidas de Ernst Fraenkel. Ver FRAENKEL, Ernst. "Der Urdoppelstaat" [1938]. *In*: _____. *Gesammelte Schriften*, vol. 2: Nationalsozialismus und Widerstand. Coord. Alexander v. Brünneck, Hubertus Buchstein e Gerhard Göhler. Baden-Baden: Nomos, 1999, pp. 267-473; e FRAENKEL, Ernst. "Der Doppelstaat" [1974]. *In*: _____. *Gesammelte Schriften*, vol. 2: Nationalsozialismus und Widerstand. Coord. Alexander v. Brünneck, Hubertus Buchstein e Gerhard Göhler. Baden-Baden: Nomos, 1999, pp. 33-266. Para efeitos deste exercício, deixo de lado por enquanto as diferenças editoriais e substantivas entre a edição inglesa de 1941 e a edição alemã de 1974. Esta foi produto de uma retradução ligeiramente modificada daquela.

Há poucas evidências em *O Estado Dual* da análise funciona-lista e com viés de classe do direito e da sociedade que caracterizou partes do *Urdoppelstaat*, bem como o artigo de 1937 que o prece-deu. A posição teórica do argumento original deveu-se certamente à socialização de esquerda de Fraenkel, bem como à crescente desi-gualdade social na Alemanha do entreguerras, que ele testemunhou ano após ano. A mudança para a classe como variável conceitual veio facilmente, mas Fraenkel foi mais cauteloso na mobilização da teoria materialista da história do que alguns de seus contemporâneos, incluindo Neumann.[104] Por exemplo, numa seção do *Urdoppelstaat* que não foi incluída no livro de 1941, Fraenkel distanciou-se expli-citamente das principais interpretações comunistas:

> Estamos longe de afirmar que a agricultura de grande escala (*"Großagrarier"*) e a indústria pesada erigiram o movimento de Hitler como seu vassalo (*"Hausknecht"*), por assim dizer. O curso da história mundial não pode ser explicado em termos tão simplistas, nem a concepção materialista da história (*"die materialistische Geschichtsauffassung"*) pode ser aplicada de maneira tão grosseira.[105]

A posição de Fraenkel era mais nuançada. Ele também acre-ditava que a lógica peculiar do capitalismo na Alemanha tinha de-sempenhado um papel na ascensão nazista. No entanto, a sua lógica causal era menos reducionista do que a dos comunistas alemães. Era

---

104 Ver, por exemplo, a brilhante resenha feita por Franz Neumann do livro de 1935 de Harold Laski, *The State in Theory and Practice*, saudando-o por chegar a "uma conclusão verdadeiramente marxista". Ver NEUMANN, Franz. "On the Marxist Theory of the State" [1935]. *In*: TRIBE, Keith (Coord.). *Social Democracy and the Rule of Law*: Otto Kirchheimer and Franz Neumann. Londres: Allen and Unwin, 1987, p. 76.

105 FRAENKEL, Ernst. "Der Doppelstaat" [1938]. *In*: _____. *Gesammelte Schriften, vol. 2*: Nationalsozialismus und Widerstand. Coord. Alexander v. Brünneck, Hubertus Buchstein e Gerhard Göhler. Baden-Baden: Nomos, 1999, p. 441.

de origem social-democrata, impregnada de ideias socialistas, não comunistas. Para sua elaboração, Fraenkel fez uso, entre outros, do trabalho do economista estadunidense nascido na Áustria, Joseph Schumpeter, que viria a publicar, em 1942, *Capitalismo, socialismo e democracia*.[106] No *Urdoppelstaat*, Fraenkel invocou o artigo de Schumpeter "Sociologia dos imperialismos".[107] No ensaio de 1918, Schumpeter, embora não lhe fosse antipático, lançou dúvidas sobre o poder explicativo da "teoria neomarxista" para explicar o fenômeno da expansão imperialista.[108] Com a ajuda e uma análise histórica comparativa de casos empíricos do imperialismo, Schumpeter perfurou a ambição universalizante da concepção materialista da história. Fraenkel aplicou a essência do argumento de Schumpeter ao caso do nazismo. Raciocinando por analogia, argumentou que o nacional-socialismo não era um produto do capitalismo; em vez disso, o nacional-socialismo (tal como o nacionalismo e o militarismo no caso de Schumpeter) foi "capitalizado", com o efeito de que o nacional-socialismo estava recrutando o seu melhor pessoal (*"beste Kräfte"*) das fileiras capitalistas.[109] Como Schumpeter, Fraenkel foi influenciado pelo pensamento marxista. Mas nenhum dos dois engoliu todo o quadro teórico. A relação entre o capitalismo e o nacional-socialismo, segundo Fraenkel, era mutuamente constitutiva: o primeiro atrai o último e assim o sustenta; este, por sua vez, transforma gradativamente a natureza do primeiro.

---

106 SCHUMPETER, Joseph A. *Capitalism, Socialism, and Democracy*. Nova York: Harper, 1942.

107 SCHUMPETER, Joseph A. "The Sociology of Imperialisms" [1918]. *In*: _____. *The Economics and Sociology of Capitalism*. Org. Richard Swedberg. Princeton: Princeton University Press, 1991, pp. 141-219.

108 SCHUMPETER, Joseph A. "The Sociology of Imperialisms" [1918]. *In*: _____. *The Economics and Sociology of Capitalism*. Org. Richard Swedberg. Princeton: Princeton University Press, 1991, p. 144.

109 FRAENKEL, Ernst. "Der Doppelstaat" [1938]. *In*: _____. *Gesammelte Schriften, vol. 2*: Nationalsozialismus und Widerstand. Coord. Alexander v. Brünneck, Hubertus Buchstein e Gerhard Göhler. Baden-Baden: Nomos, 1999, p. 441.

Traços remanescentes dessa interpretação podem ser encontrados no rascunho da tradução ao inglês (doravante denominado rascunho da NYPL, em referência à Biblioteca Pública de Nova York, onde está guardado). Em uma parte do manuscrito datilografado, por exemplo, Fraenkel argumentou o seguinte:

> A ordem jurídica do Terceiro Reich é completamente racionalizada num sentido funcional em relação à regulação da produção e da troca de acordo com métodos capitalistas. Mas a atividade econômica do capitalismo tardio não é substancialmente racional. Por essa razão, recorreu a métodos políticos, ao mesmo tempo que atribuiu a esses métodos a ausência de conteúdo de uma atividade irracional. O capitalismo, no seu ponto alto, foi um sistema de racionalidade substancial que, apoiando-se na harmonia pré-estabilizada [sic] que guiava os seus destinos, esforçou-se para remover obstáculos irracionais. Quando a crença na racionalidade substancial do capitalismo desapareceu, as suas organizações funcionalmente racionalizadas permaneceram. Qual é o caráter da tensão que surge em consequência dessa justaposição de uma racionalidade substancial em processo de desaparecimento e de uma racionalidade funcional maximamente desenvolvida?[110]

Essa seção mobilizou Marx e Weber. A abordagem era marxista, a argumentação, weberiana. Mas Fraenkel também recorreu ao trabalho de Karl Mannheim sobre a natureza da racionalidade (que discutirei mais detalhadamente abaixo), especialmente à sua argumentação sobre as origens econômicas da ditadura no caso da Alemanha nazista.

---

[110] New York Public Library, Manuscripts and Archives Division, American Committee for the Guidance of Professional Personnel records, Box 2, Fraenkel, Ernst *The Dual State*. Aqui e nas próximas referências ao rascunho da NYPL, incorporo nos trechos citados, sem indicações, todas as correções feitas a mão por Fraenkel.

Fraenkel suavizou essa interpretação funcional da ditadura nazista na transição do *Urdoppelstaat* para *O Estado Dual*. Fraenkel, provavelmente com base em conversas com mentores e colegas, decidiu que o público estadunidense que esperava alcançar com a publicação de uma edição em inglês poderia não apreciar uma interpretação abertamente marxista da história alemã. Isso nos leva a uma terceira grande diferença entre o *Urdoppelstaat* e *O Estado Dual*: o tom. A prosa do *Urdoppelstaat* era consideravelmente mais apaixonada do que a de *O Estado Dual*. Grandes partes do primeiro texto tinham mais em comum com as intervenções ensaísticas de Fraenkel em nome do ISK nas décadas de 1920 e 1930 do que com a análise imparcial pela qual *O Estado Dual* é merecidamente conhecido. A mudança de tom foi consequência da mudança de público-alvo. Enquanto Fraenkel redigiu o *Urdoppelstaat* tendo em mente os leitores alemães, ele concebeu *O Estado Dual* para um público muito mais amplo. Para tanto, a linguagem, a terminologia, as referências empíricas e até mesmo a argumentação precisaram ser repensadas e ajustadas. Mas os esforços valeram a pena. Na transição do *Urdoppelstaat* para *O Estado Dual*, um ato de resistência transformou-se numa contribuição acadêmica.

Em quarto lugar, os tradutores de Fraenkel, presumivelmente em extensa conversa com o próprio autor, traduziram o seu conceito de *Maßnahmenstaat* (literalmente: Estado de Medidas) como "Estado de Prerrogativa". Para justificar essa inovação conceitual e evitar mal-entendidos, Fraenkel incluiu na edição inglesa de 1941 uma discussão de duas páginas sobre o conceito de prerrogativa em John Locke, com o qual a sua noção de Estado de Prerrogativa não deve ser confundida.[111] Como escreveu Fraenkel: "pode-se

---

111 FRAENKEL, Ernst. *O Estado Dual*: uma contribuição à teoria da ditadura. São Paulo: Contracorrente, 2024, pp. 230/231. Sobre o conceito de prerrogativa de Locke, ver, por exemplo, PASQUINO, Pasquale. "Locke on King's Prerogative". *Political Theory*, vol. 26, 1998, pp. 198-208. Em geral, ver FATOVIC, Clement. "The Political Theology of Prerogative: The

presumir que existe uma conexão entre a doutrina constitucional neoalemã [da prerrogativa] e a teoria de Locke. Tal hipótese, no entanto, seria incorreta".[112] Fraenkel prossegue mostrando como a teoria de Locke não foi capaz de exercer influência nos principais países (Inglaterra, França, Estados Unidos) e nos principais pensadores (Thomas Jefferson, Montesquieu). Em *O Estado Dual*, Fraenkel citou uma passagem do § 158 do *Segundo tratado sobre o governo civil* para capturar a definição dada por Locke ao conceito: "a prerrogativa não é senão um poder (...) para promover o bem público na ausência de um dispositivo legal".[113] O portador da prerrogativa, na concepção de Locke, governa "na ausência de um dispositivo legal (...) e às vezes mesmo contra ele".[114]

Apesar das semelhanças conceituais entre a noção de prerrogativa de Fraenkel e a de Locke, Fraenkel foi inflexível ao afirmar que não estava mobilizando a doutrina de Locke sobre a separação de poderes. E ele tinha razão, pois o poder extralegal não era um poder arbitrário.[115] A compreensão de Locke da prerrogativa estava imbuída de valores paternalistas. Embora o titular da prerrogativa decidisse a exceção, tratava-se de um poder benigno. Fraenkel (e os seus tradutores) tirou de contexto um termo chave do pensamento

---

Jurisprudential Miracle in Liberal Constitutional Thought". *Perspectives on Politics*, vol. 6, 2008, pp. 487-501.

[112] FRAENKEL, Ernst. *O Estado Dual*: uma contribuição à teoria da ditadura. São Paulo: Contracorrente, 2024, p. 230.

[113] FRAENKEL, Ernst. *O Estado Dual*: uma contribuição à teoria da ditadura. São Paulo: Contracorrente, 2024, p. 230. Ver LOCKE, John. *Two Treatises of Government*. Org. Peter Laslett. Cambridge: Cambridge University Press, [1690] 1988, p. 373, § 158.

[114] LOCKE, John. *Two Treatises of Government*. Org. Peter Laslett. Cambridge: Cambridge University Press, [1690] 1988, p. 375, § 159.

[115] PASQUINO, Pasquale. "Locke on King's Prerogative". *Political Theory*, vol. 26, 1998, p. 205.

de Locke, transformando assim o portador da prerrogativa num poder totalmente maligno – um poder "que tende ao mal".[116]

O Estado Dual (1941)

Nos Estados Unidos, Fraenkel reescreveu o *Urdoppelstaat* para leitores estadunidenses e ingleses. A sua análise inovadora teria envelhecido muito pior – e provavelmente não precisaria ser republicada no século XXI – se Fraenkel não a tivesse revisado extensivamente no exílio. No prefácio à edição alemã de 1974, que aparece traduzido pela primeira vez nesta edição de *O Estado Dual*, ele descreveu a transcrição do manuscrito do *Urdoppelstaat* para o manuscrito da Oxford University Press assim:

> Na redação do manuscrito e em sua tradução para o inglês foi dada ênfase especial à explicação do sistema de governo ("*Herrschaftsstruktur*") do Terceiro Reich em categorias acadêmicas familiares ao leitor americano com formação social e científica – parafraseando-as, se necessário, para torná-las mais compreensíveis. Preciso, contudo, assinalar termos fundamentais como "*Ausnahmezustand*" [que se traduz com maior precisão como estado de exceção] e "Lei Marcial". Uma tradução do texto alemão para o inglês só fazia sentido se também envolvesse uma transposição ("*Transponierung*") de conceitos do nacional-socialismo para o sistema de governo ("*Regierungssystem*") americano.[117]

O manuscrito resultante, traduzido para o inglês por Edward A. Shils, um sociólogo da Universidade de Chicago que mais tarde trabalhou com Talcott Parsons, em colaboração com

---

116 "Que tende ao mal" é a tradução do termo latino "*malignus*".

117 FRAENKEL, Ernst. "Prefácio à edição alemã de 1974". *In:* _____. *O Estado Dual*: uma contribuição à teoria da ditadura. São Paulo: Contracorrente, 2024, p. 16.

Edith Löwenstein (escrito incorretamente "Lowenstein" na folha de rosto) e Klaus Knorr, combinou de maneira convincente uma análise astuta de dados etnográficos (e qualitativos) e uma tendência ao raciocínio teórico. Ele representou uma narrativa analítica poderosa de sua época. Após meses de revisão do *Urdoppelstaat*, Fraenkel conseguiu um contato com a Oxford University Press para publicá-lo. Várias organizações, instituições e indivíduos forneceram subvenções para ajudar na conclusão e na produção do livro, inclusive a Associação Americana para a Liberdade Cultural Alemã, o corpo docente da pós-graduação da New School for Social Research e o Instituto Internacional de Pesquisa Social, sendo este último o famoso *Institut für Sozialforschung* no exílio, anteriormente baseado em Frankfurt, Alemanha, e desde meados de 1934 sediado na Universidade de Columbia.[118]

Seria possível pensar que o grande número de acadêmicos emigrados da Alemanha que encontraram refúgio na cidade de Nova York criou um ambiente intelectual estimulante para a transformação do *Urdoppelstaat* em *O Estado Dual*. Afinal de contas, Fraenkel era um nome familiar na Alemanha e se diz que suas publicações da era de Weimar alcançaram mais de 100 mil leitores.[119] Isso não aconteceria. Fraenkel teria um rude despertar. Não houve interesse por parte dos principais intelectuais da comunidade de refugiados num estudo sobre as origens jurídicas da ditadura. Ninguém parecia pensar que uma publicação para o mercado de língua inglesa fosse necessária. A resposta positiva, mas morna, de Max Horkheimer ilustra a o humor geral. No início de 1939, Fraenkel compartilhou uma das versões do manuscrito do livro com Horkheimer. Ele respondeu em 9 de fevereiro:

---

[118] JAY, Martin. *The Dialectical Imagination*: A History of the Frankfurt School and the Institute of Social Research 1923-1950. 2ª ed. Berkeley: University of California Press, 1996, p. 39.

[119] A informação vem de LADWIG-WINTERS, Simone. *Ernst Fraenkel*: Ein politisches Leben. Nova York: Campus Verlag, 2009, p. 140.

UMA ETNOGRAFIA DO DIREITO NAZISTA: OS FUNDAMENTOS...

Mas o trabalho não é importante somente porque oferece a primeira análise da jurisprudência e dos trabalhos acadêmicos. Ele também apresenta uma riqueza de detalhes empíricos (*"Fülle der Einzelheiten"*) de uma perspectiva teórica que, em minha opinião, é de relevância decisiva (*"entscheidener Bedeutung"*) não só para a produção de conhecimento (*"Erkenntnis"*) mas também para uma crítica aos pontos de vista nacional-socialistas.[120]

Horkheimer não apoiou a publicação de O *Estado Dual*. Fraenkel estava praticamente sozinho ao pensar que uma análise acadêmica aprofundada da transição *para* a ditadura nazista era necessária, e mesmo essencial, para se planejar uma transição *da* ditadura nazista. Apesar da indiferença geral dirigidas a Fraenkel e a seu trabalho, ele perseverou. *Vários especialistas comentaram o manuscrito que estava em preparação, incluindo Max Rheinstein, Franz Neumann e, talvez mais significativamente, Carl J. Friedrich, professor de governo na Universidade de Harvard e um dos cientistas políticos mais influentes em meados do século* XX. O endosso e o envolvimento de Friedrich com o projeto de Fraenkel influenciaram nas deliberações da Oxford University Press sobre a publicação de O *Estado Dual*.

A Biblioteca Pública de Nova York detém uma cópia datilografada do manuscrito do que eventualmente se tornou o livro da Oxford University Press.[121] Tal cópia consiste em um prefácio, um índice e alguns capítulos, com um grande número de correções

---

120 HORKHEIMER, Max. *Carta a Ernst Fraenkel*, 9 de fevereiro de 1939, citada em LADWIG-WINTERS, Simone. *Ernst Fraenkel*: Ein politisches Leben. Nova York: Campus Verlag, 2009, p. 148.

121 New York Public Library, Manuscripts and Archives Division, American Committee for the Guidance of Professional Personnel records, Box 2, Fraenkel, Ernst *The Dual State*.

manuscritas.[122] O prefácio é datado de 2 de novembro de 1939, com Chicago indicada como a cidade onde foi escrito. Em termos de organização e conteúdo, o texto datilografado difere em aspectos pouco relevantes da versão publicada. Apesar de as centenas de adições, exclusões, inserções, ajustes e correções terem alterado o manuscrito, na maior parte das vezes melhorando-o, elas não modificaram profundamente a arquitetura e o argumento, exceto talvez no Capítulo II da Parte II, que, no manuscrito de novembro de 1939, ainda estava intitulado "A economia do Estado Dual", tal como estava no *Urdoppelstaat* ("*Die Oekonomie des Doppelstaates*").[123] Na versão publicada em 1941, o título do capítulo foi alterado para "O contexto econômico do Estado Dual", formulação que foi alterada para "Os fundamentos econômicos do Estado Dual" ("*Die ökonomischen Grundlagen des Doppelstaates*") na retradução para a edição alemã de 1974.[124] Ver também a Tabela 1. Essas duas alterações podem ser consideradas de caráter editorial. Ou então, o primeiro ajuste pode ser interpretado como uma mudança deliberada e *substantiva* de ênfase, com o efeito pretendido de atenuar, especialmente para o público estadunidense, a interpretação econômica de Fraenkel da ascensão e das consequências do fenômeno do Estado Dual na Alemanha nazista. Essa interpretação se apoia numa leitura mais atenta da cópia datilografada corrigida.

Ali, em vários parágrafos riscados à mão, vemos Fraenkel suavizar a linguagem do original. Diferente do que ocorria no

---

[122] As correções foram feitas com diferentes caligrafias; uma delas se parecia com a de Fraenkel.

[123] New York Public Library, Manuscripts and Archives Division, American Committee for the Guidance of Professional Personnel records, Box 2, Fraenkel, Ernst *The Dual State*; FRAENKEL, Ernst. "Der Doppelstaat" [1938]. *In*: _____. *Gesammelte Schriften, vol. 2*: Nationalsozialismus und Widerstand. Coord. Alexander v. Brünneck, Hubertus Buchstein e Gerhard Göhler. Baden-Baden: Nomos, 1999, pp. 270 e 440.

[124] FRAENKEL, Ernst. *O Estado Dual*: uma contribuição à teoria da ditadura. São Paulo: Contracorrente, 2024, p. 15.

Urdoppelstaat, a questão de saber se o nazismo representava uma forma de capitalismo já não estava no primeiro plano da análise do Capítulo II da Parte III.[125] Em vez disso, Fraenkel examinou as determinações econômicas do Estado Dual de uma maneira menos ortodoxa. Ainda se tratava de uma perspectiva estrutural, mas que partia de uma concepção não tão abertamente marxista. Em consequência disso, "a *estrutura* econômica do Estado Dual" tornou-se "a *política* econômica do Estado Dual", uma mudança semântica mantida no livro publicado.[126] A mudança de tom e de perspectiva – que, sem dúvida, mexeu no conteúdo e não foi meramente cosmética – resultou numa análise matizada da evolução econômica da Alemanha do entreguerras duas vezes maior que a presente no *Urdoppelstaat*. Isso foi um sinal do desenvolvimento intelectual de Fraenkel, muito provavelmente em resposta a conversas e intercâmbios que ele manteve nos Estados Unidos, especialmente em Chicago. No prefácio do texto datilografado e do livro de 1941, por exemplo, Fraenkel agradeceu a Gerhard Meyer, da Universidade de Chicago, por ter-lhe fornecido "manuscritos inéditos sobre o sistema econômico do Terceiro Reich", um reconhecimento que se torna ainda mais caloroso nos agradecimentos publicados.[127]

---

125 LADWIG-WINTERS, Simone. *Ernst Fraenkel*: Ein politisches Leben. Nova York: Campus Verlag, 2009, p. 144.

126 Ver New York Public Library, Manuscripts and Archives Division, American Committee for the Guidance of Professional Personnel records, Box 2, Fraenkel, Ernst *The Dual State*; FRAENKEL, Ernst. *O Estado Dual*: uma contribuição à teoria da ditadura. São Paulo: Contracorrente, 2024, p. 373 (grifos nossos).

127 New York Public Library, Manuscripts and Archives Division, American Committee for the Guidance of Professional Personnel records, Box 2, Fraenkel, Ernst *The Dual State*; FRAENKEL, Ernst. *O Estado Dual*: uma contribuição à teoria da ditadura. São Paulo: Contracorrente, 2024, p. 12. Talvez valha a pena notar que a passagem de Fraenkel na Universidade de Chicago foi mais longa que a de Friedrich Hayek, que esteva lá para completar o livro que o associaria permanentemente a essa instituição, *The Road to Serfdom*. Londres: Routledge, 1944.

JENS MEIERHENRICH

Mas há outra explicação plausível para a mudança do título do Capítulo II da Parte III de "A economia do Estado Dual" para "O contexto econômico do Estado Dual". A pista está em um parágrafo inicial, ausente da versão publicado, que foi marcado por Fraenkel com indicação de exclusão. "As incompletas observações a seguir não pretendem fornecer respostas finais. Seu objetivo é pôr em perspectiva nossos principais resultados por meio da apresentação de uma série de perguntas e respostas preliminares".[128] Era um parágrafo de abertura fraco, e o editor da Oxford University Press acabaria por se livrar dele. Mas é plausível supor que Fraenkel mudou o título do capítulo devido às advertências expressas nas frases iniciais excluídas. Se ele de fato encarou sua análise como provisória ("incompletas observações", "respostas preliminares"), um título contundente como "A economia do Estado Dual" teria aumentado as expectativas de seus leitores por profundidade e amplitude analítica, algo que pode ter deixado Fraenkel inseguro. Um título de capítulo mais prosaico como "O contexto econômico do Estado Dual", por outro lado, tem o efeito oposto: reduz expectativas.

O argumento de *O Estado Dual*

O argumento principal de Fraenkel tinha três partes.[129] A primeira parte compreendia diversas proposições contraintuitivas

---

128 New York Public Library, Manuscripts and Archives Division, American Committee for the Guidance of Professional Personnel records, Box 2, Fraenkel, Ernst *The Dual State*.

129 Não me deterei neste texto sobre as longas – e idiossincráticas – ruminações de Fraenkel sobre a teoria e a história da tradição do direito natural. Ver FRAENKEL, Ernst. *O Estado Dual*: uma contribuição à teoria da ditadura. São Paulo: Contracorrente, 2024, pp. 281-346. Para uma análise comparativa recente, ver MORRIS, Douglas G. "Write and Resist: Ernst Fraenkel and Franz Neumann on the Role of Natural Law in Fighting Nazi Tyranny". *New German Critique*, vol. 126, 2015, pp. 197-230. Ver também SCHEUERMAN, William E. S. "Social Democracy and the

sobre a natureza do *desenho institucional* da ordem política nazista. Fraenkel argumentou que essa estrutura consistia em dois Estados em interação: um Estado de Prerrogativa e o um Estado Normativo. A segunda parte do seu argumento girava em torno dos efeitos institucionais desse Estado bífido. Fraenkel afirmou que ele não só facilitou a dominação violenta, mas também permitiu uma transição ordenada e a consolidação de um regime autoritário, nomeadamente ao reduzir os incentivos para a defecção política das chamadas forças construtivas, isto é, os grupos e setores sociais, tais como grandes empresas, que não constituíam nem abrigavam inimigos reais ou imaginários do Estado. A terceira parte do argumento de Fraenkel dizia respeito às origens institucionais do Estado Dual. Ele estava convencido de que "[a] raiz do mal" tinha de ser procurada na "ideologia comunitária" e no "capitalismo militante" que dominaram a Alemanha nazista.[130] Tratarei separadamente de cada um desses argumentos.

O desenho institucional do Estado nazista

Com *O Estado Dual*, Fraenkel interveio num debate em curso sobre a natureza do Estado nazista – que prossegue até hoje.[131] Sua missão era corrigir o que ele acreditava serem os principais equívocos do debate. Ele destacou o mais sério desses equívocos na sua introdução à edição de 1941 de *O Estado Dual*:

Rule of Law: The Legacy of Ernst Fraenkel". *In*: CALDWELL, Peter C.; SCHEUERMAN, William E. (Coord.). *From Liberal Democracy to Fascism*. Boston: Humanities Press, 2000, pp. 76-85.

[130] FRAENKEL, Ernst. *O Estado Dual*: uma contribuição à teoria da ditadura. São Paulo: Contracorrente, 2024, p. 349.

[131] Para um panorama desse debate, ver KERSHAW, Ian. *The Nazi Dictatorship*: Problems and Perspectives of Interpretation. Londres: Bloomsbury, 2016, esp. pp. 23-54. Para um tratamento mais abrangente, ver MEIERHENRICH, Jens. *The Remnants of the Rechtsstaat*: an Ethnography of Nazi Law. Manuscrito, setembro de 2016, capítulo 2.

uma visão superficial da ditadura alemã pode se impressionar tanto com sua arbitrariedade, de um lado, quanto com sua eficiência baseada na ordem, de outro. A tese deste livro é que a ditadura nacional-socialista se caracteriza pela combinação desses dois elementos.[132]

A contribuição duradoura de Fraenkel para o debate foi a construção do tipo ideal do Estado Dual como uma variável conceitual.[133] O que ele produziu foi uma explicação teoricamente convincente – e empiricamente verificável – do hibridismo institucional.

O conceito de Estado Dual é, à primeira vista, simples e direto. Em seu prefácio à edição alemã de 1974, Fraenkel explicou seu surgimento:

> Com base nas percepções sobre o funcionamento do regime de Hitler que colhi em minha prática jurídica, acredito ter encontrado uma chave para compreender o sistema nacional-socialista de governo (*"der nationalsozialistischen Herrschaftsordnung"*) na dualidade ou existência simultânea (*"Nebeneinander"*) de um "Estado Normativo" (*"Normenstaat"*), que em geral respeita suas próprias leis, e de um "Estado de Prerrogativa" (*"Maßnahmenstaat"*), que viola essas mesmas leis.[134]

Fraenkel sustentou que o Estado nazista inicial não era um Estado unitário – como supunha a maioria de seus contemporâneos

---

132 FRAENKEL, Ernst. *O Estado Dual*: uma contribuição à teoria da ditadura. São Paulo: Contracorrente, 2024, p. 31.

133 MEIERHENRICH, Jens. "Bringing the 'Dual State' Back In". *Artigo apresentado no encontro da American Political Science Association*, São Francisco, 30 ago./2 set. 2001.

134 FRAENKEL, Ernst. "Prefácio à edição alemã de 1974". *In*: _____. *O Estado Dual*: uma contribuição à teoria da ditadura. São Paulo: Contracorrente, 2024, p. 18.

– mas, antes, dois "Estados que existem simultaneamente".[135] Embora uma "linha divisória" mantivesse esses *loci* institucionais separados, ele argumentou que eles estavam simultaneamente ligados uns aos outros e em "constante atrito".[136] Como vimos, ele inventou o memorável neologismo do "Estado Dual" para nomear essa relação mutuamente constitutiva entre a metade normativa do Estado e a metade baseada em prerrogativas. Observou-se, de forma um tanto indelicada, que "o aspecto mais bem-sucedido" (*"das Gelungenste"*) de *O Estado Dual* era o seu título.[137] De maneira mais positiva, podemos pensar no termo como uma abreviação analítica (*"eine Art Chiffre"*) para a lógica institucional de um tipo particular de governo, seja ele nazista ou não.[138] Fraenkel deu sentido a essa lógica, cuja natureza ele considerou transitória, ao adotar a perspectiva metodológica estrutural.

A marca registrada do Estado de Prerrogativa é o governo arbitrário. Fraenkel argumentou que o fenômeno do Estado de Prerrogativa derivava da instituição da lei marcial e sugeriu que pensássemos nele como uma "situação de sítio contínuo".[139] Como "sistema de governo", escreveu ele, o Estado de Prerrogativa exercia

---

135 FRAENKEL, Ernst. *O Estado Dual*: uma contribuição à teoria da ditadura. São Paulo: Contracorrente, 2024, p. 27.

136 FRAENKEL, Ernst. *O Estado Dual*: uma contribuição à teoria da ditadura. São Paulo: Contracorrente, 2024, p. 28.

137 RIDDER, Helmut. "Der Doppelstaat: Die Ehe von Kapitalismus und NS-Diktatur". *Die Zeit*, 12 jun. 1970.

138 DREIER, Horst. "Nachwort: Was ist doppelt am 'Doppelstaat'?" *In*: FRAENKEL, Ernst. *Der Doppelstaat*. 3ª ed., org. e introd. Alexander v. Brünneck, posf. Horst Dreier. Frankfurt: Europäische Verlagsanstalt, 2012, p. 300; MEIERHENRICH, Jens. *The Legacies of Law*: Long-Run Consequences of Legal Development in South Africa, 1652-2000. Cambridge: Cambridge University Press, 2008; MEIERHENRICH, Jens. *The Legacies of Law*: Long-Run Consequences of Legal Development in South Africa, 1652-2000. Cambridge: Cambridge University Press, 2008, esp. pp. 3-5, 76-79.

139 FRAENKEL, Ernst. *O Estado Dual*: uma contribuição à teoria da ditadura. São Paulo: Contracorrente, 2024, p. 168.

"arbitrariedade e violência ilimitadas, sem qualquer garantia jurídica".[140] Seus atos ou "medidas" ("*Maßnahmen*"), como Fraenkel os chamou, são autolegitimadores e, portanto, autoaplicáveis: "a esfera política no Terceiro Reich não é governada nem pelo direito objetivo nem pelo direito subjetivo, nem por garantias legais ou qualificações jurisdicionais".[141] Em outras palavras, o Estado de Prerrogativa, como ideia, equivale à alegalidade institucionalizada. A ausência de limites é a essência de sua natureza. O Estado de Prerrogativa é o que os governantes fazem dele. Para ilustrar o caráter pervasivo do fenômeno na Alemanha nazista, Fraenkel analisou brevemente (e de forma bastante perfunctória) vários agentes do Estado de Prerrogativa, o que chamou de "instrumentos", e algumas de suas práticas. Ele destacou como agentes-chave do Estado de Prerrogativa a *Gestapo* (Polícia Secreta do Estado) e o NSDAP.[142] Práticas relevantes, que Fraenkel exemplificou referindo-se amplamente à jurisprudência nazista, variaram da abolição das restrições constitucionais à abolição das restrições aos poderes da polícia, e da abolição da revisão judicial à negação da racionalidade formal.[143] Ele argumentou que "[n]enhuma esfera da vida social ou econômica está imune às incursões do Estado de Prerrogativa".[144]

Horst Dreier recentemente dissecou o que chamou de "fenomenologia do Estado de Prerrogativa".[145] Ele conferiu maior

---

[140] FRAENKEL, Ernst. *O Estado Dual*: uma contribuição à teoria da ditadura. São Paulo: Contracorrente, 2024, p. 27.

[141] FRAENKEL, Ernst. *O Estado Dual*: uma contribuição à teoria da ditadura. São Paulo: Contracorrente, 2024, p. 138.

[142] FRAENKEL, Ernst. *O Estado Dual*: uma contribuição à teoria da ditadura. São Paulo: Contracorrente, 2024, pp. 145/146, 166 e 180-185.

[143] FRAENKEL, Ernst. *O Estado Dual*: uma contribuição à teoria da ditadura. São Paulo: Contracorrente, 2024, pp. 153-180 e 198-202.

[144] FRAENKEL, Ernst. *O Estado Dual*: uma contribuição à teoria da ditadura. São Paulo: Contracorrente, 2024, p. 195.

[145] DREIER, Horst. "Nachwort: Was ist doppelt am 'Doppelstaat'?" *In*: FRAENKEL, Ernst. *Der Doppelstaat*. 3ª ed., org. e introd. Alexander v.

UMA ETNOGRAFIA DO DIREITO NAZISTA: OS FUNDAMENTOS...

clareza a uma análise conceitual que, em O *Estado Dual,* ocasionalmente deixara a desejar. Para definir os contornos do Estado de Prerrogativa como variável conceitual, Dreier distingui três manifestações diferentes da metade formalmente irracional do Estado Dual. Basearei a discussão a seguir na útil análise de Dreier, mas aprofundarei as suas observações e substituirei as categorias empregadas por ele pelas minhas próprias. Diferencio três tipos ideais: (1) o Estado de Prerrogativa como força transgressora; (2) o Estado de Prerrogativa como força restritiva; e (3) o Estado de Prerrogativa como força constitutiva. O que chamo de o Estado de Prerrogativa como *força transgressora* refere-se a casos em que essa metade ilimitada do Estado Dual mina ou subverte a operação ou as atividades do Estado Normativo. Fraenkel escreveu com paixão sobre essa lógica peculiar de dominação em seu artigo de 1937 sobre o Estado Dual: "a Alemanha é um país onde milhares de pessoas podem ser encarceradas durante anos sem serem condenadas por um tribunal, bens podem ser confiscados sem autorização judicial e vidas podem ser destruídas sem que se recorra ao direito".[146]

O segundo subtipo – o Estado de Prerrogativa como *força restritiva* –, pelo contrário, opera de maneira menos aberta e menos violenta. Essa variante do Estado de Prerrogativa é menos orientada a resultados, embora seja igualmente arbitrária em sua *raison d'état* [razão de Estado]. Sua lógica operacional gira em torno de intervenções de longo prazo nos assuntos do *Volk* [povo]. O que Dreier, em cuja discussão me baseio, tem em mente são casos nos quais agentes e organizações do Estado nazista, especialmente de sua parte normativa, respondem com obediência antecipatória (o que os alemães chamam de *vorauseilendem Gehorsam*) a supostos

---

Brünneck, posf. Horst Dreier. Frankfurt: Europäische Verlagsanstalt, 2012, pp. 282-295.

[146] FRAENKEL, Ernst. "Das Dritte Reich als Doppelstaat" [1937]. *In:* _____. *Gesammelte Schriften, vol.* 2: Nationalsozialismus und Widerstand. Coord. Alexander v. Brünneck, Hubertus Buchstein e Gerhard Göhler. Baden-Baden: Nomos, 1999, pp. 513/514.

JENS MEIERHENRICH

imperativos do que Carl Schmitt, no fim dá década de 1920, teorizou de maneira célebre como "o político".[147] Consideremos o seguinte exemplo: a abdicação voluntária pelos tribunais ordinários de seus poderes de revisão judicial. Fraenkel focou especialmente num caso que o *Kammergericht*, o Tribunal Regional de Apelação da Prússia, decidiu em 31 de maio de 1935.[148] A sentença do caso dizia respeito à legalidade do decreto executivo (*Durchführungsverordnung*) necessário para a implementação, na Prússia, do notório Decreto do Presidente do Reich para a Proteção do *Volk* e do Estado (*Verordnung des Reichspräsidenten zum Schutz von Volk und Staat*), de 28 de março de 1933. Fraenkel não conseguia entender por que o *Kammergericht* considerou necessário, nessa fase inicial da ditadura nazista, decidir em seu julgamento que o chamado Decreto do Incêndio do Reichstag (*"Reichstagsbrandverordnung"*), como o decreto nacional passou a ser conhecido, "remove todas as restrições federais e estaduais ao poder policial de tomar qualquer medida necessária para a consecução dos objetivos

---

[147] DREIER, Horst. "Nachwort: Was ist doppelt am 'Doppelstaat'?" *In*: FRAENKEL, Ernst. *Der Doppelstaat*. 3ª ed., org. e introd. Alexander v. Brünneck, posf. Horst Dreier. Frankfurt: Europäische Verlagsanstalt, 2012, pp 284/285; SCHMITT, Carl. *The Concept of the Political*. Trad. e notas George Schwab. Chicago: University of Chicago Press, [1932] 2007. Para as principais análises do infame conceito de Schmitt, ver KELLY, Duncan. *The State of the Political*: Conceptions of Politics and the State in the Thought of Max Weber, Carl Schmitt and Franz Neumann. Oxford: Oxford University Press, 2003, capítulo 4; e MEHRING, Reinhard (Coord.). *Carl Schmitt, Der Begriff des Politischen*: Ein kooperativer Kommentar. Berlim: Akademie Verlag, 2003. Mais recentemente, ver também MEIERHENRICH, Jens; SIMONS, Oliver. "'A Fanatic of Order in an Epoch of Confusing Turmoil': The Political, Legal, and Cultural Thought of Carl Schmitt". *In*: _____ (Coord.). *The Oxford Handbook of Carl Schmitt*. Oxford: Oxford University Press, 2016, esp. pp. 21-25.

[148] Kammergericht, 31 maio 1935, citado em FRAENKEL, Ernst. *O Estado Dual*: uma contribuição à teoria da ditadura. São Paulo: Contracorrente, 2024, p. 156. O caso foi reportado na *Deutsche Richter-Zeitung*, vol. 27 1935, p. 624.

promulgados no decreto".[149] Além de assinarem um cheque em branco aos poderes que estão à frente do Estado de Prerrogativa, os juízes impuseram uma limitação arbitrária e irremovível à revisão judicial: "a questão da adequação e da necessidade não está sujeita a apelação".[150] Fraenkel notou que outros tribunais do país foram consideravelmente mais cautelosos na adoção do que ele chamou de "[a] Carta constitucional do Terceiro Reich".[151]

O caso levado ao *Kammergericht* é um exemplo flagrante do que Dreier chamou, no contexto do Judiciário, de "autorrestrição" (*"Selbstrestriktion"*, que ele distingue da "restrição por outrem" ou *"Fremdrestriktion"*).[152] A primeira atitude refere-se a práticas judiciais, interpretativas ou não, que resultam em auto-obrigação voluntária. Dreier escreve: "A possibilidade de revisão judicial dá lugar à não revisão judicial".[153] Ao se reduzir a autoridade e a jurisdição do poder judicial, o poder e o alcance do Estado de Prerrogativa são ao mesmo tempo aumentados. Um exemplo da restrição do Estado Normativo vinda de fora, "por outrem", é um caso relativo à instituição da *Gestapo*. Em 10 de fevereiro de 1936, o regime nazista aprovou a "Lei Relativa à *Gestapo*" (*Gesetz über die Geheime Staatspolizei*). Essa importante peça legislativa restringiu enormemente os poderes de revisão administrativa, protegendo *de jure* a *Gestapo* de quase qualquer forma de supervisão

---

[149] Kammergericht, 31 maio 1935.

[150] Kammergericht, 31 maio 1935.

[151] FRAENKEL, Ernst. *O Estado Dual*: uma contribuição à teoria da ditadura. São Paulo: Contracorrente, 2024, p. 137.

[152] DREIER, Horst. "Nachwort: Was ist doppelt am 'Doppelstaat'?" *In*: FRAENKEL, Ernst. *Der Doppelstaat*. 3ª ed., org. e introd. Alexander v. Brünneck, posf. Horst Dreier. Frankfurt: Europäische Verlagsanstalt, 2012, pp. 286-290.

[153] DREIER, Horst. "Nachwort: Was ist doppelt am 'Doppelstaat'?" *In*: FRAENKEL, Ernst. *Der Doppelstaat*. 3ª ed., org. e introd. Alexander v. Brünneck, posf. Horst Dreier. Frankfurt: Europäische Verlagsanstalt, 2012, p. 290.

judicial. O Tribunal Regional de Apelação para questões administrativas da Prússia (*Oberverwaltungericht*) opinou sobre a questão num caso relativo à legalidade da expulsão de um missionário de determinado distrito da Alemanha. Os fatos do caso não devem nos preocupar aqui.[154] O que importa é que o mais alto tribunal administrativo da Prússia aproveitou a ocasião desse litígio específico e localizado para se pronunciar sobre as condições *gerais* sob as quais as ordens da *Gestapo* estão sujeitas a revisão judicial.[155] A turma considerou que existiam muito poucas hipóteses sobre as quais tal revisão poderia incidir. Decidiu-se que a organização do Estado de Prerrogativa *somente* estaria sujeita a revisão no caso de os atos da polícia ordinária (atuando como força auxiliar da Polícia Secreta Nazista) irem além das ordens que recebeu da *Gestapo*. Fraenkel descreveu o efeito institucional disso: "o significado da decisão citada acima reside no reconhecimento do poder da *Gestapo* de transferir esferas inteiras da vida da competência do Estado Normativo para a competência do Estado de Prerrogativa".[156] O processo de Berlim destaca o poder do Estado de Prerrogativa como força restritiva.

O Estado de Prerrogativa como *força constitutiva* representa o terceiro e último subtipo. Embora tenha relação com o subtipo que acabamos de discutir, aqui a ênfase está na maneira pela qual o Estado de Prerrogativa, por meio de sua facticidade manifesta, reconstitui elementos remanescentes do Estado Normativo. Vêm à mente os chamados *Sondergerichte* [Juizados Especiais], como instituição que, embora firmemente localizada no interior do Estado de

---

154 Para um breve resumo, DREIER, Horst. "Nachwort: Was ist doppelt am 'Doppelstaat'?" *In*: FRAENKEL, Ernst. *Der Doppelstaat*. 3ª ed., org. e introd. Alexander v. Brünneck, posf. Horst Dreier. Frankfurt: Europäische Verlagsanstalt, 2012, pp. 81-83.

155 FRAENKEL, Ernst. *O Estado Dual*: uma contribuição à teoria da ditadura. São Paulo: Contracorrente, 2024, pp. 166/167.

156 FRAENKEL, Ernst. *O Estado Dual*: uma contribuição à teoria da ditadura. São Paulo: Contracorrente, 2024, p. 173.

UMA ETNOGRAFIA DO DIREITO NAZISTA: OS FUNDAMENTOS...

Prerrogativa, também teve uma influência na cultura da legalidade alemã de maneira mais geral.[157] O trabalho as instituições jurídicas numa metade do Estado Dual (por exemplo, os *Sondergerichte* no Estado de Prerrogativa), acreditava Fraenkel, invariavelmente repercute no funcionamento das instituições jurídicas da outra metade. Desde então, aprendemos com a antropologia do direito que Fraenkel estava certo ao presumir que os costumes jurídicos (e as culturas às quais eles se combinam) não existem no vácuo e que, como instituições e organizações, estão sujeitos a transformações e deformações em resposta a estímulos externos.[158]

Dito isso, nem todas as instituições jurídicas incluídas no terceiro subtipo do Estado de Prerrogativa eram extrajurídicas. Em muitos casos, o *locus* (e o escopo) da ação residia no próprio Estado Normativo. Numerosos processos judiciais que Fraenkel examinou em *O Estado Dual* chamaram a atenção para casos de autoimolação por parte do Estado Normativo. A diferença em relação ao segundo subtipo, que acabamos de discutir, reside na maior margem de discricionariedade que normalmente estava disponível aos agentes jurídicos, nomeadamente aos juízes, nesses casos. O fato de as instâncias inferiores dos do sistema judicial nazista, pelo menos nos primeiros anos da ditadura, chegarem regularmente a conclusões que diferiam de modo fundamental das dos tribunais de apelação demonstra que esse âmbito discricionário de fato existia. Esse âmbito não foi apenas uma invenção da imaginação de Fraenkel, uma suposição logicamente concebível, mas não verificável empiricamente, de seu modelo teórico. Na verdade,

---

157 Sobre a natureza e as funções dos *Sondergerichte*, ver a discussão abaixo. Para uma análise abrangente das culturas da legalidade, seu estudo e efeitos dos caminhos seguidos em cada caso, ver MEIERHENRICH, Jens. *The Legacies of Law*: Long-Run Consequences of Legal Development in South Africa, 1652-2000. Cambridge: Cambridge University Press, 2008, pp. 219-264.

158 *Pars pro toto* de um vasto corpo de trabalhos cada vez mais interdisciplinar, ver PIRIE, Fernanda. *Anthropology of Law*. Oxford: Oxford University Press, 2013.

nesses tipos de casos, as conclusões, decisões e julgamentos judiciais muitas vezes incorporavam o *ethos* daquilo que havia sobrado do *Rechtsstaat* [Estado de Direito].[159] Fraenkel deu um exemplo da jurisprudência do Tribunal Regional de Apelação de Munique (*Oberlandesgericht*) para fundamentar a sua afirmação de que o espaço de fato existente para a discricionariedade foi muitas vezes instrumentalizado com o propósito de expandir o âmbito do Estado de Prerrogativa – um exemplo do que Otto Kirchheimer passou a chamar, depois da guerra, de "justiça política", isto é, "a utilização de processos judiciais para fins políticos".[160]

O processo em questão dizia respeito à suspensão do princípio *ne bis in idem*, conhecido como a proibição da dupla penalização no direito consuetudinário. O caso girava em torno de um réu que tinha sido condenado (e já cumpria pena) por um ato de alta traição, a saber, a distribuição de propaganda ilegal. Quando se descobriu posteriormente que a conduta do réu tinha sido mais grave do que se pensara anteriormente, os juízes do *Oberlandesgericht* de Munique condenaram-no uma segunda vez pela mesma conduta, violando assim o princípio do *ne bis in idem*.[161] Fraenkel usou o exemplo para ilustrar o alcance crescente do Estado de Prerrogativa, os seus avanços persistentes sobre a esfera do Estado Normativo. O exemplo enquadra-se perfeitamente no terceiro dos subtipos acima – o Estado de Prerrogativa como força constitutiva – porque o tribunal bávaro não foi coagido nem obrigado de qualquer maneira a decidir o caso da maneira que o fez. Em vez disso, os juízes, como representantes nominais do Estado Normativo, tinham

---

159 DREIER, Horst. "Nachwort: Was ist doppelt am 'Doppelstaat'?" *In*: FRAENKEL, Ernst. *Der Doppelstaat*. 3ª ed., org. e introd. Alexander v. Brünneck, posf. Horst Dreier. Frankfurt: Europäische Verlagsanstalt, 2012, p. 291.

160 KIRCHHEIMER, Otto. "Politics and Justice". *Social Research*, vol. 22, 1955, p. 377.

161 FRAENKEL, Ernst. *O Estado Dual*: uma contribuição à teoria da ditadura. São Paulo: Contracorrente, 2024, p. 205.

poder discricionário para chegar à sua sentença. Eles usaram essa discricionariedade para prosseguir com o desmantelamento geral do Estado Normativo, chegando a introduzir um novo princípio de direito: "em casos graves de alta traição", sustentaram,

> uma sentença adequada deve ser imposta em todas as circunstâncias, independentemente de todos os princípios jurídicos! A proteção do Estado e do povo é mais importante do que a adesão a regras formais de processo que não fazem sentido se aplicadas sem exceção.[162]

Ao internalizar o *ethos* do Estado de Prerrogativa, o tribunal, de acordo com Fraenkel, "rebaixou seu *status* ao de um instrumento do Estado de Prerrogativa".[163] Esse modo de funcionamento do Estado de Prerrogativa, Fraenkel chamou de "invólucro irracional"[164] do Estado Dual.

Volto-me agora para o "núcleo racional" que ele pensava estar contido naquele invólucro irracional – o Estado Normativo.[165] Fraenkel fundamentou solidamente o conceito de Estado Dual nos estudos teóricos de sua época, baseando-se extensamente em escritos de filosofia, direito, economia e religião.[166] Ele também traçou com algum detalhe as raízes históricas do Estado Dual na Prússia,

---

[162] Oberlandesgericht Munich, 12 ago. 1937, citado em FRAENKEL, Ernst. *O Estado Dual*: uma contribuição à teoria da ditadura. São Paulo: Contracorrente, 2024, p. 206. O caso foi reportado em *Deutsche Justiz*, vol. 100, 1938, p. 724.

[163] FRAENKEL, Ernst. *O Estado Dual*: uma contribuição à teoria da ditadura. São Paulo: Contracorrente, 2024, p. 206.

[164] FRAENKEL, Ernst. *O Estado Dual*: uma contribuição à teoria da ditadura. São Paulo: Contracorrente, 2024, p. 418.

[165] FRAENKEL, Ernst. *O Estado Dual*: uma contribuição à teoria da ditadura. São Paulo: Contracorrente, 2024, p. 418.

[166] FRAENKEL, Ernst. *O Estado Dual*: uma contribuição à teoria da ditadura. São Paulo: Contracorrente, 2024, parte II, capítulo III; e parte III, capítulo 1, 2 e 3.

desde o estabelecimento da monarquia absoluta até o protótipo de *Rechtsstaat* alemão. Em sua reflexão sobre o Estado Normativo, Fraenkel foi fortemente influenciado pela história do regime autoritário de Frederico, o Grande (1740-1786), cujo despotismo esclarecido lançou as bases intelectuais para a metade mais benigna da estrutura institucional que Fraenkel viu em funcionamento no "Terceiro Reich".[167] Fraenkel ficou particularmente impressionado com o *Allgemeine Landrecht* prussiano, que, sob a influência de preceitos iluministas, reformulou de maneira fundamental a natureza e a finalidade dos poderes da polícia. Revolucionário para sua época, esse código jurídico pré-alemão restringiu drasticamente os poderes da polícia. Baseando-se em doutrinas de direito natural, o monarca prussiano impôs limites sistemáticos e sem precedentes ao seu Estado de Prerrogativa de outrora.

Mas é essencial não interpretar mal a ideia de Estado Normativo de Fraenkel. Na verdade, o Estado Normativo não é semelhante a um Estado de Direito, o que os alemães chamam de *Rechtsstaat*.[168] Fraenkel distinguiu com muito cuidado o conceito de Estado de Direito e o de Estado Dual. Ele apontou a instituição de tribunais extraordinários para esclarecer a diferença conceitual:

> O termo Tribunal Especial [*Sondergericht* em alemão] resume a diferença entre o Estado de Direito (*Rechtstaat*) e o Estado Dual: o Estado de Direito remete crimes políticos a um tribunal *especial*, apesar de serem questões de direito; o

---

[167] FRAENKEL, Ernst. *O Estado Dual*: uma contribuição à teoria da ditadura. São Paulo: Contracorrente, 2024, p. 358.

[168] Para uma discussão do conceito de *Rechtstaat*, ver, por exemplo, BÖCKENFÖRDE, Ernst-Wolfgang. "Entstehung und Wandel des Rechtsstaatsbegriffs" [1969]. *In*: _____. *Recht, Staat, Freiheit*: Studien zur Rechtsphilosophie, Staatstheorie und Verfassungsgerichtsbarkeit. Frankfurt: Suhrkamp, 1991, pp. 143-169. Sobre o(s) sentido(s) do Estado de Direito, ver, por exemplo, HUTCHINSON, Allan C.; MONAHAN, Patrick (Coord.). *The Rule of Law*: Ideal or Ideology? Toronto: Carswell, 1987.

> Estado Dual remete crimes políticos a um *tribunal* especial, apesar de serem questões *políticas*.[169]

Em outras palavras, o Estado Normativo só é tão forte quanto o Estado de Prerrogativa permite. No caso dos *Sondergerichte*, o Estado de Prerrogativa transformou o direito de um *dispositivo regulatório* que reduzia a incerteza num *dispositivo destrutivo* que aniquilou a diferença. Como mostrou Nikolaus Wachsmann, "os tribunais especiais foram aclamados como armas para 'tornar inofensivo', 'erradicar' e 'exterminar' o inimigo político".[170] Como instrumentos do Estado de Prerrogativa, o exemplo dos *Sondergerichte* destaca os limites incognoscíveis, mas de fato existentes, do Estado Normativo. Na concepção de Fraenkel, a existência desses limites era um atributo definidor do Estado Dual, uma condição necessária para a sua existência:

> O Estado normativo é um complemento necessário ao Estado de Prerrogativa e pode ser compreendido somente sob essa luz. Uma vez que o Estado de Prerrogativa e o Estado Normativo constituem um todo interdependente, não são permitidas considerações sobre o Estado Normativo isoladamente.[171]

---

[169] FRAENKEL, Ernst. *O Estado Dual*: uma contribuição à teoria da ditadura. São Paulo: Contracorrente, 2024, p. 204. Logo após o "Decreto do Presidente do Reich para a Defesa de Ataques Maliciosos contra o Governo da Revolta Nacional" (*Verordnung des Reichspräsidenten zur Abwehr heimtückischer Angriffe gegen die Regierung der nationalen Erhebung*), de 21 de março de 1933, um *Sondergericht* nazista foi estabelecido em cada distrito judiciário da Alemanha. Ver WACHSMANN, Nikolaus. *Hitler's Prisons*: Legal Terror in Nazi Germany. New Haven: Yale University Press, 2004, p. 114. Para um panorama, ver WÜLLENWEBER, Hans. *Sondergerichte im Dritten Reich*: Vergessene Verbrechen der Justiz. Munique: Luchterhand, 1993.

[170] WACHSMANN, Nikolaus. *Hitler's Prisons*: Legal Terror in Nazi Germany. New Haven: Yale University Press, 2004, p. 114.

[171] FRAENKEL, Ernst. *O Estado Dual*: uma contribuição à teoria da ditadura. São Paulo: Contracorrente, 2024, p. 236.

Fraenkel esforçou-se para estabelecer essa premissa teórica. Em seu argumento, o Estado Normativo estava à disposição do Estado de Prerrogativa, por assim dizer. O direito pode ter regido a sua prática, mas não a constituiu nem a legitimou. Fraenkel colocou isso de maneira concisa em outro lugar de seu livro:

> Uma vez que a jurisdição do Estado de Prerrogativa não é definida por lei, não há garantia jurídica da estabilidade do Estado Normativo. A existência do Estado Normativo não depende do direito. Ela depende da completa permeabilidade do Estado a atitudes e ideias nacional-socialistas.[172]

Por isso, no modelo de Fraenkel o Estado Normativo tinha pouco a ver com a ideia de *Rechtstaat* na tradição continental ou com a doutrina do Estado de Direito na tradição do direito consuetudinário.

É essencial que sejamos claros sobre a natureza e o propósito do argumento de Fraenkel para que seja possível compreender plenamente o que ele escreveu – e o que não escreveu. Isso porque, muitos daqueles que invocam o Estado Dual o fazem por vezes de forma muito seletiva, e mesmo de uma forma que contradiz abertamente a teoria da ditadura de Fraenkel.[173] Depois de expor

---

[172] FRAENKEL, Ernst. *O Estado Dual*: uma contribuição à teoria da ditadura. São Paulo: Contracorrente, 2024, p. 236.

[173] DREIER, Horst. "Nachwort: Was ist doppelt am 'Doppelstaat'?" *In*: FRAENKEL, Ernst. *Der Doppelstaat*. 3ª ed., org. e introd. Alexander v. Brünneck, posf. Horst Dreier. Frankfurt: Europäische Verlagsanstalt, 2012, p. 277; MÖLLER, Horst. "Fraenkel: Analytiker von Demokratie und Diktatur". *In*: BRECHENMACHER, Thomas (Coord.). *Identität und Erinnerung*: Schlüsselthemen deutsch-jüdischer Geschichte und Gegenwart. Munique: Olzog, 2009, p. 168. Um dos mais flagrantes erros de interpretação veio de um dos mais respeitados historiadores da Alemanha, Karl Dietrich Bracher, que afirmou equivocadamente que o conceito bífido de Fraenkel se referia a uma binaridade institucional Estado vs. partido, ideia que Fraenkel explicita e repetidamente rechaçou. Ver BRACHER, Karl Dietrich. "Zusammenbruch des Versailler Systems und Zweiter Weltkrieg". *In*: MANN, Golo; NITSCHKE,

as concepções de Fraenkel sobre as duas metades de seu conceito de Estado Dual, temos de questionar o que ele tinha a dizer sobre a sua inter-relação. Qual é, exatamente, a lógica da estrutura institucional que eles constituem em conjunto? A combinação das duas noções – o Estado de Prerrogativa e o Estado Normativo – num só conceito estabelece uma tensão dinâmica entre esses elementos. O Estado Dual incorporou o que Reinhard Bendix chamou de "imperativos conflitantes".[174] O Estado Normativo e o Estado de Prerrogativa, embora sejam complementares, estão em tensão um com o outro. A relação fundamental entre as metades do Estado Dual – do qual derivam todas as interações dinâmicas entre elas – pode ser definida assim: "a presunção de jurisdição cabe ao Estado Normativo. A jurisdição sobre a jurisdição cabe ao Estado de Prerrogativa".[175]

August (Coord.). *Propyläen Weltgeschichte*: Eine Universalgeschichte, vol. 9 – Das zwanzigste Jahrhundert. Berlim: Propyläen, 1960, pp. 398/399. Mais recentemente, Robert O. Paxton também cometeu equívocos ao interpretar *O Estado Dual*. Ver seu *The Anatomy of Fascism*. Londres: Penguin, 2005, pp. 119-127. Como Bracher, Paxton não compreendeu a essência do argumento de Fraenkel, isto é, que a "linha divisória" entre o Estado de Prerrogativa e o Estado Normativo como partes do Estado Dual nazista é interna à própria estrutura institucional do Estado. Fraenkel insistiu que "quando falamos de Estado Dual não nos referimos à coexistência da burocracia estatal e da burocracia partidária. Não damos grande importância a essa nova característica do direito constitucional alemão (...) Estado e partido tornam-se cada vez mais idênticos, a forma de organização dual é mantida somente por razões históricas e políticas" (FRAENKEL, Ernst. *O Estado Dual*: uma contribuição à teoria da ditadura. São Paulo: Contracorrente, 2024, p. 29). Ou, como ele diz mais tarde no livro, o NSDAP não era nem idêntico *ao* nem separado *do*, mas "um instrumento *do* Estado de Prerrogativa" (grifos nossos).

174 Ver, por exemplo, BENDIX, Reinhard. *Nation-Building and Citizenship*. Berkeley: University of California Press, 1977. Note-se que Bendix emprega termos variados para se referir ao que ele chama de imperativos conflitantes. Mais recentemente, ver GOULD, Andrew C. "Conflicting Imperatives and Concept Formation". *Review of Politics*, vol. 61, 1999, pp. 439-463.

175 FRAENKEL, Ernst. *O Estado Dual*: uma contribuição à teoria da ditadura. São Paulo: Contracorrente, 2024, p. 216.

Foi Emil Lederer quem primeiro inspirou Fraenkel a abraçar a ideia de hibridismo institucional. Em 1915, Lederer descreveu o Estado imperial da Alemanha Guilhermina como um Estado em duas frentes. Fraenkel creditou Lederer como a primeira pessoa "a retratar a coexistência do Estado Normativo e do Estado de Prerrogativa".[176] Mas a metáfora de um Estado com faces de Jano ou de natureza dupla antecede até mesmo a conceituação de Lederer. Na verdade, foi Georg Jellinek quem primeiro teorizou uma binaridade institucional no cerne do conceito de Estado, em seu *Allgemeine Staatslehre*, na virada do século XX.[177] Jellinek, um pensador do direito altamente influente em sua época, desenvolveu uma teoria bífida do Estado que distinguia entre, por um lado, o Estado como uma "instituição jurídica" e, por outro, o Estado como um "fenômeno social". Ele argumentou que era necessária uma teoria *constitucional* do Estado (*Staatsrechtslehre*) para estudar a primeira instância do Estado, e uma teoria *social* do Estado (*soziale Staatslehre*) para estudar a segunda.[178] Vale a pena destacar que, no argumento de Fraenkel, a distinção entre as metades do Estado Dual não diz respeito apenas a uma questão de grau, mas de tipo. Para ele, a diferenciação institucional era de natureza "qualitativa".[179] Ao mesmo tempo, ele concebeu o fenômeno do Estado Dual, tanto na Alemanha nazista quanto em outros lugares, como "um fenômeno meramente transitório".[180] Esse ponto é fundamental porque implica uma resposta àqueles

---

[176] FRAENKEL, Ernst. *O Estado Dual*: uma contribuição à teoria da ditadura. São Paulo: Contracorrente, 2024, p. 370.

[177] JELLINEK, Georg. *Allgemeine Staatslehre*. Berlim: Häring, 1900.

[178] Para uma breve discussão sobre impacto da obra de Jellinek nas ciências sociais e sua contribuição à sociologia histórico-comparativa, ver BENDIX, Reinhard; ROTH, Guenther. *Scholarship and Partisanship*: Essays on Max Weber. Berkeley: University of California Press, 1970, pp. 260-265.

[179] FRAENKEL, Ernst. *O Estado Dual*: uma contribuição à teoria da ditadura. São Paulo: Contracorrente, 2024, p. 234.

[180] FRAENKEL, Ernst. *O Estado Dual*: uma contribuição à teoria da ditadura. São Paulo: Contracorrente, 2024, p. 29.

que afirmam erroneamente que Fraenkel se propôs a capturar os atributos definidores do Estado nazista *enquanto tal*. A sua obra nunca pretendeu ser mais do que uma fotografia de um Estado em formação – ainda que tirada com enorme habilidade e de um ponto de vista excepcional.

Os efeitos institucionais do Estado nazista

Os efeitos institucionais do Estado Dual, tal como teorizado por Fraenkel, foram consideráveis e de longo alcance. Alguns deles foram efeitos diretos, outros indiretos; alguns foram de natureza de curto prazo, outros materializaram-se a longo prazo. O mais óbvio é que a arbitrariedade institucionalizada do Estado de Prerrogativa esgotou – e destruiu – um número excessivo de vidas, de judeus e outros.[181] Mas Fraenkel estava mais preocupado com os efeitos institucionais menos óbvios e ocultos do Estado Dual, pois, como escreveu: "não consideraremos questões relacionadas ao problema judaico. Generalizações a partir do tratamento dado aos judeus (...) seriam enganosas".[182] Para Fraenkel, o seu caso era simples: "uma vez que os judeus foram eliminados da vida econômica, foi possível privá-los de toda proteção jurídica sem que isso afetasse de maneira adversa o sistema econômico", razão pela qual o aparecimento de formas mais virulentas de antissemitismo "empurrou os judeus para fora dos limites do Estado Normativo".[183]

---

[181] Para uma avaliação recente de toda a trajetória do sofrimento judeu em particular – da perseguição à destruição – nas mãos do Estado de Prerrogativa sempre em expansão na Alemanha Nazista, ver, de mais recente, GERLACH, Christian. *The Extermination of the European Jews*. Cambridge: Cambridge University Press, 2016.

[182] FRAENKEL, Ernst. *O Estado Dual*: uma contribuição à teoria da ditadura. São Paulo: Contracorrente, 2024, p. 239.

[183] FRAENKEL, Ernst. *O Estado Dual*: uma contribuição à teoria da ditadura. São Paulo: Contracorrente, 2024, p. 263.

Fraenkel aprendeu com a experiência pessoal que o Estado Dual, nos primeiros anos da ditadura nazista, facilitou não só a dominação violenta, mas também garantiu uma transição ordenada e a consolidação de um regime autoritário, especialmente ao reduzir os incentivos para o abandono da política por parte das "forças construtivas" do universo nazista, modo como o jurista nazista Werner Best, que cunhou essa expressão, referia-se a grupos e setores sociais, como as grandes empresas, que não constituíam ou abrigavam os chamados inimigos do Estado. Entre os efeitos institucionais mais notáveis do Estado Dual, Fraenkel indicou (1) que os nazistas garantiram "a instituição da propriedade privada em geral e da propriedade privada dos meios de produção (...) tanto em princípio quanto de fato"; e (2) que "a renda proveniente da propriedade privada está agora, no seu conjunto, muito mais segura do que antes".[184]

Fraenkel considerou especialmente marcante o fato de que "[o] princípio da propriedade privada foi defendido *mesmo* para empresas pelas quais o programa nacional-socialista demonstrou algum grau de antipatia, por exemplo, lojas de departamento e bancos".[185] *Não* obstante o seu catálogo abrangente das mudanças consequentes realizadas pelas autoridades nazistas na estrutura do sistema econômico do país e nos membros de sua sociedade econômica – incluindo a criação e a proliferação de cartéis e outros monopólios; o aumento acentuado da taxa de investimento público financiado pela expansão do crédito; o fortalecimento do investimento público à custa do investimento privado –, Fraenkel estava suficientemente distanciado analiticamente para observar que vários empresários, apesar da interferência nazista nas regras

---

[184] FRAENKEL, Ernst. *O Estado Dual*: uma contribuição à teoria da ditadura. São Paulo: Contracorrente, 2024, p. 376.

[185] FRAENKEL, Ernst. *O Estado Dual*: uma contribuição à teoria da ditadura. São Paulo: Contracorrente, 2024, p. 375 (grifos nossos).

UMA ETNOGRAFIA DO DIREITO NAZISTA: OS FUNDAMENTOS...

do jogo econômico "mesmo agora gozam de pelo menos uma vantagem comparativa".[186]

A grande conquista de Fraenkel – e, suspeito, uma das principais razões para a recepção pífia a O *Estado Dual* durante os anos da Guerra Fria – foi ter contrariado, nas partes substantivas de sua análise, a tendência acadêmica de tratar a política alemã como uma "caixa preta" totalitária, foi ter resistido ao impulso moral de retratar a ordem racial emergente como um Estado Guarnição monolítico que surgiu já pronto. Espero que minha análise da teoria da ditadura de Fraenkel seja capaz de demonstrar que ele raciocinava e escrevia como o cientista social analiticamente eclético que era.[187] Ele pode ter começado como advogado, tornado-se um intelectual público e depois se envolvido em atividades de agitação como ativista social, mas quando submeteu o manuscrito de seu livro ao escritório da Oxford University Press em Nova York em algum momento do verão ou do outono de 1940, Fraenkel era um homem diferente. Ele estava trabalhando com maior rigor intelectual: era mais astuto do ponto de vista analítico, mais sofisticado do ponto de vista teórico e mais inovador do ponto de vista empírico do que nunca – e, segundo alguns, do que nunca foi novamente. O *Estado Dual é um* testemunho do feito intelectual de Fraenkel, iniciado num continente escuro em meados do século XX.

William Scheuerman considera os escritos de Fraenkel anteriores a 1945 "intelectualmente mais criativos e politicamente mais provocantes do que os seus escritos das décadas de 1950 e

---

[186] FRAENKEL, Ernst. O *Estado Dual*: uma contribuição à teoria da ditadura. São Paulo: Contracorrente, 2024, p. 375.

[187] Sobre o ecletismo analítico como matriz de pesquisa, ver SIL, Rudra; KATZENSTEIN, Peter J. "Analytic Eclecticism in the Study of World Politics: Reconfiguring Problems and Mechanisms across Research Traditions". *Perspectives on Politics*, vol. 8, 2010, pp. 411-431.

1960".[188] Tal como Scheuerman, também considero os escritos de Fraenkel anteriores à guerra mais sofisticados e ousados do que sua obra do pós-guerra. E nenhum deles foi mais criativo do que *O Estado Dual*. Fraenkel nunca superou a profundidade de visão e a amplitude de conhecimento desse livro, aplicadas meticulosamente sobre o tema de sua vida.[189]

Para seu crédito duradouro, Fraenkel nunca presumiu que a lógica institucional da ditadura nazista funcionou ou funcionaria de forma contínua e inalterada durante todo o "Terceiro Reich".[190] Fraenkel insistiu que "o Terceiro Reich não pode ser interpretado como um 'Estado totalitário' de maneira acrítica".[191] Seu caráter mutável tinha que ser considerado um dado. Fraenkel disse a seus leitores que evitou "usar o termo 'Estado totalitário' por conta de suas conotações complexas".[192] Essa observação está relacionada com o tema em questão – os efeitos institucionais do Estado Dual, ao qual voltarei agora.

---

[188] SCHEUERMAN, William E. S. "Social Democracy and the Rule of Law: The Legacy of Ernst Fraenkel". *In*: CALDWELL, Peter C.; SCHEUERMAN, William E. (Coord.). *From Liberal Democracy to Fascism*. Boston: Humanities Press, 2000, p. 74, nota. 1. Para uma rica discussão sobre a influência de Fraenkel na teoria, na prática e no estudo da democracia no pós-guerra na República Federal da Alemanha, ver BRÜNNECK, Alexander v. "Vorwort zu diesem Band". *In*: FRAENKEL, Ernst. *Gesammelte Schriften, vol. 5*: Demokratie und Pluralismus. Coord. Alexander v. Brünneck. Baden-Baden: Nomos, 2007, pp. 9-36, esp. 21-25.

[189] Para que minha alusão ao duplo sentido da formulação não se perca, o que quero dizer é o seguinte: a teoria da ditadura que Fraenkel desenvolveu em *O Estado Dual* foi o *tema* de sua vida, mas foi também o tema de sua *vida*.

[190] A cobertura empírica de *O Estado Dual* termina no fim da década de 1930, mas os comentários de Fraenkel após a guerra sugerem que ele não nutriu ilusões sobre ter produzido uma análise institucional que seguiu válida também para os anos de guerra.

[191] FRAENKEL, Ernst. *O Estado Dual*: uma contribuição à teoria da ditadura. São Paulo: Contracorrente, 2024, p. 219.

[192] FRAENKEL, Ernst. *O Estado Dual*: uma contribuição à teoria da ditadura. São Paulo: Contracorrente, 2024, p. 220.

UMA ETNOGRAFIA DO DIREITO NAZISTA: OS FUNDAMENTOS...

Anteriormente distingui três subtipos do Estado de Prerrogativa, um dos quais era o Estado de Prerrogativa como força constitutiva. O seu funcionamento esclarece um mecanismo causal que produziu uma série de efeitos institucionais. Chamo esse mecanismo causal de *imitação institucional*. Fraenkel explicou como ele funciona:

> Uma vez que a jurisdição dos órgãos do Estado de Prerrogativa é ilimitada, há certa tendência entre as agências do Estado Normativo de imitar esse exemplo e alargar o escopo de sua própria discricionariedade. Além disso, uma vez que o Estado de Prerrogativa sufocou completamente toda a opinião pública, a resistência contra tal usurpação foi decisivamente enfraquecida.[193]

Se acreditarmos em Fraenkel, um dos efeitos institucionais mais significativos do Estado Dual na Alemanha nazista foi a homogeneização das instituições de governo – e das expectativas sobre seu governo. Mobilizando A. V. Dicey, Fraenkel argumentou que

> a mera existência da arbitrariedade governamental, como aquela encarnada no Estado de Prerrogativa, minou o senso de justiça a tal ponto que uma agência com jurisdição limitada é considerada uma instituição jurídica mesmo que o governo exerça enorme poder discricionário.[194]

Um efeito mais indireto, consequência do equilíbrio desigual de poder entre as duas metades do Estado nazista – que, como vimos, é uma característica definidora e estrutural do Estado Dual – foi a

---

[193] FRAENKEL, Ernst. *O Estado Dual*: uma contribuição à teoria da ditadura. São Paulo: Contracorrente, 2024, p. 235.

[194] FRAENKEL, Ernst. *O Estado Dual*: uma contribuição à teoria da ditadura. São Paulo: Contracorrente, 2024, p. 235; DICEY, A. V. *Introduction to the Study of the Law of the Constitution*. 8ª ed. Londres: Macmillan, 1926, p. 198.

substituição da liberdade pela eficiência como *raison d'état*. "Na Alemanha nacional-socialista", observou Fraenkel, "o 'canto da eficiência' substituiu o culto à liberdade".[195] Um efeito concomitante dessa substituição foi a retenção e a manutenção contínua (com algumas exceções notáveis que serão discutidas abaixo) da ordem econômica existente. Como guardião da economia, o Estado Normativo, apesar de sua relação de codependência com o Estado de Prerrogativa violento e excessivamente zeloso, conseguiu restaurar um sentido de normalidade institucional e previsibilidade nos assuntos econômicos, pelo menos durante algum tempo. De acordo com Fraenkel "[a] despeito das possibilidades jurídicas de intervenção do Estado de Prerrogativa onde e quando bem entender, os fundamentos jurídicos da ordem econômica capitalista foram mantidos".[196] Com base num exame da jurisprudência existente à época, Fraenkel concluiu que "[a]s instituições jurídicas essenciais ao capitalismo privado (...) ainda existem na Alemanha".[197] Para fundamentar a sua conclusão, ele apresentou evidências empíricas sob a forma de jurisprudências que asseguram a liberdade de empresa, a sacralidade dos contratos, os direitos de propriedade, os direitos de autor e a regulamentação da concorrência desleal, entre outros.[198]

A análise de Fraenkel dos efeitos institucionais do Estado Dual nazista, nomeadamente de sua metade normativa, foi mais abrangente para o domínio econômico. Aliás, esse é também o domínio mais relevante para o terceiro e último argumento de Fraenkel. Ele procurou responder a uma pergunta aparentemente simples: de onde vem o Estado Dual?

---

[195] FRAENKEL, Ernst. *O Estado Dual*: uma contribuição à teoria da ditadura. São Paulo: Contracorrente, 2024, p. 236.

[196] FRAENKEL, Ernst. *O Estado Dual*: uma contribuição à teoria da ditadura. São Paulo: Contracorrente, 2024, p. 236.

[197] FRAENKEL, Ernst. *O Estado Dual*: uma contribuição à teoria da ditadura. São Paulo: Contracorrente, 2024, p. 239.

[198] FRAENKEL, Ernst. *O Estado Dual*: uma contribuição à teoria da ditadura. São Paulo: Contracorrente, 2024, pp. 239-252.

Origens institucionais do Estado nazista

A Parte III, o segmento final de *O Estado Dual*, contém um dos capítulos mais controversos de todo o livro: o Capítulo II. Nele, Fraenkel tentou dar sentido às origens econômicas da ditadura nazista. Ao contrário do *Urdoppelstaat*, no qual imprimiu a coragem de suas convicções e expôs audaciosamente o seu argumento funcionalista, as páginas iniciais do livro de 1941 introduzem sua posição revista de maneira mais cautelosa:

> Indagaremos se a situação jurídica caracterizada como Estado Dual não é consequência necessária de determinado estágio de crise que afeta os elementos dirigentes da sociedade capitalista. Talvez possamos demonstrar que eles perderam a confiança na racionalidade e se refugiaram na irracionalidade, num momento em que parece que a racionalidade é mais necessária do que nunca como força reguladora no interior da estrutura capitalista.[199]

Essa introdução revela as reservas de Fraenkel à visão materialista da história. Tais reservas aprofundaram-se no exílio. Como expliquei acima, Fraenkel revisou substancialmente o Capítulo II da Parte III na passagem do *Urdoppelstaat* para *O Estado Dual*.[200] Em poucas palavras, seu argumento é o seguinte: Fraenkel acreditava que a natureza fundamental da ordem econômica da Alemanha tinha sido alterada de maneira vital na transição da quase-democracia para a ditadura. Ele afirma que o "capitalismo privado organizado" da era de Weimar foi substituído na Alemanha nazista pelo que ele chamou de "um capitalismo quase monopolista".[201]

---

199 FRAENKEL, Ernst. *O Estado Dual*: uma contribuição à teoria da ditadura. São Paulo: Contracorrente, 2024, p. 28.

200 Ver a discussão acima.

201 FRAENKEL, Ernst. *O Estado Dual*: uma contribuição à teoria da ditadura. São Paulo: Contracorrente, 2024, p. 374.

Tudo começou com a Grande Depressão, quando "o poder do governo na esfera econômica aumentou acentuadamente".[202] O Estado democrático e as suas instituições comportaram-se como "médicos de um capitalismo doente", disse Fraenkel, citando um sindicalista.[203] Extensas intervenções governamentais apoiaram setores econômicos em dificuldade ou em processo de falência, em especial os bancos e a indústria siderúrgica. "O Reich", escreveu Fraenkel, "estendeu o seu poder regulador a quase todos os aspectos da atividade econômica, inclusive sobre o nível salarial".[204] Muitos dos contemporâneos de Fraenkel acreditavam (assim como os economistas e historiadores da economia do presente) que o intervencionismo econômico liderado pelo Estado era necessário porque, como mostrou Richard Overy, em 1932, ano anterior a ascensão nazista ao poder, a atividade empresarial alemã tinha entrado em um "buraco desastroso".[205] Essa transformação institucional, no entanto, teve consequências que dependeram inteiramente do caminho adotado pelo Estado nazista, pelo menos de acordo com Fraenkel: "em muitos aspectos, a política econômica do Estado Dual parece mera continuação, uma fase um pouco mais desenvolvida, do 'capitalismo organizado' do período de Weimar".[206] Essa foi a salva inicial da análise de Fraenkel. Ele apoiou a sua tese em continuidades institucionais e substantivas no domínio

---

[202] Sobre a economia da ordem do entreguerras, ver TOOZE, Adam. *The Wages of Destruction*: The Making and Breaking of the Nazi Economy. Londres: Penguin, 2008; e CRAFTS, Nicholas; FEARON, Peter (Coord.). *The Great Depression of the 1930s*: Lessons for Today. Oxford: Oxford University Press, 2013.

[203] FRAENKEL, Ernst. *O Estado Dual*: uma contribuição à teoria da ditadura. São Paulo: Contracorrente, 2024, p. 374.

[204] FRAENKEL, Ernst. *O Estado Dual*: uma contribuição à teoria da ditadura. São Paulo: Contracorrente, 2024, p. 374.

[205] OVERY, Richard. *The Nazi Economic Recovery 1932-1938*. 2ª ed. Cambridge: Cambridge University Press, 1996, p. 1.

[206] FRAENKEL, Ernst. *O Estado Dual*: uma contribuição à teoria da ditadura. São Paulo: Contracorrente, 2024, p. 374.

UMA ETNOGRAFIA DO DIREITO NAZISTA: OS FUNDAMENTOS...

econômico que perpassaram dois regimes políticos radicalmente diferentes com evidências empíricas de vários setores da economia.

Mas o Capítulo II da Parte III trata também das *origens* do hibridismo institucional porque apresenta um argumento teórico sobre a razão pela qual um regime autoritário – como a ditadura nazista – teria interesse na auto-obrigação institucional. Fraenkel mostrou que, apesar da nazificação das normas e instituições econômicas, e apesar da dominação abrangente ou da destruição violenta de outras esferas da vida social, existia uma situação notável no período inicial da Alemanha nazista, na qual as forças supostamente construtivas continuavam a gozar de proteção do Estado Normativo, desses elementos remanescentes do *Rechtstaat*. Mas qual era "a função precisa do Estado Normativo e quais as funções do Estado de Prerrogativa na esfera econômica?"[207]

Na gestão da economia, o Estado de Prerrogativa ficou em segundo plano em relação ao Estado Normativo. Fraenkel formulou a seguinte hipótese:

> se nossa análise das relações entre o mundo dos negócios e o Estado Normativo estiver correta, segue-se que o Estado de Prerrogativa não pode ser um poder de controle direto e positivo, sendo antes um poder limitante e de apoio indireto.[208]

Mas o Estado de Prerrogativa tinha, no entanto, papeis a desempenhar: entrou outros, protegeu a vida econômica de perturbações políticas, dissuadindo ou reprimindo protestos e manifestações; manteve sob controle o movimento sindical clandestino, suprimindo assim a luta de classes aberta; e aplicou – por meio da ameaça ou da violência – as normais jurídicas mais restritivas

---

[207] FRAENKEL, Ernst. *O Estado Dual*: uma contribuição à teoria da ditadura. São Paulo: Contracorrente, 2024, p. 389.

[208] FRAENKEL, Ernst. *O Estado Dual*: uma contribuição à teoria da ditadura. São Paulo: Contracorrente, 2024, p. 390.

concebidas no Estado Normativo para a regulação da economia.[209] O Estado Normativo desempenhou um papel consideravelmente maior que o Estado de Prerrogativa na reconstrução econômica e no desenvolvimento da Alemanha sob a ditadura nazista. Já discuti muitas de suas funções na análise anterior. De acordo com a lógica causal do argumento de Fraenkel, o Estado Normativo administra e julga as regaras do jogo para a participação de produtores e consumidores no mercado. Ele mantém:

> a moldura jurídica para a propriedade privada, para as atividades de mercado das unidades empresariais individuais, para todos os outros tipos de relações contratuais e para as regulamentações das relações de controle entre o governo e as empresas. Mesmo que as regras do jogo sejam alteradas pelo legislador, algumas delas são indispensáveis para que se garanta um mínimo de previsibilidade das consequências de determinadas decisões econômicas.[210]

Esse será o caso, argumentou Fraenkel, sempre que surgir "a necessidade de descentralização de certas funções em qualquer sociedade de grande escala com tecnologia avançada".[211] É por isso que Fraenkel acreditava que "o campo da economia continua a ser o domínio mais importante do 'Estado de Direito' condicional na Alemanha atual".[212]

Uma análise teórica seminal das determinações institucionais da atividade econômica com a qual a perspectiva de Fraenkel

---

[209] FRAENKEL, Ernst. *O Estado Dual*: uma contribuição à teoria da ditadura. São Paulo: Contracorrente, 2024, p. 391.

[210] FRAENKEL, Ernst. *O Estado Dual*: uma contribuição à teoria da ditadura. São Paulo: Contracorrente, 2024, p. 389.

[211] FRAENKEL, Ernst. *O Estado Dual*: uma contribuição à teoria da ditadura. São Paulo: Contracorrente, 2024, p. 390.

[212] FRAENKEL, Ernst. *O Estado Dual*: uma contribuição à teoria da ditadura. São Paulo: Contracorrente, 2024, p. 390.

do Estado Normativo apresentada no Capítulo II da Parte III de *O Estado Dual* partilha vários elementos é aquela presente no livro de Douglass North intitulado *Instituições, Mudança Institucional e Desempenho Econômico.*[213] Consideremos, por exemplo, a semelhança entre a passagem de *O Estado Dual* que acabamos de citar e este argumento bem conhecido e frequentemente citado do livro de North de 1990: "as instituições são as regras do jogo numa sociedade ou, dito de maneira mais formal, são as restrições concebidas pelo homem que moldam a interação humana".[214] Fraenkel e North, um independentemente do outro, referiram-se ao quadro institucional que rege a vida social como "regras do jogo". Essa semelhança superficial, mas ainda mais as consideráveis semelhanças subjacentes das teorias (e preocupações intelectuais) de ambos os estudiosos, convenceram-me a considerar a abordagem de Fraenkel como integrante daquela tendência que há mais de vinte anos os cientistas sociais têm chamado de novo institucionalismo, uma abordagem que North ajudou a fundar. De maneira mais particular, o modo de ver de Fraenkel tem muito em comum com o que ficou conhecido como "institucionalismo histórico", uma variante do novo institucionalismo que enfatiza como as instituições emergem e são inseridas em processos temporais concretos.[215] Por conta de sua abordagem, explicação e

---

213 NORTH, Douglass C. *Institutions, Institutional Change and Economic Performance.* Cambridge: Cambridge University Press, 1990. Enquanto o livro de Fraenkel é um clássico esquecido, o livro de North, até o verão de 2016, tinha 48,038 citações no Google Scholar. Acessado em: 24.07.2016.

214 NORTH, Douglass C. *Institutions, Institutional Change and Economic Performance.* Cambridge: Cambridge University Press, 1990, p. 3.

215 Para um sólido panorama, ver THELEN, Kathleen. "Historical Institutionalism in Comparative Politics". *Annual Review of Political Science*, vol. 2, 1999, pp. 369-404. Para um conjunto mais recente de discussões sobre o institucionalismo histórico como uma abordagem, *inter alia*, do estudo de política comparativa, relações internacionais, política estadunidense e política europeia, ver FIORETOS, Orfeo; FALLETI, Tulia G.; SHEINGATE, Adam (Coord.). *The Oxford Handbook of Historical Institutionalism.* Oxford: Oxford University Press, 2016.

compreensão, e à sua sofisticação na combinação bem-sucedida de raciocínio nomotético e ideográfico, *O Estado Dual* merece um lugar no cânone do institucionalismo histórico.

Em sua análise do Estado Normativo, Fraenkel lembrava regularmente aos leitores que o Estado de Prerrogativa detinha o poder de "jurisdição sobre a jurisdição", isto é, a incrível capacidade de exercer domínio sobre o Estado Normativo e, se necessário, de pôr este último em um lugar subordinado na arquitetura do Estado nazista. Ao mesmo tempo, ele estava convencido de que seria um erro grave não levar a sério a natureza e os efeitos de uma estrutura institucional – como o Estado Dual – só porque a sua independência foi comprometida no processo de sua criação e os seus membros são conhecidos por terem abusado da discricionariedade que um Estado de Prerrogativa pode ter-lhes permitido exercer.[216] Scheuerman resume de maneira correta e vigorosa a suposição implícita do argumento teórico de Fraenkel: "discricionariedade não é arbitrariedade total".[217]

Isso nos leva ao segundo aspecto do argumento de Fraenkel sobre "o contexto econômico do Estado Dual", especificamente à questão de saber por que esse elemento remanescente do *Rechtsstaat* sobreviveu na Alemanha nazista. Sua resposta: o capitalismo alemão precisava de "ajuda do Estado".[218] Fraenkel acreditava que antes do início da ditadura nazista,

---

[216] Ver minha discussão acima e FRAENKEL, Ernst. *O Estado Dual*: uma contribuição à teoria da ditadura. São Paulo: Contracorrente, 2024, p. 215.

[217] SCHEUERMAN, William E. S. "Social Democracy and the Rule of Law: The Legacy of Ernst Fraenkel". *In*: CALDWELL, Peter C.; SCHEUERMAN, William E. (Coord.). *From Liberal Democracy to Fascism*. Boston: Humanities Press, 2000, p. 90.

[218] FRAENKEL, Ernst. *O Estado Dual*: uma contribuição à teoria da ditadura. São Paulo: Contracorrente, 2024, p. 417.

> [o]s defensores do capitalismo na Alemanha do pós-[Primeira Guerra Mundial] foram incapazes de convencer as massas do povo alemão de que esse era o melhor de todos os sistemas econômicos. O capitalismo não tinha qualquer chance numa luta democrática contra o socialismo proletário, em cuja extirpação residia a sua salvação.[219]

Fraenkel levantou a hipótese de que os agentes do capitalismo exigiram empreendimentos violentos para derrotar os agitadores da esquerda. Contudo, a prestação de ajuda estatal não esgotou com a destruição do "oponente socialista". Se acreditarmos em Fraenkel o "capitalismo alemão contemporâneo" precisava construir um novo inimigo assim que o antigo inimigo socialista fosse derrotado. Por isso o capitalismo foi cúmplice da substituição do adversário socialista ferido e que em breve seria esmagado pelo adversário judeu (e outros semelhantes, como supostos inimigos estrangeiros). O capitalismo alemão, sugeriu Fraenkel, era indiferente à identidade de seu(s) novo(s) oponente(s), desde que isso permitisse ao setor econômico "armar-se como condição *sine qua non* para a sua preservação".[220] Mas não foi apensa violência que o capitalismo exigiu do Estado soberano. Outra mercadoria tinha alta demanda: o direito. Como disse Fraenkel em *O Estado Dual*, o capitalismo alemão também precisava de ajuda do Estado:

> em seu papel como garante daquela ordem jurídica que é a precondição da calculabilidade exata sem a qual a empresa capitalista não pode existir. O capitalismo alemão requer, para a sua salvação, um Estado Dual, e não unitário, baseado

---

[219] FRAENKEL, Ernst. *O Estado Dual*: uma contribuição à teoria da ditadura. São Paulo: Contracorrente, 2024, p. 414.

[220] FRAENKEL, Ernst. *O Estado Dual*: uma contribuição à teoria da ditadura. São Paulo: Contracorrente, 2024, p. 416.

na arbitrariedade na esfera política e no direito racional na esfera econômica.[221]

Desde a teoria do direito de Max Weber, a previsibilidade jurídica, especialmente na esfera econômica, tem sido associada ao direito formalmente racional. Traduzido em termos weberianos, o argumento de Fraenkel sobre os fundamentos institucionais da economia nazista pode ser reafirmado da seguinte maneira: os resquícios de um direito formalmente racional que foram encapsulados na metade normativa do Estado Dual nazista provaram-se capazes de fornecer um quadro institucional durável e previsível no interior do qual os atores econômicos se sentissem suficientemente confiantes quanto à proteção da sua propriedade privada e dos direitos a ela associados, a ponto de contribuírem, em um *quid pro quo* informal, para a manutenção e a expansão de um regime inerentemente violento, a cuja ideologia substancialmente irracional, em outro caso, eles teriam se oposto.

Em contraste com o direito do Estado Normativo, o direito produzido pelo Estado de Prerrogativa era, em termos weberianos, substantivamente irracional: era o resultado de tomadas de decisões arbitrárias, caso a caso, e sem recurso a regras gerais por oficiais nazistas. Mas mesmo que esse Estado de Prerrogativa tenha sido impulsionado por motivações extrajurídicas e governado pela emoção, e, portanto, de modo potencialmente prejudicial ao crescimento econômico, o apelo das reservas institucionais normativas do "núcleo racional" – localizado no interior de um invólucro altamente irracional –, para usar a linguagem de Fraenkel, foi suficiente para apaziguar os temores dos barões e banqueiros mais ricos do país. Em troca, eles aceitaram os nazistas como companheiros políticos, "capitalizando" o seu regime racial.

---

[221] FRAENKEL, Ernst. *O Estado Dual*: uma contribuição à teoria da ditadura. São Paulo: Contracorrente, 2024, p. 417.

UMA ETNOGRAFIA DO DIREITO NAZISTA: OS FUNDAMENTOS...

Essa interpretação revela traços do argumento mais mecanicista sobre a economia política da ditadura nazista que Fraenkel apresentou em seu artigo de 1937 e no *Urdoppelstaat*. Mas como Scheuerman pontuou, ele seguiu evitando os atalhos da análise da dimensão econômica do governo nazista feita Franz Neumann, consideravelmente mais reducionista.[222] Fraenkel foi cuidadoso ao se distanciar – explicitamente – de interpretações mais radicais da ditadura nazista que estavam em voga na esquerda na década de 1930:

> Muitos acreditam que o nacional-socialismo não passa, por assim dizer, de um empregado doméstico do capitalismo monopolista alemão. (...) Essas teorias simplistas tendem a desacreditar de maneira desnecessária a interpretação econômica do fascismo. Tal interpretação deveria ser formulada em termos de categorias muito mais detalhadas e de maior profundidade.[223]

Embora seja datado, o argumento de Fraenkel fornece uma perspectiva útil para o debate em curso, altamente relevante em termos políticos, sobre as origens econômicas da ditadura e da democracia.[224] Ele nos diz algo importante não somente sobre as

---

222 SCHEUERMAN, William E. S. "Social Democracy and the Rule of Law: The Legacy of Ernst Fraenkel". *In*: CALDWELL, Peter C.; SCHEUERMAN, William E. (Coord.). *From Liberal Democracy to Fascism*. Boston: Humanities Press, 2000, p. 88. Para uma comparação entre o *Behemoth*, de Neumann, e *O Estado Dual*, de Fraenkel, ver MEIERHENRICH, Jens. *The Remnants of the Rechtsstaat*: an Ethnography of Nazi Law. Manuscrito, setembro de 2016.

223 FRAENKEL, Ernst. *O Estado Dual*: uma contribuição à teoria da ditadura. São Paulo: Contracorrente, 2024, p. 286.

224 Para uma contribuição seminal, mas controversa a esse debate, ver ACEMOGLU, Daron; MORRISON, James A. *Economic Origins of Dictatorship and Democracy*. Cambridge: Cambridge University Press, 2006, uma resposta de dois economistas ao clássico das ciências sociais de MOORE, Barrington. *Social Origins of Dictatorship and Democracy*: Lord and Peasant in the Making of the Modern World. Boston: Beacon Press,

determinações institucionais da reestrutura econômica e política do nazismo, mas, ao mesmo tempo, e talvez de maneira ainda mais crucial, lança luz sobre a questão teórica mais ampla de como é que tal Estado esquizofrênico pode surgir em primeiro lugar. Demos a palavra final a Fraenkel sobre o tema da natureza do Estado que o expulsou de seu país:

> Essa simbiose entre capitalismo e nacional-socialismo encontra a sua forma institucional no Estado Dual. O conflito no interior da sociedade se expressa na natureza dual do Estado. O Estado Dual é a consequência política necessária de um período de transição marcado por tensões.[225]

Há amplas evidências que sugerem que o argumento de Fraenkel sobre a natureza e a lógica do dualismo institucional, essa forma peculiar de hibridismo institucional, é relevante para a compreensão não apenas do seu tempo, mas também do nosso.[226]

JENS MEIERHENRICH

1966 [ed. port.: *As origens sociais da ditadura e da democracia*: senhores e camponeses na construção do mundo moderno. Lisboa: Edições 70, 2010].

[225] FRAENKEL, Ernst. *O Estado Dual*: uma contribuição à teoria da ditadura. São Paulo: Contracorrente, 2024, p. 421.

[226] Para esse argumento, ver meu *The Remnants of the Rechtsstaat*, que também analisa a recepção irregular de *O Estado Dual* desde a sua publicação em 1941.

INTRODUÇÃO À EDIÇÃO ITALIANA DE 1983[227]

O livro que é agora apresentado pela primeira vez ao público italiano é uma análise e interpretação do Estado Nacional-socialista, mas é também, pelas questões teóricas que suscita, pelos instrumentos conceituais a que recorre e pelas soluções propostas, uma notável contribuição à Teoria Geral do Estado Moderno. Publicado em inglês em 1941, quando o autor estava exilado nos Estados Unidos, com o título *The Dual State*, mas originalmente escrito em alemão, foi republicado em 1974 na Alemanha, com o título *Der Doppelstaat*, em uma nova edição, da qual foi extraída a presente tradução italiana.

Ernst Fraenkel, nascido em Colônia em 1898, de família judia, estudou direito na Universidade de Frankfurt e, assim como Franz Neumann, foi aluno de Hugo Sinzheimer;[228] lecionou por

---

[227] Tradução: Suelen Najara de Melo. Revisão: Erica Salatini, docente UFBA, coordenadora do PLIT-ILUFBA.

[228] Sobre Hugo Sinzheimer, considerado o "pai do direito do trabalho" alemão, veja a comemoração do próprio Fraenkel, realizada em 1958,

NORBERTO BOBBIO

alguns anos em escolas para funcionários sindicais e foi consultor jurídico do Partido Social-Democrata da Alemanha; após o advento do nazismo, realizou atividades como advogado em defesa das vítimas dos abusos do regime. Forçado a emigrar para os Estados Unidos em 1938, obteve seu doutorado em 1942 na Law School de Chicago. Após um período na Coreia do Sul como especialista em problemas do direito de ocupação entre 1945 e 1951, retornou à Alemanha como docente na Escola Superior de Política, então fundada em Berlim por Otto Suhr. De 1953 a 1967, foi professor titular de ciência política na Universidade Livre de Berlim.[229] Faleceu em 28 de março de 1975, em Berlim.

Nos anos dramáticos do fim da República de Weimar, Fraenkel participou ativamente da discussão sobre as características, falhas e erros, do regime democrático estabelecido após a derrota; interveio com autoridade no debate sobre a reforma constitucional, da qual era defensor, tomando posição tanto contra os críticos de direita da Constituição, como Carl Schmitt, como contra os críticos de esquerda, como Otto Kirchheimer. Alguns de seus ensaios,[230] como

---

depois republicada na ampla coleção de escritos de FRAENKEL, Ernst. *Reformismus und Pluralismus*: Materialien zu einer ungeschriebenen politischen Autobiographie. Recolhidos e editados por F. Esche e F. Grube. Hamburgo: Hoffmann und Campe, 1973, pp. 131-142. No mesmo volume, também uma recordação de F. Neumann, pp. 168-179.

[229] Para obter mais informações biográficas e uma bibliografia completa, consulte o volume citado na nota precedente, pp. 469-472 e pp. 452-468; e o obituário de STEFANI, Winfried. "Nachrichten". *Politische Vierteljahresschrift*, vol. 16, 1975, pp. 569-574.

[230] Os principais escritos de Fraenkel foram republicados, bem como no volume já citado, em outras duas coletâneas: FRAENKEL, Ernst. *Deutschland und die westlichen Demokratien*. Stuttgart: W. Kohlhammer, 1964; e *Zur Soziologie der Klassenjustiz und Aufsätze zur Verfassungskrise* 1931-1932. Darmstadt: Wissenschaftliche Buchgesellschaft, 1968. Sobre os temas e sobre a obra de Fraenkel, é de fundamental importância o volume de estudos em sua homenagem: DOEKER, G.; STEFFANI, W. (Coord.). *Klassenjustiz und Pluralismus*. Festschrift für Ernst Fraenkel zum 75. Geburtstag am 26. Dezember 1973. Hamburgo: Hoffmann und Campe, 1973.

INTRODUÇÃO À EDIÇÃO ITALIANA DE 1983

Kollektive Demokratie (*Democracia coletiva*), 1929; *Abschied von Weimar?* (*Adeus a Weimar?*), 1932; *Um die Verfassung* (*Sobre a Constituição*), 1932; e *Verfassungsreform und Sozialdemokratie* (*Reforma Constitucional e Social-democracia*), 1932, atualmente, são parte essencial da vastíssima e doutrinariamente muito elevada literatura jurídica e política, que voltou a ser, nos últimos anos, objeto de renovado interesse, também na Itália, sendo a "crise de Weimar" exemplar e cautelar para qualquer um que deseje entender a maneira pela qual pode ocorrer a desintegração de uma democracia.[231]

Retornando à Alemanha após a queda do regime nazista, Fraenkel – não sem influência direta da ciência política americana, desenvolvida e enriquecida a partir da década de 1930 com contribuições decisivas da ciência política europeia e com o preciso objetivo de combater velhas e novas formas de totalitarismo –,

---

[231] Refiro-me à importante reconstrução histórica e sociológica da luta política e ideológica daqueles anos feita por RUSCONI, Gian E. *La crisi di Weimar*: Crisi di sistema e sconfitta operaia [*A crise de Weimar*: Crise do sistema e derrota operária]. Turim: Einaudi, 1977. Pelo mesmo autor, cf. RUSCONI, Gian E. "La 'kollektive Demokratie' di Fraenkel e il corporatismo contemporaneo" ["A 'kollektive Demokratie' de Fraenkel e o corporativismo contemporâneo"]. *Giornale di Diritto del Lavoro e di Relazioni Industriali* [*Jornal de Direito do Trabalho e de Relações Industriais*], II, 1980. O tema da democracia coletiva foi retomado por MARRAMAO, G. *Politica e complessità*: lo stato tardo-capitalistico come categoria e come problema teorico [*Política e Complexidade*: o Estado tardo-capitalista como categoria e como problema teórico]. *In*: HOBSBAWM, Eric John. *Storia del marxismo* [*História do marxismo*]. vol. IV. Turim: Einaudi, 1982, que vê nele "uma antecipação lúcida e surpreendente do debate atual sobre o corporativismo e o pluralismo corporativista" (p. 550). [O ensaio de Fraenkel, "Kollektive Demokratie", está traduzido no volume AA.VV. *Laboratorio Weimar*. Coord. G. Arrigo e G. Vardaro. Roma: [s.n.], 1982. Fundamental para a riqueza da documentação sobre o debate político e constitucional do período é a extensa "Introduzione" ["Introdução"] de A. Bolaffi à coleção de escritos de KIRCHHEIMER, Otto. *Costituzione senza sovrano*: Saggi di teoria política e costituzionale [*Constituição sem soberano*: Ensaios sobre teoria política e constitucional]. Bari: De Donato, 1982, pp. XI-CXII, em que os mais importantes escritos de Fraenkel são citados e comentados.

desempenhou um papel de protagonista na elaboração e difusão da teoria pluralista da democracia, tornada doutrina quase oficial da República Federal da Alemanha, contestada, aliás, assim como vinte anos antes, a sua defesa da "democracia coletiva", tanto por críticos de direita quanto de esquerda, com numerosos ensaios teóricos e intervenções polêmicas, incluindo *Der Pluralismus als Strukturelement der freiheitlich-rechtstaatlichen Demokratie* (*O pluralismo como estrutura da democracia liberal e legalitária*), 1964, e *Strukturanalyse der modernen Demokratie* (*Análise estrutural da democracia moderna*), 1970, em que as características da democracia pluralista na qual se inspira a República Federal da Alemanha são ilustradas em contínua contraposição aos princípios pelos quais é orientada a República Democrática Alemã. Apesar da radical diferença entre as duas épocas históricas, entre as repúblicas de Weimar e a de Bonn, o pluralismo do qual Fraenkel fez-se defensor no período do pós-guerra não parece representar, segundo alguns críticos, uma ruptura com a teoria da democracia coletiva, que ele também chamou posteriormente de "dialética" do período weimariano.[232] Tanto a democracia dialética quanto a pluralista são consideradas o lugar de livres, embora regulados e controlados, conflitos de grupos, ainda que, na primeira, descrita quando o autor era ainda marxista, a sociedade é dividida por um conflito principal e antagônico, que é o conflito de classes; na segunda, os conflitos se multiplicam, mas, à medida que se multiplicam, tornam-se cada vez menos antagônicos. Tanto uma quanto a outra se contrapõem tanto à democracia liberal clássica, na qual os sujeitos do conflito são abstratamente os indivíduos e não classes ou grupos de interesse, quanto à democracia de Rousseau, que

---

232 Essa tese foi defendida com vigor principalmente por KREMENDAHL, H. "Von der Dialektischen Demokratie zum Pluralismus. Kontinuität und Wandel im Werk Ernst Fraenkels". *In*: DOEKER, G.; STEFFANI, W. (Coord.). *Klassenjustiz und Pluralismus*. Festschrift für Ernst Fraenkel zum 75. Geburtstag am 26. Dezember 1973. Hamburgo: Hoffmann und Campe, 1973, pp. 381-394.

INTRODUÇÃO À EDIÇÃO ITALIANA DE 1983

exclui sociedades parciais em nome de uma suposta e irrealista, e não menos abstrata, homogeneidade social, e acaba transbordando para o seu oposto, a chamada democracia totalitária.

O núcleo central do livro é constituído essencialmente por duas teses, ambas de notável interesse, como eu dizia, para uma teoria geral do Estado Moderno e, portanto, dignas de serem conhecidas e discutidas também na Itália.

A primeira tese pode ser sintetizada do seguinte modo: a ruptura que o Estado nazista efetivou em relação ao Estado de Direito foi desde o início justificada com base no princípio que rege o estado de exceção (ou de emergência ou de necessidade ou de perigo público ou de sítio, como é variadamente chamado), ou seja, com base no princípio universalmente reconhecido da doutrina jurídica segundo a qual, em situações excepcionais, os legítimos detentores do poder político têm o direito de suspender as garantias jurídicas previstas pela Constituição e, portanto, são investidos de "plenos poderes". Pode-se comentar esse princípio jurídico com o ditado popular de que a necessidade não tem lei: uma norma jurídica, cuja função é de determinar uma obrigação e um direito, respectivamente, pode valer somente na esfera das ações possíveis, visto que não teria êxito algum em proibir uma ação necessária ou comandar uma ação impossível. Veja como o autor entra no assunto logo nas primeiras linhas do livro: "A lei marcial é o modelo no qual está baseada a Constituição do Terceiro Reich. A carta constitucional do Terceiro Reich é o Decreto de Emergência de 28 de fevereiro de 1933" (p. 137). E explica, logo em seguida, que a aplicação desse decreto tinha a intenção de privar o setor político da vida pública alemã ao domínio do direito. Portanto, o ponto de partida da análise é a nítida contraposição entre o Estado nazista e o Estado de Direito.

Visto que nem sempre é claro o que se entende por "Estado de Direito", uma expressão usada em múltiplas acepções, considero útil precisar que, na acepção que aqui pode servir para compreender o uso feito por Fraenkel, mesmo que ele nunca o explicite, por Estado de Direito se compreende o estado no qual o poder político, mesmo em suas mais elevadas instâncias, é regulado e limitado por normas jurídicas (*sub lege*) e é exercido principalmente, salvo casos excepcionais previstos pela própria Constituição, mediante emanação de normas gerais (*per legem*). Em oposição ao Estado de Direito assim entendido, as características do estado de exceção são duas: *a)* os detentores dos plenos poderes não mais se consideram obrigados a respeitar as normas constitucionais gerais que estabelecem as funções e os limites de competência dos órgãos do governo; *b)* consideram-se autorizados a exercitar o poder, não apenas em casos excepcionais, mas habitualmente, não mediante leis gerais, mas por meio de medidas concretas tomadas de tempos em tempos, com base meramente em um juízo de conveniência. Consequentemente, em contraste com o governo duplamente legal do Estado de Direito, o governo, no estado de exceção, é um poder duplamente ilegal, ou seja, arbitrário, em dois sentidos: com relação à *maneira* pela qual é exercido, ou seja, sem vínculos constitucionais, e com relação ao *meio* com o qual esse exercício é aplicado, ou seja, com base em meros julgamentos de conveniência.

O fato de Fraenkel enfatizar particularmente esse segundo aspecto do Estado nazista, que chama de "Estado de Prerrogativa" (*Massnahmenstaat*), contrastando-o ao "Estado Normativo" (*Normenstaat*), não significa que ele negligencie o primeiro. O que está bastante claro é que, de qualquer forma, no estado de exceção, a relação entre política e direito é completamente invertida se comparada ao Estado de Direito: no Estado de Direito, o poder é submetido ao direito; no estado de exceção (ou policial, para usar uma velha expressão), o poder é o criador (a seu próprio absoluto arbítrio) do direito. Em outras palavras, no Estado de Direito é poder legítimo somente aquele exercido em conformidade de uma autorização (no sentido literal da atribuição de "autoridade") por parte de uma norma jurídica; no Estado Policial, é direito aquele produzido de qualquer forma e de qualquer maneira por aqueles que detêm o poder político. Veja a

INTRODUÇÃO À EDIÇÃO ITALIANA DE 1983

clara e peremptória conclusão a que chega Fraenkel, que apresenta a própria interpretação com uma ampla análise de casos concretos extraídos de sentenças de tribunais de várias ordens e graus:

> Essa declaração é um dos repúdios mais francos ao Estado de Direito que encontramos na literatura nacional-socialista. A diferença entre um *Rechtsstaat* (Estado de Direito) e o Terceiro Reich pode ser resumida da seguinte maneira: no *Rechtsstaat*, os tribunais controlam o ramo executivo do governo no interesse da legalidade. No Terceiro Reich, o poder policial controla os tribunais no interesse da conveniência política (p. 190).

Tal inversão de termos pode também ser expressa com outras antíteses não menos tradicionais. Identifiquei duas delas: a antítese entre a justiça formal e a justiça material a que Fraenkel se refere quando afirma repetidamente que a essência do Estado de Prerrogativa deve ser buscada, aliás, na pretensão de aplicar uma justiça material em oposição à justiça formal, a qual, de acordo com a famigerada fórmula de Forsthoff, é a expressão de "uma comunidade desprovida de honra e dignidade"; e aquela entre a política, entendida como uma atividade que não reconhece outro critério da própria conduta além da conveniência, e a política como administração e juízo que deve receber sua legitimidade exclusivamente por ser exercida em conformidade com as leis pré-estabelecidas. Uma vez reconhecidos como atos políticos e, portanto, desviados das leis gerais, aqueles atos que são considerados como tais pela autoridade política, a qual, sendo *legibus soluta*, é livre para determinar o que se enquadra na esfera da política e o que não se enquadra, a indevida extensão dos atos políticos em relação aos atos administrativos e judiciais é um dos expedientes utilizados pelo Estado Policial para delimitar o espaço do Estado de Direito, até eliminá-lo arbitrariamente. Para dar um exemplo da documentação usada pelo autor, eis o que pode ser lido em uma decisão da Alta Corte administrativa prussiana de 28 de janeiro de 1937: "na luta pela autopreservação que o povo alemão está travando, não há mais aspectos da vida que não sejam políticos" (p. 195). Com uma afirmação dessa natureza, segundo a qual não existe um âmbito de vida não político, a quintessência do Estado totalitário não poderia ser melhor expressa.

A segunda tese é a mais original e também a mais discutível (no sentido de que pode convidar a mais discussão): apesar da indevida extensão do Estado Policial, o regime nazista não suprimiu completamente o governo por meio de leis, o "Estado Normativo". A razão pela qual o regime manteve, embora em uma esfera ampla, mas devidamente delimitada, o Estado por meio de leis, reside na proteção que esse ofereceu ao sistema econômico capitalista, o qual precisa de um ordenamento legal para sobreviver e se desenvolver, ou seja, vale ressaltar, de segurança no exercício a longo prazo das atividades que lhe são próprias e, portanto, da possibilidade de prever as consequências das próprias ações, que somente um ordenamento legal pode garantir, assegurando por meio de normas jurídicas gerais, livres da ingerência ocasional e imprevisível do poder político, a estabilidade da propriedade individual, a liberdade empresarial e da iniciativa econômica, a inviolabilidade dos contratos, a regularidade da concorrência e o domínio do empresário na fábrica sobre seus empregados. Com uma diferente mas equivalente fórmula jurídica se pode exprimir o mesmo conceito dizendo que, ao contrário do direito público, que está sujeito ao domínio do Estado de Prerrogativa, o direito privado não está sujeito ao arbítrio do poder político direto, e continua a ser regulado pelo Estado Normativo, exceto no caso excepcional, e então sujeito ao estado de exceção, do direito privado dos judeus.

Por meio de uma casuística bem selecionada de sentenças civis, penais e administrativas, Fraenkel tende a mostrar que, quando os princípios necessários à existência do sistema capitalista estão em perigo, os tribunais atuam como guardiões do direito. Pode-se impressionar com essa conclusão, prossegue ele, somente aqueles que não perceberam, ou não quiseram perceber, que o nacional-socialismo como fenômeno político é o produto do mais recente

INTRODUÇÃO À EDIÇÃO ITALIANA DE 1983

desenvolvimento capitalista. Naturalmente a doutrina oficial não reconhece abertamente esse estado de coisas. No entanto, a fim de justificar os limites do estado policial no setor da vida econômica, refere-se frequentemente à estrutura do antigo estado estamental, no qual cada estamento tem seu próprio ordenamento particular que não depende diretamente do poder estatal. Com essa justificativa, a doutrina nazista, ou mais precisamente uma parte dela, persegue conjuntamente dois objetivos: o de retornar a uma antiga tradição do direito público alemão, e o de mascarar a composição classista do regime, o Estado de classe refletindo uma sociedade antagônica na qual há uma classe restrita dominante e uma classe dominada composta de uma grande parte do povo, enquanto o Estado Estamental é o espelho de uma sociedade de ordens hierarquicamente dispostas na qual cada ordem desfruta de relativa autonomia dentro do sistema geral. Que essa referência ao estado estamental seja uma máscara ideológica pode ser demonstrada pelo fato de que, na sociedade nazista autodeclarada sociedade estamental, o único componente da sociedade que não constitui um estamento e, portanto, não desfruta de autonomia alguma, é a classe trabalhadora: a Frente Alemã para o Trabalho, na verdade, não constitui, segundo Fraenkel, uma ordem no sentido tradicional do Estado Estamental e, portanto, a classe trabalhadora, sozinha entre os vários componentes da sociedade alemã sob o regime nazista, não possuindo nenhuma autonomia de estamento, está inteiramente sujeita à ilimitada ingerência do Estado Policial.

Das duas teses até aqui ilustradas constituintes da estrutura central do livro, a primeira é diretamente derivada, embora com um juízo de valor oposto, de Carl Schmitt, o principal antagonista de Fraenkel não apenas nessa obra de interpretação do nazismo, mas também nos escritos sucessivos do pós-guerra, de reconstrução e apologia da democracia pluralista.[233] Em um ensaio de 1922,

---

[233] Sobre a contestação do pensamento schmittiano por parte de Fraenkel, chama a atenção PORTINARO, Pier Paolo. *La crisi dello jus publicum europaeum*:

NORBERTO BOBBIO

reimpresso em 1934, Schmitt defendeu a conhecida tese de que o "soberano é aquele que decide sobre o estado de exceção" e definiu este como aquele em que o detentor do poder soberano desfruta de competência ilimitada, resultante da suspensão de todo o ordenamento em virtude do direito supremo de autoconservação que os antigos expressaram na fórmula *"salus reipublicae suprema lex esto"*.[234] Suspenso o ordenamento das leis que regulam a vida normal do Estado, o direito enfraquece sem enfraquecer o poder político, entendido adequadamente como o poder de tomar decisões vinculativas para toda a coletividade nacional e executáveis recorrendo, em última instância, à força, sobre a qual o poder soberano sempre tem o monopólio, mesmo no Estado de Direito. (Mas, no Estado de Direito, o uso exclusivo da força é, de qualquer forma, regulado pelo ordenamento jurídico, entendido em termos kelsenianos como o conjunto de normas que estabelecem quem pode e em quais circunstâncias usar a força). O enfraquecimento do direito no estado de exceção significa que as decisões políticas não podem mais serem consideradas jurídicas no sentido tradicional da palavra, ou seja, autorizadas pela norma de uma Constituição formal, sendo que a única norma autorizadora última e fundamental é aquela que, ao prever o estado de exceção, estabelece que, uma vez declarado o estado de exceção, diminuem todos os limites jurídicos do poder político. Enquanto a norma fundamental de Kelsen, cuja doutrina pode ser considerada como a sublimação do "Estado Normativo" no sentido de Fraenkel, fecha o sistema enquanto tem função de transformar também o poder último, que é o poder constituinte, em poder jurídico, a norma fundamental de Schmitt, pelo menos nessa chamada fase "decisionista" de seu pensamento, é aquela

---

Saggio su Carl Schmitt [*A crise do jus publicum europaeum*: Ensaio sobre Carl Schmitt]. Milão: Edizioni di Comunità, 1982, p. 43, nota.

[234] SCHMITT, Carl. *Politische Theologie*: Vier Kapitel zur Lehre von der Souveränität. München-Leipzig: Duncker & Humblot, 1922 (que cito da tradução italiana, *Le categorie del "politico"* [*As categorias do "político"*]. Bolonha: Il Mulino, 1972, pp. 29-86).

INTRODUÇÃO À EDIÇÃO ITALIANA DE 1983

que fecha o sistema ao autorizar o poder soberano (que, por essa mesma razão, pode ser considerado plenamente soberano) a tomar decisões políticas para além do ordenamento jurídico, justificando, assim, aquela inversão entre poder e direito, sobre a qual teria se fundado a doutrina do primado da política sobre o direito, própria do Estado nazista, diametralmente oposta à doutrina do primado do direito sobre a política, cujo protótipo é a teoria clássica do contrato social (o contrato é um ato jurídico) que serviu de base aos regimes liberal-democráticos.

Não há dúvida de que a doutrina schmittiana da soberania como poder de decidir do estado de exceção ofereceu uma justificativa para o regime nazista. Na contraposição estabelecida e proposta por Fraenkel entre o Estado Normativo e o Estado de Prerrogativa, a inversão dessa doutrina está implícita. Pode uma exceção ser transformada em regra sem contradição? Em outras palavras, não é contraditório que uma circunstância ou uma série de circunstâncias válidas para justificar um estado de exceção sejam adotadas para justificar e, assim, impor um regime inteiro, que é por si só um estado permanente, para transformar a exceção em regra? Desde a antiguidade, a ditadura, ou seja, a atribuição de plenos poderes em caso de perigo público interno ou externo, sempre foi considerada uma forma temporária de governo, cuja duração é limitada à duração do estado de exceção ou é preventivamente estabelecida, e cuja justificativa é, portanto, fundada precisamente em sua temporariedade. Com base no conceito tradicional de ditadura, uma ditadura permanente é uma contradição em termos: para ser legítima, uma ditadura deve ser limitada no tempo; no exato momento em que se torna perpétua ou, ainda assim, tende a se perpetuar além do tempo predeterminado, ela se transforma em uma forma diferente de governo, a tirania ou o despotismo. O próprio Schmitt fez uma distinção entre a ditadura constitucional, que ele chamou de "comissária", uma vez que o ditador provisório age por encomenda ou por encargo dos detentores do poder soberano, da ditadura constituinte, à qual ele deu o nome de "soberana" porque instaura revolucionariamente uma nova ordem jurídica. Mas a ditadura constituinte também é justificada por um estado de exceção, a própria situação revolucionária que, como tal, pode, sim, prolongar-se ao longo do tempo, mas não pode se tornar permanente sem mudar sua natureza: à medida que o governo revolucionário não coloca mais limites à excepcionalidade de seus plenos poderes, ou seja, ao direito de tomar decisões para além de quaisquer limites constitucionais, *extra* ou *contra legem*, não é mais uma ditadura, mas um governo tirânico. Mas é precisamente a doutrina da excepcionalidade ilimitada e, portanto, da exceção que se torna a regra e, ao se tornar a regra, não mais pode se valer da justificativa que se aplica à exceção, que caracteriza o regime nazista: um Estado de Prerrogativa permanente e, como tal, atribuível não mais ao tipo clássico e moderno de ditadura, mas ao da tirania ou do despotismo. O fato de que a continuidade do regime de exceção também possa ter sido justificada pela permanência da ameaça à segurança da nação, tanto interna quanto externamente, devido à existência de um inimigo absoluto, o comunismo, que teria tentado subverter a ordem interna durante a república e continuava a constituir um perigo iminente nas relações internacionais, mostra como a doutrina do Estado nazista é uma expressão exemplar do princípio da segurança como um princípio justificador do agir político e como um critério de juízo, em última instância, do que é politicamente bom e ruim, lícito e ilícito, mesmo que a política de Hitler tenha tido por efeito não a segurança, mas a ruína da Alemanha, deixando a posteridade a se perguntar se o princípio estava errado ou se, no caso concreto, tenha sido mal aplicado.

A segunda tese, segundo a qual o Estado Normativo foi mantido pelos nazistas para salvar a economia capitalista, é evidentemente de inspiração marxista. Em uma página autobiográfica, o próprio Fraenkel relata como foi induzido a abraçar o marxismo, mais tarde abandonado na segunda parte de sua vida, convencido da exatidão da análise e da explicação que o marxismo conseguia dar

INTRODUÇÃO À EDIÇÃO ITALIANA DE 1983

do fascismo. Com uma autocrítica que pode até parecer impiedosa confessa que, durante seus cinco anos na Alemanha nazista (1933-38), nem sempre foi capaz de resistir à tentação de se engajar em "uma teoria do antifascismo orientada de forma monomaníaca para a crítica do capitalismo monopolista".[235] Mesmo na análise e interpretação do dual Estado fraenkeliano, convém distinguir a estrutura da função, e perceber que um determinado organismo estatal tem uma certa estrutura porque tem uma certa função: agora a função da duplicidade é permitir à classe dominante tutelar os próprios interesses por meio da preservação do Estado Normativo tradicional e esmagar a classe dominada por meio do estabelecimento do Estado de Prerrogativa. Na última parte do livro, onde o tema é novamente retomado, o autor expõe seu pensamento de forma incisiva, pondo as cartas na mesa com esta frase: "o capitalismo alemão requer, para a sua salvação, um Estado Dual, e não unitário, baseado na arbitrariedade na esfera política e no direito racional na esfera econômica" (p. 417).

Se a inspiração para a segunda tese é evidentemente marxista, a principal categoria utilizada para construí-la, da qual basta mencionar a expressão acima mencionada "racional na dimensão econômica", é também evidentemente weberiana. No mesmo escrito autobiográfico, Fraenkel tece o elogio de Weber, considerado o autor que, por meio da leitura de *Parlament und Regierung in neugeordneten Deutschland* (*Parlamento e Governo no Novo Ordenamento da Alemanha*), 1918, tinha-lhe aberto o caminho para a consideração científica da política:[236] a ideia de

---

[235] FRAENKEL, Ernst. "Anstatt einer Vorrede". *In*: _____. *Reformismus und Pluralismus*: Materialien zu einer ungeschriebenen politischen Autobiographie. Recolhidos e editados por F. Esche e F. Grube. Hamburgo: Hoffmann und Campe, 1973. No mesmo volume, também uma recordação de F. Neumann, p. 25.

[236] FRAENKEL, Ernst. "Anstatt einer Vorrede". *In*: _____. *Reformismus und Pluralismus*: Materialien zu einer ungeschriebenen politischen Autobiographie. Recolhidos e editados por F. Esche e F. Grube. Hamburgo:

que a economia capitalista precise de um sistema normativo estável de forma a permitir o cálculo racional de lucros e perdas, a previsibilidade das consequências das próprias ações, mesmo a longo prazo, era uma ideia tipicamente weberiana, que encontrou sua plena elaboração na teoria do poder legal-racional como a forma moderna de poder legítimo, em contraposição ao poder tradicional e ao poder carismático, que, embora em graus variados, poderiam ser considerados como formas de poder, para usar a terminologia de Fraenkel, discricional. Essencialmente, usando as categorias weberianas, o Estado nazista poderia ser interpretado como uma forma mista de poder legal-racional no que diz respeito à esfera da economia e de poder carismático na esfera mais estritamente política. Isso aparece ainda mais claramente em um artigo que Fraenkel escreveu em 1937, quando ainda estava na Alemanha, em que havia antecipado as teses do livro que escreveria alguns anos depois nos Estados Unidos: *"Das Dritte Reich als Doppelstaat"* ("O Terceiro Reich como um Estado Dual"). Neste, referindo-se diretamente a Weber, argumenta que "não é coincidência que na Alemanha tenha sido possível se desenvolver, juntamente ao aparato técnico do Estado, uma forma particular de Estado político baseada no princípio do Führer".[237] Nas últimas páginas, Fraenkel utiliza ainda a distinção introduzida por Mannheim entre racionalidade substancial e funcional, observando que o ordenamento jurídico do Terceiro Reich, depois que a economia capitalista perdeu cada vez mais sua racionalidade substancial, demonstra a mais completa racionalidade funcional ao regulá-la e submetê-la aos próprios fins

---

Hoffmann und Campe, 1973. No mesmo volume, também uma recordação de F. Neumann, p. 20; e cf. os escritos de WEBER. Turim: Einaudi, 1983.

[237] Este artigo foi publicado em várias partes em *Sozialistische Warte*, XII, 1937, pp. 41-44, 53-56 e 87-90, sob o pseudônimo de Conrad Jürgens; foi republicado na coletânea, várias vezes citada – FRAENKEL, Ernst. *Reformismus und Pluralismus*: Materialien zu einer ungeschriebenen politischen Autobiographie. Recolhidos e editados por F. Esche e F. Grube. Hamburgo: Hoffmann und Campe, 1973, pp. 225-240 –, da qual retiro a citação (p. 228).

INTRODUÇÃO À EDIÇÃO ITALIANA DE 1983

de potência, que são perseguidos na mais completa irracionalidade política, e redefine o Estado Dual sinteticamente como um "núcleo racional dentro de um invólucro irracional" (p. 418).

Na última parte, Fraenkel levanta a questão histórica se o Estado Dual teria precedentes na história constitucional alemã. Na realidade, o tema do Estado Dual sempre existiu, a começar pela própria formação do Estado Moderno, e vai muito além da história alemã. Embora compreendendo os limites impostos ao autor pelo tema, que é tema da história alemã, seria bom não esquecer e recordar aqui, de passagem, que a história constitucional inglesa é dominada pela distinção, tão bem delineada e reconstruída por McIlwain, entre *gubernaculum* e *iurisdictio*, ou seja, entre o poder de governo propriamente dito, que obedece a critérios de conveniência, e o poder de fazer justiça, que é exercido conforme as leis do país: uma distinção que corresponde ao que foi descoberto, ou melhor, redescoberto por Fraenkel na interpretação do Estado Nazista. Mas mesmo em países que, ao contrário da Inglaterra, chegaram tarde ao regime parlamentarista, a inserção de uma assembleia legislativa legitimada por baixo em um Estado burocrático organizado segundo o princípio hierárquico, repropõe o problema de dois Estados colocados lado a lado e nunca reunidos completamente em um único organismo. Fraenkel limita-se a distinguir o Estado Dual do Estado dualista, característico do Estado Estamental em que cada ato soberano do rei é acordado com os representantes das ordens. O Estado dualista, pode-se acrescentar nesse ponto, seria um antecedente histórico, não do Estado Dual, mas do Estado pluralista contemporâneo, no qual toda decisão politicamente relevante é o resultado de tratativas entre grupos de poder, cujo poder de governo constitui frequentemente apenas uma das partes.

No que diz respeito à história alemã em particular, a monarquia absoluta, de acordo com Fraenkel, não teria nunca conseguido unificar o ordenamento estatal na Alemanha, como tinha acontecido, por sua vez, na Inglaterra, por meio do compromisso estável entre o rei e o parlamento: na Prússia absolutista, a duplicidade permaneceu na coexistência de um ordenamento juridicamente regulamentado e um ordenamento orientado para fins políticos, e apesar da tentativa do despotismo esclarecido de superar o dualismo, o Estado Policial continuou a ter supremacia sobre o emergente Estado de Direito. Somente no final da Primeira Guerra Mundial, com o estrondoso colapso do Estado Potência, a Constituição de Weimar teria sido a primeira tentativa na história alemã de superar o Estado Dual. Mas o renascimento do Estado Dual na crise de Weimar e o advento do regime nazista estariam a demonstrar quão pouco a teoria e a prática do Estado de Direito estavam enraizadas na história constitucional alemã.

Entre os precursores da tese do Estado Dual, Fraenkel menciona Emil Lederer, que, em face da introdução da lei marcial nos primeiros anos de guerra, tinha defendido que o Estado Moderno tem uma dupla natureza, estando o exército, especialmente durante o estado de guerra, fora da Constituição, e esboçou a tese da coexistência do Estado Normativo e do Estado de Prerrogativa na forma da distinção, bem conhecida por toda a tradição do direito público alemão, entre *Machtsstaat* e *Rechtssiaat*.[238] Assim, pode-se interpretar a história do Estado Dual como a história da resistência oposta pelo Estado Potência à afirmação do Estado de Direito: em certos momentos, o Estado Potência aparece como uma sobrevivência do passado destinada a desaparecer; em outros momentos, reafirma a própria supremacia, e o Estado de Direito é preservado nos limites em que ainda pode desempenhar uma função útil em um setor bem delimitado da vida social, como o direito privado. Os momentos em que o Estado Potência reafirma a própria supremacia são os momentos de grave crise interna ou internacional. Em geral, e não apenas na Alemanha (pense na história da Inglaterra durante a era do imperialismo britânico e

---

[238] LEDERER, E. "Zur Soziologie des Weltkrieges". *Archiv für Sozialwissenschaft*, XXXIX, 1915, p. 359.

INTRODUÇÃO À EDIÇÃO ITALIANA DE 1983

dos Estados Unidos hoje), o Estado Potência está destinado a sobreviver nas relações internacionais, mesmo em países onde, nas relações domésticas, o Estado de Direito venceu.

Nesse sentido, a temática do Estado Dual foi recentemente retomada por Alan Wolfe em uma obra de forte compromisso intelectual e político, *The Limits* of *Legitimacy* (1977), em que a tese do Estado Dual (*the Dual State*) é introduzida para explicar a contradição inerente ao sistema político dos Estados Unidos, que é democrático e constitucional internamente e imperialista externamente e, por sua vez, reproposta sob a forma de contraposição entre governo visível e invisível, por meio da citação de um *best-seller* americano de 1964, no qual se lê:

> Há dois governos nos Estados Unidos, hoje. Um é visível. O outro é invisível. O primeiro é o governo sobre o qual os cidadãos leem nos jornais, e que as crianças estudam nos livros escolares. O segundo é a máquina sincronizada e secreta que comandou a política dos Estados Unidos na Guerra Fria.[239]

Mesmo que a distinção entre governo visível e invisível não corresponda exatamente à distinção de Fraenkel entre o Estado Normativo e o Estado de Prerrogativa, o fato é que, em todo Estado democrático, que é o estado de governo visível por excelência, o poder político puro que não obedece a nenhum outro princípio além daquele da segurança e da potência, é forçado a se esconder, para atingir seus objetivos, e a invocar os *arcana imperii*. A diferença entre o Estado Dual de um governo autocrático e de um governo democrático está no fato de que, no primeiro, o poder político

---

[239] Cito da tradução italiana: WOLFE, Alan. *I confini della legittimazione*: Le contraddizioni politiche del capitalismo contemporaneo [*As fronteiras da legitimidade*: As contradições políticas do capitalismo contemporâneo]. Bari: De Donato, 1981, p. 271. O trecho citado foi extraído de WISE, David; ROSS, Thomas. *The Invisible Government*. Nova York: Vintage Books, 1974, p. 3.

puro não é apenas manifesto, mas também exaltado, enquanto no segundo, quando há (mas há), ele vive na forma de poder oculto.

No final, podemos nos perguntar se não teria sido mais correto e mais simples falar, em vez de um Estado Dual, de duas faces do Estado, uma coberta pelo direito, a outra aberta ao exercício do poder puro, duas faces do Estado que se encontram em diferente medida e diferente grau em cada sistema político. Independentemente da formulação, o tema, aliás, é um dos que até mesmo a teoria do governo democrático faria bem em não negligenciar. Mais surpreendente ainda é o fato de que Fraenkel tenha continuamente tocado mas nunca abordado completamente a antítese clássica que perpassa toda a história do pensamento político, desde a Antiguidade até os dias de hoje, entre o governo das leis e o governo dos homens.[240] Para enfatizar a importância disso, esta passagem das *Leis* de Platão seria suficiente:

> Chamei aqui de servidores das leis aqueles que são ordinariamente chamados de governantes, não por amor a novas denominações, mas porque considero que desta qualidade dependa sobretudo a salvação ou a ruína da cidade. De fato, onde a lei está submetida aos governantes e privada de autoridade, vejo pronta a ruína da cidade; onde, no entanto, a lei é senhora dos governantes e os governantes seus

---

[240] Ele só menciona isso no artigo "Rule of Law in einer sich wandelnden Welt (1943-44)", reimpresso em FRAENKEL, Ernst. *Reformismus und Pluralismus*: Materialien zu einer ungeschriebenen politischen Autobiographie. Recolhidos e editados por F. Esche e F. Grube. Hamburgo: Hoffmann und Campe, 1973. No mesmo volume, também uma recordação de F. Neumann, pp. 258-274, referindo-se à doutrina de Harrington, segundo a qual todo governo civil deve expressar o domínio do direito e não o domínio dos homens. Sobre esse tema, refiro-me ao meu artigo BOBBIO, Norberto. "Governo degli uomini o governo delle leggi?" ["Governo dos homens ou governo das leis?"]. *Nuova Antologia*, CXVIII, fasc. 2.154, 1983, pp. 135-152.

INTRODUÇÃO À EDIÇÃO ITALIANA DE 1983

escravos, vejo a salvação da cidade e a acumulação nela de todos os bens que os deuses costumam dar às cidades.[241]

Das duas características do Estado de Direito, sobre as quais me debrucei no início, o poder *sub lege* e o poder *per legem*, a distinção de Fraenkel entre o Estado Normativo e o Estado de Prerrogativa talvez enfatize mais o último, a distinção clássica entre o governo das leis e governo dos homens, entre decisão vinculativa e, como tal, impessoal, e decisão não vinculativa e, como tal, pessoal, enfatiza a primeira acima de tudo. Quando Aristóteles afirma que o governo das leis é melhor do que o governo dos homens porque as leis não têm paixões, ele quer dizer exatamente isto, que o vínculo das leis impede que o governante obedeça a suas próprias inclinações e, portanto, decida com base em suas preferências pessoais.

Entende-se que essa antítese, como todas as antíteses demasiadamente incisivas, não é capaz de dar uma representação adequada da realidade. O governo das leis nunca foi capaz de suplantar completamente o governo dos homens, e vice-versa. De qualquer forma, é também uma confirmação do interesse não ocasional que pode ter para uma teoria geral da política o tema das duas faces do Estado ou, se quisermos adotar a expressão de Fraenkel, o "Estado Dual".

Outubro de 1983.

NORBERTO BOBBIO

---

[241] N.T. PLATÃO. *As Leis, apud* BOBBIO, Norberto. *O futuro da democracia*: uma defesa das regras do jogo. Trad. Marco Aurélio Nogueira. 6ª ed. Rio de Janeiro: Paz e Terra, 1986, p. 715.

PARTE I

O SISTEMA JURÍDICO DO ESTADO DUAL

Alguém crê que um Estado em que as decisões dos tribunais não têm validade, mas podem ser revertidas e anuladas por pessoas particulares, subsistiria em vez de perecer?

Sócrates

CAPÍTULO I

O ESTADO DE PRERROGATIVA

1.1 A origem do Estado de Prerrogativa

A lei marcial é o modelo no qual está baseada a Constituição do Terceiro Reich.

A carta constitucional do Terceiro Reich é o Decreto de Emergência de 28 de fevereiro de 1933.[242]

Com base nesse decreto, a esfera política[243] da vida pública alemã foi subtraída do império da lei. Os tribunais administrativos e gerais auxiliaram na construção dessa condição. O princípio básico que orienta a administração política não é a justiça; o direito é aplicado à luz das "circunstâncias do caso individual" e tem como propósito a realização de um objetivo político.

A esfera política é um vácuo no que diz respeito ao direito. Claro que ela contém certo elemento de ordem factual e previsibilidade,

---

242 O decreto está reproduzido no apêndice.

243 A expressão "esfera" não é exata e está sendo usada provisoriamente.

mas somente na medida em que há certa regularidade e previsibilidade no comportamento dos funcionários encarregados. Não há, porém, regulamentação jurídica dos órgãos oficiais. A esfera política no Terceiro Reich não é governada nem pelo direito objetivo nem pelo direito subjetivo, nem por garantias legais ou normas de competência. Não há regras jurídicas que rejam a esfera política. Ela é regulada por medidas arbitrárias (*Massnahmen*), nas quais os funcionários exercem suas prerrogativas discricionárias. Daí a expressão "Estado de Prerrogativa" (*Massnahmenstaat*).

Nas páginas a seguir tentaremos mostrar em detalhe o crescimento sistemático da ditadura soberana do nacional-socialismo que surgiu com base no "Decreto de Emergência para a Defesa contra o Comunismo". Em complemento a esse Decreto de Emergência contra atos de violência que ponham em perigo o Estado, a lei de 24 de março de 1933 deu ao nacional-socialismo poderes legislativos ilimitados. A lenda oficial que o Terceiro Reich procura propagar sustenta que o Estado nacional-socialista está fundamentado em leis válidas, emitidas pelo gabinete de Hitler, que foi nomeado de acordo com a lei, e aprovadas pelo Reichstag, eleito também conforme a lei. Seria inútil negar a importância dessa legislação na transformação da ordem jurídica alemã. Um estudo dessa legislação e de sua influência na atividade dos tribunais apresenta uma imagem clara da ordem jurídica alemã existente, na medida em que pode ser considerada existente. Mas devemos lembrar que, nos livros de leis posteriores a 28 de fevereiro de 1933, não se pode encontrar quase nenhuma legislação referente à parte da vida política e social que chamamos de "esfera política", que se encontra agora fora da esfera do direito ordinário. Legislações sobre matérias de política seriam inúteis, uma vez que as declarações jurídicas neste campo não são consideradas obrigatórias.

CAPÍTULO I – O ESTADO DE PRERROGATIVA

A lenda nacional-socialista da "revolução legal" é contrariada pela realidade do *coup d'état* ilegal.[244] Os eventos que levaram ao Decreto de 28 de fevereiro de 1933 são conhecidos do público geral e não precisam ser retomados aqui. No entanto, é significativo que o *coup d'état* não consista nem no incêndio do Reichstag de 27 de fevereiro de 1933, nem no Decreto de Emergência de 28 de fevereiro de 1933, mas sim na execução desse decreto. Três atos do presidente Hindenburg entre 30 de janeiro e 24 de março de 1933 ajudaram o nacional-socialismo a subir na sela: a nomeação de Hitler para o cargo de Chanceler do Reich, a proclamação do estado de sítio civil pela emissão do Decreto do Incêndio do Reichstag e a assinatura da Lei Habilitante de 24 de março de 1933. Dois desses atos dificilmente poderiam ter sido evitados, mas o terceiro foi totalmente voluntário. A nomeação de Hitler, o líder do partido mais forte, para o cargo de Chanceler do Reich estava em conformidade com a Constituição de Weimar; historicamente, a proclamação de um estado de sítio "civil" em vez de militar após o incêndio do Reichstag foi o ato decisivo da carreira de Hindenburg. Foi a consequência necessária do *coup d'état* incitado (baseado no Decreto do Incêndio do Reichstag), quando Hindenburg assinou a lei de 24 de março de 1933 e, com isso, sua própria sentença de morte.

Dotados de todos os poderes exigidos pelo estado de sítio, os nacional-socialistas conseguiram transformar a ditadura constitucional e temporária (destinada ao restabelecimento da ordem pública) numa ditadura inconstitucional e permanente, e conferir à estrutura do Estado nacional-socialista poderes ilimitados. O *coup d'état* nacional-socialista resulta da aplicação arbitrária do Decreto de Emergência de 28 de fevereiro de 1933, que tornou

---

244 Sobre as oportunidades de revoluções e *coups d'état* na sociedade de hoje, ver WEBER, Max. *Wirtschaft und Gesellschaft*. Tübingen: [s.n.], 1922, p. 670.

soberana uma ditadura comissária.[245] A extensão e a manutenção dessa ditadura soberana é tarefa do Estado de Prerrogativa.

Diferentemente da legislação prussiana anterior, que previa apenas a lei marcial militar, a Constituição de Weimar conferiu ao presidente o poder de decidir se as "medidas necessárias para o restabelecimento da segurança e da ordem pública" deveriam ser executadas por autoridades civis ou militares. Junto com o tremendo poder concedido pelo art. 48 da Constituição de Weimar à "autoridade executiva" para a emissão de decretos, a decisão de quem deveria receber a responsabilidade de restaurar a ordem pública, os ministros nacional-socialistas ou os generais conservadores do Reichswerh, teve as mais pesadas implicações. O fracasso de von Papen, Hugenberg e Blomberg em perceber a importância crítica dessa questão foi decisivo para definir seus destinos políticos. Claro que é inútil especular sobre possibilidades não realizadas; no entanto, uma coisa pode ser dita com certeza: em 28 de fevereiro de 1933, o poder de combate das tropas de choque nacional-socialistas era insignificante em comparação com o poder da polícia e do Reichswehr. Mas quando Hitler foi capaz de adicionar à força dessas tropas de choque o poder de decretar a lei marcial, o incêndio do Reichstag tornou-se um ativo político sólido.

Sem dúvida, o *coup d'état* nacional-socialista de 1933 foi, pelo menos tecnicamente, facilitado pela prática executiva e judicial da República de Weimar. Muito antes da ditadura de Hitler, os tribunais haviam decidido que questões sobre a necessidade e a conveniência da lei marcial não estavam sujeitas a revisão pelo Judiciário.[246] O direito alemão nunca reconheceu o princípio do direito inglês expresso na seguinte decisão:

---

[245] A distinção entre ditadura "comissária" e ditadura "soberana" foi criada por SCHMITT, Carl. *Die Diktatur*. Munique: [s.n.], 1921. Nosso uso desses termos é idêntico ao feito pelo autor.

[246] RGSt. 59, pp. 187/188.

CAPÍTULO I – O ESTADO DE PRERROGATIVA

> Um argumento um tanto surpreendente foi dirigido a nós pelo sr. Serjeant Hanna. De acordo com ele, esta Corte não teria competência para decidir se existia ou não um estado de guerra e estaríamos obrigados a aceitar a declaração de sir Nevil Macready a esse respeito. Tal alegação é absolutamente oposta ao nosso julgamento no caso Allen (1921) (...) e destituída de autoridade, e desejamos declarar, na linguagem mais clara possível, que esta Corte tem o poder e o dever de decidir se existe um estado de guerra que justifique a aplicação da lei marcial.[247]

As tradições do período monárquico, quando a declaração da lei marcial era privilégio do governo e independente da jurisdição dos tribunais, foram transferidas para a República de Weimar. Os tribunais alemães, não possuindo qualquer tradição orientadora em questões de direito constitucional, não conseguiram estabelecer essa reivindicação de jurisdição nesses casos particularmente cruciais.

No entanto, os nacional-socialistas provavelmente teriam sido bem-sucedidos mesmo que tais salvaguardas constitucionais e judiciais existissem. A ausência de uma tradição jurídica análoga à tradição anglo-americana permitiu a eles, entretanto, prestar homenagem às leis da boca para fora, procedimento considerado útil durante o período de transição, quando o exército e o funcionalismo não eram totalmente confiáveis.

---

[247] *Garde vs. Strickland* (1921), citado em KEIR, D. L.; LAWSON, F. H. *Cases in Constitutional Law*. Oxford: [s.n.], 1928, p. 373.

1.2 A distribuição e a delimitação das competências

A) Regulação geral das competências

O poder ditatorial absoluto é exercido pelo Líder e Chanceler pessoalmente ou por meio de autoridades a ele subordinadas. Uma decisão exclusivamente sua determina como esse poder deve ser exercido. As medidas adotadas por Hitler em 30 de junho de 1934,[248] portanto, não precisavam de justificativa especial. Seus poderes derivavam da nova "Constituição" alemã e ações análogas poderiam ser tomadas a qualquer momento. As medidas tomadas em 30 de junho de 1934 podem diferir em quantidade, mas não em conteúdo, de medidas semelhantes tomadas em outras ocasiões. A lei aprovada pelo governo em 2 de julho de 1934, que legalizava expressamente as medidas adotadas em 30 de junho, tem valor apenas declaratório. A emissão de tais leis seria agora supérflua, uma vez que os desenvolvimentos dos últimos anos esclareceram inteiramente a situação "constitucional".

O poder soberano do Líder e do Chanceler de agir sem restrições está agora completamente legalizado. Com poucas exceções, o Líder e Chanceler exerce poderes ditatoriais soberanos por meio de autoridades políticas. Não está prevista qualquer delimitação das competências. Os funcionários políticos podem ser instrumentos do Estado ou do partido. A competência dos funcionários do partido e do Estado não está sujeita a regulamentos gerais e, na prática, é flexível. Segundo a teoria formulada pelo notável constitucionalista nacional-socialista Reinhard Höhn, o partido atribui tarefas à Polícia Secreta. Um dos chefes da Polícia Secreta do Estado da Prússia (*Gestapo*), Heydrich, apresenta a seguinte teoria: todos os Camisas Negras (SS), sejam servidores públicos ou não, devem

---

[248] O assassinato de Röhm, Schleicher e de muitos outros oponentes do governo Hitler.

CAPÍTULO I – O ESTADO DE PRERROGATIVA

cooperar. Os resultados de suas atividades de espionagem serão utilizados pelos Camisas Negras que exercem cargos públicos.[249] De acordo com uma opinião aceita por um número considerável de leigos e de funcionários públicos, a tarefa da Frente Alemã para o Trabalho é atuar como agente da Polícia Secreta dentro das fábricas. Sempre que a competência do Estado e do partido é delimitada, é por ordens oficiosas inacessíveis a quem está fora. Elas podem ser alteradas a qualquer momento pelo Líder e Chanceler, como demonstrado no Congresso do Partido de Nuremberg em 1935, no qual Hitler proclamou que delegaria a solução da questão judaica, sob certas condições, exclusivamente às autoridades partidárias.

Para justificarmos o fato de não termos feito nestas páginas distinção entre o Estado e o partido como poderes executivos, citamos algumas decisões que ilustram amplamente a impossibilidade de tal distinção.

I. Uma decisão do Tribunal de Apelação de Karlsruhe tratou do confisco de bens sindicais pelo Ministério Público de Berlim. Quando o Tribunal questionou o Procurador-Geral sobre se o confisco ainda estava em vigor, ele disse que só poderia responder a essa pergunta após consultar o departamento jurídico da Frente Alemã para o Trabalho.[250]

II. Um Líder de Imprensa do Reich foi nomeado por uma ordem do partido de 19 de janeiro de 1934. Ele deveria exercer "toda a influência" e tinha autoridade para "tomar todas as medidas necessárias para o cumprimento de suas tarefas". Com essa autorização do partido, o Líder de Imprensa do Reich demitiu o editor-chefe de um jornal, embora ele tivesse um contrato irrevogável até 1940. Uma ação do editor pedindo o pagamento de seu salário foi indeferida. O

---

249 HEYDRICH, Reinhard. "Die Bekämpfung der Staatsfeinde". *Dtsch. Rw.*, Band I, Heft 2, p. 97.

250 Oberlandesgericht Karlsruhe, 25 jun. 1936 (*J. W.* 1936, p. 3.268).

Tribunal decidiu que a ordem de 19 de janeiro de 1934 era uma ordem do Líder que, embora não tivesse sido emitida na forma prevista pela Lei Habilitante de 24 de março de 1933, deve ser considerada obrigatória para todos os funcionários do Estado, do partido e privados afetados pelo decreto e que "as objeções feitas pelo autor à validade dessa ordem ignoram o relacionamento próximo e confidencial entre o Líder e seus seguidores, que é a base do poder ilimitado dado ao governo em termos legislativos".[251] Portanto, a ordem do Líder de 19 de janeiro de 1934 foi considerada compatível com o escopo desse poder. Não importa se esse argumento obviamente ilógico de acordo com o qual o poder geral do líder do partido é derivado do poder geral concedido ao governo do Estado é deliberado ou se é mera falta de entendimento. Seu resultado é que, para o Tribunal, "mesmo que o cargo de Líder de Imprensa seja uma função partidária (...) o decreto do Líder conferiu a ele certas funções de governo. Não há objeções válidas à delegação de funções governamentais a autoridades partidárias importantes (...)".[252]

A validade das decisões do Líder de Imprensa do Reich não foi questionada pelo Tribunal de Apelação de Hamburgo, que entendeu que "tais decisões devem ser aceitas pelo Tribunal mesmo que pareçam não equitativas".[253]

III. Diferentemente dessa capitulação bastante supina do Judiciário, encontramos uma franqueza admirável em uma decisão do Tribunal Distrital do Trabalho de Berlim. Trata-se de uma ordem que foi assinada por Hitler e que nunca foi publicada oficialmente. Segundo a Corte, "o Líder do Movimento é ao mesmo tempo o Líder da Nação. Cabe a ele decidir se está

---

[251] Oberlandesgericht Hamburg, 31 mar. 1936 (*D. J. Z.* 1936, p. 771).

[252] Oberlandesgericht Hamburg, 31 mar. 1936 (*D. J. Z.* 1936).

[253] Oberlandesgericht Hamburg, 31 mar. 1936 (*D. J. Z.* 1936).

CAPÍTULO I – O ESTADO DE PRERROGATIVA

atuando em uma função ou em outra (...) Para nós, é suficiente que o nome de Adolf Hitler conste na ordem".[254]

B) A polícia do Estado

Entre os ramos executivos da ditadura soberana, destaca-se a Polícia Secreta do Estado (*Gestapo*). Esse corpo sempre foi e ainda é organizado de acordo com as legislações estaduais. Na Prússia, as funções da *Gestapo* são reguladas por três leis ordinárias. O Gabinete da Polícia Secreta foi criado em abril de 1933. A Polícia Secreta do Estado foi transformada em força policial especial em novembro de 1933. Os poderes gerais da *Gestapo* foram finalmente definidos pela Lei da Prússia de 10 de fevereiro de 1936, que revogou leis anteriores.[255]

A seção 7 da lei de 10 de fevereiro de 1936, além de corrigir um erro de impressão (que será discutido abaixo) e anunciar alguns regulamentos organizacionais, contém uma disposição de direito substantivo relativa ao exame pelos tribunais administrativos de decretos em assuntos relacionados à *Gestapo*.

Seguindo o exemplo da Prússia, os outros estados alemães promulgaram leis que construíam sistemas de Polícia Secreta do Estado. Em alguns estados alemães, nos quais a competência dos tribunais administrativos é regulada por uma cláusula geral, todos os decretos emitidos por uma autoridade administrativa estavam sujeitos à revisão por tribunais administrativos. Em outros estados, os tribunais revisam o ato se houver previsão da situação na lei que regulamenta a competência dos tribunais administrativos. A Prússia, no período pré-Hitler, aderiu a esse método, mas exigia que as hipóteses de revisão das ordens policiais constassem explicitamente na legislação sobre isso. A extensão das mudanças nos

---

[254] Landesarbeitsgericht Berlin, 17 nov. 1934 (*D. Jstz.* 1935, p. 73).
[255] *PGS.* 1933, pp. 122, 413; 1936, p. 21.

princípios que regem os atos da *Gestapo* na Prússia e em outros estados será examinada abaixo.[256]

1.3 A abolição do Estado de Direito

A) Introdução histórica

Desde 28 de fevereiro de 1933, a Alemanha está sob lei marcial. A lei marcial como tal não colide necessariamente com o Estado de Direito. A lei marcial, conforme se desenvolveu na história constitucional do século XIX e início do século XX, complementa o Estado de Direito. Nos momentos em que o Estado de Direito está em perigo ou é perturbado, a lei marcial é invocada para restaurar a ordem constitucional necessária para a existência do Estado de Direito. Se considerarmos a situação que levou à proclamação de um estado de lei marcial como negação do Estado de Direito, pode-se afirmar que uma situação constitucional de lei marcial é uma "negação de uma negação", cujo objetivo é a restauração do Estado de Direito (positivo).

A invocação constitucional da lei marcial exige que (1) o Estado de Direito seja ameaçado ou infringido; (2) a lei marcial seja declarada com a intenção de restaurar o Estado de Direito o mais cedo possível e (3) a lei marcial permaneça em vigor somente até que o Estado de Direito seja restaurado.

O *coup d'état* nacional-socialista consistiu no fato de que os nacional-socialistas, como partido dominante no governo, (1) não impediram, mas sim causaram a violação do Estado de Direito, (2)

---

[256] Há variações técnicas nas diversas leis. Elas ocorrem porque a lei de polícia é uma legislação estadual (*Landesrecht*) que, portanto, deve ser ajustada ao direito administrativo de cada Estado (*Land*). As funções jurídicas da Gestapo dependem das leis de polícia dos estados. Isso se aplica também à fiscalização das ações da *Gestapo* pelos tribunais administrativos.

CAPÍTULO I – O ESTADO DE PRERROGATIVA

abusaram do estado de lei marcial que eles mesmos promoveram de maneira fraudulenta para abolir a Constituição e (3) agora mantêm um estado de lei marcial apesar de suas garantias de que a Alemanha, completamente corrompida por conflitos internos, é uma "ilha de paz". Na "ilha de paz" há um estado contínuo de lei marcial. Esse método não foi inventado pelos nazistas; tais tendências apareceram com frequência na história moderna. Há mais de trinta anos, Figgis caracterizou tais métodos como maquiavélicos:

> Toda nação prevê a existência de emergências nas quais é direito e dever de um governo proclamar o estado de sítio e autorizar a supressão das regras ordinárias de garantias pelos métodos rápidos da lei marcial. Agora, o que Maquiavel fez, ou o que seus seguidores fizeram desde então, é elevar esse princípio a regra ordinária para as ações dos estadistas. Quando seus livros são transformados em um sistema, eles devem resultar em uma suspensão perpétua das legislações de *habeas corpus* de toda a raça a humana. Não é a remoção de restrições sob emergências extraordinárias que é a falácia de Maquiavel, é a ereção dessa remoção em regra de ação ordinária e cotidiana.[257]

Mas esses métodos não foram utilizados somente na teoria política, como também na vida prática. Em 1633 (trezentos anos antes do incêndio do Reichstag), Wallenstein percebeu que a lei marcial era um instrumento particularmente útil para a suspensão e a abolição da ordem jurídica existente.

Carl Schmitt, não sem aprovação, cita a seguinte passagem de uma carta de Wallenstein: "Espero de todo o coração que os estamentos imponham dificuldades, pois isso lhes causaria a perda

---

[257] FIGGIS, John Neville. *Studies of Political Thought from Gerson to Grotius*: 1414-1625. Cambridge: [s.n.], 1907, p. 86.

de todos os seus privilégios".[258] Já em 1921, Carl Schmitt apontou o paralelo entre os privilégios da pequena nobreza e a Declaração de Direitos das quais desfrutavam os cidadãos que vivem sob o Estado de Direito.

É interessante que no início do século XVII, contemporâneo de Wallenstein, se tenha tentado na Inglaterra criar a impressão de uma emergência a fim de fornecer uma desculpa legítima para uma tirania absoluta. Enquanto o Parlamento estava suspenso, Carlos I tentou arrecadar dinheiro para a aquisição de navios afirmando que a paz estava ameaçada por "certos ladrões, piratas e assaltantes do mar, bem como por turcos, inimigos do nome cristão (...)" (Primeiro decreto sobre o dinheiro de navegações, 1634).[259]

No entanto, seu sucesso durou pouco, e a tentativa de Carlos I de suspender a lei com base em uma "emergência imaginária" foi derrotada na revolução.[260] O mundo anglo-saxão, desde então, tem sido cauteloso com "emergências imaginárias".[261]

A ausência de uma tradição semelhante na Alemanha teve as consequências mais pesadas para sua história constitucional. Por um curto período, durante a Revolução de Março de 1848 e a reação que a ela se seguiu, houve certa cautela quanto aos perigos

---

[258] SCHMITT, Carl. *Die Diktatur Von den Anfängen des modernen Souveränitätsgedankens bis zum proletarischen Klassenkampf.* 2ª ed. Munique: [s.n.], 1928, p. 59, nota 3. Esse livro é o primeiro de muitos esforços acadêmicos e literários para "explorar" as possibilidades práticas do art. 48 da Constituição de Weimar.

[259] GARDINER, Samuel Rawson. *The Constitutional Documents of the Puritan Revolution.* Oxford: [s.n.], 1899, p. 105.

[260] TANNER, Joseph R. *English Constitutional Conflicts of the Seventeenth Century.* Cambridge: [s.n.], 1928, p. 78.

[261] Cf. Juiz Breese em *Johnson vs. Jones* (44 Ill. 166), que caracterizou a emergência como algo que "põe os direitos mais preciosos do cidadão à mercê de um partido dominante, que só precisa declarar a 'emergência', e nada mais, para entrar em ação. Homens maus sempre podem encontrar com facilidade um pretexto e aproveitar-se disso".

CAPÍTULO I – O ESTADO DE PRERROGATIVA

relacionados ao abuso da lei marcial. Mittermaier, o mais famoso jurista liberal alemão desse período, disse:

> Uma revolta causada, favorecida ou provocada por uma astúcia do próprio partido do governo pode facilmente servir-lhe de pretexto para a suspensão do direito. Um medo exagerado, que vê o espectro ameaçador da anarquia em todos os lugares, pode induzir o partido político (possivelmente de boa-fé) a suprimir a alegada rebelião por decreto de emergência.[262]

Consequentemente, em vista desse perigo, ele diz que "nunca devemos usar as leis de emergência como pretexto para prosseguir com o uso da violência além da necessidade imediata de repelir uma ameaça de ataque".[263] A experiência da revolução malsucedida de 1848 fez com que Mittermaier ficasse apreensivo quanto aos perigos políticos da lei marcial. Um estudioso do direito bávaro desse período, Ruthardt, pintou um quadro vívido da condição característica de um estado de lei marcial. Ele explica que

> a guerra é regulada e restringida pela própria guerra; mas quando termina, quando o *Te Deum laudamus* [a Vós, Deus, louvamos] se mistura com o *Vae victis* [ai dos vencidos], quando a vingança e o ódio são libertados, todas as leis são suspensas ou o vencedor as usa para seus próprios propósitos.[264]

---

262 MITTERMAIER, Carl Joseph A. "Die Gesetzgebung über Belagerungszustand, Kriegsrecht, Standrecht und Suspension der Gesetze über persönliche Freiheit". *Archiv für Criminalrecht*, 1849, p. 29.

263 MITTERMAIER, Carl Joseph A. "Die Gesetzgebung über Belagerungszustand, Kriegsrecht, Standrecht und Suspension der Gesetze über persönliche Freiheit". *Archiv für Criminalrecht*, 1849, p. 29.

264 RUTHARDT, Konrad. *Entwurf eines Gesetzes über das Verfahren in Strafsachen*. Regensburg: [s.n.], 1849, p. 211.

ERNST FRAENKEL

Tentativas de usar uma emergência temporária como trampolim para o estabelecimento de uma ditadura soberana foram feitas na Alemanha muito antes de 1933 e foram previstas por Max Weber ainda na época dos Hohenzollern.[265]

Mesmo os nacional-socialistas ocasionalmente admitem que o incêndio do Reichstag ocorreu em um momento oportuno e que a ditadura temporária que se seguiu foi uma ocasião bem-vinda para a abolição do Estado de Direito. Os próprios porta-vozes do nacional-socialismo afirmam que a ameaça do comunismo foi apenas uma desculpa para que se violasse as antigas leis. Hamel, especialista nazista em direito policial e professor de Direito Constitucional na Universidade de Colônia, diz que "a luta contra o comunismo apenas deu ao Estado nacional-socialista a oportunidade de derrubar barreiras que agora devem ser consideradas sem sentido".[266] A mesma atitude é expressa na declaração de

---

[265] "Contra o *putsch*, a sabotagem, e semelhantes erupções (...) todos os governos (...) teriam que proclamar a lei marcial (...) as orgulhosas tradições de povos que são praticamente maduros e imunes à covardia sempre se revelaram em tais situações, nas quais esses povos souberam conservar o sangue-frio e a calma, esmagaram a força com a força, e depois tentaram solucionar serenamente as tensões que tinham levado à erupção, imediatamente restituíram as garantias das liberdades civis e, de forma geral, não permitiram a interferência de tais acontecimentos em sua tomada de decisões políticas. Na Alemanha, contudo, pode-se ter toda a certeza de que os beneficiários da velha ordem e da burocracia sem controle exploraram toda erupção de golpismo sindicalista, não importa quão insignificante, a fim de apavorar nossa burguesia filisteia (...) A nação alemã, então, mediante sua reação, irá demonstrar se já atingiu a maturidade política. Deveríamos desesperar-nos de nosso futuro político, se essas maquinações triunfassem; infelizmente, algumas experiências fazem com que isso pareça possível" (WEBER, Max. "Parlament und Regierung im neugeordneten Deutschland". *In*: _____. *Gesammelte politische Schriften*. Munique: [s.n.], 1921, p. 223) [ed. bras.: "Parlamentarismo e governo numa Alemanha reconstruída: uma contribuição à crítica da política do funcionalismo e da política partidária". *In*: _____. *Textos selecionados*. Trad. Maurício Tragtenberg. São Paulo: Nova Cultural, 1997, p. 117].

[266] HAMEL, Walther em FRANK, Hans. *Deutsches Verwaltungsrecht*. Munique: [s.n.], 1937, pp. 387 e 394.

CAPÍTULO I – O ESTADO DE PRERROGATIVA

Hamel de que a custódia protetora não é meramente incidental à revolução e desapareceria com o retorno às condições normais ou seria absorvida pela lei penal geral.[267] A ficção de que a custódia protetora é um meio necessário para lidar com os inimigos do Estado há muito foi abandonada. Agora ela é reconhecida como o que realmente foi no início, um meio de preservar o poder absoluto do Partido Nacional-Socialista, ou seja, de estabelecer uma ditadura soberana. Como escreve esse autor: "se a educação, a formação de um ponto de vista nacionalista, é tarefa própria do Estado, os meios de educação e especialmente o meio mais eficaz, a prisão, devem estar à disposição da polícia".[268] Portanto, não é surpreendente que Hamel afirme que "a custódia protetora é uma característica de um Estado verdadeiramente político, expurgado de todos os vestígios de liberalismo".[269] De tais declarações podemos depreender não apenas que o campo de concentração é um componente essencial no funcionamento do Estado nacional-socialista, mas também uma indicação do caráter duradouro da ditadura soberana nacional-socialista.

Uma expressão ainda mais franca disso pode ser encontrada na decisão de um tribunal especial em Hamburgo. Ao discutir o art. 48 (o artigo ditatorial da Constituição de Weimar), considerado satisfatório para o nacional-socialismo, o tribunal apontou que "a destruição dessa Constituição foi um dos principais objetivos do nacional-socialismo por muitos anos. É natural que, quando finalmente foi vitorioso, usasse seu poder para derrubá-la".[270]

O tipo ideal de todos *coups d'état* que tentam estabelecer uma ditadura plebiscitária formal e cesarista pode ser encontrado em *O*

---

[267] HAMEL, Walther em FRANK, Hans. *Deutsches Verwaltungsrecht*. Munique: [s.n.], 1937, pp. 387 e 394.

[268] HAMEL, Walther. "Die Polizei im neuen Reich". *Dtsch. Recht*, 1935, p. 414.

[269] HAMEL, Walther em FRANK, Hans. *Deutsches Verwaltungsrecht*. Munique: [s.n.], 1937, pp. 387 e 394.

[270] Sondergericht Hamburg, 15 mar. 1935 (*Dtsch. R. Z.* 1935, p. 553).

ERNST FRAENKEL

18 de Brumário de Luís Bonaparte (2 de dezembro de 1851). Nesse livro, Karl Marx fez uma formulação clássica do procedimento usado por esse tipo de ditadura ao dizer que Bonaparte, "parecendo identificar a sua pessoa com a causa da ordem, identifica, antes, a causa da ordem com a sua pessoa".[271]

A lenda da revolução legal é construída em torno da identificação da pessoa de Adolf Hitler com a "ordem" pública; a história do *coup d'état* ilegal é caracterizada pela identificação da "ordem" com a pessoa de Hitler. Essa tentativa de ocultar o verdadeiro caráter da ditadura da lei marcial com truques legalistas foi realizada por meio da democracia plebiscitária. "O manto da democracia plebiscitária é, no entanto, muito amplo e cobre muita coisa",[272] como disse Carl Schmitt em 1932. Ele cobre tanto o Estado de Prerrogativa quanto o Estado Normativo, e somente uma investigação intensiva pode revelar as formas reais escondidas debaixo dele.[273]

As consequências de o Estado de Prerrogativa identificar a "ordem" com a pessoa de Adolf Hitler serão estudadas a partir de documentos oficiais do Terceiro Reich. Daremos particular atenção às decisões dos tribunais administrativos, civis e penais alemães sobre os problemas do Estado de Prerrogativa. No Terceiro Reich, não há decisões sobre questões constitucionais propriamente ditas. Os tribunais as abordam somente na medida em que sua discussão é necessária para permitir que lidem com outros problemas. No

---

[271] MARX, Karl. *The Eighteenth Brumaire of Louis Napoleon*. Trad. Daniel De Leon. 3ª ed. Chicago: [s.n.], 1913, p. 61 [ed. bras.: *O 18 de Brumário de Luís Bonaparte*. Trad. Nélio Schneider. São Paulo: Boitempo, 2011, p. 70].

[272] SCHMITT, Carl. *Legalität und Legitimität*. Munique [s.n.], 1932, pp. 93/94.

[273] Uma análise historicamente correta dos eventos de 1933 só pode ser encontrada em um documento nacional-socialista. Uma decisão do Tribunal de Apelação de Berlim, de 1º de novembro de 1933 (*D. Jstz.* 1934, p. 64), declarou que "o Decreto de 28 de fevereiro de 1933, ao suspender os direitos fundamentais, cria deliberadamente uma situação de emergência com o propósito de concretizar do Estado Nacional-Socialista".

CAPÍTULO I – O ESTADO DE PRERROGATIVA

entanto, as decisões fornecem uma imagem bastante abrangente do "direito constitucional" do Terceiro Reich.

B) A dissolução do Estado de Direito refletida nas decisões dos tribunais

1 A abolição das restrições constitucionais

Durante os primeiros anos do regime nacional-socialista, as decisões dos tribunais revelaram muitas tentativas de preservar, pelo menos teoricamente, a supremacia do direito no Terceiro Reich. Isso é indicado, por exemplo, pelo esforço do Supremo Tribunal (*Reichsgericht*) de considerar o Decreto do Incêndio do Reichstag (*Brand-Verordnung*) válido apenas por um tempo limitado.

Uma decisão de 22 de outubro de 1934 abordou um processo de expropriação. Tratava-se de discutir se a proteção à propriedade, garantida pelo art. 153 da Constituição de Weimar, foi afetada pelo Decreto de 28 de fevereiro de 1933. Decidiu-se que o

> § 1 do decreto suspende a garantia constitucional da propriedade (Art. 153 da Constituição de Weimar) até novo aviso (...) uma vez que a seção relevante do decreto declara claramente a suspensão do art. 153 com a limitação de que o novo regulamento seja válido apenas até novo aviso.[274]

Foi essa ênfase no caráter temporário do decreto que despertou o comentário crítico do professor Huber, ocupante da cadeira de Direito Constitucional da Universidade de Kiel. O professor Huber declara que

---

[274] Reichsgericht, 22 out. 1934 (*RGZ.* 145, p. 367).

a legislação contemporânea tem usado os procedimentos formais da Constituição de Weimar por razões de ordem pública e segurança (legalidade), mas isso não significa que essa legislação se baseie na substância da Constituição de Weimar ou que ela obtenha daí sua legitimidade.[275]

De maior importância é a questão de saber se o Decreto do Incêndio do Reichstag, baseado no art. 48 da Constituição de Weimar, suspende os direitos básicos que essa própria Constituição declara invioláveis e não suscetíveis de suspensão por medidas de emergência nos termos do art. 48.

Esse problema tornou-se bastante agudo em conexão com a dissolução da filial alemã das Testemunhas de Jeová, as *Ernste Bibelforscher*, como são chamadas na Alemanha. Essa dissolução foi justificada pelo Decreto de 28 de fevereiro de 1933. As Testemunhas de Jeová basearam sua ação no art. 137 da Constituição de Weimar, que garantia a liberdade de culto e de crença, e apontaram que o direito garantido no art. 137 é um dos direitos fundamentais que não podem ser suspensos pelo art. 48 da Constituição de Weimar. Seu pedido foi deferido pelo Tribunal Especial de Darmstadt.[276] No entanto, essa decisão representa um fenômeno bastante isolado. Os tribunais têm procurado contornar essa restrição constitucional com uma grande variedade de argumentos. Em decisão do Tribunal Distrital de Dresden, o decreto do Ministro do Interior que dissolveu a associação das Testemunhas de Jeová foi interpretado como uma emenda constitucional que revogava o art. 137 da Constituição. De acordo com a visão do tribunal, "a Constituição pode ser alterada por decretos administrativos e medidas semelhantes".[277] Assim, na decisão do Tribunal de Dresden, a proibição do Ministro da

---

[275] Ernst Huber, comentando uma decisão do Sondergericht Darmstadt, 26 mar. 1934 (*J. W.* 1934, p. 1.747).

[276] Sondergericht Darmstadt, 26 mar. 1934 (*J. W.* 1934, p. 1.747).

[277] Landgericht Dresden, 18 mar. 1935 (*J. W.* 1935, p. 1.949).

CAPÍTULO I – O ESTADO DE PRERROGATIVA

Polícia (baseada no Decreto de Emergência) foi interpretada como uma ação legislativa baseada na Lei Habilitante.

Embora o *Reichsgericht*, em decisão de 24 de setembro de 1935, tenha aceitado a validade do art. 137, o modo como ele foi interpretado não incluía a liberdade irrestrita de associação religiosa. "Conferida a validade do art. 137", disse o Tribunal, "sua aplicação correta não impede a supressão de uma associação religiosa se as atividades dessa associação forem incompatíveis com a ordem pública".[278] Essa decisão coloca até mesmo os chamados direitos fundamentais à disposição do poder da polícia. A liberdade religiosa é, assim, reduzida à categoria de direitos dependentes da discricionariedade das autoridades.

Essa decisão de 24 de setembro de 1935 ainda reconheceu alguns direitos fundamentais. Mas, em um caso posterior, tanto o *Reichsgericht* quanto o Supremo Tribunal Administrativo da Prússia (*Oberverwaltungsgericht*) deram um passo além em sua restrição de direitos fundamentais.[279] Eles aboliram o direito dos funcionários públicos de examinar seus registros oficiais. O Tribunal decidiu:

> o Art. 129, seção 3, alínea 3 da Constituição de Weimar autoriza o servidor público a examinar seu registro oficial. Essa disposição está em contradição com a concepção nacional-socialista da relação entre o servidor público e o Estado e, na ausência de legislação especial, não está mais em vigor. O princípio da liderança não admite o questionamento e a crítica das decisões de seus superiores por parte do servidor público.[280]

---

[278] Reichsgericht, 24 set. 1935 (*J. W.* 1935, p. 3.377).

[279] Preussisches Oberverwaltungsgericht, 27 maio 1936 (*J. W.* 1936, p. 2.277). [Cf. Preussisches Oberverwaltungsgericht, 17 abr. 1935 (*J. W.* 1935, p. 2.676)].

[280] Preussisches Oberverwaltungsgericht, 27 maio 1936.

ERNST FRAENKEL

Assim, podemos afirmar com segurança que as restrições constitucionais à ditadura soberana foram abandonadas.

2 A abolição de outras restrições legais

Na aplicação do Decreto de 28 de fevereiro de 1933, a polícia não é regulada pelas disposições da Constituição nem por qualquer outra legislação. O Supremo Tribunal da Prússia (*Kammergericht*), em uma decisão de 31 de maio de 1935, considerou que

> o Decreto Executivo Prussiano (*Durchführungsverordnung*) de 3 de março de 1933,[281] não deixa dúvidas de que o par. 1 do Decreto de 28 de fevereiro de 1933 (...) remove todas as restrições federais e estaduais ao poder da polícia de tomar qualquer medida necessária para a consecução dos objetivos promulgados no decreto. A questão da adequação e da necessidade não está sujeita a apelação.[282]

Mostraremos que essa decisão da Suprema Corte da Prússia (*Kammergericht*) prenunciou a conclusão a que a maioria dos tribunais chegou somente após longos e complicados desdobramentos.

O Supremo Tribunal do Trabalho (*Reichsarbeitsgericht*) relutou em reconhecer uma polícia sem limitações jurídicas como consequência da ditadura. Criando a concepção de "legítima defesa do Estado", ele rejeitou a ação de um funcionário da Delegação de Comércio Soviética que havia sido demitido por um comissário nomeado pela polícia. O Tribunal reconheceu o direito do comissário de demitir funcionários com o seguinte raciocínio:

> É duvidoso que, em condições normais, o poder da polícia autorize o ministro do Interior prussiano a dotar um

---

[281] Publicado em *Mbl. f. i. Verw.* 1933, p. 233.
[282] Kammergericht, 31 maio 1935 (*Dtsch. R. Z.* 1935, p. 624).

CAPÍTULO I – O ESTADO DE PRERROGATIVA

comissário de Estado de poderes tão amplos. No entanto, mesmo que a nomeação não estivesse sob a guarida do Decreto de 28 de fevereiro de 1933, ela poderia ser justificada com referência às necessidades de legítima defesa do Estado (...). Na primeira metade do ano de 1933, a situação do Estado nacional-socialista não podia ser considerada segura. Enquanto durou a ameaça comunista, o estado de insegurança continuou e exigiu a extensão dos poderes da polícia além de seus limites ordinários.[283]

Não é acidental que o Tribunal use o pretérito perfeito em sua justificação da lei de legítima defesa do Estado. Ele parece ter desejado indicar que a emergência havia terminado no momento em que a decisão foi proferida, reabrindo assim o período de condições normais. Desse modo, a decisão do *Reichsgericht* abriu caminho para o restabelecimento do Estado de Direito.

No entanto, essa tendência não persistiu. Ela se originou, com base no preâmbulo do Decreto 28 de fevereiro de 1933, da suposição de que o único motivo da lei era a derrubada do comunismo. Hamel declara que essa interpretação do Decreto de 28 de fevereiro de 1933 é errônea. "Seria um erro", escreve ele, "supor que as autoridades estão livres dos grilhões liberais apenas em sua luta contra o comunismo. As restrições liberais não são apenas suspensas pelas leis de combate ao comunismo; elas são abolidas sem

---

[283] Reichsarbeitsgericht, 17 out. 1934 (*J. W.* 1935, p. 378). É interessante notar que, mais ou menos na mesma época, a Suprema Corte dos Estados Unidos foi chamada a decidir se, ao lidar com uma grande crise nacional, um órgão constitucional pode reivindicar poderes extraconstitucionais devido à existência de uma emergência. O Presidente da Corte, Juiz Hughes, negou isso no caso Schlechter usando palavras que já se tornaram clássicas: "condições extraordinárias podem exigir soluções extraordinárias. Mas o argumento não chega necessariamente a uma tentativa de justificar uma ação que está fora da esfera da autoridade constitucional. Condições extraordinárias não criam nem ampliam poderes constitucionais". *Schlechter vs. United States*, 295 US 495, 528; 27 maio 1935.

reservas".[284] Essa visão foi seguida por grande parte dos tribunais superiores. O Tribunal Especial de Hamburgo (*Sondergericht*), em uma decisão sobre as Testemunhas de Jeová, sustenta que o decreto foi emitido após o incêndio do Reichstag em uma grande emergência e com grande pressa e que foi "dirigido contra os perigos que ameaçam o Estado, não apenas provenientes do comunismo, mas de quaisquer outras fontes também".[285] A teoria, entretanto, de que a menção especial aos comunistas é um erro de impressão não pode ser defendida de maneira razoável.

Para justificar sua aplicação a igrejas, seitas, organizações anti-vacina e escoteiros, o Supremo Tribunal da Prússia (*Kammergericht*) criou a teoria do perigo comunista indireto. Uma decisão de 8 de dezembro de 1935 da turma criminal do Supremo Tribunal da Prússia reverteu uma decisão do Tribunal Municipal de Hagen (Westfalen) e absolveu os réus que eram membros de uma organização de juventude católica. Os réus haviam participado de caminhadas e competições atléticas. A denúncia afirmava que, ao fazê-lo, eles haviam violado um decreto emitido pelo Presidente do Distrito (*Regierungspräsident*) baseado no Decreto de 28 de fevereiro de 1933. A decisão declarava que o objetivo do nacional-socialismo era a realização da "comunidade étnica" (*Volksgemeinschaft*) ideal e a eliminação de todos os conflitos e tensões. Por essa razão, as manifestações de diferenças religiosas, salvo as atividades da igreja no sentido mais estrito, são desaprovadas pelo nacional-socialismo, ou, nas palavras do *Kammergericht*: "esse tipo de acentuação das clivagens existentes traz em si o germe da desintegração do povo alemão. Tal perturbação apenas ajudará na disseminação dos objetivos comunistas".[286]

---

[284] HAMEL, Walther em FRANK, Hans. *Deutsches Verwaltungsrecht*. Munique: [s.n.], 1937, pp. 386/387.

[285] Sondergericht Hamburg, 15 mar. 1935 (*Dtsch. R. Z.* 1935, p. 553; citado também em *J. W.* 1935, p. 2.988).

[286] Kammergericht, 12 jul. 1935 (*R. Verw. Bl.* 1936, p. 61).

CAPÍTULO I – O ESTADO DE PRERROGATIVA

O fato de os réus se oporem diretamente ao "comunismo ateu" não os protegeu da punição por "atividades comunistas indiretas", porque, de acordo com o Tribunal,

> a expressão pública de uma opinião privada servirá apenas para encorajar pessoas que acreditam ou simpatizam com o comunismo ou que são politicamente indecisas. Esse encorajamento levará tais pessoas a formar e difundir a opinião de que o Estado nacional-socialista não é apoiado por todo o povo.[287]

Essa teoria da guerra indireta ao comunismo permite a extirpação de qualquer movimento que, da maneira mais sutil, possa ser interpretado como apoiador do comunismo.

Em uma decisão de 5 de março de 1935, o Supremo Tribunal da Prússia (*Kammergericht*) reverteu uma decisão de uma instância inferior e condenou um ministro da Igreja Confessante por violar uma portaria (emitida pelo chefe de polícia) que proibia "polêmicas demagógicas na luta das igrejas" (a Igreja Confessante é a parte da Igreja Protestante que se coloca – pelo menos em questões religiosas – em oposição ao regime). Essa portaria estava baseada no Decreto do Incêndio do Reichstag. O ministro havia distribuído aos pais de seus alunos da Escola Dominical uma carta criticando os "cristãos alemães" (a seção oficial da Igreja Protestante, que simpatiza com o nacional-socialismo). Na decisão desse caso, estabeleceu-se a seguinte conexão entre a luta da igreja, a disputa entre os dois grupos e a violência comunista:

> Para a aplicação do decreto, basta que um perigo indireto para o Estado seja criado por uma expressão de descontentamento

---

[287] Kammergericht, 12 jul. 1935 (*R. Verw. Bl.* 1936, p. 61).

com a nova ordem. Tal descontentamento fornece solo fértil para o ressurgimento de atividades comunistas.[288]

A participação do nacional-socialismo na luta da igreja e o abuso do decreto anticomunista para a perseguição da Igreja Confessante foram justificados pela alegação de que "tal crítica naturalmente provoca insatisfação (...) especialmente porque a atitude hostil do comunismo em relação à igreja pode adquirir nova esperança e força a partir dessa situação".[289]

Não é surpreendente que a teoria da guerra indireta ao comunismo tenha sido usada como base para a proibição de opiniões antivacina, como foi expressamente reconhecido por uma decisão do *Reichsgericht* de 6 de agosto de 1936.[290] Aqui, novamente, há um paralelo histórico mencionado por Carl Schmitt em sua discussão sobre a posição jurídica de Wallenstein:

> o direito de expropriação é permitido apenas contra rebeldes e inimigos. Mas, em todas as revoluções, tem sido a regra marcar os oponentes políticos como inimigos da pátria e, assim, justificar a sua total privação de proteção jurídica e da propriedade.[291]

Desde então, os tribunais adotaram essa teoria com pouca hesitação.

O Tribunal Administrativo de Württemberg, em decisão de 9 de setembro de 1936, tratando da *Innere Mission* (Obra Missionária da Igreja Protestante), descartou qualquer pretensão de conexão entre as ações da polícia (baseadas no Decreto do Incêndio

---

[288] Kammergericht, 5 mar. 1935 (*D. Jstz.* 1935, p. 1831).

[289] Kammergericht, 5 mar. 1935 (*D. Jstz.* 1935, p. 1831).

[290] Reichsgericht, 6 ago. 1936 (*Dtsch. Str.* 1936, p. 429).

[291] SCHMITT, Carl. *Die Diktatur.* 2ª ed. Munique: [s.n.], 1928, p. 94.

CAPÍTULO I – O ESTADO DE PRERROGATIVA

do Reichstag) e a campanha anticomunista. Ela declarava sem rodeios que "o decreto não visava exclusivamente à proteção contra a ameaça do comunismo, mas contra qualquer perigo à segurança e à ordem pública, independentemente de sua fonte".[292] Essa decisão enfatizou uma condição jurídica que já havia sido prenunciada pelo Tribunal Distrital de Berlim quando, em 1º de novembro de 1933, declarou em uma decisão, única na época, que "todos os ataques à segurança e à ordem pública devem ser considerados comunistas em um sentido amplo".[293]

Nenhuma discriminação foi feita entre os vários oponentes do nacional-socialismo. Todos foram rotulados de comunistas. A lei marcial foi aplicada igualmente contra todos os oponentes do atual regime. Por meio da aplicação da lei marcial, os nacional-socialistas obtiveram o monopólio do poder e o mantiveram pelo seu uso contínuo.

3 A abolição das restrições ao poder da polícia

A aplicação mais ampla do Decreto de 28 de fevereiro de 1933, para incluir todos os não nacional-socialistas, só pode ser explicada caso se presuma que "o preâmbulo do decreto expressa apenas sua motivação, e não sua substância".[294] Depende também da interpretação do preâmbulo se as autoridades policiais podem agir com respaldo do decreto apenas como medida defensiva ou em todos os casos decididos em seu âmbito.

A questão crucial é se a limitação usual do poder da polícia deve ser observada na aplicação do Decreto do Incêndio do

---

292 Württembergischer Verwaltungsgerichtshof, 9 set. 1936 (*Dtsch. Verw.* 1936, p. 385).

293 Landgericht Berlin, 1º nov. 1933 (*D. Jstz.* 1934, p. 64).

294 SCHEUNER, Ullrich. "Die Neugestaltung des Vereins- und Verbandsrechts". *D. J. Z.*, 1935, p. 666.

Reichstag.[295] A princípio, o Supremo Tribunal Administrativo da Prússia (*Oberverwaltungsgericht*) tentou manter essas restrições ao poder ditatorial. Em consonância com suas tradições anteriores, o Tribunal declarou, em 10 de janeiro de 1935, que

> o Decreto de 28 de fevereiro de 1933 não estendeu o poder da polícia além de seu escopo fundamental (...). Uma ordem policial que exceda esses limites, a menos que seja baseada em uma lei explícita, viola o § 1º da Lei Administrativa da Polícia Prussiana (*Polizeiverwaltungsgesetz*), válida até hoje. Portanto, tal ordem policial seria nula.[296]

Se essa opinião tivesse sido seguida em decisões posteriores, o uso do terrorismo de Estado para realizar a *Gleichschaltung* [sincronização] de toda a sociedade alemã teria sido impossível. Consequentemente, não é muito surpreendente que, em 3 de março de 1933, uma ordem ministerial prussiana tenha declarado: "a polícia está autorizada a exceder as restrições de seu poder especificadas nos § 14 e § 41 da Lei Administrativa da Polícia Prussiana".[297] Esse foi o início de um conflito crucial entre o Poder Executivo e o Poder Judiciário.

Embora o *Reichsgericht* apoiasse o Supremo Tribunal Administrativo,[298] a *Gestapo* desconsiderava suas decisões. Um importante oficial da *Gestapo*, *Ministerialrat* Eickhoff, caracterizou-a como um "Estado-maior, responsável pelas medidas de defesa,

---

[295] As limitações ao poder da polícia estão previstas no § 14 da *Preussisches Polizeiverwaltungsgesetz* [Lei Administrativa da Polícia Prussiana] (*PGS.* 1931, p. 77). Elas foram retomadas quase literalmente da *Allgemeines Preussisches Landrecht* [Lei Geral de Jurisdição da Prússia] de 1794 e, devido à sua aceitação pelos tribunais e pelos costumes, prevaleceram na Alemanha por muitas décadas.

[296] Preussisches Oberverwaltungsgericht, 10 jan. 1935 (*R. Verw. Bl.* 1935, p. 923).

[297] *Mbl. f. i. Verw.* 1933, p. 233.

[298] Ver Reichsgericht, 23 jan. 1934 (*J. W.* 1934, p. 767).

CAPÍTULO I – O ESTADO DE PRERROGATIVA

bem como pelas medidas ofensivas igualmente necessárias contra todos os inimigos do Estado".[299]

Antes de mostrar como os desenvolvimentos posteriores nesse assunto culminaram em uma vitória da polícia, devemos retornar à decisão do Tribunal Administrativo de Württemberg de 9 de setembro de 1936. Uma associação privada dedicada ao cuidado de crianças solicitou uma modificação de seu estatuto por conta de uma transferência de sua propriedade para a *Innere Mission*. O Magistrado do Condado (*Landrat*) se opôs a isso, argumentando que a propriedade deveria ir para a Organização Nacional-Socialista para o Bem-Estar (NSV), que "concede sua caridade a todos os cidadãos igualmente".[300] Foram apresentadas objeções a essa decisão, mas elas foram indeferidas pelo Ministério do Interior em Württemberg com base no § 1º do Decreto de 28 de fevereiro de 1933. A associação então recorreu ao Tribunal Administrativo, argumentando que

> a alteração proposta no estatuto não pode ser considerada um perigo para o Estado nem se pode alegar que a aplicação do decreto constituiria legítima defesa do Estado. A decisão do Magistrado do Condado foi motivada não pela intenção de defender o Estado de uma ameaça de ataque, mas pelo desejo de expropriar a associação.[301]

A reclamação da associação de bem-estar infantil foi indeferida. A associação teria cometido um erro de interpretação da lei, pois concebeu o objetivo e o alcance do Decreto de 28 de fevereiro de 1933 de forma excessivamente restritiva. A decisão diz:

---

[299] EICKHOFF, Ludwig. "Die Preussische Geheime Staatspolizei". *Dtsch. Verw.*, 1936, p. 91.

[300] Ver Württembergischer Verwaltungsgerichtshof, 9 set. 1936 (*Dtsch. Verw.* 1936, p. 385).

[301] Ver Württembergischer Verwaltungsgerichtshof, 9 set. 1936 (*Dtsch. Verw.* 1936, p. 385).

a proteção da ordem e da segurança pública traz consigo a preservação da riqueza da comunidade étnica. Se o decreto tivesse sido formulado com a intenção de permitir não infrações gerais, mas apenas infrações específicas das restrições anteriormente em vigor, isso teria sido declarado expressamente no § 1º do decreto.[302]

Na verdade, isso está afirmado inequivocamente no preâmbulo. Seria errado supor que a doutrina jurídica nacional-socialista em geral não dá atenção ao preâmbulo dos estatutos. Se ela os atenderá, depende da "natureza do caso individual". Nessa intepretação do documento "constitucional" do Terceiro Reich (o Decreto de 28 de fevereiro de 1933), as frases introdutórias são ignoradas. No entanto, quando outros governos usam métodos semelhantes, os autores nacional-socialistas expressam veementemente seu desprezo.

Assim, Swoboda, o professor de direito nacional-socialista da Universidade Alemã de Praga, ataca esse método de interpretação, mas apenas no que diz respeito à Constituição da Tchecoslováquia. Depois de afirmar que, durante os vinte anos da República Tchecoslovaca, prevaleceu a atitude dominante do positivismo puro e que, durante esse tempo, os preâmbulos das leis eram considerados mera retórica, ele enfatizou: "isso, aos olhos dos nacional-socialistas, classifica a Constituição e sua interpretação como insinceras e desonestas. O nacional-socialismo, é claro, é estranho a um método tão irresponsável".[303]

Mas as autoridades nacional-socialistas não apenas desconsideram o preâmbulo do Decreto de 28 de fevereiro de 1933; elas também interpretam o decreto de maneira diametralmente oposta a seu significado. A decisão do Tribunal Administrativo de

---

[302] Ver Württembergischer Verwaltungsgerichtshof, 9 set. 1936 (*Dtsch. Verw.* 1936, p. 385).

[303] SWOBODA, Ernst. "Das Protektorat in Böhmen und Mähren". *R. Verw. Bl.*, 2 abr. 1939, pp. 281-284.

CAPÍTULO I – O ESTADO DE PRERROGATIVA

Württemberg indica que ocorreu uma mudança fundamental na configuração do problema. O decreto de 28 de fevereiro de 1933, interpretado de maneira ampla, reconheceu os problemas envolvidos na relação entre o indivíduo e o Estado. Com a crescente fusão das funções partidárias e estatais, o conflito entre liberdade individual e coerção estatal cedeu sua posição proeminente ao problema da relação entre competição corporativa e monopólio partidário. A fim de obter espólios para as organizações partidárias e para as finanças partidárias, o Partido Nacional-Socialista conseguiu, pelo uso do Estado de Prerrogativa, abolir organizações concorrentes.

Uma decisão do Tribunal Administrativo de Baden mostra que até mesmo a pretensão de ocultar essa tendência cessou. Em uma pequena cidade de Baden, surgiu um conflito entre a organização de mulheres protestantes e a organização local da Cruz Vermelha, que estava sob liderança nacional-socialista. Aparentemente, querelas pessoais estavam na raiz da rixa. Essa disputa tornou-se significativa do ponto de vista histórico quando o governo tentou privar a organização religiosa de sua função de cuidar dos doentes, um privilégio considerado seu pela igreja por quase dois mil anos. A polícia resolveu o problema proibindo a associação religiosa com base no Decreto de 28 de fevereiro de 1933, e o tribunal confirmou essa ação.[304]

Não houve nenhuma tentativa de se estabelecer uma conexão entre a dissolução da associação de cuidados e o decreto anticomunista. O antagonismo nacional-socialista em relação às organizações concorrentes fica totalmente evidente na decisão. O Tribunal afirma que "está demonstrado que uma associação

---

[304] Badischer Verwaltungsgerichtshof, 11 jan. 1938 (*Bad. Verw. Ztscbr.* 1938, p. 87). Uma vez que nessa época os tribunais de Baden ainda não reivindicavam competência para rever as ações da polícia, a decisão do tribunal administrativo tem um significado histórico preciso, pois é a última decisão em que um tribunal administrativo alemão revisou atos políticos de autoridades policiais. (Depois disso, Baden seguiu o exemplo da Prússia e dos outros estados alemães).

fundada sob o pretexto de defesa de interesses da igreja estava visivelmente prejudicando a unidade local da Cruz Vermelha".[305] Portanto, o Tribunal decidiu que esse fato era em si motivo suficiente para a proibição.

> Uma vez que o Ministro do Interior declara que a admissão da competição entre as duas organizações causa desvantagens a importantes interesses do Estado (...) não cabe ao Tribunal recusar-se a reconhecer a decisão da liderança política.[306]

Essas decisões, ao menos nos casos de Württemberg e Baden, aboliram todas as restrições tradicionais ao poder da polícia.

Se o livre acesso aos tribunais ainda fosse permitido na Alemanha, associações de bem-estar infantil e de cuidados poderiam apelar da decisão alegando uma aplicação arbitrária da justiça. Se a literatura jurídica sobre essa questão é indicativa da opinião judicial, no entanto, é de se duvidar que tal audiência pudesse ter ocorrido.[307]

Quando as restrições ao poder da polícia foram abolidas, a questão da "proporcionalidade" caiu no esquecimento. A polícia não precisa mais mostrar que as ações por ela empreendidas para a consecução de seu objetivo são adequadas às circunstâncias. Somente quando vemos a descontinuidade da cláusula de "proporcionalidade" como consequência da dissolução da Lei de Polícia, podemos avaliar o significado da decisão do Tribunal de

---

[305] Badischer Verwaltungsgerichtshof, 11 jan. 1938 (*Bad. Verw. Ztscbr.* 1938, p. 87).

[306] Badischer Verwaltungsgerichtshof, 11 jan. 1938 (*Bad. Verw. Ztscbr.* 1938, p. 87).

[307] Dannebeck lida com essa questão em FRANK, Hans. *Deutsches Verwaltungsrecht*. Munique: [s.n.], 193, p. 307. Ele condena a revisão de medidas políticas com base em abusos ou arbitrariedades. (Cf. Lauer em *J. W.* 1934, p. 2.833).

CAPÍTULO I – O ESTADO DE PRERROGATIVA

Apelação (*Oberlandesgericht*) de Braunschweig, de 29 de maio de 1935. Nesse caso, o fechamento de uma editora pertencente à Associação de Panfletos Bíblicos *Watchtturm* foi justificado pela consideração de que

> como uma medida de defesa contra a violência comunista que põe em perigo o Estado, pode ser conveniente proibir associações cujos funcionários possam, mesmo que involuntariamente, oferecer abrigo a simpatizantes do comunismo.[308]

A decisão não diz nada sobre se a polícia deveria primeiro ter pedido aos responsáveis pela seita a expulsão de "simpatizantes comunistas". A polícia tem pleno poder discricionário em todas as questões que envolvam o acolhimento de comunistas. Suas ações não estão sujeitas ao controle dos tribunais.

4 A abolição da revisão judicial

a) Observações introdutórias

Antes de discutirmos a prerrogativa dos tribunais de revisar os atos da polícia, algumas observações introdutórias são pertinentes. A revisão judicial dos atos da polícia só é possível se existirem normas legais que a polícia deve respeitar. Isso só é verdade, no entanto, enquanto a ordem legal normal prevalecer. No sistema jurídico alemão, assim como no anglo-americano, o oposto é verdadeiro no caso da lei marcial. A derivação do Estado de Prerrogativa da lei marcial deve facilitar a compreensão da coexistência da ordem legal e da ausência de tal ordem ao leitor anglo-saxão. O estado de "sítio" é desconhecido do direito inglês como instituição jurídica. A lei marcial é um tipo de autodefesa do Estado contra perturbações da paz pública. Em caso de guerra

---

308 Oberlandesgericht Braunschweig, 29 maio 1935 (*Höchst. R. Rspr.* 36, p. 98).

real (cuja existência deve ser determinada pelos tribunais), os atos baseados na lei marcial, que devem ser considerados de legítima defesa, estão fora da competência do sistema jurídico. De acordo com uma declaração do presidente da Suprema Corte Cockburn, "a lei marcial, quando aplicada a um civil, não é lei alguma, mas algo sombrio, incerto e precário que depende inteiramente da consciência, ou melhor, do domínio despótico e arbitrário daqueles que a administram".[309] O Estado de Prerrogativa é, assim, definido como uma situação de sítio contínuo. Uma vez que a lei marcial faz parte de toda Constituição, em que medida ela está sujeita a controle é algo decisivo.

O direito americano também enfatiza a proposição de que a atividade do Estado sob condições de lei marcial não é atividade legal em sentido próprio, como Field disse em *ex parte* no caso Milligan:

> As pessoas imaginam, quando ouvem a expressão "lei marcial", que existe um sistema jurídico conhecido por esse nome, que pode ocasionalmente substituir o sistema ordinário; e há uma noção predominante de que, sob certas circunstâncias, um comandante militar pode, ao emitir uma proclamação, derrogar um sistema, o direito ordinário, e substitui-lo por outro, o direito marcial (...). Chamemos a coisa pelo nome correto: não se trata de direito marcial, mas de governo marcial.[310]

Ao reconhecer que um estado de governo marcial permanente prevalece na Alemanha hoje, deve-se também constatar que o oposto da ordem de governo do Estado de Direito é a ausência de ordenamento jurídico e a arbitrariedade do Estado de Prerrogativa.

---

[309] *Regina vs. Nelson & Brand* (Charge of the Lord Chief Justice of England to the Grand Jury at the Central Criminal Court in the case of the Queen against Nelson & Brand. 2ª ed. Londres: [s.n.], 1867, p. 86).

[310] Field em '*ex parte* Milligan', 1864, 4 Wallace 2,35.

CAPÍTULO I – O ESTADO DE PRERROGATIVA

A lei marcial, de acordo com Carl Schmitt,

> caracteriza-se por sua autoridade praticamente ilimitada, *i.e.*, a suspensão de toda a ordem jurídica até então vigente. Caracteriza-se pelo fato de que o Estado continua existindo enquanto a ordem legal está inoperante. Essa situação não pode ser rotulada como anarquia ou caos. Uma ordem no sentido jurídico ainda existe, embora não seja uma ordem legal. Essa existência do Estado tem prioridade sobre a aplicação continuada das normas jurídicas. As decisões do Estado estão livres de restrições normativas. O Estado torna-se absoluto no sentido literal da palavra. Em uma situação de emergência, o Estado suspende o sistema legal em resposta ao chamado "direito supremo de autopreservação".[311]

A teoria de Schmitt foi adotada pela *Gestapo*. O dr. Best, consultor jurídico da *Gestapo*, escreve:

> A tarefa de combater todos os movimentos perigosos para o Estado implica o poder de usar todos os meios necessários, desde que não conflitem com a lei. Tais conflitos com a lei, no entanto, não são mais possíveis, uma vez que todas as restrições foram removidas após o Decreto de 28 de fevereiro de 1933 e o triunfo da teoria jurídica e política nacional-socialista.[312]

Essas declarações abertas dos autores mais proeminentes da teoria constitucional nacional-socialista encontram sua expressão nas decisões dos tribunais somente em conexão com os problemas da revisão judicial. Assim, a questão de saber se os decretos do

---

[311] SCHMITT, Carl. *Politische Theologie*. Munique: [s.n.], 1922, p. 13.

[312] Ministerialdirigent und SS-Oberführer Dr. Werner Best em *D. A. Z.*, 1º jul. 1937 (reimpresso em FRANK, Hans. *Deutsches Verwaltungsrecht*. Munique: [s.n.], 1937).

b) Revisão por tribunais administrativos

O Supremo Tribunal Administrativo da Prússia (*Oberverwaltungsgericht*) chegou a considerar que mesmo no Terceiro Reich as medidas ditatoriais estavam sujeitas a revisão judicial. Assim, em decisão de 25 de outubro de 1934, esse Tribunal reivindicou o direito irrestrito de revisão judicial sob o argumento de que "o fato de o decreto estar na esfera de autoridade da chamada 'polícia política' não retira das pessoas afetadas o direito de recurso".[313] Mas em 2 de maio de 1935, o Tribunal recuou dessa posição.[314] A segunda lei sobre as competências da *Gestapo* (*Gesetz über die Geheime Staatspolizei*, 30 de novembro de 1933)[315] ofereceu uma oportunidade para que se diferenciasse os atos da polícia do Estado dos atos da polícia ordinária. O Tribunal argumentou que a Polícia do Estado (*Stapo*) e a *Gestapo* eram organismos policiais especiais e que não existia nenhuma lei específica que permitisse a revisão judicial de suas ações. Por essa razão, o Supremo Tribunal Administrativo (*Oberverwaltungsgericht*), sob o argumento de que as hipóteses de revisão estavam previstas em rol taxativo, negou o direito de revisão judicial. Os atos da polícia ordinária, contudo, mesmo quando praticados a serviço da *Gestapo*, permaneciam sujeitos à revisão judicial.[316]

---

[313] Preussisches Oberverwaltungsgericht, 25 out. 1934 (*R. Verw. Bl.* 1935, p. 458).

[314] Preussisches Oberverwaltungsgericht, 2 maio 1935 (*R. Verw. Bl.* 1935, p. 577).

[315] *PGS.* 1933, p. 41.

[316] Essa posição foi sustentada pelo Supremo Tribunal Administrativo da Prússia na sua decisão de 23 de maio de 1935 (*J. W.* 1935, p. 2.670), que negou explicitamente que o caráter político de uma ordem policial fosse,

CAPÍTULO I – O ESTADO DE PRERROGATIVA

Em 19 de março de 1936, foi apresentado ao Supremo Tribunal Administrativo da Prússia (*Oberverwaltungsgericht*) um caso referente à legalidade da expulsão de um missionário de certo distrito. A ordem de expulsão foi emitida por um magistrado distrital e foi justificada por uma referência ao conflito entre igrejas. Ela envolvia a questão geral de saber se a polícia tinha justificativa para obrigar pessoas a deixarem sua residência. Pouco tempo antes, o Supremo Tribunal Administrativo da Prússia (*Oberverwaltungsgericht*) tinha discutido a validade da ordem do presidente do distrito de Sigmaringen de expulsar cidadãos alemães de raça estrangeira (no caso, ciganos) de determinado distrito. O Tribunal considerou que

> a polícia não pode expulsar membros do Reich alemão de sua residência permanente ou temporária por outros motivos que não aqueles especificamente enumerados na Lei Regulamentar do Direito de Circulação (*Freizügigkeitsgesetz*).[317] A ordem policial que exige que o autor deixe o município X é declarada nula.[318]

De acordo com o direito administrativo geral, as medidas tomadas contra o missionário teriam sido declaradas inválidas. A polícia não tem poderes para emitir ordens que sejam claramente proibidas por lei. No entanto, o recurso do missionário foi indeferido sob a alegação de que a lei de 10 de fevereiro de 1936, relativa à *Gestapo* (*Gesetz über die Geheime Staatspolizei*),[319] que foi aprovada nesse meio-tempo, proibia a revisão. O Supremo Tribunal Administrativo da Prússia (*Oberverwaltungsgericht*) recusou-se a rever o caso porque o magistrado teria agido dentro da "esfera

---

por si só, suficiente para excluir a revisão. O Supremo Tribunal da Prússia (*Kammergericht*), nas decisões de 3 de maio de 1935 e 9 de janeiro de 1936, expressou a mesma visão (*D. Jstz.* 1935, p. 1.831; *J. W.* 1936, p. 3.187).

317 Gesetz über die Freizügigkeit, 1º nov. 1867 (*BGBl.* 1867, p. 55).

318 Preussisches Oberverwaltungsgericht, 5 dez. 1935 (*OVG.* 97, p. 103).

319 Gesetz über die Geheime Staatspolizei, 10 fev. 1936 (*PGS.* 1936, p. 21).

de autoridade atribuída à Polícia Secreta".[320] O § 7 da Lei de 10 de fevereiro de 1936 estabelecia que as ordens *e* assuntos da *Gestapo* não estão sujeitos à revisão dos Tribunais Administrativos. Um "erro de impressão"[321] transformara o "e" em "em". Uma vez que o despacho do magistrado para expulsar o missionário, no entender do Supremo Tribunal Administrativo, "destinava-se obviamente a contribuir para a segurança externa e interna do Estado",[322] ele tratou a medida de polícia do magistrado como uma ordem "em" assuntos da *Gestapo* – embora o magistrado não pertencesse à corporação.

O *Völkische Beobachter* (1º de março de 1936) atacou violentamente a atitude "reacionária" do Supremo Tribunal Administrativo da Prússia e este finalmente capitulou, em 19 de março de 1936, no caso do missionário. O último vestígio do Estado de Direito na Alemanha foi abolido por meio da exploração de um erro de impressão. Isso é típico do desprezo cínico pelo direito que prevalece entre a camarilha embriagada pelo poder que agora domina a Alemanha. Ao recusar-se a revogar uma ordem policial absolutamente ilegal, o Supremo Tribunal Administrativo deu à polícia um cheque em branco para a prática de todo tipo de atos ilícitos.[323]

O Supremo Tribunal Administrativo criou uma lacuna ao dizer que não era de importância decisiva se a ordem era ou não de competência da *Gestapo*. Em uma decisão de 10 de novembro de 1938, o Supremo Tribunal Administrativo da Prússia (*Oberverwaltungsgericht*) esclareceu os princípios da revisão judicial. A teoria de que as ordens da *Gestapo* não estão sujeitas a revisão é interpretada de tal forma que os seguintes atos estão imunes à revisão administrativa do Estado: (1) todos os atos diretos da *Gestapo*;

---

[320] Preussisches Oberverwaltungsgericht, 19 mar. 1936 (*J. W.* 1936 p. 2.189).

[321] *PGS*. 1936, nº 6.

[322] Ver Preussisches Oberverwaltungsgericht, 19 mar. 1936 (*J. W.* 1936 p. 2.189).

[323] Cf. *Dtsch. Verw.* 1936, p. 318; e *R. Verw. Bl.* 1936, p. 549.

CAPÍTULO I – O ESTADO DE PRERROGATIVA

(2) todos os atos da polícia ordinária que estejam de acordo com ordens especiais da *Gestapo*; (3) todos os atos da polícia ordinária que estejam de acordo com ordens gerais da *Gestapo*; (4) todos os atos da polícia ordinária que sejam de competência da *Gestapo*. A revisão é limitada a situações em que, nos casos 2 e 3, a polícia ordinária ultrapassou as ordens da *Gestapo*, e no caso 4, quando a polícia ordinária invadiu prerrogativa da *Gestapo*.[324] O significado da decisão citada acima reside no reconhecimento do poder da *Gestapo* de transferir esferas inteiras da vida da competência do Estado Normativo para a competência do Estado de Prerrogativa (caso 3). Se, como na decisão acima, a *Gestapo* decidir que a promoção de concursos de tiro ficará a cargo da "Associação de Defesa Alemã", o proprietário de um estande de tiro não tem recurso contra a proibição de uma competição de rifle, mesmo que a proibição tenha resultado de "antagonismo pessoal entre ele e a associação de tiro".[325]

O uso do Decreto de 28 de fevereiro de 1933 (que pretendia suprimir a oposição política) como um decreto para lidar com organizações concorrentes que ameaçam infringir monopólios é uma característica dos desenvolvimentos recentes. Como essa distinção entre casos "políticos" e "não políticos" funciona na prática é ilustrado pelo fato de os tribunais não poderem interferir no confisco de uma encíclica papal, ao passo que a apreensão de "seis livros de sonhos, dois baralhos de tarot e duas cópias de um periódico de astrologia intitulado *Kosmisches Tagebuch der Gesellschaft für astrologische Propaganda* pode ensejar um processo administrativo",[326] pois obviamente não tem importância política.

Com a decisão de 19 de março de 1936, quando se recusou a defender sua autonomia em casos políticos, o Tribunal

---

[324] Preussisches Oberverwaltungsgericht, 10 nov. 1938 (*J. W.* 1939, p. 382).

[325] Preussisches Oberverwaltungsgericht, 10 nov. 1938 (*J. W.* 1939, p. 382).

[326] Ver Preussisches Oberverwaltungsgericht, 15 dez. 1938 (*R. Verw. Bl.* 1939, p. 544).

ERNST FRAENKEL

Administrativo da Prússia passou para as fileiras daqueles que ele havia denunciado anteriormente.[327]

c) Revisão no processo civil

A lei de 10 de fevereiro de 1936[328] colocou as ações da *Gestapo* fora da autoridade de revisão dos tribunais administrativos. Tal lei se aplica igualmente aos tribunais ordinários? Certo advogado moveu uma ação por danos causados pela cassação de sua carteira profissional após suspeitas injustificadas de que ele havia se envolvido em atividades comunistas.[329] Decidiu-se que o *Reichsgericht* não poderia reexaminar "decisões que, devido ao seu caráter político, não são passíveis de revisão por tribunais ordinários".[330]

Por outro lado, uma decisão posterior do *Reichsgericht* considerou que a lei que torna o Estado responsável por qualquer dano causado por um ato ilícito de seus servidores[331] é válida independentemente de os atos ilícitos serem políticos ou não. Desconsiderando sua decisão anterior, o tribunal argumentou que "o simples fato de o ato do Estado em questão ter um sentido mais

---

[327] A primeira decisão desse tipo foi proferida pelo Tribunal Distrital (Landgericht) de Tübingen em 25 de janeiro de 1934 (*J. W.* 1934, p. 627), que se recusou a invocar as disposições da lei dos pobres no caso de um homem que desejava processar o Estado por prisão injusta num campo de concentração. Ele declarou que "o Estado não pode anular ações que considere politicamente necessárias". De maior importância é a decisão do Supremo Tribunal Administrativo de Hamburgo (Hamburger Oberverwaltungsgericht), de 7 de outubro de 1934 (*R. Verw. Bl.* 1935, p. 1045). A polícia política dissolveu uma *Bürgerverein* [associação de cidadãos] composta por arianos e judeus. O Tribunal recusou-se a conhecer o recurso da associação, declarando que a sua dissolução era um ato político e, portanto, não estava sujeito a revisão.

[328] Ver Gesetz über die Geheime Staatspolizei, 10 fev. 1936 (*PGS.* 1936, p. 21).

[329] Gesetz über die Zulassung zur Rechtsanwaltschaft, 7 abr. 1933 (*RGBl.* 1933, p. 188).

[330] Reichsgericht, 6 maio 1936 (*J. W.* 1936, p. 2.982).

[331] *BGB.* § 839; *Reichsverfassung* art. 131.

CAPÍTULO I – O ESTADO DE PRERROGATIVA

político ou menos político não dá azo à aplicação de restrições à revisão judicial".[332] A redação da decisão indica que o *Reichsgericht* discordou intencionalmente da doutrina de que as questões políticas extrapolam a competência do Tribunal. Pois "mesmo a legislação do Terceiro Reich (...) não limitou a aplicação do art. 131 da Constituição aos atos não políticos do Estado".[333]

A contradição entre as duas decisões que lidam com casos quase idênticos pode ser interpretada como um retorno dos tribunais ao Estado de Direito depois de terem se aproximado do limiar da anarquia jurídica. Na realidade, porém, a segunda decisão não envolve um retorno ao Estado de Direito. Pelo contrário, conduz diretamente ao Estado Dual.

Durante o período decorrido entre as duas decisões, uma importante inovação foi introduzida na forma do § 147 da Lei dos Servidores Públicos,[334] que reintroduziu o chamado *Konflikt* no ordenamento jurídico alemão. O *Konflikt* autoriza a autoridade administrativa suprema, em ações de indenização contra o Estado, a retirar a competência do tribunal ordinário que normalmente teria jurisdição e concedê-la ao Supremo Tribunal Administrativo. O Supremo Tribunal Administrativo, então, representa a última instância recursal.[335] A consequência dessa inovação aparentemente sem importância é que a regra do Supremo Tribunal Administrativo de não revisar as ações da *Gestapo* é estendida a processos que pleiteiam indenização pelo Estado. Isso preserva a integridade do princípio de que as ações políticas não são passíveis de revisão, uma vez que as autoridades administrativas, por meio da aplicação do § 147 da Lei

---

[332] Reichsgericht, 3 mar. 1937 (*J. W.* 1937, p. 1.723).

[333] Reichsgericht, 3 mar. 1937 (*J. W.* 1937, p. 1.723).

[334] Deutsches Beamtengesetz, 26 jan. 1937 (*RGBl.* 1937, p. 39).

[335] Essa interpretação da importância do *Konflikt* opõe-se à posição do *Reichsgericht*, que interpreta o § 147 apenas como uma alteração de jurisdição e não como uma alteração do direito substantivo. Desnecessário dizer que não podemos considerar correta essa interpretação.

do Servidor Público, retiraram o caso em questão das competências dos tribunais ordinários. Ela também deixa o caminho aberto para os tribunais afirmarem a regra do Estado Normativo (em questões substantivas) dentro das competências a eles atribuída. Em ações de indenização contra o Estado, a autoridade administrativa suprema, usando sua discricionariedade judicial para aplicar o procedimento do *Konflikt*, decide se as normas jurídicas ou a recusa de revisão judicial regerão futuros litígios. A palavra final cabe às autoridades políticas. O *Konflikt* é o instrumento técnico que traça a linha entre o governo pela lei (o Estado Normativo) e o governo por decreto individual (o Estado de Prerrogativa).

O § 147 da Lei do Servidor Público deu forma permanente a um dispositivo que vigorara como decreto especial durante a transição entre a democracia e a ditadura. Durante esse período, a Lei de Liquidação de Reclamações Civis (aditada em 13 de dezembro de 1934)[336] autorizou o Ministro do Interior a interromper processos judiciais e encaminhar os casos à autoridade administrativa, desde que estivessem envolvidas reclamações decorrentes da revolução nacional-socialista. A autoridade administrativa não estava limitada pela lei, mas tomava suas decisões de acordo com "considerações de justiça". Isso foi considerado necessário para evitar que o Estado Normativo cancelasse conquistas do *coup d'état*. O modo de funcionamento dessa lei fica claro em uma decisão do *Reichsgericht* proferida em 7 de setembro de 1937, que revela ao mesmo tempo os verdadeiros métodos da "revolução legal". No início da revolução nacional-socialista, o prefeito de Eutin foi afastado do cargo. Originalmente, as autoridades desejavam instaurar um processo contra ele por prevaricação, de acordo com as disposições legais do Estado Normativo. Mas esse plano logo foi abandonado e elas seguiram o curso prescrito pelo Estado de Prerrogativa. O prefeito foi preso preventivamente em 24 de julho

---

[336] Gesetz über den Ausgleich bürgerlich-rechtlicher Ansprüche, 13 dez. 1934 (*RGBl*. 1934, p. 1.235).

CAPÍTULO I – O ESTADO DE PRERROGATIVA

de 1933. As negociações entre seu advogado e o representante do governo resultaram em uma declaração por escrito (4 de agosto de 1933) na qual o prefeito renunciou a seu salário – bem como a outros direitos – e obrigou-se a pagar 3 mil marcos ao governo pelos danos supostamente infligidos à reputação de Eutin, embora a lei alemã não reconheça a restituição por danos morais em casos como esse. Nesse caso, o Estado realizou uma custódia protetiva e ameaçou a internação em um campo de concentração a fim de convencer um de seus cidadãos a desistir de suas reivindicações jurídicas contra ele. Além disso, induziu-o a fazer pagamentos para os quais não havia a menor justificativa jurídica. (O termo jurídico para tal conduta, é claro, é roubo e extorsão). O mais alto funcionário do condado (*Regierungspräsident*) e o prefeito recém-nomeado de Eutin, uma vez que seu botim foi garantido, mostraram-se generosos. O *Reichsgericht* registra que

> o governo e o prefeito da cidade de Eutin declaram que o Estado e a cidade estão agora dispostos a considerar o assunto encerrado. Eles não têm intenção de tomar quaisquer medidas que possam causar dificuldades ao autor da ação. O autor, por meio desta, é dispensado da custódia protetora.[337]

Esse procedimento, no entanto, aparentemente não foi totalmente satisfatório para os funcionários nacional-socialistas, e para evitar qualquer dúvida sobre sua conduta, ofereceram a seguinte explicação: "o autor e seu advogado esclarecem que todas as suas declarações e o acordo foram feitos por sua própria vontade e que nenhuma coação de qualquer natureza foi exercida".[338]

Essa decisão tem um epílogo. O autor, depois que a primeira tempestade da revolução nacional-socialista havia diminuído, tentou retirar sua renúncia alegando coação. Como o Ministro do

---

[337] Reichsgericht, 7 set. 1937 (*RGZ*. 155, p. 296).
[338] Reichsgericht, 7 set. 1937 (*RGZ*. 155, p. 296).

Interior declarou, com base na Lei de Ajuste de 13 de dezembro de 1934, que o caso estava sob sua jurisdição, seu recurso não foi apreciado. Os tribunais se recusaram a apreciar a reclamação, e ela foi arquivada imediatamente. O menor controle jurídico sobre suas decisões autoritárias é visto pelo Estado de Prerrogativa nacional-socialista como um mal maior do que a perpetuação da injustiça.

d) Revisão no Processo Penal

Teoricamente, os atos políticos ainda estão sujeitos a revisão judicial na esfera do direito penal. Na prática, porém, esse poder de revisão não tem sentido, como foi demonstrado por uma decisão do Supremo Tribunal da Baviera (*Oberlandesgericht München*) de 4 de novembro de 1937. O *Reichsminister* do Interior emitiu uma ordem (baseada no Decreto do Incêndio do Reichstag) penalizando qualquer ministro que anunciasse do púlpito os nomes dos membros de sua congregação que saíram da Igreja. Um ministro acusado de violar essa ordem argumentou que o decreto era inválido.

O objetivo do Decreto de 28 de fevereiro de 1933 era a defesa do Estado contra a violência comunista. É concebível que a proibição do anúncio público dos nomes das pessoas que deixaram de ser membros da igreja promova, em vez de diminuir, a propaganda comunista? E como se pode considerar expressão do "cristianismo positivo" – de acordo com o art. 24 da plataforma nazista, um dos objetivos do Partido Nacional-Socialista – impedir que um ministro cumpra sua obrigação eclesiástica de se opor ao movimento antirreligioso?

A declaração a favor do "cristianismo positivo" no programa do Partido Nacional-Socialista foi apenas uma manobra política. Os membros mais radicais do partido há muito romperam com a igreja e se voltaram ao neopaganismo. Mas como as renúncias formais à participação na igreja podem gerar inquietação entre as seções da população que ainda estão ligadas a ela, um método para combinar a promoção da evasão da igreja com a farsa do

CAPÍTULO I – O ESTADO DE PRERROGATIVA

"cristianismo positivo" foi encontrado por meio da invocação do Decreto do Incêndio do Reichstag.

Esse decreto foi, portanto, usado para proibir o anúncio de renúncias à participação na igreja, e o Supremo Tribunal de Munique encontrou uma estreita relação entre a prevenção da violência comunista e a proibição do anúncio de renúncias à igreja: assim, declarou válida a ordem do Ministro do Interior. Em seguida, justificou sua decisão alegando que o preâmbulo não é uma parte jurídica do decreto. Ele sustenta que o decreto "se aplica a todos os tipos de situações e, portanto, qualquer medida necessária ao restabelecimento da segurança e da ordem pública é admissível, não importa qual seja a fonte da ameaça".[339] O Tribunal também não hesitou em invocar a Constituição de Weimar para criar uma conexão entre uma prática da igreja há muito estabelecida e um perigo à segurança pública. O Estado Nacional-Socialista, embora tenha se gabado repetidas vezes de ter abolido a Constituição de Weimar, e embora tenha suspendido todas as liberdades civis especificadas na segunda parte desse documento, não deixou de afirmar, por meio de um dos mais altos tribunais alemães, que

> anunciar do púlpito as renúncias à igreja, embora não seja juridicamente uma ameaça à liberdade de culto e consciência garantida pela Constituição, é, na prática, uma restrição dessa liberdade (...). Além disso, pode causar ressentimento e insatisfação com um Estado que permite tal pressão sobre a liberdade de religião em contradição direta com a Constituição, e pode facilmente pôr em perigo a segurança e a ordem pública.[340]

---

[339] Oberlandesgericht München, 4 nov. 1937 (*Entsch. des KG. und OLG. München* 17, p. 273).

[340] Oberlandesgericht München, 4 nov. 1937 (*Entsch. des KG. und OLG. München* 17, p. 273).

Uma leitura casual desse argumento não revela seu significado. De acordo com essa decisão, não é o Terceiro Reich nem o Partido Nacional-Socialista quem exerce pressão sobre a liberdade de culto e consciência, mas o próprio clero. Assim, a fim de proteger os direitos que o Partido Nacional-Socialista destruiu, toma-se medidas contra o clero. Para justificar esses atos do Estado de Prerrogativa, os tribunais designam as autoridades policiais como guardiãs da Constituição de Weimar e de suas disposições sobre liberdades civis. A exploração dessa "interpretação forçosamente ampliada do conceito de 'defesa contra o perigo' carrega em si um caráter essencialmente ficcional", uma repreensão ao Judiciário feita por ninguém menos que um dos mais altos líderes da *Gestapo*, Dr. Best.[341] Essa decisão indica que o último vestígio da revisão judicial, ou seja, o direito de revisão de atos administrativos, que foi pelo menos teoricamente preservado no direito penal, é reduzido a "mera ficção" no Estado de Prerrogativa. Dr. Best sugere, portanto, que o direito de revisão judicial seja abolido também no direito penal. É altamente provável que a "Lei sobre a Polícia Secreta do Estado" seja estendida para incluir casos penais. Os "Princípios de um Código Penal Alemão" formulados pelo Ministro Hans Frank abriram o caminho para sua inclusão quando ele escreveu: "até que ponto este princípio deve ser estendido no futuro para a consideração de todos os crimes com motivação política ou de importância política é uma decisão que cabe somente ao Líder".[342]

5 O partido como instrumento do Estado de Prerrogativa

As decisões de natureza política são tomadas não apenas por autoridades estatais, mas também por autoridades partidárias.

---

341 BEST, Werner. "Werdendes Polizeirecht". *Dtsch. Recht*, 1938, p. 224.
342 *V. B.*, 5 jul. 1935.

CAPÍTULO I – O ESTADO DE PRERROGATIVA

O Tribunal Distrital do Trabalho (*Landesarbeitsgericht*) de Gleiwitz, ao lidar com a reclamação de um trabalhador demitido por alegada falta de confiabilidade política, foi confrontado com a revisão de uma decisão política proferida por uma autoridade partidária. O empregador baseou a demissão em um memorando do líder distrital do Partido Nacional-Socialista, mas o empregado não teve sucesso em sua tentativa de contestar a validade do memorando. Segundo o Tribunal,

> a avaliação do caráter político de uma pessoa é prerrogativa exclusiva da Direção Distrital do Partido Nacional-Socialista. A Liderança Distrital é a única responsável por essa tarefa e os tribunais não têm o direito nem o dever de rever seus atos.[343]

Essa visão, pelo menos em teoria, não foi confirmada pela decisão do Supremo Tribunal do Trabalho (*Reichsarbeitsgericht*). Em um caso paralelo de 14 de abril de 1937, o Supremo Tribunal do Trabalho argumentou que o memorando do líder distrital do partido não isentava o tribunal de seu dever de consideração independente. Por outro lado, o Tribunal enfatizou que a questão do estatuto jurídico de uma decisão de uma autoridade partidária deve ser claramente distinguida da questão da influência *real* do líder distrital. O Tribunal reconheceu que "acusações infundadas e até mesmo uma suspeita injustificada vinda de setores influentes podem ter peso suficiente para constituir uma causa decisiva para demissão".[344] É supérfluo salientar que, na realidade, a opinião do Líder Distrital é decisiva.[345]

---

[343] Landesarbeitsgericht Gleiwitz (*Dtsch. Rpfl.* 1936, p. 59).

[344] Reichsarbeitsgericht, 14 abr. 1937 (*J. W.* 1937, p. 2.311). Cf. Landesarbeitsgericht München, 31 jul. 1937 (*D. Jstz.* 1937, p. 1.159).

[345] Numa decisão do Supremo Tribunal Administrativo da Prússia (*Preussischer Oberverwaltungsgerichtshof*), de 29 de junho de 1937 (*R. Verw. Bl.* 1937, p. 762), um caso similar tratou da exclusão do Partido Nacional-Socialista de um servidor público da ativa. O promotor alegou que a exclusão do partido

ERNST FRAENKEL

A relação entre o Partido Nacional-Socialista e os tribunais pode ser claramente percebida na decisão do Supremo Tribunal do Trabalho (*Reichsarbeitsgericht*) de 10 de fevereiro de 1937. Tratava-se do caso de um funcionário da Tropa de Choque (SA) que havia sido demitido de seu cargo. O trabalhador despedido processou a SA exigindo o salário a que tinha direito nos termos da lei do aviso prévio de demissão. Apelando ao pronunciamento de Adolf Hitler no Congresso do Partido em Nürnberg de 1935, que dizia que "o Partido controla o Estado", a SA recusou-se a reconhecer sua subordinação aos tribunais. O Supremo Tribunal do Trabalho então teve que decidir se o Partido Nacional-Socialista gozava de imunidades jurídicas em relação ao direito nacional análogas às de diplomatas representantes de potências estrangeiras. A isso, o Tribunal respondeu negativamente. Ele se referiu a uma decisão anterior do Tribunal de Apelação de Stettin[346] e declarou que, "embora tenha sido apontado que o Partido como tal é superior ao Estado, isso não exclui o princípio de que em suas relações com os indivíduos ele está sujeito às regras gerais da vida pública". E, portanto, o Tribunal concluiu que "a aplicação dos princípios jurídicos às relações do partido com os indivíduos não é afetada pela posição do Partido no Estado".[347]

---

de um funcionário público exigia a sua demissão do serviço público. Contudo, o Supremo Tribunal Administrativo não acatou essa tese, considerando que as ações do partido não podem ter consequências de tão largo alcance a menos que isso seja previsto em lei.

[346] O Tribunal de Apelação (*Oberlandesgericht*) de Stettin, em 25 de março de 1936, concedeu indenização ao autor de uma ação que havia sido ferido por um automóvel de propriedade do Partido Nacional-Socialista, embora o réu tenha argumentado que, como o partido era uma instituição cujos fundos e fins eram devotados ao bem público, não se poderia ordenar que realizasse pagamentos a particulares (*J. W.* 1937, p. 241). Um caso similar foi decidido pelo *Reichsgericht* em 17 de fevereiro de 1939 (*R. Verw. Bl.* 1939, p. 727).

[347] Reichsarbeitsgericht, 10 fev. 1937 (*RAG.* 18, p. 170).

CAPÍTULO I – O ESTADO DE PRERROGATIVA

Essa decisão é fundamental para as proposições apresentadas no presente livro. Uma isenção *geral* do Partido Nacional-Socialista da jurisdição dos tribunais seria uma negação do Estado Normativo.

A decisão do Tribunal Superior do Trabalho de que o partido está sujeito a certas leis, entretanto, não o impede de exercer os poderes soberanos no Estado de Prerrogativa. Do princípio de que os atos políticos do partido são atos de soberania decorre de que os atos dos dirigentes partidários, na medida em que se encontrem no âmbito da sua autoridade política, escapam à competência dos tribunais. Essa doutrina foi inicialmente desenvolvida por Carl Schmitt, que apontou que "disputas entre indivíduos e funcionários do partido não podem ser submetidas aos tribunais, uma vez que esses conflitos geralmente tratam de questões que devem ser resolvidas fora da esfera da autoridade judicial".[348]

O caso a seguir ilustra as consequências práticas dessas teorias: um comerciante ariano de Wuppertal solicitou uma liminar contra o filho de um de seus concorrentes que havia prejudicado seu negócio espalhando boatos de que ele era judeu. O Tribunal de primeira instância decidiu a favor do autor. O réu então apelou do caso, mudando sua defesa e enfatizando que ele era um dos principais oficiais da Guilda Nacional-Socialista de Artesãos (*N.S. – Hago*). O Tribunal de Apelação de Düsseldorf (*Oberlandesgericht*) reverteu a decisão em favor do réu. O Tribunal decidiu que o réu ocupava um cargo público (*N.S. – Hago*), que devia ser tratado como funcionário público e que a difusão da filosofia do partido (incluindo a propaganda antissemita) fazia parte estritamente de seus deveres. Disse o Tribunal: "um ato oficial não é alterado pelo fato de que um erro foi cometido ou constitui um abuso de ordens oficiais. A legalidade ou adequação de tais atos políticos não podem

---

[348] Carl Schmitt comentando uma decisão do Kammergericht de 22 de março de 1935 (*D. Jstz.* 1935, p. 686) em *D. J. Z.* 1935, p. 618.

ERNST FRAENKEL

depender do julgamento dos tribunais".[349] A ação foi indeferida com base em reivindicações que, em virtude de seu caráter político, estão fora da competência dos tribunais.

Essa linha argumentativa também foi utilizada em uma das decisões do *Reichsgericht*. Houve o pedido de uma liminar contra um prefeito que havia espalhado falsas alegações quanto à paternidade do autor da ação, afirmando que ele era um filho ilegítimo, na verdade filho de um negociante de cavalos judeu que havia empregado a mãe do autor como cozinheira. Apesar de o autor poder provar que o prefeito havia feito as declarações na presença de funcionários do partido e de pessoas externas, o *Reichsgericht* modificou as decisões das instâncias inferiores e recusou-se a conceder uma liminar, argumentando que

> a posição oficial do réu e o conteúdo de sua alegação, que é de grande preocupação do partido (ou seja, descendência não ariana), levanta a presunção, na ausência de prova em contrário, de que o réu estava agindo no escopo de sua competência funcional.

A alegação do autor de que os motivos do réu eram de caráter pessoal não influenciou a decisão. "Um ato oficial", disse o Tribunal, "não entra na competência dos tribunais comuns apenas porque surgiu de motivos injustificáveis".[350]

Uma decisão do *Kompetenzgerichtshof* mostra, no entanto, que mesmo os nacional-socialistas duvidam que a negação da

---

[349] Oberlandesgericht Düsseldorf, 10 jul. 1935 (*D. J. Z.* 1935, p. 1.123).

[350] Reichsgericht, 28 fev. 1936 (*Höchst. R. Rspr.* 1936, p. 900). Essa decisão foi seguida por vários tribunais em relação a seções do Partido Nacional-Socialista [Decisão sobre o Movimento Juventude Hitlerista, Tribunal de Apelação de Dresden, 31 jan. 1935 (*D. J. Z.* 1935, p. 439); Decisão sobre o Partido Nacional-Socialista, Tribunal de Apelação de Zweibrücken, 24 dez. 1934 (*D. J. Z.* 1935, p. 442)]. Todas essas decisões indicam que essa teoria se tornou uma regra estabelecida.

CAPÍTULO I – O ESTADO DE PRERROGATIVA

competência dos tribunais seja justificada no caso que acabamos de discutir. Em uma reunião da Organização de Socorro de Inverno, um oficial nacional-socialista acusou certo homem de negócios de não ter dado sua contribuição. O homem pediu uma liminar. Ele foi bem-sucedido nos tribunais inferiores. Mas antes que o assunto chegasse ao Tribunal de Apelação de Königsberg, o governador da província da Prússia Oriental aplicou o *Konflikt* (ver p. 175), alegando que se tratava de uma questão política e, portanto, de competência do Líder. O Tribunal de Questões de Competência (*Kompetenzgerichtshof*) negou sua jurisdição nessa questão por motivos técnicos (27 de junho de 1936).[351] É inegável, no entanto, que a afirmação do presidente da Prússia Oriental de que as questões políticas podem ser decididas apenas à luz de considerações políticas e apenas por autoridades políticas é inteiramente consistente com o desenvolvimento da questão. Num futuro próximo, podemos esperar o estabelecimento de uma regra para as autoridades partidárias da mesma ordem do § 147 da Lei dos Servidores Públicos (*Deutsches Beamtengesetz*).[352] Ou seja, embora o direito seja reconhecido de forma geral, os atos públicos do partido sairão da competência do Estado Normativo e sua regulamentação caberá ao Estado de Prerrogativa.

6 O político como fim do Estado de Prerrogativa

Um dos grandes problemas da teoria jurídica da ditadura é determinar a linha divisória entre atos políticos e atos não políticos. Os tribunais tentaram confinar o Estado de Prerrogativa à esfera puramente política e, ao fazê-lo, enfrentaram a necessidade de dar uma forma viável a essa distinção.

É um aspecto grotesco dos recentes desenvolvimentos jurídicos alemães que os princípios jurídicos gerais do Estado Normativo

---

[351] Kompetenzgerichtshof, 27 jun. 1936 (*R. Verw. Bl.* 1936 p. 860).
[352] Ver Deutsches Beamtengesetz, 26 jan. 1937 (*RGBl.* 1937, p. 39).

sejam aplicados em processos contra ciganos, enquanto em casos paralelos o acesso aos tribunais foi negado com base no fato de considerações "políticas" estarem envolvidas. Assim, vários ciganos já foram postos sob custódia protetiva pela polícia sob a alegação de que sua presença causava distúrbios entre a população. O Supremo Tribunal Administrativo da Prússia (*Oberverwaltungsgericht*) revogou a ordem, argumentando que

> o fato de a população do local X considerar a mera presença de ciganos um incômodo capaz de provocar ações defensivas agressivas de sua parte não significa que os ciganos constituam uma ameaça à ordem pública e à segurança (...). A polícia, portanto, não tinha o direito de proceder contra os ciganos.[353]

No entanto, esses princípios foram inúteis para Koeppen, diretor do *Reichsbank*, quando ele foi posto sob custódia protetiva por causa de uma manifestação popular contra ele. Seu crime consistiu em executar uma ordem de despejo contra um inquilino que não pagava o aluguel. O *Angriff*, jornal do Dr. Goebbels em Berlim, tomou o caso para si por falta de algo mais sensacional, e o representante do líder distrital do partido em Berlim, Goerlitzer, pensando que o caso poderia fornecer um bom material de propaganda, decidiu ele mesmo liderar a manifestação. A prisão do diretor do *Reichsbank* foi então declarada necessária devido a considerações políticas, e foi-lhe negada a proteção da lei.[354] O fator decisivo aqui é que as considerações operativas ao lidar com casos políticos estão fora do domínio em que podem ser "tratadas adequadamente" pelo Judiciário.

---

[353] Preussisches Oberverwaltungsgericht, 5 dez. 1935 (*OVG.* 97, p. 117).

[354] "A *Gestapo* protege a comunidade e não os indivíduos, e está, portanto, isenta das restrições impostas pela lei de polícia comum". (LAUER. "Die richterliche Nachprüfung polizeilicher Massnahmen". *J. W.* 1934, p. 832).

CAPÍTULO I – O ESTADO DE PRERROGATIVA

A tentativa do Supremo Tribunal Administrativo da Prússia (*Oberverwaltungsgericht*) de construir uma solução de compromisso, permitindo poderes discricionários praticamente ilimitados às autoridades políticas, não foi suficiente.[355] O Estado nacional-socialista insiste que a esfera política saia do âmbito da apreciação jurídica e que a definição das linhas divisórias entre direito e política fique nas mãos das próprias autoridades políticas. O Ministro Frick disse tudo quando declarou: "é evidente que questões de discricionariedade política não devem ser submetidas a revisão nos tribunais administrativos".[356] Não contente com isso, Frick foi ainda mais longe, afirmando que não seria viável que tribunais administrativos revisassem questões que – independentemente de sua importância "política" de um ponto de vista *geral* – eram de *especial* importância para promover os interesses do Estado.

Há mais de 300 anos, uma demanda semelhante foi processada na Inglaterra. O rei James I, em sua famosa mensagem à "Câmara Estrelada" (20 de junho de 1616),[357] declarou que em questões políticas a decisão cabia à Coroa, não aos Tribunais.

> Não usurpar a prerrogativa da Coroa. Se surgir uma questão que diz respeito à minha prerrogativa ou mistério de Estado, não lidar com ela até consultar o Rei ou seu Conselho ou ambos; pois são assuntos transcendentes (...). Quanto à prerrogativa absoluta da Coroa, isso não é assunto para a língua de um advogado, nem é lícito que seja contestado. É ateísmo e blasfêmia contestar o que Deus pode fazer (...) portanto, é presunção e grande desprezo em um assunto

---

[355] "A necessidade imperativa e suprema de fortalecer o novo Estado exige a extensão mais ampla possível da discricionariedade em casos políticos" (Preussisches Oberverwaltungsgericht, 24 out. 1934 [*OVG.* 94, p. 138]).

[356] FRICK, Wilhelm. "Auf dem Wege zum Einheitsstaat". *Dtsch. Verw.*, 1936, p. 334.

[357] JAMES I. *Works* (ed. de 1616), pp. 553 e ss.

ERNST FRAENKEL

contestar o que um Rei pode fazer, ou dizer que um Rei não pode fazer isso ou aquilo.[358]

A franqueza dessa mensagem dificilmente foi superada por qualquer porta-voz do Terceiro Reich.

O importante resultado da coexistência de autoridades obrigadas pelo direito e de outras que agem independentemente do direito são estas: quando é politicamente desejável, as decisões dos tribunais são corrigidas pelas autoridades policiais que confinam pessoas absolvidas pelo Judiciário em campos de concentração por prazo indeterminado (caso Niemöller), anulam sentenças proferidas na esfera cível e revertem as decisões do "Tribunal de Honra Social" por meio da atuação da Frente dos Trabalhadores. A coexistência de ações jurídicas e arbitrárias, demonstrada da forma mais impressionante pelo confinamento em campos de concentração de pessoas que foram absolvidas pelos tribunais, é um desenvolvimento crucial do recente estatuto constitucional alemão. De modo significativo, o Estado nacional-socialista não reconhece esse fato de bom grado. O Estado Dual vive de velar sua verdadeira natureza.

Isso é demonstrado claramente por uma decisão do *Reichsgericht* proferida em 22 de setembro de 1938, em relação a um ministro da Igreja Confessante que havia oferecido a seguinte oração no final do sermão: "agora oremos por aqueles irmãos e irmãs que estão na prisão. Lerei seus nomes (...). Trabalhadora social L., Berlim, sob custódia protetora desde 2 de fevereiro de 1937, embora o Tribunal tenha decidido a seu favor (...)".[359] O *Reichsgericht* declarou o ministro culpado de violar a paz (confirmando uma decisão do tribunal inferior). O *Reichsgericht* declarou

---

[358] Citado em TANNER, Joseph R. *Constitutional Documents of the Reign of James I.* Cambridge: [s.n.], 1930, p. 19.

[359] Reichsgericht, 22 set. 1938 (*J. W.* 1938, p. 2.955).

CAPÍTULO I – O ESTADO DE PRERROGATIVA

que "a afirmação do ministro sobre L. implicou – ao conectar as duas sentenças – a crítica de que L. deveria ter sido libertada e de que a custódia protetiva era injustificada"[360] e, de acordo com o *Reichsgeircht*, isso colocava em risco a paz pública, uma vez que o ministro, "ao ler a lista, pode ter levado a congregação e outros a acreditarem que o Estado estava agindo de maneira arbitrária e não de acordo com a justiça e o direito".[361]

O fato de o *Reichsgericht*, autoridade máxima do Estado Normativo, condenar como perturbação da paz o anúncio público de uma atividade do órgão mais importante do Estado de Prerrogativa fala por si. Embora uma chave para a compreensão do Estado nacional-socialista resida em sua natureza dual, somente alguns altos funcionários têm permissão para aludir a esse fato.[362] Um deles, o Dr. Best, descreve as atividades de sua agência em relação a atividades do Tribunal:

> Se os tribunais administrativos concederem repetidamente licenças de mascate a judeus, a ex-membros da Legião Estrangeira Francesa ou a outros indesejáveis, a *Gestapo*, no cumprimento de sua missão de proteger o povo e o Estado do perigo que reside em tais elementos, confiscará essas licenças. Se isso acarretar perda de prestígio para alguém, a *Gestapo* não sofrerá a perda, pois sempre tem a última palavra nessas questões.[363]

---

[360] Reichsgericht, 22 set. 1938 (*J. W.* 1938, p. 2.955).

[361] Reichsgericht, 22 set. 1938 (*J. W.* 1938, p. 2.955).

[362] HIMMLER, Heinrich. "Aufgaben und Aufbau der Polizei". *In*: PFUNDTNER, Hans (Coord.). *Festschrift für Dr. Frick*. Berlim: [s.n.], 1937, resenhado em *Fft. Ztg.*, 12 mar. 1937; FRANK, Hans. "Strafrechts – und Strafvollzugs-Probleme". *Bl. f. Gefk.*, 1937, Band 68, p. 259.

[363] Ministerialdirigent und SS-Oberführer Dr. Werner Best (*Gestapo*), em *D. A. Z.*, 22 jun. 1938.

ERNST FRAENKEL

Essa declaração é um dos repúdios mais francos ao Estado de Direito que encontramos na literatura nacional-socialista. A diferença entre um *Rechtsstaat* (Estado de Direito) e o Terceiro Reich pode ser resumida da seguinte maneira: no *Rechtsstaat*, os tribunais controlam o ramo executivo do governo no interesse da legalidade. No Terceiro Reich, o poder policial controla os tribunais no interesse da conveniência política.[364]

A alegação de que as decisões dos tribunais comuns podem ser e são tornadas ineficazes pelas autoridades políticas é difícil de provar por meio de provas oficiais, uma vez que essas medidas, sem fundamento jurídico, não podem ser justificadas por argumentos jurídicos e, naturalmente, não são publicadas. Isso torna ainda mais interessante um artigo do Dr. Thieme, da Universidade de Breslau, no qual ele dá como certo o uso desse procedimento em casos perante os Tribunais de Horna Social (*Soziale Ehrengerichte*) na forma estabelecida pelo Código Penal revisado. Thieme argumenta que "qualquer pessoa absolvida em um caso punível à luz do sentimento popular saudável deve ser tratada por meio de publicidade ou custódia protetora".[365] Essa circunlocução pode muito bem ser interpretada como uma indicação do controle que as autoridades políticas exercem sobre os tribunais.

Se as autoridades políticas estão além da jurisdição do direito, suas medidas não precisam ser justificadas pela atribuição de ilegalidade às ações daqueles contra os quais são invocadas. Em artigo do *Reichsverwaltungsblatt*, que discutia se um cidadão pode ser forçado pela polícia a içar uma bandeira com a suástica

---

[364] Não discutiremos aqui se essa forma de Estado pode ser chamada de "Estado de Justiça" (*Gerechtigkeitsstaat*) como sugere Carl Schmitt (ver FRANK, Hans. *Nationalsozialistisches Handbuch für Recht und Gesetzgebung*. Munique: [s.n.], 1935, p. 6). No entanto, é interessante que Schmitt derive o seu conceito do *Gosudarstwo Prwady* da Rússia czarista.

[365] THIEME, Hans. "Nationalsozialistisches Arbeitsrecht". *Dtsch. Recht*, 1935, p. 215.

CAPÍTULO I – O ESTADO DE PRERROGATIVA

em ocasiões festivas, o autor concluiu que, embora não seja um dever legal içar a bandeira, trata-se de uma prova da devoção do cidadão ao Líder. Além disso, a falta de exibição da bandeira pode ser interpretada como indicação de que o cidadão em questão não tinha antecedentes nacional-socialistas. O autor sugere que a deficiência pode ser sanada em um campo de concentração.[366]

Essa relação entre direito e política é consequência de orientações de valor conflitantes. A consciência desse conflito de valores foi expressa pelo ex-ministro nacional-socialista Franzen em seu livro *Gesetz und Richter* [*Lei e juízes*]:

> O critério ou o ponto de vista valorativo de acordo com o qual os conflitos são julgados é, no caso da grande maioria das normas jurídicas, certa concepção de justiça. Existem muitas normas, no entanto, que não contêm nenhum elemento de justiça, mas que se baseiam em princípios políticos simples e são politicamente legitimadas. As coisas às quais podemos nos opor politicamente não são necessariamente ruins. Uma atitude política é aquela que se opõe a seus inimigos e busca manter sua própria existência. Esse é o critério predominante no Terceiro Reich.[367]

Com um cinismo tipicamente nacional-socialista, Franzen enfatiza esse ponto como um *arcanum imperii*. Uma vez que as grandes massas da população não seriam capazes de apreciar esse ponto de vista, é necessário depreciar o caráter moral do inimigo político. De acordo com Franzen, a luta política deve ser conduzida de modo que seus seguidores a considerem uma cruzada moral e

---

[366] "Weimar, Attorney in Cologne". *Reichsverwaltungsblatt*, 1937, p. 479.

[367] FRANZEN, Hans. *Gesetz und Richter*: eine Abgrenzung nach den Grundsätzen des nationalsozialistischen Staates. Hamburgo: [s.n.], 1935, p. 11.

jurídica.[368] O Estado de Prerrogativa não apenas complementa e substitui o Estado Normativo; também o usa para disfarçar seus objetivos políticos sob o manto do Estado de Direito.

Na Alemanha de hoje, há uma dupla jurisdição para todos os casos considerados "políticos". A polícia executa punições administrativas além ou em vez das punições criminais executadas pelos tribunais. Essa situação é ilustrada por uma decisão do Supremo Tribunal Administrativo da Prússia (*Oberverwaltungsgericht*) sobre a recusa de uma carteira de motorista a um requerente que passou seis meses em um campo de concentração por causa de seus ataques ao governo.[369] O ataque ao governo é um crime que está sob jurisdição dos tribunais.[370] A razão pela qual esse caso não foi levado ao tribunal especial não pode ser determinada por um exame da decisão. Talvez os fatos fossem insuficientes para fundamentar uma ação. Mas, no caso, o requerente foi privado de qualquer possibilidade de defesa, sujeito a penas mais pesadas e tachado de inimigo do Estado sem receber "o devido processo legal".

O Estado de Prerrogativa não apenas substitui o Tribunal, mas também intervém ativamente nos processos pendentes.

Um levantamento dos desenvolvimentos jurídicos em 1936 por um funcionário do Ministério da Justiça no curso de uma discussão sobre os crimes políticos e o conflito entre o Estado e a Igreja Católica forneceu-nos um documento característico sobre as relações entre os tribunais e as autoridades políticas do Terceiro Reich. Nele encontramos a seguinte afirmação:

---

[368] Deve-se notar que Franzen complementa o conceito de "político" de Carl Schmitt com a proposição de que a dicotomia "amigo-inimigo" nada tem a ver com a dicotomia "justo-injusto".

[369] Preussisches Oberverwaltungsgericht, 28 jan. 1937 (*Verkehrsr. Abh.* 1937, p. 319).

[370] Gesetz gegen heimtückische Angriffe auf Staat und Partei und zum Schutz der Parteiuniformen, 20 dez. 1934 (*RGBl.* 1934, p. 1.269).

CAPÍTULO I – O ESTADO DE PRERROGATIVA

> Entre os crimes políticos mais importantes estão as delinquências eclesiásticas, que podem ser classificadas em três grupos: manipulações cambiais, transgressões morais e ataques maliciosos ao Estado. Desde agosto de 1936, por ordem do Líder, por motivos políticos nenhuma dessas questões pode ser levada aos tribunais.[371]

Assim, os réus podem ser mantidos presos por motivos políticos por tempo indeterminado aguardando julgamento. Os tribunais, que têm o dever jurídico de acelerar os julgamentos nos casos em que os réus estão presos, devem adiar o julgamento por ordem do Líder e, assim, desviar-se do direito.

Essa autorrevelação da política subjacente à administração nacional-socialista da justiça é de particular importância para a divulgação da ampla gama de ações que são designadas como "políticas". Ofensas contra as regulamentações cambiais podem ser classificadas como "políticas" na Alemanha contemporânea, e ataques maliciosos contra o governo são, obviamente, crimes políticos. Por que as práticas homossexuais de dois monges devem ser consideradas uma contravenção política, no entanto, é mais difícil de explicar. É claro que não há conexão intrínseca entre tais ações e aquelas que se enquadram na categoria de "política", definida pelo Supremo Tribuna Prussiano (*Kammergericht*) como "aquela que envolve a segurança interna e externa do Estado".[372] Nem a ofensa em si nem a pessoa de um monge isolado têm a menor conexão com a política. No Terceiro Reich, a sodomia torna-se uma ofensa política sempre que o tratamento político de tais ofensas é considerado desejável pelas autoridades políticas. A conclusão a que se deve chegar é que a política é aquilo que as autoridades políticas escolhem definir como tal.

---

[371] CROHNE, Dr. "Die Strafrechtspflege 1936". *D. Jstz.*, 1937, pp. 7-12.

[372] Kammergericht, 3 maio 1935 (*D. Jstz.* 1935, p. 1831).

A classificação de uma ação como política ou não política determina se ela será tratada de acordo com o direito ou de acordo com as preferências arbitrárias das autoridades políticas.

O sistema jurídico da Alemanha atual é caracterizado pelo fato de que não há assuntos imunes à intervenção das autoridades políticas que, na ausência de quaisquer garantias jurídicas, são livres para exercer discricionariedade para fins políticos.

Na primeira fase do regime de Hitler, em 1935, o *Reichsgericht* tentou impedir uma "interpretação arbitrária" do Decreto do Incêndio do Reichstag, mas de forma significativa o suficiente, mesmo então, quando o *Reichsgericht* buscou algo absolutamente imune à intervenção política e, portanto, além da competência da *Gestapo*, não conseguiu pensar em nada além de regras de trânsito.[373] Enquanto isso, porém, os tribunais têm ampliado sistematicamente a esfera do "político". Assim, o Tribunal de Apelações (*Oberlandesgericht*) de Kiel decidiu que a proibição de um jornal que "difamava a profissão médica e prejudicava sua reputação" era uma questão política.[374] A razão dada foi que o jornal obstruía "a política e os objetivos do Estado em relação à proteção da saúde pública".[375] O Terceiro Reich não limita suas preocupações políticas a questões de saneamento, mas as estende também à propriedade de táxis. Quem discordar do Terceiro Reich em relação aos táxis corre o risco de ser considerado um "inimigo do Estado em sentido amplo". Por motivos políticos, pode ser expulso do comitê executivo da associação local de taxistas da qual é membro. Foi nesses termos que o Supremo Tribunal da Baviera (*Oberlandesgericht München*) reconheceu a legalidade de uma ordem policial do Ministério do Interior.[376]

---

[373] Reichsgericht, 24 set. 1935 (*J. W.* 1935, p. 3.377).

[374] Oberlandesgericht Kiel, 25 nov. 1935 (*Höchst. R. Rspr.* 1936, p. 592).

[375] Oberlandesgericht Kiel, 25 nov. 1935 (*Höchst. R. Rspr.* 1936, p. 592).

[376] Oberlandesgericht München, 27 jan. 1937 (*Jahrb. f. Entsch. Der freiw. Gbk.*, Band 15, p. 58).

CAPÍTULO I – O ESTADO DE PRERROGATIVA

O Supremo Tribunal Administrativo da Prússia (*Oberverwaltungsgericht*) finalmente deu o passo revolucionário de revelar o caráter político da regulamentação do trânsito. A referida decisão no caso da carteira de motorista, embora admitisse que considerações políticas haviam sido até então irrelevantes para a concessão de permissões para dirigir, justificou a mudança de atitude do Tribunal ao apontar que o Estado multipartidário havia sido sucedido pelo Estado unipartidário. De acordo com o Tribunal, o ponto decisivo é que "na luta pela autopreservação que o povo alemão está travando, não há mais aspectos da vida que não sejam políticos",[377] pois "a comunidade tem o direito de ser protegida de seus inimigos em todas as esferas da vida".[378] Uma decisão do Tribunal de Apelação de Stettin ecoou essa construção. Afirmou-se que uma viagem de carro feita por um integrante da Tropa de Choque durante o serviço deve ser considerada um ato político, uma vez que que "todas as atividades de um integrante da Tropa de Choque ocorrem dentro da estrutura do programa nacional-socialista e são, portanto, 'políticas'".[379] Nenhuma esfera da vida social ou econômica está imune às incursões do Estado de Prerrogativa.

Outra ilustração dessa tese pode ser encontrada no litígio que envolveu um pedido de emissão de uma certidão de nascimento por um advogado judeu que havia emigrado após 1933.[380] Deve-se primeiro esclarecer que, de acordo com a Lei Alemã sobre Estado Civil e Casamentos (*Gesetz über die Beurkundung des Personenstands und der Eheschliessung*),[381] o responsável pelo registro

---

[377] Ver Preussisches Oberverwaltungsgericht, 28 jan. 1937 (*Verkehrsr. Abh.* 1937, p. 319).

[378] Ver Preussisches Oberverwaltungsgericht, 28 jan. 1937 (*Verkehrsr. Abh.* 1937, p. 319).

[379] Oberlandesgericht Stettin, 14 abr. 1937 (*J. W.* 1937, p. 2.212).

[380] Foi instaurado contra o advogado um processo criminal por sonegação de impostos.

[381] 6 fev. 1875 (*RGBl.* 1875, p. 23).

é obrigado a emitir certidões de nascimento mediante solicitação. Nesse caso, o responsável submeteu o pedido à polícia do Estado, que proibiu sua emissão. Consequentemente, o oficial de registros recusou-se a emitir a certidão e, após recurso do requerente ao Tribunal Municipal, este ordenou sua emissão. O Tribunal Distrital reverteu a decisão e tal reversão foi confirmada pelo *Reichsgericht*. Este último baseou sua decisão na declaração da *Gestapo* de que

> a emissão de uma certidão de nascimento para o requerente estava fora de questão (...) O oficial de registros é obrigado a seguir as instruções da *Gestapo*. O Tribunal não pode rever os fundamentos da instrução. Isso é uma consequência necessária do § 7 da lei de 10 de fevereiro de 1936 (...). Mas isso era válido mesmo antes dessa lei ser promulgada (...) uma vez que examinar se determinados decretos são realmente necessários para a preservação da segurança pública é algo que ultrapassa a competência dos tribunais. É desnecessário indicar as razões pelas quais o direito do indivíduo à emissão de um documento previsto no § 16 da Lei sobre Estado Civil e Casamentos é posto de lado numa ocasião em que está em questão a segurança do Estado.[382]

Em uma discussão sobre essa decisão, um funcionário do Ministério da Justiça, Dr. Massfeller, afirmou que um debate mais aprofundado era supérfluo, uma vez que qualquer outra decisão "teria sido impossível".[383] Mas, por isso mesmo, consideramos a decisão digna de discussão, especialmente quanto a três aspectos: 1. O Supremo Tribunal não considerou que uma disposição de *jus cogens* era obrigatória também à polícia do Estado. Assim, reconheceu a teoria de que as autoridades políticas não estão sujeitas a normas jurídicas. 2. O Supremo Tribunal reconheceu a subordinação dos tribunais às autoridades políticas, embora a lei

---

[382] Reichsgericht, 2 nov. 1936 (*J. W.* 1937, p. 98).
[383] MASSFELLER, Dr. *Akademie Ztschr.* 1937, p. 119.

CAPÍTULO I – O ESTADO DE PRERROGATIVA

subordine expressamente o oficial de registros à tutela dos tribunais. 3. O Supremo Tribunal reconheceu o direito de interferência da polícia do Estado por questões de "segurança pública" mesmo que a área de intervenção fosse totalmente não política no sentido mais estrito do termo.

Caso se admita que uma certidão de nascimento pode ameaçar a "segurança do Estado", tem-se evidências conclusivas de que nada está imune à intervenção policial e, portanto, podemos dizer que qualquer atividade poderá ser tratada como atividade política no Terceiro Reich. Uma vez que toda a nossa tese gira em torno desse ponto, talvez nos seja permitido acrescentar outra decisão que a corrobora.

Na decisão acima mencionada do mais alto tribunal da Baviera (*Oberlandesgericht München*), o Tribunal, depois de ter declarado que o Decreto do Incêndio do Reichstag era aplicável a não comunistas, afirmou que o nome de um membro do comitê executivo da associação dos motoristas de táxi poderia ser removido do registro dessa sociedade se a autoridade policial assim o ordenasse. O Tribunal disse:

> É irrelevante discutir se S. é um inimigo do Estado no sentido mais amplo da palavra. Os regulamentos derivados da segunda frase do Decreto de 28 de fevereiro de 1933 conferem autoridade à polícia. As garantias jurídicas até então existentes estão agora suspensas em favor da polícia. Não faz diferença se a associação em questão é de natureza econômica – como uma empresa comercial ou uma sociedade anônima. Quaisquer leis anteriores relativas a associações foram substituídas pelas seções relevantes do Decreto de 28 de fevereiro de 1933.[384]

Essas palavras pronunciaram a sentença de morte do Estado de Direito.

---

[384] Ver Oberlandesgericht München, 27 jan. 1937 (*Jahrb. f. Entsch. Der freiw. Gbk.*, Band 15, p. 58).

O Estado de Direito não existe mais. Ele foi suplantado pelo Estado Dual, que é o produto conjunto do Estado de Prerrogativa e do Estado Normativo.

1.4 O Estado de Prerrogativa em operação

A) A negação da racionalidade formal

O Estado Normativo e o Estado de Prerrogativa são partes não complementares do Reich alemão, mas que competem entre si. Para iluminar sua relação, pode-se traçar um paralelo entre o direito temporal e o direito eclesiástico, por um lado, e entre as formas normativas e discricionárias de dominação, por outro.

Mas em que sentido podemos dizer que o Estado de Prerrogativa se assemelha à Igreja? Há mais de 50 anos, Dostoiévski, em *Os irmãos Karamázov*, disse que o Estado tende a se tornar parecido com a Igreja, comentário que se torna especialmente significativo quando o interpretamos à luz de uma afirmação de Rudolf Sohm,[385] a maior autoridade alemã em direito eclesiástico, no sentido de que o Estado e a Igreja diferiam em suas estruturas dirigentes; a Igreja se preocupava com a verdade material, e o Estado estava mais interessado em questões formais. A essência do Estado de Prerrogativa é a sua recusa em aceitar restrições jurídicas, ou seja, quaisquer limites "formais". O Estado de Prerrogativa afirma representar a justiça material e, portanto, pode dispensar a justiça formal.[386] O professor Forsthoff, da Universidade de Königsberg, chama o Estado de Direito (*Rechtsstaat*) formalmente orientado de "um Estado despojado de honra e dignidade".[387] O

---

[385] SOHM, Rudolf. *Kirchenrecht (Systematisches Handbuch der Dt. Rechtswissenschaft, Band VIII)*. Munique: [s.n.], 1923, p. 1.

[386] Cf. WEBER, Max. *Wirtschaft und Gesellschaft*. Tübingen: [s.n.], 1922, pp. 59 e 396.

[387] FORSTHOFF, Ernst. *Der totale Staat*. Hamburgo: [s.n.], 1933, p. 30.

CAPÍTULO I – O ESTADO DE PRERROGATIVA

nacional-socialismo procura substituir a administração eticamente neutra do direito por um sistema ético que abole o direito. Em 1930, Hermann Heller chamou o nacional-socialismo de "catolicismo sem cristianismo".[388]

O nacional-socialismo não procura esconder seu desprezo pela regulamentação jurídica da administração e pelo controle estrito sobre todas as atividades de funcionários públicos. A "justiça formal" não tem valor intrínseco para o nacional-socialismo, como podemos constatar na citação de um documento oficial, o Programa do Gabinete Central do Partido Nacional-Socialista para a Reformulação do Código Penal: "no direito penal do Estado nacional-socialista, não há espaço para a justiça formal; estamos preocupados somente com a justiça material ou substantiva".[389] A primeira parte dessa citação desconsidera a justiça formal no sistema jurídico alemão. Se a justiça formal foi substituída por um novo tipo de justiça material só é possível determinar a partir de um exame do que o nacional-socialismo chama de "justiça material". A segunda parte deste tratado demonstrará amplamente que tipo de justiça é essa nova "justiça material". Mostraremos que o Estado de Direito não cedeu lugar a ideais mais elevados de justiça, mas que foi destruído de acordo com os preceitos da doutrina nacional-socialista, com o propósito de fortalecimento da "raça".

O significado prático desse ponto pode ser demonstrado por uma decisão do Supremo Tribunal Disciplinar (*Reichsdienststrafhof*). A questão levada ao Tribunal era se um funcionário público que se recusou a contribuir com o Fundo de Alívio de Inverno

---

388 HELLER, Hermann. *Rechtsstaat und Diktatur*. Tübingen: [s.n.], 1930, p. 19.

389 *V. B.*, 5 jul. 1935; também formulado por HUBER, Ernest. "Die Verwirkung der rechtsgenössischen Rechtsstellung im Verwaltungsrecht". *Akademie Ztschr.*, 1937, p. 368; no que tange ao direito administrativo: "as autoridades administrativas têm poder para agir não somente quando a lei prevê isso expressamente, mas também quando o exige o princípio não escrito da comunidade étnica".

(*Winterhilfe*) era culpado de contravenção. O acusado, que por muitas décadas fora membro do movimento nacionalista, apontou que contribuía com uma parcela considerável de sua renda para instituições de caridade privadas e que sua recusa de contribuir para o Fundo de Inverno não tinha relevância jurídica, uma vez que tal contribuição sempre havia sido tratada como totalmente "voluntária" pelo poder público. Em um sistema jurídico guiado pelos princípios da racionalidade formal, seria impossível atribuir relevância jurídica ao não cumprimento de obrigações "voluntárias". O Estado nacional-socialista, contudo, ignora esse tipo de restrição "meramente" formal. O Supremo Tribunal Disciplinar tratou do significado do caráter voluntário da contribuição argumentando desta maneira:

> Ainda hoje, a concepção de liberdade do réu é de caráter extremo (...). Para ele, a liberdade é o direito de negligenciar todos os seus deveres, exceto quando explicitamente exigidos por lei. Ele se absteve de participar de empreendimentos comunitários apenas porque queria mostrar que, como homem "livre", não poderia ser coagido.[390]

Por acreditar que era livre, tendo o próprio Estado enfatizado o fato, ele agora é acusado de um "abuso desprezível da liberdade que o Líder havia concedido com plena confiança de que o povo alemão não abusaria dela".[391] Foi por isso que ele foi punido. O malfeito do servidor público não consistiu em sua falta de intenções caritativas. O nacional-socialismo não está interessado na caridade em si. Está interessado principalmente em recrutar e coordenar todos na organização da caridade nacional-socialista oficial. O "abuso desprezível da liberdade" consistiu em ter contribuído para a caridade privada. O "valor" que o nacional-socialismo atribui

---

[390] Reichsdienststrafhof, 15 jun. 1937 (*Ztschr. f. Beamtenr.*, 1937, p. 104).

[391] Reichsdienststrafhof, 15 jun. 1937 (*Ztschr. f. Beamtenr.*, 1937, p. 104).

CAPÍTULO I – O ESTADO DE PRERROGATIVA

às atividades no campo assistencial não é se dá em função dos interesses da caridade, mas do desejo de aumentar o prestígio do partido.

Aqui, novamente, pode-se encontrar um paralelo com o período de governo pessoal na Inglaterra de 1629 a 1640, dominado pelo regime do arcebispo Laud. O professor Tawney nos conta que os tribunais eclesiásticos, quando confrontados com casos semelhantes ao tratado pelo Supremo Tribunal Disciplinar, impuseram punições semelhantes. Ele explica que, como a atividade dos tribunais eclesiásticos não cessou com a Reforma, eles tentaram fazer cumprir as obrigações de caridade. Eles puniam "o homem que se recusava a 'pagar à caixa dos pobres' ou que era 'percebido como uma pessoa pouco caridosa e que não doava aos pobres e impotentes'".[392] A teocracia de Laud era guiada por princípios de justiça material e, portanto, opunha-se à racionalidade formal.[393]

Desse ponto de vista, o grande movimento revolucionário inglês do século XVII adquire um enorme interesse para aqueles que procuram compreender a nossa situação atual. Os movimentos políticos do século XX que culminaram no nacional-socialismo e no fascismo são uma reação contra a herança dos movimentos revolucionários ingleses do século XVII. Apesar dessa semelhança, há uma diferença marcante entre os "onze anos de governo pessoal" na Inglaterra e a ditadura nacional-socialista. Embora o Estado nacional-socialista não seja de forma alguma um Estado agnóstico,[394] ele ao mesmo tempo carece de algumas das características

---

[392] TAWNEY, Richard H. *Religion and the Rise of Capitalism*. Nova York: New American Library, 1926, p. 161.

[393] Essa relação foi destacada por WEBER, Max. *General Economic History*. Trad. Frank H. Knight. Nova York: [s.n.], 1927, p. 342, e por JELLINEK, George. *Allgemeine Staatslehre*. Berlim: [s.n.], 1900, p. 89.

[394] O conceito de "Estado agnóstico" foi elaborado pela teoria fascista do Estado. Na Alemanha, ele foi desenvolvido por SCHMITT, Carl. *Staatsethik und pluralistischer Staat (Kant-Studien*, Band XXXV), 1931, pp. 28-42, especialmente p. 31.

centrais do Estado teocrático. Se nos for permitido um paradoxo, poderíamos dizer que o Terceiro Reich é uma teocracia sem deus. A estrutura do Terceiro Reich se aproxima da de uma igreja, embora tal igreja não esteja devotada a uma ideia metafísica. O Estado nacional-socialista busca somente a sua própria glorificação. Mas como uma instituição quase eclesiástica, ele vê aqueles que transgridem suas regras não como criminosos, mas como hereges.

B) A perseguição aos hereges

Os teóricos nacional-socialistas que primeiro afirmaram que as atividades repressivas do Estado eram dirigidas contra os "criminosos" políticos agora veem a atividade do Estado como uma cruzada contra a heresia. Assim, o professor Dahm, da Universidade de Kiel, distinguiu o "crime" da "traição".[395] De acordo com Dahm, atos que constituem "alta traição" não podem ser definidos com precisão; portanto, é necessária a previsão de um "tipo geral" que permita poder discricionário suficiente para determinar se uma quebra de fé é traição.

Outro teórico nacional-socialista, Diener, critica a definição até então predominante de ações de traição como aquelas que tentem derrubar a ordem constitucional por meio de violência. Ele considera a "ilegalidade técnica da traição contra a Constituição" muito inferior ao conceito nacional-socialista de alta traição, porque "a revolução nacional-socialista criou uma concepção do Estado para a qual toda atitude hostil é traição".[396]

Uma decisão do Tribunal Especial (*Sondergericht*) de Hamburgo, de 5 de maio de 1935, demonstra as consequências práticas dessa doutrina. A questão levada ao Tribunal era se, em caso de

---

[395] DAHM, Georg. "Verrat und Verbrechen". *Ztschr. f. d. ges. Staatsw*, Band 95, pp. 283 e 288.

[396] DIENER, Dr. "System des Staatsverbrechens". *Dtsch. Recht*, Band IV, pp. 322-329.

CAPÍTULO I – O ESTADO DE PRERROGATIVA

violência durante um ato de traição, o processo por violação da paz deveria ser agregado à acusação de traição. Contrariamente à decisão do *Reichsgericht*, o Tribunal Especial ordenou uma penalidade por violação da paz além da punição por traição. Ele não ofereceu nenhuma explicação para o fato de Código Penal[397] mencionar explicitamente a violência no parágrafo sobre a alta traição (§ 80), mas sustentou que

> conforme aplicado ao comunismo temporário, os preparativos para ações de traição incluem a organização e a execução de assassinatos políticos em larga escala. O Código Penal promulgado em 1871 não fez da violência um ato preparatório da traição.[398]

O Tribunal Especial de Hamburgo parece ter esquecido que o Código Penal de 1871 foi elaborado sob a influência imediata da Comuna de Paris. Os tribunais políticos da Alemanha aplicaram a disposição relativa à traição em muitos casos para os quais tal disposição não era adequada. Com frequência, eles deram pena máxima para atos de preparação de traição, embora tais atos, em si, não envolvessem violência alguma. Quando os fatos narrados no processo de fato exigiram a condenação por traição, ficando definitivamente provado o uso da violência, o Tribunal interpretou que as disposições sobre traição não abrangiam esses fatos e considerou necessário suplementar a acusação com outra que tratasse de violação da paz.

O Dr. Freissler, Secretário de Justiça do Estado, saudou a análise de Dahm como uma conquista teórica de importância revolucionária.[399] Sua relevância reside na revelação de que não

---

397 Reichsstrafgesetzbuch, 15 maio 1871 (*RGBl.*, 1876, p. 40).

398 Sondergericht Hamburg, 5 maio 1935 (*J. W.* 1935, p. 2.988).

399 FREISSLER, Roland. "Der Volksverrat (Hoch-und Landesverrat) im Lichte des National- Sozialismus". *D. J. Z.*, 1935, p. 907.

apenas as autoridades políticas, mas também os tribunais devem lidar com questões políticas de um ponto de vista político e não jurídico. Nas palavras do professor Dahm: "Estamos diante do problema geral de saber se as regras substantivas de direito aplicáveis a casos comuns também são válidas no domínio da política (...). Não existiriam aqui padrões especiais, tal como no direito processual dos julgamentos políticos?"[400] O nacional-socialismo não tem "padrões" gerais. Um padrão pressupõe uma escala de valores éticos; mas a política na Alemanha está totalmente livre de controles impostos por valores éticos. O tratamento de crimes políticos nos "tribunais" alemães é hoje uma fraude. O Tribunal Popular e os demais Juizados Especiais são criação do Estado de Prerrogativa. O termo Tribunal Especial resume a diferença entre o Estado de Direito (*Rechtstaat*) e o Estado Dual: o Estado de Direito remete crimes políticos a um tribunal *especial*, apesar de serem questões de direito; o Estado Dual remete crimes políticos a um *tribunal* especial, apesar de serem questões *políticas*.

Que os tribunais políticos da Alemanha, que funcionam como agências do Estado de Prerrogativa, sejam tribunais somente no nome, não se pode provar nem pela interpretação das leis de alta traição nem pelas pesadas sentenças por eles impostas. Decisões fundamentadas em falsidades nada demonstram sobre o caráter jurídico de um órgão judicial. A situação é, no entanto, bem diferente se pudermos provar que os "tribunais", ao contrário de outros órgãos judiciais, deixaram de aplicar princípios jurídicos fundamentais quando questões políticas foram apresentadas a eles.

Um dos princípios centrais do direito penal em todos os Estados civilizados é o princípio do *ne bis in idem*, ou seja, a proibição de dupla incriminação. O *Reichsgericht* respeitou esse princípio mesmo em casos muito recentes, como em 8 de setembro de 1938

---

[400] Georg Dahm, comentando uma decisão do *Reichsgericht* (*J. W.* 1934, p. 904).

CAPÍTULO I – O ESTADO DE PRERROGATIVA

e 27 de outubro de 1938.[401] Isso torna ainda mais significativo que o Tribunal Popular (*Volksgericht*), bem como o Supremo Tribunal da Prússia (*Kammergericht*) e o Supremo Tribunal da Baviera (*Oberlandesgericht München*) tenham suspendido esse princípio em decisões que tratam de traição. O mais alto Tribunal da Baviera condenou um réu por distribuir propaganda ilegal, ação que na Alemanha é considerada "alta traição". O réu já tinha cumprido sua pena quando o Tribunal, num segundo julgamento, descobriu que os fatos do caso eram de caráter mais importante do que se pensara inicialmente. Embora o Tribunal tenha afirmado em especial que "a teoria e a prática jurídica geral não permitem novos processos contra R., por conta da identidade do fato com aquele pelo qual ele já foi punido, e que o princípio fundamental do *ne bis in indem* proíbe que se aplique nova punição ao réu",[402] o homem foi condenado novamente mesmo assim. O Tribunal tentou diminuir esse princípio, apontando que ele tem base somente no direito processual.

Isso pode estar correto do ponto de vista dos juízes, mas quando o Tribunal negou o princípio ao condenar o homem pela segunda vez, ele desafiou a experiência e a observação jurídica universal. A importância das questões processuais não é de forma alguma inferior às do direito material. A proibição dos tribunais extraordinários, a instituição do júri, a revisão judicial das ações dos órgãos estatais são evidências disso. Não há nenhuma proposição de direito material que possa ser comparada em importância com o princípio da *res judicata* [coisa julgada]. A distinção entre uma sentença judicial e uma ordem administrativa é que a decisão, uma vez proferida, permanece, enquanto a ordem pode ser alterada. O Tribunal da Baviera demonstrou pouco apreço pela natureza do processo judicial quando declarou que a aplicação do princípio

---

401 Reichsgericht, 8 set. 1938 (*J. W.* 1938, p. 2.899) e 27 out. 1938 (*J. W.* 1939, p. 29).

402 Oberlandesgericht München, 12 ago. 1937 (*D. Jstz.* 1938, p. 724).

da *res judicata* não deveria interferir no direito material. Assim, o Tribunal rebaixou seu *status* ao de um instrumento do Estado de Prerrogativa, estabelecendo o seguinte princípio:

> Em casos graves de alta traição, uma sentença adequada deve ser imposta em todas as circunstâncias, independentemente de todos os princípios jurídicos! A proteção do Estado e do povo é mais importante do que a adesão a regras formais de processo que não fazem sentido se aplicadas sem exceção.[403]

A posição do tribunal bávaro não é um fenômeno isolado, pois outros tribunais seguiram essa decisão.[404] Os tribunais que tomam suas decisões apenas à luz de considerações políticas, ou seja, tribunais que reconhecem suas próprias decisões apenas condicionalmente, deixam de ser órgãos judiciais e suas decisões não são mais decisões judiciais; são medidas (*Massnahmen*). Essa distinção foi formulada por Carl Schmitt muito claramente por volta de 1924: "a decisão judicial deve ser justa, deve ser regida pela ideia de direito (...) a estrutura jurídica da medida é caracterizada pelo princípio da *clausula rebus sic stantibus*".[405] Uma

---

[403] Oberlandesgericht München, 12 ago. 1937 (*D. Jstz.* 1938, p. 724).

[404] Volksgerichtshof, 6 maio 1938 (*D. Jstz.* 1938, p. 1193); Kammergericht, 26 mar. 1938 (*D. Jstz.* 1938, p. 1.752). Há uma discussão detalhada do problema em Mittelsbach (*J. W.* 1938, p. 3.155) e Niederreuther (*D. Jstz.* 1938, p. 1752). A decisão do Kammergericht não foi publicada. Partes da decisão estão citadas no artigo de Niederreuther.

[405] SCHMITT, Carl. "Die Diktatur des Reichspräsidenten nach Artikel 48 der Weimarer Verfassung" (apêndice). *In*: _____. *Die Diktatur*. 2ª ed. Munique: [s.n.], 1928, p. 248 (artigo lido no encontro da Vereinigung Deutscher Staatsrechtslehrer [Associação Alemã de Professores de Direito Constitucional], 1924). Essa distinção remonta ao discurso de Robespierre na *Convention Nationale*, em 3 de dezembro de 1792, quando acusou Luís XVI com estas famosas palavras: "*vous n'avez point une sentence à rendre pour ou contre un homme mais une mésure de salut public à prendre, une acte de providence nationale à exercer*" [vocês não têm uma sentença a emitir contra ou a favor de um homem, mas uma medida de segurança pública a tomar, um ato de providência nacional a exercer].

CAPÍTULO I – O ESTADO DE PRERROGATIVA

decisão condicional é controlada pelo princípio da *clausula rebus sic stantibus*, o principal elemento da lei marcial.

Embora a lei marcial alemã e anglo-americana difiram em seus pressupostos e conteúdo jurídico, os tribunais políticos alemães podem, no entanto, ser comparados aos tribunais militares que, de acordo com o direito inglês, são legais somente em caso de insurreição aberta. Um tribunal inglês decidiu em 1866 que

> as cortes marciais, como são chamadas, pelas quais a lei marcial (...) é administrada, não são, propriamente falando, tribunais marciais ou tribunais em qualquer sentido. São meros organismos formados com a finalidade de levar a cabo o poder discricionário avocado pelo Governo.[406]

Somente quando existe uma verdadeira rebelião é que eles "estão justificados a fazer, independentemente da forma ou da maneira, tudo o que for necessário para debelar a insurreição e restaurar a paz e a autoridade do direito".[407]

Na Alemanha de hoje, os tribunais políticos são instituições permanentes. Assim, o que é permissível apenas em consequência de um conflito real nos país anglo-saxões é o "direito normal" na Alemanha.

"A existência desse sistema", disse a decisão inglesa acima mencionada,

> em casos de serviço militar no estrangeiro ou guerra real, parece ter levado a tentativas por parte de vários soberanos

---

[406] Voto conjunto de James e Stephen sobre a Lei Marcial referindo-se à Insurreição da Jamaica de 1866, citado em FORSYTH, William. *Constitutional Law*. Londres: [s.n.], 1869, apêndice, pp. 551-563, especialmente pp. 560/561.

[407] FORSYTH, William. *Constitutional Law*. Londres: [s.n.], 1869, especialmente p. 561.

de introduzir o mesmo sistema em tempos de paz em casos de emergência, especialmente para punir violações da paz. Isso foi declarado ilegal pela Petição de Direitos.[408]

O que foi considerado um pesadelo no direito inglês por mais de 300 anos agora se tornou a lei da terra na Alemanha.

No entanto, é impossível apresentar um relato completamente satisfatório da judicatura política do Terceiro Reich, uma vez que as decisões em casos de crimes políticos geralmente não são publicadas.[409] Uma impressão geral da justiça política alemã pode, no entanto, ser obtida a partir de um estudo das decisões políticas dos tribunais cíveis e administrativos. Deve-se ter em mente, é claro, que essas decisões tratam somente da existência econômica e não da vida e da liberdade das pessoas envolvidas.

Uma simpatizante das Testemunhas de Jeová requereu uma licença de vendedora ambulante. O pedido foi negado pelo Tribunal Administrativo da Baviera (*Verwaltungsgerichtshof*), que apoiou sua recusa no seguinte argumento:

> Embora não se tenha oferecido qualquer prova de que Maria S. é membro da associação proibida (...) foi demonstrado que ela é uma simpatizante calorosa (...). Ela também se recusou a prometer que não trabalharia em nome da associação no futuro (...). Esse modo de pensar e a difusão de tal pensamento são perigosos para o Estado (...) uma vez que difamam tanto o Estado quanto a igreja, alienam as pessoas do Estado e prestam ajuda ao pacifismo, que é

---

[408] FORSYTH, William. *Constitutional Law*. Londres: [s.n.], 1869, especialmente p. 552.

[409] Uma decisão de alta traição do Oberlandesgericht de Hamburgo, de 15 de abril de 1937, foi publicada, aparentemente por acidente, em *Funkarchiv*, 1937, p. 257.

CAPÍTULO I – O ESTADO DE PRERROGATIVA

uma ideologia inconciliável com a atitude heroica que hoje caracteriza nossa nação.[410]

O Supremo Tribunal Administrativo da Saxônia (*Oberverwaltungsgericht*) não quis ficar para trás nesse tipo de matéria e negou uma permissão a uma parteira porque ela era suspeita de ser membro das Testemunhas de Jeová com o seguinte argumento:

> É de fato verdade que até agora a Sra. K. não participou de nenhuma atividade hostil ao povo ou ao Estado. No entanto, suas observações não deixam dúvidas de que, se surgisse uma situação em que as ordens do Estado colidissem com sua interpretação da Bíblia e com os mandamentos de "Jeová", ela não hesitaria em decidir contra o povo e sua liderança (...). Embora pessoas como a Sra. K. individualmente dificilmente possam ser consideradas um perigo para o Estado, suas atitudes e opiniões encorajam aqueles que realmente são inimigos do Estado e promovem atividades destrutivas.[411]

Uma tendência similar é revelada num caso que envolve a demissão de um funcionário dos correios que era membro da Associação das Testemunhas de Jeová, mas que, devido à sua proibição, parara de participar de suas reuniões. De acordo com a sua convicção religiosa, a Bíblia ordenava que nenhum ser mortal fosse saudado com "Heil", pois tal saudação era devida somente a Deus. Em consequência disso, quando cumprimentava alguém, ele erguia a mão direita e dizia apenas "Heil", e não "Heil Hitler", como era oficialmente exigido, o que resultou em sua demissão como funcionário dos correios, uma posição que, de outro modo, ele teria mantido por toda a sua vida. Nessa luta existencial, "o réu não tinha permissão", como disse a corte, "de apelar para escrúpulos religiosos".[412]

---

[410] Bayerischer Verwaltungsgerichtshof, 8 maio 1936 (*Reger*, Band 37, p. 533).

[411] Sächsisches Oberverwaltungsgericht, 4 dez. 1936 (*J. W.* 1937, p. 1.368).

[412] Reichsdienststrafhof, 11 fev. 1935 (*Ztschr. f. Beamtenr.* 1936, p. 104).

ERNST FRAENKEL

O Terceiro Reich não apenas persegue aqueles que espalham doutrinas perigosas; ele trava uma guerra perpétua contra todos os ditames da consciência que não estão em harmonia com os seus ensinamentos. Uma decisão do *Reichsgericht*, de 17 de fevereiro de 1938, dá ampla evidência disso. Nesse caso, uma família sectária de Solingen teria conduzido o culto familiar em casa. A acusação foi rejeitada pelo Tribunal Distrital, que argumentou que o culto familiar não infringia a ordem de proibição da seita. O *Reichsgericht* então reverteu a decisão e pronunciou a sentença com base no fato de que "serviços desse tipo são proibidos e puníveis mesmo se mantidos dentro do círculo familiar entre os ex-membros da seita proibida".[413]

O nacional-socialismo não concede misericórdia nem justiça a qualquer alemão suspeito de acalentar ideias que não estejam em harmonia com seus próprios princípios. Isso foi claramente expresso por Alfred Rosenberg quando disse que "aquele que não é dedicado aos interesses do povo não pode reivindicar sua proteção. Aquele que não é devotado à comunidade não precisa de proteção policial".[414] Trezentos anos antes, o arcebispo Laud enunciou a mesma ideia com outras palavras: "se alguém é tão viciado em sua vida privada que negligencia o Estado comum, é desprovido de senso de piedade e deseja paz e felicidade para si mesmo em vão".[415]

Tendo destruído todas as associações voluntárias e restringido a liberdade de culto, o nacional-socialismo voltou sua atenção para a destruição da família. A oração de graça na forma exigida pela consciência dos membros de determinada família é proibida

---

[413] Reichsgericht, 17 fev. 1938 (*J. W.* 1938, p. 1.018).

[414] ROSENBERG, Alfred. "Die nationalsozialistische Weltanschauung und das Recht". *D. Jstz.*, 1938, p. 358.

[415] LAUD, William. "Sermon on King James' birthday, 1621". *In*: SCOTT, William (Coord.). *The Works of William Laud, D. D.* vol. I. Londres: [s.n.], 1847, p. 28.

CAPÍTULO I – O ESTADO DE PRERROGATIVA

pelas autoridades estatais. Deve-se dar por certa a interferência do Estado na educação concedida pelos pais aos filhos numa religião ou filosofia que não seja aceitável para o nacional-socialismo. Por decisão do Tribunal Distrital (*Landgericht*) de Hamburgo, vários membros da Associação das Testemunhas de Jeová tiveram negada a custódia de seus filhos porque "o seu [dos filhos] bem-estar espiritual estava em perigo" pelo fato de os pais quererem criá-los de acordo com sua própria fé.[416]

Tais perigos aos menores são considerados pelas autoridades nacional-socialistas mais graves do que os perigos morais. Duas decisões proferidas simultaneamente em Tribunais Municipais (*Amtsgericht*) dão uma demonstração contundente do fato. Além disso, elas mostram que os casos políticos e "não políticos" são tratados não apenas de maneira diferente na Alemanha, mas que a diferenciação de tratamento persiste mesmo quando os fatos em questão são praticamente idênticos. O Tribunal Municipal (*Amtsgericht*) de Berlim-Lichterfelde considerou que "expor uma criança a influências comunistas ou ateístas é motivo adequado que se prive os pais da custódia da criança".[417] No mesmo dia, o Tribunal Municipal de Hamburgo declarou que "o fato de a mãe da criança ser prostituta não é justificativa suficiente para que o tribunal negue a ela a guarda de seus filhos que, ademais, foram frequentam centros de assistência idôneos".[418]

A suspensão de garantias jurídicas afetou todas as esferas da vida na Alemanha de hoje e teve consequências desastrosas na esfera política. Não menos desastrosas foram as consequências de os partidos de oposição ao regime terem sido postos na ilegalidade.

---

[416] Landgericht Hamburg, 6 maio 1936 (*Jgdr. u. Jgdwohlf.* 1936, p. 281). Os casos mencionados anteriormente pertencem à jurisdição dos tribunais inferiores. Portanto, citamos decisões dos tribunais distritais e municipais que cuidam de relações entre filhos e pais.

[417] Amtsgericht Berlim-Lichterfelde, 15 abr. 1935 (*Das Recht*, 1935, nº 8.015).

[418] Amtsgericht Hamburg, 15 abr. 1935 (*Das Recht*, 1935, nº 8.016).

Em 15 de abril de 1935, o Tribunal Municipal privou algumas pessoas da custódia de seus filhos por serem elas comunistas. Em 5 de janeiro de 1936, foi proferida uma decisão similar, mas com base no fato de os pais em questão serem Testemunhas de Jeová. Em 1937, o Tribunal Municipal de Frankfurt a.M.-Höchst privou uma mãe da custódia de sua filha porque ela desejava educá-la em um convento católico.[419] Em 1938, o Tribunal Municipal de Wilsen pôs várias crianças em um lar adotivo porque o seu pai não as havia inscrito no movimento da Juventude Hitlerista. "Neste caso, o pai manteve seus filhos fora da Juventude Hitlerista e, portanto, abusou de seu direito de custódia de seus filhos".[420]

De acordo com a visão nacional-socialista, crianças educadas de acordo com princípios que divergem daqueles do movimento da Juventude Hitlerista são tratadas com "negligência" por seus pais.[421]

O Estado nacional-socialista exige controle sobre as mentes da geração em crescimento. Um padre católico que, durante a confissão, instruiu uma mãe a não enviar seu filho para o *Landjahr* (o "ano no campo") porque seu filho poderia "perder fé lá" foi condenado a seis meses de prisão por ataques maliciosos contra o governo.[422]

O nacional-socialismo a princípio justificou suas medidas extremas dizendo que a luta contra o comunismo as tornava necessárias. Muitas pessoas na época aprovaram a proibição do Partido Comunista. Mas, desde então, muitas mais passaram a entender a verdade das palavras de Shakespeare (*O mercador de Veneza*, ato 4, cena 1):

> BASSÂNIO: Uma injustiça pequena cometei, para fazerdes uma grande justiça

---

[419] Amtsgericht Frankfurt Main-Höchst, 4 maio 1937 (*Dtsch. Recht*, 1937, p. 466).

[420] Amtsgericht Wilsen, 26 fev. 1938 (*J. W.* 1938, p. 1.264).

[421] Landgericht Zwickau, 14, 1937 (*J. W.* 1938, p. 2.145).

[422] Sondergericht Breslau (*Dtsch. R. Z.* 1935, p. 554).

CAPÍTULO I – O ESTADO DE PRERROGATIVA

assim frustrando no seu intento a este cruel demônio.
PÓRCIA: Não é possível. Força alguma em Veneza
Pode mudar as leis vigentes.
Muitos abusos, ante um tal exemplo,
viriam a insinuar-se na república. Não pode ser.

CAPÍTULO II

OS LIMITES DO ESTADO DE PRERROGATIVA

Todo o sistema jurídico tornou-se um instrumento das autoridades políticas. Mas na medida em que as autoridades políticas não exercem seu poder, a vida privada e a vida pública são reguladas pelo direito tradicionalmente vigente ou pelo direito recém-promulgado. O caso da certidão de nascimento discutido nas páginas 195-197 *é particularmente esclarecedor. Centenas de certidões de nascimento são emitidas todos os dias na Alemanha de acordo com as disposições da lei. A vida normal é regida por normas jurídicas. Mas desde que a lei marcial se tornou permanente na Alemanha, exceções à lei normal têm lugar continuamente. Deve-se presumir que todas as esferas da vida estão sujeitas à regulamentação pelo direito. Se a decisão de um caso individual será tomada de acordo com o direito ou com a "conveniência" está inteiramente nas mãos daqueles em quem o poder soberano está investido. Sua soberania consiste no próprio fato de determinarem a emergência permanente. "O soberano é aquele que tem o poder jurídico de* comandar em caso de emergência", como Carl Schmitt formulou em seu livro *Politische Theologie* [*Teologia política*].[423]

Daí decorre o princípio de que a presunção de competência cabe ao Estado Normativo. A jurisdição sobre a jurisdição cabe ao Estado de Prerrogativa.

Os limites do Estado de Prerrogativa *não lhe são impostos; não há uma única questão* sobre a qual o Estado de Prerrogativa *não possa reivindicar* competência. De acordo com a prática dos tribunais, como já mostramos, o Decreto de 28 de fevereiro de 1933 é válido para todo o campo do "político". Na Alemanha atual não há nada que não possa ser classificado como "político".

Porém, a possibilidade de tratar tudo como se fosse "político" não implica que se recorra sempre a esse método. Reuss, uma autoridade nacional-socialista em Direito Administrativo, distingue entre relevância política "real" e "potencial":

> O alcance do "político" é variável. Mesmo dentro do Terceiro Reich e mesmo dentro de nosso próprio período histórico, a esfera do "político" se alarga e se estreita em diferentes momentos, em diferentes situações. A chamada "esfera privada" é apenas relativamente privada; ela é ao mesmo tempo potencialmente política.[424]

Quando Reuss fala do caráter "potencialmente" político da vida privada, ele tem em mente o que chamamos de jurisdição sobre a jurisdição do Estado de Prerrogativa: isto é, quando o Estado de Prerrogativa requer o tratamento "político" de questões privadas e não estatais, o direito está suspenso. Quando o Estado de Prerrogativa

---

[423] SCHMITT, Carl. *Politische Theologie*. 2ª ed. Munique: [s.d.], 1922, p. 1.

[424] Hermann Reuss, comentando uma decisão do Supremo Tribunal Administrativo da Prússia (*Preussischer Oberverwaltungsgerichtshof*) de 30 de junho de 1936 (*J. W.* 1937, pp. 422/423).

CAPÍTULO II – OS LIMITES DO ESTADO DE PRERROGATIVA

não requer a competência, o Estado Normativo pode funcionar. Os limites do Estado de Prerrogativa não são impostos de fora; eles são impostos pelo próprio Estado de Prerrogativa.[425] Tais restrições autoimpostas do Estado de Prerrogativa são de importância fundamental para a compreensão do Estado Dual. A autolimitação do Estado de Prerrogativa está tão profundamente enraizada na natureza do nacional-socialismo quanto em sua existência.

Juridicamente, o Estado de Prerrogativa tem competência ilimitada. De fato, porém, sua competência é limitada. Esse é o critério mais importante da Constituição da Alemanha atual.

Em uma decisão do Supremo Tribunal Administrativo (*Oberverwaltungsgericht*) da Saxônia, de 25 de novembro de 1938, esses fatos, tão importantes para a compreensão do Terceiro Reich, tornaram-se especialmente evidentes. O Tribunal teve que determinar se poderia negar uma licença de construção sem citar os motivos da recusa. Isso levanta a questão de saber se a construção de edifícios também se enquadra no escopo do Decreto do Incêndio do Reichstag. O Tribunal disse que sim porque

---

[425] Neste ponto, o leitor estadunidense provavelmente se lembrará da famosa passagem do voto divergente do juiz Stone no caso *Estados Unidos vs. Butler* (297, US 79). O juiz Stone definiu a supremacia dos tribunais sobre as ações legislativas e administrativas desta forma: "(...) a outra é que, embora o exercício inconstitucional do poder pelos poderes Executivo e Legislativo do governo esteja sujeito a restrições judiciais, o único freio ao nosso exercício de poder é o nosso próprio sentido de autocontenção". Subjacente a essa afirmação está a percepção de que em todos os sistemas jurídicos e constitucionais, o velho problema *quis custodiet custodem?* [quem vigia os vigilantes?] pode ser respondido somente por um apelo à consciência. O paralelo com o problema do Estado Dual não deve ser levado longe demais, uma vez que a questão discutida na decisão americana trata da relação dos órgãos governamentais no âmbito da ordem jurídica, enquanto a linha que separa os Estados Normativos e os Estados de Prerrogativa é a fronteira entre a ordem jurídica e a alegalidade.

ERNST FRAENKEL

uma licença de construção, tal como é exigida pelas leis de edificação atuais, pode ser negada por motivos derivados do Decreto de 28 de fevereiro de 1933. Deve-se reconhecer também que, em tal caso, as razões para a decisão não precisam ser aduzidas.[426]

A possibilidade de excluir da competência dos tribunais administrativos as decisões em processos de construção civil, mediante a recusa de fundamentação da decisão, está limitada ao âmbito do Estado de Prerrogativa. O Tribunal se opôs vigorosamente à extensão desse princípio do Estado de Prerrogativa à esfera do Estado Normativo com as seguintes palavras: "no entanto, o Decreto do *Reichspräsident* de 28 de fevereiro de 1933 acima mencionado envolve uma decisão excepcional, que deixa intocadas as leis e regras processuais que de outra forma são válidas em geral".[427]

O mesmo ponto de vista foi expresso com igual lucidez pelo Supremo Tribunal Administrativo da Prússia (*Oberverwaltungsgericht*) em uma decisão de 15 de dezembro de 1938 envolvendo a Lei de Associações. O Supremo Tribunal Administrativo reiterou a sua declaração anterior de que, em consequência do Decreto de 28 de fevereiro de 1933, toda a legislação relativa às associações estava sob a jurisdição da polícia e declarou que

resta saber se as autoridades administrativas em questões de direito associativo não podem mais recorrer ao Código Civil[428] somente na esfera do Decreto de 28 de fevereiro de 1933 ou se esse recurso está suspenso de maneira geral. A opinião do tribunal é de que, nos casos em que o Decreto de 28 de fevereiro de 1933 não for aplicado, as leis até

---

[426] Sächsisches Oberverwaltungsgericht, 25 nov. 1938 (*R. Verw. Bl.* 1939, p. 103).

[427] Sächsisches Oberverwaltungsgericht, 25 nov. 1938 (*R. Verw. Bl.* 1939, p. 103).

[428] Bürgerliches Gesetzbuch, 18 ago. 1896 (*RGBl.* 1898, p. 195).

CAPÍTULO II – OS LIMITES DO ESTADO DE PRERROGATIVA

então vigentes que regem as associações ainda devem ser consideradas válidas.[429]

A existência dessas restrições autoimpostas indica que o Terceiro Reich não pode ser interpretado como um "Estado totalitário" de maneira acrítica. O Dr. Herrfahrdt, professor da Universidade de Marburg, ao considerar se o Terceiro Reich deveria ou não ser chamado de totalitário, concluiu: "ou isso é verdade para todos os Estados ou é particularmente falso para o nacional-socialismo".[430] O que Herrfahrdt quis dizer é que, embora o Terceiro Reich reserve para si o poder de regular todos os aspectos da vida social, ele deliberadamente limita o uso desse poder. Isso, contudo, nada mais é do que a repetição de uma ideia que havia sido energicamente propagada por outro opositor da palavra de ordem do "Estado Totalitário", o Secretário da Justiça Freissler, que disse que "o Estado nacional-socialista não acredita que o Estado é necessariamente o melhor líder em todas as esferas da vida. Pelo contrário, ele prefere deixar grandes esferas da vida a outros órgãos de liderança".[431]

O conceito de "Estado totalitário" é ambíguo. Tal ambiguidade do termo pode ser explicada pelo fato de que existem dois tipos de Estados com tendências totalitárias. O caráter comum das tendências totalitárias é a subordinação de todas as atividades aos fins do Estado. Isso pode ser feito, por um lado, em nome das massas. No Estado dominado pelas massas, conservadores como Jacob Burckhardt e alguns contemporâneos da Revolução Francesa

---

[429] Preussisches Oberverwaltungsgericht, 15 dez. 1938 (*R. Verw. Bl.* 1939, p. 544).

[430] HERRFAHRDT, Heinrich. "Politische Verfassungslehre". *Arch. f. Rechts. u. Soz. Phil.*, Band XXX, 1936, p. 110.

[431] FREISSLER, Roland. "Totaler Staat? Nationalsozialistischer Staat!" *D. Jstz.*, 1934, p. 44; Cf. KOELLREUTTER, Otto. "Leviathan und totaler Staat". *R. Verw. Bl.*, 1938, pp. 803-807; HUBER, Ernst. "Die Totalität des völkischen Staates". *Die Tat*, 1934, p. 60; e Alfred Rosenberg no *V. B.* de 9-10 jan. 1934.

ERNST FRAENKEL

como Hegel e John Adams provavelmente verão com horror a absorção de outros valores pelos interesses que tudo consomem da sociedade considerada idêntica ao Estado. Buckhardt caracteriza a democracia como uma *Weltanschauung* [visão de mundo] na qual o "poder do Estado sobre o indivíduo não pode ser grande demais".[432] Por outro lado, um Estado pode ser chamado de totalitário por causa de seu exercício absoluto do poder a fim de fortalecer-se em seu relacionamento externo. Esse Estado pode ser uma monarquia ou uma aristocracia; ele não é necessariamente um Estado democrático. Erich Kaufmann, em 1913, em seu livro *Die clausula rebus sic stantibus und das Völkerrecht* [*A cláusula "rebus sic stantibus" e o direito internacional*][433] expressou a ideia do *Machstaat* como expoente do totalitarismo.

Assim, o Estado totalitário pode ser atacado por conservadores por ser um Estado que reflete os propósitos das massas, ao passo que pode também ser atacado por liberais por causa de seu autoritarismo. O Terceiro Reich pode ser interpretado como uma confluência de ambas as tendências em direção ao Estado totalitário. Ele é semelhante à França do período revolucionário por combinar o movimento jacobino dentro do *Massenstaat* e a política napoleônica em relação ao mundo exterior do *Machtstaat*.

Evitamos usar o termo "Estado totalitário" por conta de suas conotações complexas. Seu uso na Alemanha remonta ao livro *Der Hüter der Verfassung* [*O guardião da Constituição*],[434] de Carl Schmitt, no qual o termo Estado totalitário foi empregado pela primeira vez em conexão com o conceito de "mobilização

---

432 BURCKHARDT, Jacob. *Weltgeschichtliche Betrachtungen*. Band 55. Leipzig: Kröner's Taschenausgabe, [s.d.], p. 197. Cf. HEGEL, G. W. F. "Die Verfassung Deutschlands". *In:* _____. *Hegels Schriften zur Politik und Rechtsphilosophie*. Leipzig: [s.n.], 1913, p. 28.

433 KAUFMANN, Erich. *Die clausula rebus sic stantibus und das Völkerrecht*. Tübingen: [s.n.], 1911, p. 136.

434 SCHMITT, Carl. *Der Hüter der Verfassung*. Tübingen: [s.n.], 1931, p. 79.

CAPÍTULO II – OS LIMITES DO ESTADO DE PRERROGATIVA

total" de Ernst Jünger.[435] Carl Schmitt recusou-se a aceitar uma definição do "Estado totalitário" como aquele que controla todos os aspectos da vida social e econômica. Ele distinguiu entre dois tipos de totalitarismo, o qualitativo e o quantitativo. O sentido dessa distinção torna-se mais claro se levarmos em conta a ocasião em que foi formulada. Em novembro de 1942, a *Rheinische-West-fälische Langnamen-Verein* (Associação de Empregadores da Indústria Pesada do Vale do Ruhr) convidou Schmitt para palestrar sobre "Maioria ou Autoridade". Nessa palestra, Schmitt afirmou que o Estado totalitário no sentido qualitativo "é um Estado que se recusaria a tolerar movimentos hostis a ele. O fascismo é uma boa ilustração disso".[436]

Um "Estado quantitativamente totalitário", no entanto, representa uma "totalidade de fraqueza". A República de Weimar foi, de acordo com Schmitt, um Estado quantitativamente totalitário, mas não um Estado qualitativamente totalitário.

> O Estado qualitativamente totalitário concentra em suas mãos todos os principais meios de influência sobre as massas. Mas, paralelamente a esse reino reservado ao domínio do Estado, deve haver, no Estado qualitativamente totalitário, espaço para a empresa individual livre e para uma esfera pública que não se sobreponha à esfera do Estado.[437]

Em vista desse discurso, não se pode dizer que a conversão de Schmitt ao nacional-socialismo algumas semanas depois representou qualquer inconsistência significativa. Questões meramente terminológicas separam a teoria de Freissler do Estado totalitário

---

[435] JÜNGER, Ernst. "Die totale Mobilmachung". *In*: _____. (Coord.). *Krieg und Krieger*. Berlim: [s.n.], 1930.

[436] *Dt. Bergw. Ztg.*, 24 nov. 1932 (parcialmente republicado em *Europäische Revue*, fev. 1933).

[437] *Dt. Bergw. Ztg.*, 24 nov. 1932 (parcialmente republicado em *Europäische Revue*, fev. 1933).

da teoria de Schmitt sobre o Estado qualitativamente totalitário mas não quantitativamente totalitário.

Tanto em seu programa quanto em sua realidade, o chamado "Estado qualitativamente totalitário" baseia-se na propriedade privada.[438] Em seu primeiro discurso no *Reichstag*, em 25 de março de 1933, Adolf Hitler disse:

> O governo irá, em princípio, salvaguardar os interesses da nação alemã não pelos meios indiretos da burocracia organizada pelo Estado, mas encorajando a iniciativa privada e reconhecendo a propriedade privada.

Se o sistema econômico da Alemanha atual pode ser descrito como "capitalismo regulado baseado na propriedade privada" (como demonstraremos mais tarde), não se pode falar de um Estado totalitário no sentido mais amplo. Na medida em que o Terceiro Reich permite a existência da iniciativa privada, o nacional-socialismo limita o âmbito do Estado de Prerrogativa. O capitalismo regulado é caracterizado pela atividade estatal no campo econômico; mas, em geral, a intervenção do Estado nessa esfera não é do tipo associado ao Estado de Prerrogativa. Werner Best, o consultor jurídico da *Gestapo*, percebeu essa situação com mais clareza do que qualquer um que tenha escrito sobre o problema. Em um artigo no *Jahrbuch der Akademie für Deutsches Recht*, Best reiterou uma teoria já bem conhecida na Alemanha por conta de seus escritos anteriores, a saber, que o Estado nacional-socialista reconhece um poder político livre de todas as restrições jurídicas. Após descrever o Estado de Prerrogativa, Best volva-se ao Estado Normativo:

> Nossa discussão sobre o Estado nacional-socialista não implica que qualquer atividade política possa ser empreendida

---

[438] HUBER, Ernst. "Die Rechtsstellung des Volksgenossen erläutert am Beispiel der Eigentumsordnung". *Ztschr. f. d. ges. Staatsw.*, 1936, p. 452.

CAPÍTULO II – OS LIMITES DO ESTADO DE PRERROGATIVA

sem respeito às regras e de acordo com a decisão arbitrária de qualquer autoridade política individual. É essencial que muitas das atividades do Estado sejam realizadas de acordo com as regras jurídicas e que sejam calculáveis com antecedência, para que as pessoas envolvidas possam se orientar satisfatoriamente.[439]

Uma vez exposto o fato central do direito constitucional nacional-socialista, ou seja, a coexistência do Estado Normativo e do Estado de Prerrogativa, ele aborda o problema jurídico decisivo, a definição do ponto específico em que o Estado de Prerrogativa cede sua jurisdição ao Estado Normativo. Essa autocontenção, a regulação de suas atividades futuras por regras jurídicas é, de acordo com Best, "apropriada quando satisfizer os interesses das forças construtivas da nação. Para que essas forças mantenham seus fins, é desejável que sejam capazes de prever as atividades do Estado".[440] Best não detalha mais essa ideia. Não é por acaso que a análise mais clara da estrutura do Terceiro Reich disponível na literatura jurídica nacional-socialista é produto de um homem que, por representar o Estado de Prerrogativa (ou melhor, o seu instrumento mais poderoso, a *Gestapo*), não tem por que temer críticas. Tampouco é estranho que Best deixe sem resposta a questão urgente de saber quais "forças construtivas" da nação requerem a proteção do Estado Normativo.

A relevância de uma questão tão "abstrata" seria negada pelo nacional-socialismo. Se fosse forçada a assumir uma posição geral sobre a questão, a teoria nacional-socialista provavelmente afirmaria que as forças da raça são as "forças construtivas" da Alemanha contemporânea. Assim, o nacional-socialismo nega a proteção do Estado Normativo a todos os súditos não arianos.

---

[439] BEST, Werner. "Neubegründung des Polizeirechts". *Jahrbuch der Akademie für Deutsches Recht*, vol. 4, 1937, p. 133.

[440] BEST, Werner. "Neubegründung des Polizeirechts". *Jahrbuch der Akademie für Deutsches Recht*, vol. 4, 1937.

Além disso, se algum cidadão não ariano em particular está ou não individualmente incluído nas "forças construtivas" da nação deve ser decidido em cada caso particular.

Uma análise detalhada do sistema jurídico nacional-socialista mostrará que esse ponto de vista é inadequado para a solução do problema que estamos considerando. Nas páginas anteriores, demonstramos que qualquer caso, uma vez declarado "politicamente" relevante, pode ser transferido da competência do Estado Normativo para aquela do Estado de Prerrogativa. Ninguém na Alemanha contemporânea tem qualquer garantia de que seu *status* de "força construtiva" não será negado por alguma agência do partido ou do Estado e que não perderá a proteção do Estado Normativo. Uma análise teórica do direito constitucional neoalemão, no entanto, não deve se contentar com tal afirmação. Embora o nacional-socialismo se recuse a reconhecer tal questão, ainda é necessário descobrir se existe algum critério para distinguir entre forças "destrutivas" e "construtivas" além dos raciais e daqueles aduzidos em casos individuais.

Esse problema é crucial para qualquer análise realista da ordem jurídica. Devido à sua suprema importância, tentaremos sumariar a questão da forma mais clara possível.

Tese: As "forças construtivas" da nação são, por princípio, protegidas pelo Estado Normativo.

Questão: 1. Existe uma distinção geral entre os vários grupos da nação ariana alemã no que diz respeito ao grau de proteção que recebem do Estado Normativo?

2. Supondo que essa questão seja respondida afirmativamente, o grau em que os vários grupos desfrutam da proteção geral do Estado Normativo é indicativo do grau em que os respectivos grupos são considerados "elementos construtivos"?

3. Isso, por sua vez, levanta a questão da estrutura de classes do Terceiro Reich.

CAPÍTULO II – OS LIMITES DO ESTADO DE PRERROGATIVA

Aqui, precisamos apenas apontar a existência do problema. (Uma discussão mais detalhada será encontrada no final da primeira parte deste livro – cf. "Os estamentos"). Mas talvez, neste estágio da discussão, possamos apontar que os líderes de negócios privados são geralmente classificados como "forças construtivas" da nação.

CAPÍTULO III

O ESTADO NORMATIVO

3.1 O Estado Dual e a separação de Poderes

A) O Estado de Prerrogativa e o Executivo

Há sempre uma reserva escondida no fundo do Estado Normativo: considerações de conveniência política. Essa reserva política é evidente em todo o sistema jurídico alemão. O caráter dessa reserva foi explicitado pela primeira vez em certos tratados de direito internacional pelo professor Carl Bilfinger, da Universidade de Halle.

Em 1929, Bilfinger escreveu um artigo cuja importância fundamental é ocultada por seu título não comprometedor: "Reflexões sobre Direito Político".[441] Em sua discussão de certas questões de direito internacional, Bilfinger questionou até que ponto a atividade política pode ser regulada por normas. Embora não tenha rejeitado inteiramente a regulação normativa da atividade política, enfatizou

---

[441] BILFINGER, Carl. "Betrachtungen über politisches Recht". *Ztschr. f. ausl. öff. u. Völkerr.*, Band I, pp. 57-76.

que as normas gerais devem ser suspensas sempre que questões vitais para a existência do Estado estejam envolvidas. A validade de todas as regras do direito internacional é limitada pela reserva de que um Estado pode repudiar qualquer uma delas se e quando sua segurança for ameaçada. No campo do direito constitucional, Bilfinger vê a mesma reserva, contida nas disposições de decretos e emergência e da lei marcial.[442]

Partindo das ideias de Bilfinger, Carl Schmitt, em seu panfleto *Nationalsozialismus und Völkerrecht* [*Nacional-socialismo e direito internacional*],[443] pontuou que "a 'reserva' é em grande medida um elemento mais fundamental do direito internacional do que um tratado". Um sistema de direito internacional, de acordo com Schmitt, pode ser útil e conveniente para certas instituições administrativas, mas não deve ser levado "a sério demais".[444] As questões envolvidas na discussão sobre a existência ou não de entidades políticas transcendem os limites da regulação normativa.

A teoria jurídica dos contrarrevolucionários alemães do pós-guerra foi influenciada de maneira decisiva por eventos internacionais e a concepção que permitia que uma soberania ilimitada ignorasse o direito internacional é a fonte da teoria de que a

---

[442] Bilfinger demonstrou que os tratados internacionais de arbitragem do período pós-guerra consideravam o elemento político na medida em que excluíam de seu âmbito questões relativas à existência dos Estados. Essas questões foram segregadas e relegadas ao campo extrajurídico. Sempre que questões existenciais foram objeto de regulamentações normativas, Bilfinger argumentou que tais tratados foram feitos entre partes desiguais e envolviam a renúncia ao princípio da igualdade.

[443] SCHMITT, Carl. "Nationalsozialismus und Völkerrecht". *Schriften der Hochschule für Politik*, Heft IX, Berlim, 1934.

[444] SCHMITT, Carl. "Die Kernfrage des Völkerbunds". *Schmoller's Jahrbücher*, Band 48, p. 25.

CAPÍTULO III – O ESTADO NORMATIVO

atividade política não está sujeita a regulamentação jurídica. Esse foi o pressuposto para a teoria do Estado de Prerrogativa.[445]

Mesmo antes da guerra de 1914-18, a jurisprudência alemã reconhecia certas limitações jurídicas no campo da política interna. Ela destacou uma seção das funções do Estado que designou como "governo" (*Regierung*) em contradição com as três funções definidas na teoria clássica da separação de poderes.[446] Citamos um importante livro didático:

> nem tudo que não seja legislativo nem judiciário é 'administrativo'. Existe um quarto campo da existência (...) excluídas da administração estão todas as atividades do Estado que, para a realização de seu propósito, o levam além desses propósitos.[447]

Eminentes advogados constitucionais da Alemanha Imperial geralmente negavam que a doutrina da "separação de poderes" fosse importante na Alemanha bismarckiana. No entanto, a doutrina predominante do direito constitucional apontou corretamente que a estrutura constitucional da monarquia limitada não poderia ser entendida sem referência à teoria da separação de Poderes.

---

445 Essa identidade estrutural entre o direito interno nacional-socialista e o direito internacional aboliu o dualismo que existia na Alemanha pré-guerra entre o sistema jurídico interno, dominado pelo Estado de Direito, e o sistema de relações internacionais, completamente governado pela política da força. Cf. HELLER, Hermann. "Staat". *In*: VIERKANDT, Alfred (Coord.). *Handwörterbuch der Soziologie*. Stuttgart: F. Enke, 1931, Band II, p. 610; MANNHEIM, Karl. "Rational and Irrational Elements in Contemporary Society". *L. T. Hobhouse Memorial Trust Lectures*, Londres, nº 4, 7 mar. 1934, p. 34.

446 Hans Kelsen sempre se opôs a essa doutrina e destacou os perigos desse tipo de concepção de governo. [*Allgemeine Staatslehre* (Berlim, 1925), p. 254].

447 MAYER, Otto. *Deutsches Verwaltungsrecht (Systematisches Handbuch der Deutschen Rechtswissenschaft*, Teil VI). 3ª ed. Munique: [s.n.], 1924, Band 1, p. 8.

ERNST FRAENKEL

Mas não se deve esquecer que, ao longo dos séculos, a doutrina da separação de Poderes sofreu mudanças consideráveis, especialmente no que diz respeito à função executiva.[448] Embora Locke seja geralmente considerado o pai da doutrina moderna da separação de Poderes, ele não exerceu influência significativa sobre a Alemanha absolutista de seu tempo. Tem-se apontado frequentemente que Locke não apenas reconheceu três Poderes separados, o "Legislativo", o "Executivo" e o "Federativo", mas também incluiu a "prerrogativa": "a prerrogativa nada mais é do que o poder de fazer o bem público na ausência de um dispositivo legal".[449]

Segundo Locke, a "prerrogativa" não é um quarto Poder no quadro da doutrina da separação de Poderes, mas uma dedução de um princípio que estava integrado na estrutura da separação de Poderes.[450] Uma vez que o portador da "prerrogativa" pode, segundo Locke, agir não apenas independentemente do direito, mas, se necessário, em oposição a este, uma vez que não há restrições jurídicas impostas a ele além da vaga fórmula: *Salus rei publicae suprema lex* [A segurança do Estado é a lei suprema], pode-se presumir que existe uma conexão entre a doutrina constitucional neoalemã e a teoria de Locke. Tal hipótese, no entanto, seria incorreta.

A doutrina da prerrogativa nunca foi aceita na Inglaterra. Quando George III tentou invocá-la em um caso sem consequências políticas, ele encontrou a oposição enérgica e bem-sucedida do Parlamento.[451] Ela tampouco foi influente na França ou nos

---

[448] FRIEDRICH, Carl J. "Separation of Powers". *In*: SELIGMAN, Edwin; JOHNSON, Alvin (Coord.). *Encyclopaedia of the Social Sciences*. vol. 13. Nova York: Macmillan, 1934, pp. 663-666.

[449] LOCKE, John. *Two treatises of civil government*, § 158.

[450] WOLGAST, Ernst. "Die auswärtige Gewalt des Deutschen Reiches unter besonderer Berücksichtigung des Auswärtigen Amtes". *Arch. f. öff. Recht, N. F.*, Band V, p. 96; FRIEDMANN, Alfred. "Geschichte und Struktur der Notstandsverordnungen". *Kirchenrechtliche Abhandlungen*, 1905, p. 41.

[451] "A speech in behalf of the Constitution against the Suspending and Dispensing Prerogative. House of Lords, Dec. 10, 1766" (Publicado em *Hansard*:

CAPÍTULO III – O ESTADO NORMATIVO

Estados Unidos, apesar da enorme influência que Locke exerceu sobre o pensamento político desses países. Thomas Jefferson negou vigorosamente que o Poder Executivo estivesse associado à "prerrogativa" como havia ocorrido durante o período colonial.[452] Pela identificação entre "governo" e "execução do direito", Jefferson pode dizer que ele "proscreve sob o nome de prerrogativa o exercício de todos os poderes não definidos por lei".[453] Tampouco Montesquieu adotou a teoria da prerrogativa de Locke. Além disso, ele modificou decisivamente a doutrina de Locke sobre a separação de Poderes ao declarar que o Judiciário era um Poder independente, enquanto Locke o colocara sob o Poder Executivo. Por outro lado, o autor francês sustentava que o Poder Executivo incluía tanto a manutenção da segurança pública quanto o Poder federativo conforme definido por Locke.

A doutrina da separação de poderes na formulação de Montesquieu exerceu profunda influência no desenvolvimento constitucional alemão. Havia, porém, uma diferença: os monarcas alemães nunca admitiram que o conceito de governo se restringisse à execução do direito ou que as funções governamentais fossem idênticas às administrativas. Em última instância influenciados por Hegel, os grupos governantes alemães sempre enfatizaram a importância especial da função governamental distinta da administrativa. Essa distinção entre função administrativa e governamental

---

Parliamentary History of England, Londres, vol. XVI, 1813, pp. 251-313, especialmente pp. 265/266.

[452] "Por Poder Executivo não nos referimos aos poderes exercidos sob nosso antigo governo pela Coroa como sua prerrogativa". O Poder Executivo, de acordo com Jefferson, compreende "aqueles poderes necessários para executar as leis (e administrar o governo) e que não são, por sua natureza, legislativos ou judiciários" (JEFFERSON, Thomas. *Notes on the State of Virginia*. Richmond: [s.n.], 1853, p. 230, apêndice).

[453] JEFFERSON, Thomas. *Notes on the State of Virginia*. Richmond: [s.n.], 1853, p. 137.

foi claramente expressa por Metternich em uma carta escrita em abril de 1848:

> O maior mal consistiu no fracasso do governo em governar e isso foi resultado da confusão entre administração e governo. Onde quer que exista tal confusão, pode parecer que um império continua sem perturbação. O poder não utilizado, no entanto, encontra seu caminho dos níveis mais altos para os mais baixos e resulta na derrubada da ordem existente.[454]

A doutrina alemã do pré-guerra apenas observava a existência dessa função específica do governo, ao mesmo tempo que enfatizava a função da administração de treinar funcionários públicos eficientes. No pós-guerra, porém, a teoria constitucional, influenciada por Rudolf Smend,[455] tratou do Estado do ponto de vista político, uma perspectiva até então negligenciada. Smend chegou a considerar a ordem jurídica um "corpo estranho" (*Fremdkörper*) no quadro do sistema constitucional, ou seja, no quadro político.[456]

Surge a questão de saber se a teoria do sistema jurídico nacional-socialista é substancialmente diferente da teoria apresentada pela primeira vez por Otto Mayer e posteriormente elaborada por Rudolf Smend. Pode-se também levantar a questão de se o "quarto poder" corresponde ao que chamamos de Estado de Prerrogativa. Em caso positivo, nenhuma grande mudança ocorreu. Carl Schmitt escreveu, em 1927, que

---

[454] METTERNICH. *Nachgelassene Schriften*, Band VIII, p. 114. Essa carta é extremamente significativa porque seu autor exercera enormes poderes políticos durante mais de quarenta anos como Chanceler da Áustria e fora derrubado por uma revolução política apenas algumas semanas antes".

[455] SMEND, Rudolf. *Verfassung und Verfassungsrecht*. Munique: [s.n.], 1928; SMEND, Rudolf. *Die politische Gewalt im Verfassungsstaat und das Problem der Staatsform (Festgabe für Wilhelm Kahl)*. Tübingen: [s.n.] 1923.

[456] SMEND, Rudolf. *Verfassung und Verfassungsrecht*. Munique: [s.n.], 1928, pp. 97/98.

CAPÍTULO III – O ESTADO NORMATIVO

> o Estado de Direito [*Rechtsstaat*], apesar de seu legalismo e de seu normativismo, é essencialmente um Estado e, portanto, sempre contém, além de seus elementos legais e normativos, certos elementos políticos essenciais.[457]

Mas essa coexistência de elementos administrativos e governamentais não é idêntica à distinção entre Estado Normativo e Estado de Prerrogativa? Isso não refutaria a nossa tese de que a forma dual é peculiar ao Estado nacional-socialista? A resposta a essas perguntas é "não". A distinção crucial entre o "quarto poder" no Estado de Direito e no Terceiro Reich consiste no fato de que neste o "político" não representa um único segmento das atividades do Estado (rigorosamente delimitado por restrições jurídicas), mas potencialmente compreende toda a vida política e privada. A esfera "política" não é uma esfera do Estado separada das outras por lei; é uma esfera onicompetente independente de toda regulação jurídica.[458] Uma vez que reivindica jurisdição ilimitada para si, não pode ser considerada um "Poder" entre vários (como é o caso na doutrina da separação de Poderes). "A separação e a distinção de Poderes pressupõem, em princípio, a possibilidade de delimitação de todas as atividades do Estado".[459]

Um Poder potencialmente ilimitado, no entanto, é a antítese de um poder limitável.

B) O Estado Normativo e o poder discricionário

A teoria alemã do direito administrativo sempre considerou o poder discricionário uma característica específica do Poder

---

[457] SCHMITT, Carl. *Verfassungslehre*. Munique: [s.n.], 1928, p. 131.

[458] Podemos agora corrigir nossa formulação preliminar no sentido de que a esfera política é um "setor do Estado". Cf. nota 230 e HUBER, Ernst. "Die Einheit der Staatsgewalt". *D. J. Z.*, 1934, pp. 954/955.

[459] SCHMITT, Carl. *Verfassungslehre*. Munique: [s.n.], 1928, p. 131.

Executivo. Deve-se reconhecer que sob o nacional-socialismo todas as autoridades executivas, sejam ou não parte do Estado de Prerrogativa, estenderam o escopo de sua discricionariedade. Autoridades pertencentes ao Estado Normativo, como o Gabinete de Controle de Câmbio (*Devisenstellen*), o Setor de Distribuição de Alimentos do Reich (*Reichsnährstand*), a Administração do Trabalho (*Treuhänder der Arbeit*) e muitos outros órgãos reguladores operam de acordo com disposições legais que geralmente são tão vagas que constituem apenas cláusulas gerais de habilitação. Esses vagos princípios gerais autorizam os órgãos administrativos a intervirem na vida social e econômica da nação não apenas em assuntos que sempre estiveram sujeitos à regulamentação do governo, mas também em muitos novos campos que antes de 1933 não estavam sujeitos ao Estado.

Isso levanta o problema de se existe alguma diferença entre essas atividades e aquelas das autoridades que designamos como órgãos do Estado de Prerrogativa. Não se pode argumentar que o Estado de Prerrogativa é somente um caso extremo do poder administrativo em que a discricionariedade da administração é ainda maior do que o habitual? Se assim fosse, desapareceriam as distinções qualitativas entre o Estado de Prerrogativa e o Estado Normativo, pois a diferença seria somente de grau. Um tratamento sistemático seria então impossível.

Uma distinção decisiva entre os órgãos administrativos do Estado Normativo e os órgãos do Estado de Prerrogativa reside nas diferenças entre suas respetivas esferas de competência e não é um problema de graus variados de poder discricionário. Por mais extenso que seja o poder discricionário de uma agência administrativa – como o Gabinete de Controle de Câmbio –, seu poder discricionário pode ser exercido somente dentro dos limites de suas competências claramente definidas. Caso o Gabinete de Controle de Câmbio exceda suas competências, seus atos poderão ser declarados nulos e sem efeito em um processo perante a justiça comum. Os órgãos do Estado de Prerrogativa, contudo, não têm limites à

CAPÍTULO III – O ESTADO NORMATIVO

sua competência. Não há restrições definidas por lei que estreitem a sua jurisdição. Uma vez que a competência dessas autoridades é ilimitada, elas não podem ser consideradas agências administrativas ordinárias. A administração deve ser definida negativamente como a função do Estado que não é legislativa nem judiciária, ao passo que os órgãos do Estado de Prerrogativa são caracterizados por sua competência ilimitada.

Embora exista uma distinção clara entre agências administrativas e órgãos do Estado de Prerrogativa, deve-se pontuar que as atividades das agências administrativas ordinárias foram em grande medida influenciadas pela existência do Estado de Prerrogativa. Uma vez que a jurisdição dos órgãos do Estado de Prerrogativa é ilimitada, há certa tendência entre as agências do Estado Normativo de imitar esse exemplo e alargar o âmbito de sua própria discricionariedade. Além disso, uma vez que o Estado de Prerrogativa sufocou completamente toda a opinião pública, a resistência contra tal usurpação foi decisivamente enfraquecida. Tal desenvolvimento esteve estreitamente conectado com mudanças na esfera econômica. No período do capitalismo competitivo, havia limitações robustas aos poderes discricionários das agências administrativas. A atividade continuamente crescente do Estado em todos os campos da vida social e econômica trouxe consigo um alargamento correspondente da zona de discricionariedade. Ainda mais, a mera existência da arbitrariedade governamental, como aquela encarnada no Estado de Prerrogativa, minou o senso de justiça a tal ponto que uma agência com jurisdição limitada é considerada uma instituição jurídica mesmo que o governo exerça enorme poder discricionário.[460]

---

460 A afirmação de A. V. Dicey de que "o predomínio do direito regular se opõe à influência do poder arbitrário e exclui a existência de arbitrariedade ou de prerrogativa ou mesmo de ampla autoridade discricionária", na medida em que se referia à autoridade discricionária, nunca foi aceita na Alemanha (DICEY, A. V. *Law of the Constitution*. 8ª ed. Londres: [s.n.], 1926, p. 198). Cf. LASKI, Harold J. "Discretionary Power". *Politica*, vol. I, pp. 284/285.

O Estado Normativo, contudo, de modo algum é idêntico ao "Estado de Direito", isto é, ao *Rechtsstaat* do período liberal. O Estado Normativo é um complemento necessário ao Estado de Prerrogativa e pode ser compreendido somente sob essa luz. Uma vez que o Estado de Prerrogativa e o Estado Normativo constituem um todo interdependente, não são permitidas considerações sobre o Estado Normativo isoladamente.

A coexistência do Estado Normativo e do Estado de Prerrogativa é indicativa da política nacional-socialista de promover o poder da eficiência do Estado por meio do aumento da arbitrariedade. A afirmação do Juiz Brandeis de que "a doutrina da separação de poderes foi adotada pela Convenção de 1787 não para promover a eficiência, mas para impedir o exercício do poder arbitrário"[461] não tem sentido em relação ao Estado Dual. A competência do Estado de Prerrogativa sobre todas as outras competências garante que a eficiência do Estado tenha prioridade sobre a liberdade do indivíduo. Na Alemanha nacional-socialista, o "canto da eficiência" substituiu o culto à liberdade.

3.2 Os guardiões do Estado Normativo

A) O nacional-socialismo como guardião do Estado Normativo

Uma vez que a competência do Estado de Prerrogativa não é definida por lei, não há garantia jurídica da estabilidade do Estado Normativo. A existência do Estado Normativo não depende do direito. Ela depende da completa permeabilidade do Estado a atitudes e ideias nacional-socialistas.

---

[461] Suprema Corte dos EUA: *Myers vs. United States* 272 US 52, 293.

CAPÍTULO III – O ESTADO NORMATIVO

Essa visão parecerá paradoxal somente para aqueles que não perceberam que o nacional-socialismo é um fenômeno político que decorre do mais recente estágio do desenvolvimento capitalista na Alemanha. Uma vez que, de acordo com o nacional-socialismo, a livre iniciativa na esfera econômica deveria ser um princípio irrestrito, questões de política econômica são normalmente vistas como relativas ao domínio do Estado Normativo. Isso não decorre da lei, mas das preferências do nacional-socialismo. Citemos um autor nacional-socialista:

> Seria uma má interpretação do conceito de questões políticas substantivas se as autoridades policiais dirigissem a política econômica para fins políticos e pelo uso do poder da polícia e, além disso, se tentassem aprovar medidas de política econômica como questões políticas. Não seria satisfatório retirar medidas das autoridades policiais comuns do controle da revisão judicial. As tarefas da *Gestapo* não residem no campo da política econômica, mas sim na investigação e repressão de atividades que são perigosas para o Estado. Em outras palavras, todos os seus deveres recaem na esfera da política de Estado em seu sentido mais estrito.[462]

A fim de evitar a repetição da experiência do aprendiz de feiticeiro (incapaz de dominar os espíritos que ele invocou), Reuss, o autor da citação acima, apelou para os princípios do direito administrativo tradicional que funcionava sob o Estado de Direito (*Rechtsstaat*), uma vez que ele pressentiu "o perigo do *excès de pouvoir* advindo de uma fórmula particularmente aguda".[463] Do ponto de vista jurídico, no entanto, não pode haver abuso do

---

[462] Hermann Reuss, comentando uma decisão do Supremo Tribunal Administrativo da Prússia (*Preussisches Oberverwaltungsgericht*), de 30 de junho de 1936, *J. W.* 1937, p. 423.

[463] Hermann Reuss, comentando uma decisão do Supremo Tribunal Administrativo da Prússia (*Preussisches Oberverwaltungsgericht*), de 30 de junho de 1936, *J. W.* 1937, p. 423.

ERNST FRAENKEL

poder discricionário na Alemanha contemporânea, nem *excès de pouvoir*, por parte de autoridades políticas. A forma "particularmente" aguda em que o abuso do poder discricionário ocorre na Alemanha nacional-socialista consiste em informar o funcionário responsável de que ele infringiu os princípios básicos do nacional-socialismo ao perturbar a vida econômica pelo exercício de medidas discricionárias.

A despeito das possibilidades jurídicas de intervenção do Estado de Prerrogativa onde e quando bem entender, os fundamentos jurídicos da ordem econômica capitalista foram mantidos. Se alguém pegar ao acaso um volume com as decisões de um tribunal cível alemão e examiná-lo sistematicamente, essa concepção será completamente corroborada. Freissler, secretário do Ministério da Justiça, percebeu claramente que o direito econômico em sentido estrito (os nacional-socialistas o chamam de "direito comunitário") foi deixado relativamente intocado pela revolução de 1933. Mesmo Freissler reconhece que os *costumes* da "comunidade étnica" não o afetaram. Ainda em 1937, o Dr. Freissler disse em seu artigo *"Der Heimweg des Rechts in die völkische Sittenordnung"* ["O caminho do direito na ordem moral étnica"] que, embora "o direito penal esteja agora orientado aos costumes da comunidade étnica, o direito econômico não apreciou de maneira juridicamente eficaz a posição biológica do indivíduo como uma célula do organismo étnico alemão".[464]

---

[464] FREISSLER, Roland. "Der Heimweg des Rechts in die völkische Sittenordnung". *Festschrift zum 60. Geburtstag des Staatssekretärs Schlegelberger*, Berlim, 1937, p. 43.

CAPÍTULO III – O ESTADO NORMATIVO

B) Os tribunais como guardiões do Estado Normativo

1 Reservas internas e externas

Os tribunais são responsáveis por garantir que os princípios da ordem capitalista sejam mantidos – mesmo que o Estado de Prerrogativa ocasionalmente exerça seu direito de lidar com casos individuais à luz da conveniência e da natureza especial do caso em questão. As decisões mostram quem os tribunais têm mantido com sucesso o sistema jurídico necessário ao funcionamento do capitalismo privado. As instituições jurídicas essenciais ao capitalismo privado, como a liberdade de iniciativa, a inviolabilidade dos contratos, a propriedade privada, o direito do empresário de controlar o trabalho, a regulamentação da concorrência desleal, a regulamentação de patentes, direitos de marca etc., proteção jurídica de contratos a juros, propriedade e transferências para fins de garantia ainda existem na Alemanha. Nesse sentido, os tribunais têm se esforçado para manter a supremacia do direito. Para não complicarmos demais nossa análise, não consideraremos questões relacionadas ao problema judaico. Generalizações a partir do tratamento dado aos judeus no campo econômico seriam enganosas. Ao mesmo tempo, seria igualmente enganoso citar casos em que o Estado Normativo protegeu os direitos de judeus. Se existe um Estado Normativo na Alemanha e se ele estende a sua proteção aos judeus são dois problemas separados. Trataremos do problema judaico no item 3), c) deste capítulo.

A existência paralela do Estado Normativo e do Estado de Prerrogativa é bem demonstrada pelos regulamentos legais que regem as áreas de sobreposição entre vida econômica e funções policiais, ou seja, nas áreas controladas pela Polícia Industrial (*Gewerbepolizei*). Não há necessidade de discutirmos a questão do poder da polícia política para lidar com casos individuais como bem entender; hoje está claro que ela pode fazer isso. De maior interesse é a investigação dos casos em que não houve intervenção da polícia política. A supremacia do direito racional foi abolida pelo *coup d'état* nacional-socialista? Não seria legítimo falarmos em Estado Normativo se, em casos de conflito, os tribunais sempre ignorassem o direito existente em favor de princípios gerais de origem nacional-socialista. O Estado Normativo não existiria se, mesmo nos casos em que a polícia política não intervém, a autoridade jurídica tivesse de enfrentar essa segunda reserva.

É claro que percebemos que, além das reservas políticas "externas" já existentes, foram feitas tentativas de se estabelecer na Alemanha reservas "internas" que não estariam sujeitas à vontade das autoridades políticas. Até agora, esses esforços foram ineficazes, exceto no que diz respeito aos judeus.

O tema de se as autoridades devem aderir estritamente à lei em casos que não foram definidos como "políticos" ou se todas as leis devem ser aplicadas com uma reserva "interna" foi tratado por ninguém menos que Hermann Goering. Em uma importante palestra intitulada "A estabilidade do sistema jurídico como fundamento da comunidade étnica", Goering rejeitou energicamente esta última possibilidade quando disse:

> Pode haver circunstâncias nas quais a aplicação da legislação ordinária pode levar a uma profunda injustiça. A aplicação da lei, mesmo nesses casos, não é uma questão a ser decidida arbitrariamente. Os juízes estão sujeitos à lei, que é a promulgação da vontade do Líder. Um desvio arbitrário da lei constituiria uma violação da lealdade do juiz ao Líder.[465]

Assim, mesmo o nacional-socialismo foi incapaz de evitar o dilema da estabilidade jurídica versus a conveniência política. Ao

---

[465] GOERING, Hermann. "Die Rechtssicherheit als Grundlage der Volksgemeinschaft". *D. Jstz.*, 1934, p. 1.427.

CAPÍTULO III – O ESTADO NORMATIVO

tentarmos explicar por que Goering defendeu a manutenção da racionalidade formal, seria um erro desconsiderarmos a natureza de sua audiência. A palestra de 16 de novembro de 1934 foi proferida perante um grupo de promotores e juízes. Goering provavelmente teria usado um tom um pouco diferente se estivesse falando com seus subordinados da *Gestapo* – isto é, com os funcionários do Estado de Prerrogativa. Tais palestras, no entanto, não são publicadas.

2 O Estado Normativo como guardião das instituições jurídicas

a) Liberdade de iniciativa

A disputa sobre a "reserva interna" e, com ela, sobre a existência do Estado Normativo, foi travada em relação à Lei Econômica da Empresa (*Gewerbeordnung*). Tal lei baseia-se no princípio da liberdade empresarial. Círculos nacional-socialistas extremistas tentaram destruir esse princípio. Eles tentaram rotular a liberdade de empreendimento como um resquício da época liberal e, portanto, como algo antiquado a ser automaticamente desmantelado pelo nacional-socialismo. Eles afirmaram que as restrições à liberdade de iniciativa deveriam ser introduzidas não apenas quando isso fosse exigido especificamente por lei, mas sempre que fosse desejável de acordo com os princípios do nacional-socialismo.[466]

Quando analisamos casos que a competência do Estado de Prerrogativa não incidiu, ainda não está claro se o que deve reger a ação do responsável pela decisão é o direito material substantivo ou princípios vagos completamente discricionários. Mas em sua decisão de 10 de agosto de 1936, o Supremo Tribunal Administrativo da Prússia (*Oberverwaltungsgericht*) declarou-se favorável

---

[466] A liberdade empresarial sempre foi restringida por decretos excepcionais introduzidos no *Gewerbeordnung* de 21 jun. 1869 (*RGBl.* 1900, p. 87).

ao Estado Normativo. O Tribunal referiu-se ao fato de que "se alegou recentemente que, em consequência da revolução nas concepções jurídicas associada ao triunfo do nacional-socialismo, os princípios fundamentais da liberdade empresarial não estão mais em vigor".[467] Já em 1934, o Supremo Tribunal Administrativo da Prússia havia rejeitado tal alegação, embora outros tribunais a aceitassem. Apesar das críticas vigorosas, o Supremo Tribunal Administrativo manteve sua posição; mas disse o seguinte:

> é verdade que o direito nacional-socialista acrescentou novas legislações àquelas já existentes. Até agora, a liberdade empresarial não foi abolida por lei. Outras restrições e regulamentações podem ser impostas somente por meio de uma nova lei.[468]

O Tribunal enfatizou os perigos que resultariam da abolição das legislações de regulamentação do comércio. Um dos argumentos oferecidos foi o de que "se os fiscais receberem o poder geral de regulamentar as empresas, todas as leis que tratam da regulamentação da atividade econômica estariam superadas e suspensas na prática".[469] Assim, o Tribunal recusou-se enfaticamente a renunciar aos princípios básicos da ordem jurídica e econômica tradicional, proclamando este princípio geral:

> A suspensão e a modificação da lei não é tarefa do Judiciário, mesmo quando ele considerar que a lei está em conflito com a perspectiva nacional-socialista. A legislação é domínio do Líder e não cabe aos tribunais intervirem nessa esfera.[470]

---

[467] Preussisches Oberverwaltungsgericht, 10 ago. 1936 (*J. W.* 1937, p. 1.032).

[468] Preussisches Oberverwaltungsgericht, 10 ago. 1936 (*J. W.* 1937, p. 1.032).

[469] Preussisches Oberverwaltungsgericht, 10 ago. 1936 (*J. W.* 1937, p. 1.032).

[470] Preussisches Oberverwaltungsgericht, 10 ago. 1936 (*J. W.* 1937, p. 1.032).

CAPÍTULO III – O ESTADO NORMATIVO

b) A inviolabilidade dos contratos

Uma atitude semelhante foi expressa por um tribunal em um caso que era em muitos aspectos político e que envolvia a inviolabilidade contratual. Na sociedade capitalista, créditos podem ser concedidos e bens podem ser transferidos somente se houver a garantia de que os contratos serão honrados: *pacta sunt servand.* O nacional-socialismo não aboliu esse princípio, embora de forma alguma o trate como um corolário do direito natural. A diferença entre as democracias ocidentais e a Alemanha nacional-socialista torna-se particularmente clara em sua atitude em relação ao *status* de direito natural da inviolabilidade dos contratos conforme expresso na esfera do direito internacional. A política externa da Alemanha nos últimos anos demonstrou amplamente a aplicação prática desse sistema ético que considera os contratos rescindíveis sempre que isso parecer desejável. A *clausula rebus sic stantibus*, conforme elaborada por advogados internacionalistas alemães antes da guerra, desempenha um papel central na teoria e na prática nacional-socialista no campo do direito internacional. Já em 1930, Carl Schmitt referiu-se ao princípio *pacta sunt servanda* como uma tendência da ética do "agiota".[471]

Essa atitude é dominante também na esfera das relações jurídicas privadas? Se fosse possível rescindir qualquer contrato à vontade, apelando aos princípios gerais do nacional-socialismo, o Estado Normativo não poderia existir. Isso, por sua vez, significaria a destruição do sistema capitalista. Alguns tribunais ao menos soaram um aviso definitivo sobre esse ponto. O Tribunal Administrativo da Baviera (*Verwaltungsgerichtshof*) teve que decidir se uma *clausula rebus sic stantibus* específica era válida na ordem jurídica interna do Terceiro Reich. Em 1882, um município bávaro fez um contrato com a congregação católica da cidade

---

[471] SCHMITT, Carl. *Staatsethik und pluralistischer Staat* (*Kant-Studien*, Band XXXV), 1931, pp. 41.

ERNST FRAENKEL

comprometendo-se a contribuir para a subsistência do padre. Quando os nacional-socialistas chegaram ao poder, o município procurou rescindir o contrato, argumentando que ele havia sido celebrado em circunstâncias muito diferentes e não poderia ser considerado obrigatório após a revolução nacional-socialista. A tentativa do município de se esquivar de suas responsabilidades contratuais apelando para princípios gerais nacional-socialistas foi bloqueada pelo Tribunal, que decidiu que "a inviolabilidade do contrato é um valor ético e um imperativo ético do qual nenhuma ordem jurídica pode prescindir". O Tribunal caracterizou a inviolabilidade contratual como "a base da vida econômica e da existência ordenada da comunidade étnica"[472] e declarou que a racionalidade formal tinha prioridade em relação a ideias nacional-socialistas ao proclamar os seguintes princípios:

> Deve-se manter uma atitude realista em relação à objeção baseada nos princípios nacional-socialistas. Tal atitude deve estar fundamentada nas normas positivas do ordenamento jurídico vigente, que é a emanação dos princípios éticos aceitos como obrigatórios pela comunidade étnica. O Tribunal não exclui todas as possibilidades de aplicação da cláusula *rebus sic stantibus* (...) mas reserva para si o direito de o fazer em casos especialmente excepcionais.[473]

Mas essa também era a atitude dos tribunais na Alemanha pré-nacional-socialista. Onde quer que o sistema capitalista esteja em questão, os tribunais devem funcionar como guardiões da lei. O Tribunal bávaro enfatiza que "o Judiciário tem como domínio o cuidado da ordem jurídica. A liderança política não faz parte de seu domínio".[474]

---

472 Bayerischer Verwaltungsgerichtshof, 5 jun. 1936 (*R. Verw. Bl.* 1938, p. 17).
473 Bayerischer Verwaltungsgerichtshof, 5 jun. 1936 (*R. Verw. Bl.* 1938, p. 17).
474 Bayerischer Verwaltungsgerichtshof, 5 jun. 1936 (*R. Verw. Bl.* 1938, p. 17).

CAPÍTULO III – O ESTADO NORMATIVO

c) A propriedade privada

Se os tribunais veem a ordem jurídica tradicional como "a emanação dos princípios éticos aceitos como obrigatórios pela comunidade étnica", eles seriam incoerentes se recusassem proteção aos proprietários que são ameaçados pela intervenção de autoridades não políticas que se escondem sob a fraseologia nacional-socialista.

Um caso que envolve a lei de terras agrícolas, uma esfera na qual a ideologia nacional-socialista supostamente obteve seus ganhos mais importantes, é instrutivo. O caso discutiu se o proprietário de um rebanho de ovelhas tinha o direito de deixá-lo pastar em um pedaço de terra pertencente a outra pessoa. O dono das ovelhas argumentou que as matas nas quais as ovelhas pastavam não haviam sido exploradas até então para fins econômicos e que a recusa do dono da terra em permitir que as ovelhas pastassem ali representava um interesse de ganho privado que deveria ser sacrificado para benefício da comunidade (*Gemeinnutz geht vor Eigennutz*). O prefeito do distrito (*Landrat*) havia concordado com esse argumento e havia, por decreto especial, decidido a favor do dono das ovelhas. O Supremo Tribunal da Prússia (*Kammergericht*) não se impressionou nem com o decreto do prefeito do distrito nem com o argumento nacional-socialista de que o ganho privado deveria ser sacrificado em benefício da comunidade. O Tribunal referendou claramente a legislação de propriedade conforme o Código Civil Alemão (*Bürgerliches Gesetzbuch*).[475] O Tribunal declarou que as limitações aos direitos de propriedade podem ser impostas apenas para exceções especificadas por lei e que tais casos devem ser prescritos nas formas legais ordinárias.[476]

O sistema de propriedade da Alemanha não foi transformado pelas palavras de ordem nacional-socialistas. A propriedade

---

[475] 18 ago. 1896 (*RGBl.* 1898, 195).

[476] Kammergericht, 25 jun. 1937 (*Recht des Nährstandes* 1938, n° 63 das decisões).

ERNST FRAENKEL

privada ainda goza da proteção dos tribunais contra a interferência oficial, exceto quando estão envolvidas considerações políticas. O Estado de Direito, no que diz respeito à proteção da propriedade, é especialmente relevante para a questão da cobrança de impostos. O cálculo racional como parte da conduta de uma empresa é impossível se as apurações de impostos forem imprevisíveis. O Terceiro Reich, portanto, defende a regra do Estado Normativo no âmbito da administração tributária.

Uma decisão do Supremo Tribunal Disciplinar (*Reichsdisciplinarhof*) discute a questão de saber se o Estado de Direito ainda prevalece em relação aos problemas fiscais. No caso, o prefeito de uma cidade se desviou da letra da lei ao avaliar e cobrar impostos rodoviários. Ele usou o argumento de que "a urgência da situação exigia ação imediata"[477] e que os princípios nacional-socialistas enfatizavam a importância secundária da aplicação estrita da lei quando havia condições indesejáveis a serem eliminadas. O Tribunal, no entanto, não seguiu esse raciocínio e, agindo de acordo com os princípios do Estado Normativo, declarou que

> embora o nacional-socialismo busque superar as inadequações do antigo regime com ações rápidas e enérgicas, sua extensa atividade legislativa demonstra que medidas legais e procedimentos jurídicos são necessários para esse fim.[478]

O Tribunal enfatizou que a administração fiscal está sujeita tanto às legislações pré-nacional-socialistas quanto às leis e ordens do Líder. O prefeito foi informado de que, por não ser um agente do Estado de Prerrogativa, deveria assegurar-se de que "no Estado nacional-socialista, o chefe de uma comunidade deve evitar medidas arbitrárias".[479] Em questões de construção de estradas e

---

477 Reichsdisziplinarhof, 30 ago. 1938 (*Dtsch. Verw.* 1939, p. 281).

478 Reichsdisziplinarhof, 30 ago. 1938 (*Dtsch. Verw.* 1939, p. 281).

479 Reichsdisziplinarhof, 30 ago. 1938 (*Dtsch. Verw.* 1939, p. 281).

CAPÍTULO III – O ESTADO NORMATIVO

impostos rodoviários, o Terceiro Reich permite que o império do direito prevaleça.

d) A concorrência

Os tribunais alemães continuaram a defender as leis anteriormente vigentes que regulam a concorrência desleal entre empresas. O Tribunal de Apelação (*Oberlandesgericht*) de Colônia negou uma liminar a uma associação de negociantes de petróleo que, com permissão da Junta Comercial e da Administração do Trabalho, havia fixado os preços do gás. A liminar se destinava a corrigir a conduta de um não membro que estava praticando preços mais baixos. A associação salientou que os preços por ela fixados haviam sido aprovados não apenas pela Junta Comercial, mas também pela Administração do Trabalho, ou seja, por uma autoridade erigida pelo Estado nacional-socialista para proteger os interesses da comunidade. Ao negar o pedido de liminar, o Tribunal declarou que era

> irrelevante que a fixação de preços do autor tenha a aprovação da Administração do Trabalho de Düsseldorf e da Junta Comercial e Industrial de Colônia, pois tais organizações não têm poderes jurídicos para fixar preços obrigatórios no mercado de combustíveis (...). A aprovação das referidas organizações não torna os preços obrigatórios a terceiros.[480]

Três anos depois, ocorreu um caso que indicava que as leis capitalistas do mercado, envolvendo o direito do produtor de fixar qualquer preço sobre seu produto, ainda vigoravam se não entrassem em oposição às regulamentações especiais do governo. Uma lei alemã de 1909 (*Gesetz betreffend unlauteren Wettbewerb*)[481]

---

[480] Oberlandesgericht Köln, 1 fev. 1935 (*J. W.* 1935, p. 1.106).
[481] 7 jun. 1909 (*RGBl.* 1909, 499).

ERNST FRAENKEL

dispunha que, embora, em geral, a concorrência no mercado não fosse regulamentada, em casos especiais de práticas comerciais desleais, ações judiciais poderiam ser intentadas pelos concorrentes lesados por essas práticas ou pela associação à qual o comerciante ou fabricante pertencesse. Com base nessa legislação, a associação dos fabricantes de despertadores iniciou em 1937 um processo contra um de seus membros por vender artigos de qualidade inferior a um preço exorbitante. A autora argumentou que a conduta do réu era contrária à doutrina do *justum pretium* inerente ao nacional-socialismo. Preços injustos são imorais e, portanto, no mínimo contrários à Lei Contra a Concorrência Desleal.

O Tribunal de Apelação de Hamburgo rejeitou esse argumento em sua decisão de 12 de maio de 1937. O Tribunal reconheceu que

> uma transgressão dos regulamentos de preços estabelecidos pelo governo nacional-socialista é antiética (...), mas isso não se aplica ao caso da mercadoria vendida pelo réu, uma vez que o preço dos despertadores não é objeto de regulação especial pelo Estado.[482]

O Tribunal baseou sua decisão no argumento de que os preços das mercadorias não regulados pelo Estado

> são ainda hoje determinados pelas condições de oferta e procura, ou seja, o preço é determinado em última análise de acordo com o interesse do consumidor. Desde que a condução do negócio esteja de acordo com os demais requisitos da prática comercial justa, não há restrição aos preços que ele estabelece a seus produtos. Assim, pode haver casos de preços muito altos, ou mesmo exorbitantes, nos quais não

---

[482] Oberlandesgericht Hamburg, 12 maio 1937 (*D. Jstz.* 1937, p. 1.712).

CAPÍTULO III – O ESTADO NORMATIVO

se pode imputar uma conduta antiética com base apenas na exorbitância do preço.[483]

É apropriado que essa expressão da política comercial tenha ocorrido em Hamburgo, com sua tradição comercial arraigada.

e) Direito do trabalho

O Estado Normativo também evita ameaças contra a posição do empresário no interior da empresa. Em um caso perante o Supremo Tribunal do Trabalho (*Reichsarbeitsgericht*), uma gerente de filial reclamava por ter sido demitida sem o aviso prévio adequado. Usando a Frente Alemã para o Trabalho, ela tentou alugar a loja na qual trabalhava. A Frente para o Trabalho havia conduzido as negociações de aluguel enquanto a empregada permanecia em segundo plano. O Tribunal foi chamado para decidir se a Frente para o Trabalho extrapolara sua competência ao tomar o partido da autora contra a ré. O Tribunal considerou que "mesmo que a Frente para o Trabalho agisse em sua capacidade oficial e dentro de sua competência, ela estava sujeita às leis como qualquer outra corporação pública e poderia agir somente no interior da moldura da lei". Segundo o Tribunal, "é ilegal uma interferência direta no direito de terceiro no caso em questão, em que negociações foram realizadas com o proprietário do prédio pelas costas do réu, com o objetivo de conseguir alugá-lo para a autora".[484] Até mesmo a Frente Alemã para o Trabalho deve reconhecer o princípio de que o empresário é "mestre em sua própria casa". A reclamação da gerente de filial foi rejeitada.

Uma decisão do Tribunal de Honra Social (*Sozialer Ehrengerichtshof*), uma instituição que está entre as realizações que mais dão orgulho aos nacional-socialistas, fornece evidências claras de

---

[483] Oberlandesgericht Hamburg, 12 maio 1937 (*D. Jstz.* 1937, p. 1.712).

[484] Reichsarbeitsgericht, 25 abr. 1936 (*J. W.* 1936, p. 2.945).

que o Estado Normativo ainda está em operação. O § 36 do Código Nacional do Trabalho (*Gesetz zur Ordnung der nationalen Arbeit*)[485] prescreve penalidades para certas infrações específicas. Logo após a entrada em vigor da lei, surgiu a questão de saber se a lista de infrações do § 36 era uma enumeração exaustiva ou apenas uma lista de exemplos que deveria ser ocasionalmente complementada pela prática e pela analogia. O Supremo Tribunal de Honra Social descartou a analogia[486] como método de aplicação da lei para todos os casos sob sua competência quando decidiu que

> o § 36 do Código do Trabalho enumera especificamente as violações graves a ele puníveis pelo Tribunal de Honra Social. Ele indica sem ambiguidade que a inclusão de violações menos importantes não foi pretendida pelo legislador.[487]

O que foi dito demonstra novamente que o nacional-socialismo, embora repudie veementemente a racionalidade formal na aplicação do direito como um vestígio de uma época passada, adere ao princípio da racionalidade formal quando o caso diz respeito a problemas econômicos fundamentais. O sistema capitalista não pode existir sem um mínimo de racionalidade formal. Não é de admirar, então, que o Dr. Mansfeld tenha se referido à decisão do Tribunal de Honra Social como de "sábia moderação".[488]

---

[485] 20 jan. 1934 (*RGBl*. 1934, 45).

[486] Essa questão é especialmente significativa porque uma das características mais importantes do novo direito penal introduzido pelo nacional-socialismo é a concessão de autoridade para punir condutas não listadas no código por analogia com condutas especificadas pelos tribunais como puníveis. Essa mudança no direito penal não se aplica ao direito trabalhista.

[487] Reichsehrengerichtshof, 30 set. 1935 (*Arb. R. S*. Band 25, p. 89).

[488] MANSFELD, Werner. "Die soziale Ehre". *Dtsch. Recht*, 1934, p. 125.

CAPÍTULO III – O ESTADO NORMATIVO

f) O direito dos bens imateriais

O direito dos bens imateriais (direitos autorais, patentes, direitos de publicação, registro de marcas etc.) levanta um ponto crucial para nossa Teoria do Estado Dual, uma vez que é aqui que o sistema capitalista tem mais dificuldade para se adaptar à interferência do sistema de direito privado existente.

O caso que citaremos é talvez o caso cível mais importante da Alemanha dos últimos anos. Trata-se de um processo movido por um fabricante de discos fonográficos contra a Companhia Alemã de Radiodifusão (*Reichs-Rundfunkgesellschaft*) que procurava impedir a reprodução de seus discos sem o pagamento de uma taxa. Dois tribunais inferiores decidiram a favor da Companhia de Radiodifusão, mas o *Reichsgericht*, em 14 de novembro de 1936, decidiu contra ela. A companhia alegou que os tribunais não tinham competência para julgar o caso, uma vez que as estações de rádio forneciam informações políticas vitais e, portanto, eram parte integrante da política nacional. O Tribunal recusou-se a aceitar esse argumento e, além disso, negou que a estação de rádio tivesse o direito de usar os discos gratuitamente somente porque eram usados no interesse do bem-estar nacional. O Tribunal considerou que, embora as atividades da estação de rádio fossem em parte públicas, a obtenção de material para fins de transmissão era assunto de direito privado, uma vez que "a transmissão de uma obra sem o consentimento de seu autor ou proprietário apenas com base na posição pública da estação de rádio equivaleria na prática a uma expropriação".[489] Essa decisão foi ainda mais relevante pelo fato de, durante o julgamento, a imprensa ter assumido uma postura contrária ao Tribunal.

A mesma tendência ficou evidente em um litígio relativo a direitos autorais. Havia uma discordância sobre se o hino nacional alemão – a canção de Horst Wessel – havia sido composto por

---

[489] Reichsgericht, 14 nov. 1936 (*D. Jstz.* 1936, p. 1.941).

Horst Wessel ou se havia sido plagiado. Se alguém em uma reunião pública expressasse a opinião de que Horst Wessel havia plagiado a melodia de uma velha canção, teria sofrido sérias consequências. Mas quando a mesma acusação foi feita no Tribunal por representantes de uma gravadora, ele examinou minuciosamente todos os detalhes do caso, chamou especialistas etc. Isso ocorreu em um caso decidido pelo *Reichsgericht* em 2 de dezembro de 1936.[490]

3 O Estado Normativo e o programa do partido

a) O interesse público precede o interesse próprio

Os princípios gerais do Partido Nacional-Socialista foram formulados na Plataforma do Partido de 24 de fevereiro de 1920. Os seguidores do nacional-socialismo afirmam que o programa do partido é a verdadeira Constituição do Terceiro Reich. Interessa, portanto, sua relação com o direito material, especialmente em caso de conflito entre esse direito material e o programa. Os nacional-socialistas que defendem a aplicabilidade do programa argumentam que os juízes têm poderes para revisar, por incompatibilidade com a "Constituição", as leis pré-nacional-socialismo que não foram formalmente revogadas. De acordo com a sua opinião, o juiz está proibido de aplicar leis "inconstitucionais" ou de tomar decisões que levem a resultados contrários ao programa do partido. Mesmo os oponentes do nacional-socialismo admitem, ainda que de maneira relutante, a viabilidade dessa visão, pois reconhece que Hitler trabalhou no cumprimento do programa com energia intransigente. Como evidência dessa afirmação, costuma-se citar a solução nacional-socialista dada à questão judaica. Discutiremos mais tarde se a questão judaica foi ou não tratada em conformidade

---

[490] Reichsgericht, 2 dez. 1936 (*RGZ*. 153, p. 71).

CAPÍTULO III – O ESTADO NORMATIVO

com o programa.[491] Mas, mesmo que assim fosse, ainda não saberíamos o grau de completude com que o programa como um todo foi realizado.[492] Para nosso exame das realizações do partido, é importante descobrirmos até que ponto o princípio de que "o bem-estar geral precede o bem-estar privado" foi respeitado.

A concretização desse princípio implicaria o repúdio ao Estado Normativo e à racionalidade formal. Isso, porém, não ocorreu. Os tribunais, é verdade, prestaram deferência verbal a ele enquanto, na verdade, o "adaptavam" às necessidades do Estado Normativo e à estrutura do direito privado; o *Reichsgericht* executou tal tarefa com especial destreza:

> Embora as tendências mais recentes do direito alemão deem ênfase particular à velha máxima de que "o bem-estar geral vem antes do bem-estar privado" e busquem realizá-la, deve-se reconhecer que não se trata de algo completamente novo, pois legislações mais antigas já reconheciam tal princípio (Graf und Ziether, *Deutsche Rechtssprichwörter, II. Auflage* 1869, p. 487; *Preussisches Allgemeines Landrecht* § 73, 74).[493]

Essa decisão permitiu ao *Reichsgericht* manter os princípios tradicionais do direito privado alemão na esfera econômica e dar-lhes uma nova legitimação, ocultando velhos argumentos sob novas frases. No curso do processo de revisão, o *Reichsgericht* formulou o princípio de que "considerações econômicas não podem induzir um tribunal a proferir uma decisão em claro conflito com a lei". O *Reichsgericht* enfatizou nessa decisão que "o antigo princípio que garantia a estabilidade da lei, isto é, o preâmbulo do

---

[491] Cf. abaixo o tópico "O *status* jurídico dos judeus".

[492] A discrepância entre o "Estado líder autoritário" e o "Parlamento central soberano" proposta no programa é óbvia. Os trustes não foram abolidos etc.

[493] Reichsgericht, 10 mar. 1934 (*RGZ.* 144, p. 106 [112]).

ERNST FRAENKEL

Código de Processo Judicial,[494] que dizia que o juiz deve obedecer à lei, ainda está em vigor", e que o art. 335 do Código Penal,[495] que pune quem violar a lei com penas de prisão de até cinco anos, "segue válido".[496]

Até hoje, os tribunais superiores não abandonaram esses princípios, embora os tribunais inferiores tenham tentado se rebelar em algumas ocasiões. O Tribunal Distrital de Breslau (*Landgericht*), por exemplo, tentou abandonar a racionalidade formal do direito privado, sustentando que a transferência de propriedade para fins de segurança (*Sicherheitsübereignung*) não poderia ser conciliada com os princípios nacional-socialistas. Ele justificou sua decisão dizendo que "a transação tornaria o devedor escravo do credor e isso seria contrário à filosofia nacional-socialista e não deve ser permitido pelos tribunais".[497] Contudo, a Corte Distrital foi advertida no jornal oficial do Departamento de Justiça (*Deutsche Justiz*) e informada de que esse tipo de conduta judicial não era admissível no campo do direito privado. Ao comentar essa decisão do Tribunal de Breslau, Paetzold não apenas a criticou, mas advertiu que não deveria se repetir,[498] além de dizer que "as necessidades originárias da ordem econômica existente não podem ser ignoradas".[499]

A tentativa de substituir a ordem jurídica racional do capitalismo alemão, tal como incorporada no direito privado, pelos princípios do programa partidário era muito abstrata e muito geral para servir como fonte de decisões judiciais. Em quase todos os casos limítrofes relativos a problemas econômicos, foi possível interpretar os

---

494 Zivilprozessordnung, 17 maio 1898 (*RGBl.* 1933, p. 821).

495 Reichsstrafgesetzbuch, 15 maio 1871 (*RGBl.* 1876, p. 40).

496 Reichsgericht, 6 jul. 1934 (*RGZ.* 144, p. 306 [310]).

497 Landgericht Breslau, 18 nov. 1934 (*D. Jstz.* 1935, p. 413).

498 Na verdade, a decisão de Breslau foi excepcional e foi revertida pelo Tribunal Superior.

499 Paetzold, comentando a decisão do Landgericht Breslau (*D. Jstz.* 1935, p. 413).

CAPÍTULO III – O ESTADO NORMATIVO

princípios gerais do programa partidário de modo a satisfazer ambas as visões conflitantes. A discussão dentro do Partido Nacional-Socialista em conexão com uma decisão dos Senados Civis Conjuntos da Suprema Corte (*Vereinigte Senate des Reichsgerichts*) em 16 de novembro de 1937 serve para ilustrar esse ponto. Como resultado da vacinação obrigatória, uma criança desenvolveu sintomas de paralisia dos quais não se recuperou. Nem o médico nem quaisquer outras autoridades tiveram culpa. Alegando que a vacinação havia se tornado obrigatória por conta do interesse público geral, a criança exigiu uma indenização do Estado pelos danos sofridos. O pedido foi indeferido com base no direito positivo. O *Reichsgericht*, em sua análise da decisão, afirmou que "de acordo com a concepção nacional-socialista do Estado, o dever de sacrifício deve ser forte o suficiente para bloquear esse tipo de reclamação por danos".[500] Esse comentário adicional de base nacional-socialista foi recebido com críticas violentas. Argumentando a partir da mesma teoria da comunidade étnica, os críticos do *Reichsgericht* chegaram a resultados diametralmente opostos e afirmaram que somente a sua conclusão expressava o verdadeiro espírito nacional-socialista. Uma vez que os argumentos nacional-socialistas foram usados apenas para justificar em termos políticos uma decisão baseada em princípios jurídicos, esse método é inócuo.

Em um caso levado ao Tribunal Distrital de Hamburgo (*Landgericht*), no entanto, surgiu o problema de saber se o programa do partido havia substituído o direito positivo. Um devedor que não pagou os juros da hipoteca invocou como defesa o art. 11 do programa do partido. Ele argumentou que a acusação contra ele era "inconstitucional", uma vez que o programa do partido prometera a "destruição da escravidão por juros" (*Brechung der Zinsknechtschaft*). O Tribunal não levou esse argumento a sério e decidiu a favor da parte autora. Declarou que "cabe ao Líder e ao governo decidir quando e em que medida desejam atingir esse

---

[500] Reichsgericht (Plenarentscheidung), 16 nov. 1937 (*RGZ.* 156, p. 305).

objetivo (a abolição dos juros) e escolher os meios para isso".[501] Enquanto os tribunais decidirem que "não há perigo, em tais circunstâncias, de que um contrato celebrado de acordo com a lei e os critérios por ela estipulados seja tratado como contrário à 'boa-fé' e aos 'bons costumes'",[502] os credores alemães não têm razões para se preocupar. Essas seções anticapitalistas do programa do partido não encontram hoje qualquer aplicação.

O Terceiro Reich não transformou sua organização econômica de acordo com as exigências do programa do partido. A economia capitalista, fundada no interesse próprio, não foi substituída pela predominância do interesse público, assim como a "sociedade de classes" não foi suplantada pela "comunidade étnica". Os nacional-socialistas gabam-se de que, por meio da intensificação da consciência racial, erradicaram o ódio e a arrogância de classe. Orgulham-se especialmente de terem conquistado honra social para o trabalhador alemão e de tê-lo libertado de seus sentimentos de inferioridade social. Num processo em matéria penal, o Supremo Tribunal da Baviera (*Oberlandesgericht München*) teve a oportunidade de testar se a revolução nacional-socialista era mais do que uma fachada que tentava disfarçar sua vacuidade com propaganda antissemita. O Tribunal estava em posição de estabelecer um precedente a favor de certas mudanças na estrutura de classes, mas nada fez. De acordo com um decreto de 18 de novembro de 1887 da polícia bávara, trabalhadores solteiros que possuíssem determinado tipo de faca seriam punidos. O decreto não proibia a posse de tais facas ao público geral; tratava somente de grupos especiais da população: "trabalhadores solteiros, mendigos, vagabundos e deficientes mentais". Não parece consistente com a palavra de ordem dos nacional-socialistas sobre a "Comunidade Nacional" que trabalhadores solteiros integrem tal classificação junto aos párias. Apesar de sua aceitação ostensiva da conveniência de se

---

501 Landgericht Hamburg (*Dtsch. R. Z. 1935*, nº 631).
502 Landgericht Hamburg (*Dtsch. R. Z. 1935*, nº 631).

CAPÍTULO III – O ESTADO NORMATIVO

revisar leis antiquadas de acordo com o espírito do nacional-socialismo, o Tribunal de Apelação de Munique manteve sua adesão à racionalidade formal na aplicação do direito. Pois, como disse o Tribunal, "não se pode alegar que o decreto organize os membros da comunidade nacional em um sistema de classes que está em oposição à filosofia nacional-socialista ou que lhes conceda níveis diferentes de *status* social".[503] O fato de um decreto bávaro não ter classificado trabalhadores solteiros ao lado de fazendeiros, artesãos e estudantes solteiros, mas ao lado de mendigos, vagabundos, ciganos e deficientes mentais não fez com que os nacional-socialistas substituíssem "considerações jurídicas formais" por "princípios alemães". Procuraremos em vão, nessa decisão do Tribunal de Apelação de Munique, ideias como as seguintes: "agora que as ideias alemãs são vitoriosas, não podemos deixar que sua aplicação prática seja derrotada por considerações jurídicas formais".[504] Elas são, no entanto, encontradas em uma decisão do Tribunal de Sucessões de Berlim, na qual o Tribunal retirou uma criança ariana de seus pais adotivos judeus. A coisa mais preciosa que esses pais possuíam, seu filho, foi retirada deles por uma decisão, típica do cinismo nacional-socialista, que dizia: "o princípio de que o bem-estar público precede o interesse próprio aplica-se em particular aos membros judeus do Estado alemão".[505] Tal decisão certamente sacrificou o direito positivo em favor do programa do partido. Não é acaso que essa decisão tratasse de um judeu.[506]

---

[503] Oberlandesgericht München, 10 ago. 1936 (*Reger* 1937, p. 571).

[504] Amtsgericht Berlim, 12 ago. 1936 (*Jgdr. u. Jgdwohlf.* 1936, p. 283).

[505] Amtsgericht Berlim, 12 ago. 1936 (*Jgdr. u. Jgdwohlf.* 1936, p. 283).

[506] Um exame mais detalhado da decisão mostra que o "interesse próprio" dos pais judeus consistia no fato de que, mesmo depois de conhecer as leis raciais, "o pai ainda se mantinha apegado ao filho". Na verdade, o pai não tinha escolha quanto a isso de acordo com o Código Civil alemão. Em nome do "interesse público", o Tribunal considerou que o pai tinha de desistir da criança e, ainda assim, continuar a prover o seu sustento.

b) A ideia racial

Embora o programa partidário como um todo não tenha substituído o sistema jurídico que vigorava antes de 1933, devemos levantar a questão de saber até que ponto um dos tópicos centrais do programa, a ideia racial, teve sucesso contra o Estado Normativo. Até que ponto as autoridades do Estado Normativo acatam alegações com base na ideia racial? O problema racial na Alemanha inclui o problema judaico como sua preocupação mais importante, embora não a única. Conforme o procedimento anterior, suspenderemos nossas considerações sobre o problema judaico e trataremos somente da relação entre os aspectos não judaicos do programa racial e o Estado Normativo.

Durante os primeiros anos do regime nacional-socialista, os tribunais, de maneira geral, tentaram restringir a ideia racial às áreas em que era exigida por lei. Isso é bem ilustrado por uma decisão do *Reichsgericht* que afirma que "os tribunais não são obrigados a validar visões nacional-socialistas além dos limites que a atividade legislativa do próprio Estado nacional-socialista traçou". O Tribunal enfatizou a esse respeito que "a legislação nacional-socialista relativa aos problemas raciais não tentou, de forma alguma, impor todos os pontos do programa nacional-socialista".[507] Tal decisão, no entanto, está obsoleta há algum tempo. Não se deve esquecer que as "Leis não Arianas" de 1933 foram seguidas pela legislação "Antijudaica" (Leis de Nuremberg) de 1935.[508] Desde 1935, as pessoas classificadas como judias estão sujeitas não somente às Leis Arianas de 1933, mas também a leis "excepcionais" (*Ausnahmegesetze*) extremamente rigorosas.

As leis raciais são direcionadas principalmente a problemas familiares. O direito de família não é de grande relevância para

---

[507] Reichsgericht, 12 jul. 1934 (*RGZ*. 145, p. 1).

[508] Gesetz zum Schutz des deutschen Blutes und der deutschen Ehre, 15 set. 1935 (*RGBl*. 1935, p. 1.146). (Chamado de "Nürnberger Gesetze").

CAPÍTULO III – O ESTADO NORMATIVO

o funcionamento do sistema econômico vigente. Entretanto, na medida em que a abolição do Estado Normativo em uma seção do sistema jurídico pode criar um perigoso precedente, a regulação das relações familiares é de suma importância para a sua manutenção. Na verdade, após uma longa luta, as autoridades judiciais se recusaram a reconhecer uma reserva racial geral.

A questão surgiu num caso de negativa de paternidade, que, de acordo com o Código Civil alemão,[509] só pode ocorrer até um ano após o nascimento da criança.[510] Tal regulação está em conflito com as ideias nacional-socialistas de parentesco consanguíneo, que são de suprema importância na ideologia nacional-socialista. Para evitar infrações à ideologia nacional-socialista, parece lógico abolir essa seção do Código Civil. Embora vários tribunais de apelação tenham decidido de outra maneira, o *Reichsgericht*, em 23 de novembro de 1937, proferiu uma decisão que estava fundamentalmente de acordo com as regras do Estado Normativo. Ele afirmou que

> o juiz não tem o direito de produzir fraturas tão profundas na família prevista pelo Código Civil, uma vez que as limitações impostas por esse documento à questão da paternidade da criança afetam exclusivamente a determinação do verdadeiro parentesco consanguíneo.[511]

O *Reichsgericht*, contudo, deixou uma lacuna importante na medida em que "a questão de saber se o Tribunal teria decidido de outra forma se (...) diferenças raciais estivessem envolvidas não deve ser aqui discutida".[512] Assim, o *Reichsgericht* que, em 1934, havia proclamado a supremacia geral do direito em relação

---

[509] Bürgerliches Gesetzbuch, 18 ago. 1896 (*RGBl.* 1898, p. 195).

[510] Esse período curto foi estabelecido para evitar que houvesse perturbações na situação familiar da criança e na paz familiar por um longo período.

[511] Reichsgericht, 23 nov. 1937 (*RGZ.* 152, p. 390).

[512] Reichsgericht, 23 nov. 1937 (*RGZ.* 152, p. 390).

à ideologia nacional-socialista ainda adere a esse princípio, mas indica a possibilidade de desvio no que tange aos judeus. Em uma audiência de julgamento de um caso de direito de família, em 20 de abril de 1937, o Tribunal de Apelação de Naumburg (*Oberlandesgericht*) decidiu que

> a lei é hoje – não menos do que antes – obrigatória a todos os juízes. Eles podem, é claro, interpretá-la de acordo com a moldura de uma concepção de direito racialmente orientada, mas não podem desconsiderar a lei sem boas razões. Tal conduta judicial é indispensável para que o direito possua estabilidade e previsibilidade. Essa característica deve ser considerada essencial ao Estado mesmo quando, em casos individuais, obstrua a realização da justiça material. Mesmo os interesses da comunidade étnica na manutenção da pureza racial alemã não podem se dar ao luxo de ignorar a demanda premente de que a lei seja aplicada e que a estabilidade do direito seja preservada.[513]

Massfeller, um alto funcionário do Ministério da Justiça, admite a correção do Tribunal de Naumburg nesse caso particular. Mas ele duvida que tais princípios devam ser aplicados de maneira universal.[514] Eles são inadmissíveis no sistema do direito nacional-socialista porque concedem aos judeus a proteção do direito.

c) O *status* jurídico dos judeus

Na medida em que a proteção jurídica do Estado Normativo é reservada somente às "forças construtivas da nação" (Best),[515]

---

[513] Oberlandesgericht Naumburg, 20 abr. 1937 (*Akademie Ztschr.* 1937, p. 587).

[514] Massfeller, comentando uma decisão do Oberlandesgericht Naumburg (*Akademie Ztschr.* 1937, p. 587).

[515] Ver p. 223 deste livro.

CAPÍTULO III – O ESTADO NORMATIVO

e uma vez que os judeus não são considerados parte da nação alemã, mas seus inimigos, todas as questões nas quais os judeus estão envolvidos são de competência do Estado de Prerrogativa. Embora de início isso fosse apenas um princípio teórico do nacional-socialismo, tornou-se agora a prática regular do Terceiro Reich. A subjugação dos judeus ao Estado de Prerrogativa foi concluída quando se resolveu extirpá-los da vida econômica.

Enquanto os judeus foram autorizados a manter pequenas e médias lojas e realizar certos tipos de produção industrial, existiu uma contradição na política nacional-socialista em relação a eles. Como os judeus estavam naquele tempo mais ou menos integrados ao sistema capitalista do Terceiro Reich,[516] uma aplicação estrita dos procedimentos do Estado de Prerrogativa teria perturbado o curso normal da vida econômica. Portanto, era tarefa do Judiciário proteger a economia contra essas perturbações, mesmo quando isso exigia certas proteções aos judeus. Alguns exemplos da fase anterior do nacional-socialismo podem ilustrar essa afirmação, embora hoje tenham um significado exclusivamente histórico.

Uma vez que as regras da prática do capitalismo competitivo estão incorporadas na Lei de Concorrência Desleal (*Reichsgesetz gegen den unlauteren Wettbewerb*),[517] decisões do *Reichsgericht* que incidem sobre essa esfera jurídica são especialmente relevantes. Com a intenção de obter alguns dos clientes de seu concorrente, um corretor de seguros circulou uma lista de diretores de uma empresa concorrente cujos nomes pareciam ser judeus. O Tribunal foi chamado a decidir se esse método de concorrência estava de acordo com a Lei de Concorrência Desleal. A decisão foi negativa. Ele afirmou que

---

[516] Isso resultou da política do Dr. Schacht.

[517] 7 jun. 1909 (*RGBl.* 1909, p. 499).

se referir ao caráter judaico de uma empresa é aduzir fatos que são totalmente irrelevantes para os méritos comerciais de uma companhia de seguros (...). O réu tampouco pode alegar que a filosofia nacional-socialista exige a proteção da população rural contra influências judaicas.[518]

No entanto, desde o início, qualquer esforço para conceder aos judeus um mínimo de segurança jurídica foi duramente contestado pela ala extremista do nacional-socialismo. Durante anos, travou-se uma intensa batalha entre as várias autoridades estatais e partidárias. O processo pelo qual os grupos extremistas obtiveram ascendência reflete-se em sucessivas decisões dos tribunais. Foi contra grande resistência que, em 1935, o Supremo Tribunal Administrativo da Prússia (*Oberverwaltungsgericht*) ainda pôde proteger a liberdade empresarial dos judeus. A tremenda pressão exercida contra as garantias jurídicas dos judeus aparece na decisão do Tribunal Administrativo Distrital de Colônia (*Bezirksverwaltungsgericht*), que funcionou como primeira instância nesse caso: "com base em séculos de experiência", disse o Tribunal,

e com base na teoria nacional-socialista que expressa as ideias da nação sobre o comércio honesto e legal, deve-se dizer que os comerciantes judeus têm uma reputação de não serem confiáveis e devem, portanto, ser excluídos da vida econômica. Essa é uma convicção geral da nação e os órgãos oficiais devem respeitá-la.[519]

Na época, o Tribunal Superior (o *Oberverwaltungsgericht*) não deu atenção ao argumento do Tribunal Administrativo Distrital

---

[518] Reichsgericht, 25 fev. 1936 (*RGZ.* 150, p. 299). Essa decisão foi reformada pelo Reichsgericht em 4 fev. 1939 (*J. W.* 1939, p. 437).

[519] Preussisches Oberverwaltungsgericht, 21 nov. 1935 (*R. Verw. Bl.* 1936, p. 553; ver *Jugend und Recht*, out. 1936).

CAPÍTULO III – O ESTADO NORMATIVO

de Colônia e exigiu que os judeus fossem tratados de acordo com a lei, a fim de salvaguardar o princípio da liberdade empresarial.[520]

Uma vez que os judeus foram eliminados da vida econômica, foi possível privá-los de toda proteção jurídica sem que isso afetasse de maneira adversa o sistema econômico. Assim, o progresso do antissemitismo empurrou os judeus para fora dos limites do Estado Normativo. Uma decisão de direito comercial pode ilustrar isso. Uma sociedade entre um ariano e um judeu possuía uma loja de charutos e cigarros para marinheiros cujos navios estavam atracados no porto franco de Hamburgo. Embora o sócio judeu tivesse lutado na Grande Guerra e fosse de longe o mais eficiente dos sócios, o sócio ariano solicitou a dissolução imediata da sociedade. Ele deu como razão o fato de o líder distrital do Partido Nacional-Socialista ter ameaçado confiscar a licença da loja porque "as atividades econômicas de uma empresa não ariana causam agitação entre os marinheiros".[521] O pedido foi bem-sucedido. O comportamento do dirigente distrital estava em confronto direto com duas ordens do Ministério da Economia. Tais "ordens não exerceram influência sobre o líder distrital", como ficou demonstrado em seu depoimento. Embora a pressão feita por ele violasse a lei, ela tinha base jurídica na questão judaica. Pois, de acordo com o Tribunal, "não se pode esperar que o autor se oponha ao desejo do líder distrital (...). Se o fizesse, estaria se opondo ao sentimento geral do povo e ao Partido Nacional-Socialista que governa o Estado".[522] Essa decisão marcou a derrota da política do Dr. Schacht e o triunfo de seus oponentes entre as autoridades partidárias. Desde 1937, a situação discutida na decisão anterior

---

[520] Preussisches Oberverwaltungsgericht, 21 nov. 1935 (R. *Verw. Bl.* 1936, p. 553; ver *Jugend und Recht*, out. 1936).

[521] Hamburger (Hanseatisches) Oberlandesgericht, 4 maio 1937 (*Hans. R. u. Ger. Ztg.* 1937, p. 216).

[522] Hamburger (Hanseatisches) Oberlandesgericht, 4 maio 1937 (*Hans. R. u. Ger. Ztg.* 1937, p. 216).

repete-se com frequência. As autoridades partidárias, como agentes do Estado de Prerrogativa, usam seu poder para excluir os judeus de todas as atividades econômicas.

Um caso paralelo chegou ao *Reichsgericht*. Uma sociedade entre um judeu e um ariano estava sendo dissolvida. Quando o judeu solicitou que lhe fossem fornecidos relatórios mensais conforme previsto em lei, o sócio ariano recusou-se a disponibilizá-los, declarando que "a liderança distrital do partido proibiu o réu ou seus funcionários de preparar e enviar análises ao autor. A bem da verdade, proibiu toda comunicação direta entre o réu e o autor".[523] O réu argumentou que "em tais condições, o fato de ter obedecido a uma proibição explícita da liderança distrital não pode constituir base para um julgamento desfavorável a ele".[524] Em um Estado no qual o partido dominante lança mão de tais métodos, realmente não importa se uma ação movida por um judeu é ocasionalmente bem-sucedida. Somente nas circunstâncias mais incomuns um judeu ajuizará uma ação num tribunal contra um ariano. Um governo municipal alegou perante o Supremo Tribunal do Trabalho (*Reichsarbeitsgericht*) que uma reclamação deveria ser indeferida pelo único motivo de o autor ser judeu, e justificou essa atitude dizendo que "entre os regulamentos destinados a resolver o problema judaico há a ordem de retirada da jurisdição dos tribunais de reivindicações de funcionários públicos demitidos por causa de sua origem não ariana".[525]

Os tribunais capitularam às autoridades políticas. Tornou-se inútil, para os judeus, apelar para a proteção de seus direitos. Em 1937, o Supremo Tribunal do Trabalho (*Reichsarbeitsgericht*) justificou a negação de toda proteção jurídica aos judeus ao dizer que "os princípios raciais expostos pelo Partido Nacional-Socialista foram

---

[523] Reichsgericht, 30 mar. 1938 (*J. W.* 1938, p. 1.826).

[524] Reichsgericht, 30 mar. 1938 (*J. W.* 1938, p. 1.826).

[525] Reichsarbeitsgericht, 2 jun. 1937 (*Arbeitsr. Entsch.* 30, p. 153).

CAPÍTULO III – O ESTADO NORMATIVO

aceitos pela ampla massa da população, mesmo por aqueles que não pertencem ao partido".[526] Se o mais alto Tribunal é indiferente ao terror das ruas, não é de surpreender que os tribunais inferiores não resistam às medidas antissemitas do Estado de Prerrogativa.

O Tribunal do Trabalho de Saafeld (*Arbeitsgericht*) teve de lidar com um caso de demissão de um funcionário judeu de uma fábrica têxtil. O empregador defendeu-se dizendo que "a liderança do Partido Nacional-Socialista retiraria seu apoio se depois de 20 de junho de 1937 judeus ainda estivessem empregados na empresa".[527] A demissão foi justificada, e o tribunal considerou que

> não se pode esperar que o empregador corra tal risco que, além de produzir dificuldades financeiras, seria geralmente entendido como uma perda de confiança por parte da Liderança do Partido. O empregador está justificado ainda pelo fato de que a manutenção de um único empregado judeu o excluiria da *Berufswettkampf* da Frente Alemã para o Trabalho.[528]

Por meio de tais procedimentos, a Frente para o Trabalho conseguiu a demissão de quase todos os judeus que ainda estavam empregados em firmas de arianos. Não conhecemos tribunal alemão que tenha ousado se opor à prerrogativa exercida pela Frente Alemã para o Trabalho.

Até 1938, a guerra de aniquilação contra os judeus alemães visava estreitar e, finalmente, negar seu acesso a fontes de subsistência. Em 1938, uma nova etapa se iniciou. O nacional-socialismo, tendo acabado com todas as oportunidades de judeus ganharem dinheiro, começou a tornar quase impossível que eles obtivessem comida e habitação ou se envolvessem nos processos mais elementares da vida.

---

526 Reichsarbeitsgericht, 20 mar. 1937 (*J. W.* 1937, p. 2.310).
527 Arbeitsgericht Saalfeld, 13 jul. 1937 (*J. W.* 1937, p. 2.851).
528 Arbeitsgericht Saalfeld, 13 jul. 1937 (*J. W.* 1937, p. 2.851).

ERNST FRAENKEL

A manifestação jurídica desse novo desenvolvimento foi formulada de maneira inequívoca em relação ao problema da habitação. A lei alemã protege o inquilino do despejo, a menos que esteja em atraso com o aluguel ou seja culpado de violação do contrato de locação.[529] Desde o início de 1938 pelo menos, foi levantado o problema de saber se os inquilinos judeus deveriam desfrutar dessa proteção. Sem ela, os judeus seriam incapazes de alugar moradias em muitas partes da Alemanha, uma vez que os proprietários arianos não desejariam ou não ousariam aceitar inquilinos judeus. A lei de locações não fazia distinção entre judeus e arianos e nenhuma tentativa de mudar essa lei foi feita pelos nacional-socialistas. Portanto, os tribunais tiveram que optar entre cumprir seu dever e aplicar a lei, protegendo vítimas indefesas, ou sacrificar a justiça às demandas do nacional-socialismo. Vários tribunais municipais ousaram defender a lei indiscriminadamente para judeus e arianos e por isso foram insultuosamente atacados pela imprensa nacional-socialista.[530] Como resultado, os tribunais passaram a demonstrar, por meio de uma "interpretação nacional-socialista da lei", que ela não se aplicava aos judeus. O Tribunal Municipal de Charlottenburg negou aos judeus o direito de residir em apartamentos construídos com fundos públicos, alegando que os judeus haviam sido excluídos da comunidade étnica alemã (*Volksgemeinschaft*).[531] Essa decisão impediu os judeus de exercerem o direito de utilizar instituições erigidas para o bem-estar público. Ainda mais extrema foi a decisão de 16 de setembro de 1938 do Tribunal Municipal de Berlim-Schöneberg, que se recusou a aplicar a lei aos judeus com base na própria lei. O Tribunal negou explicitamente que estava agindo fora da lei quando declarou que, na medida em que os judeus não eram membros da comunidade étnica

---

[529] Gesetz über Mieterschutz und Mieteinigungsämter, 29 jun. 1926 (*RGBl*. 1926, p. 347).

[530] Cf. Adami em *J. W.* 1938, p. 3.217, e a declaração oficial do Ministro da Justiça do Reich: "Veröffentlichungen der Zeitschrift 'Das Schwarze Korps'" (item 7), publicada em *D. Jstz.* 1939, p. 175.

[531] Amtsgericht Berlin-Charlottenburg, 9 mar. 1938 (*J. W.* 1938, p. 3.173).

CAPÍTULO III – O ESTADO NORMATIVO

(*Volksgemeinschaft*), eles não poderiam ser considerados membros de "comunidades residenciais" (*Hausgemeinschaften*) que constituíam parte essencial da "comunidade étnica". Na verdade, a parte de Berlim sob a jurisdição desse tribunal era um distrito residencial, e o juiz estava familiarizado com o fato de que as famílias podiam viver nesses cortiços por anos sem sequer se cumprimentarem; além disso, ele sabia que, na área em questão, não existia uma "comunidade residencial". Para provar a existência de uma "comunidade residencial", o juiz apontou que a necessidade de proteção contra os ataques aéreos a tornava potencialmente relevante.[532]

A passagem dessas construções jurídicas artificiais para uma negação total da aplicação do direito em geral não foi difícil e realizou-se finalmente pelas mãos do Tribunal de Apelação de Berlim (*Landgericht*), que sustentou que "a questão trazida ao tribunal não é um problema da lei de locações, mas uma questão que envolve uma visão fundamental sobre a vida".[533]

Esse foi o passo decisivo. As ações nacional-socialistas são postas acima das leis. Na luta entre objetivos políticos e ordem jurídica, os primeiros saíram-se vitoriosos, como prova a seguinte citação:

> A visão de que todo ato contra os judeus deve ser ordenado somente pelo governo não é correta. Se fosse esse o caso, não seria permitido interpretar a lei em detrimento do judeu e ele gozaria da proteção da lei. É óbvio que isso não faz sentido.[534]

Esse juiz tinha uma concepção bastante estranha do que "faz sentido" do ponto de vista judicial. Enquanto essa decisão era tomada, o partido e o governo estavam ocupados com a preparação de incêndios de sinagogas, que fizeram parte do pogrom de 10 de

---

532 Amtsgericht Berlin-Schöneberg, 16 set. 1938 (*J. W.* 1938, p. 3.045).
533 Landgericht Berlin, 7 nov. 1938 (*J. W.* 1938, p. 3.242).
534 Landgericht Berlin, 7 nov. 1938 (*J. W.* 1938, p. 3.242).

ERNST FRAENKEL

novembro de 1938. Uma explosão de fúria extrema exercida pelas agências do Partido Nacional-Socialista coincidiu com a declaração de fidelidade do Tribunal de Berlim ao princípio da barbárie, ambos representando diferentes tipos de desumanidade: "o homem pode opor-se a si mesmo de duas maneiras: ou como selvagem, quando seus sentimentos dominam seus princípios; ou como bárbaro, quando seus princípios destroem seus sentimentos".[535]

A retirada absoluta de garantias jurídicas de um grupo da população tem sérias consequências para o funcionamento do Estado Normativo. Isso fica claro a qualquer observador capaz de perceber o significado profundo desses desenvolvimentos. Kohlrausch, professor de Direito Penal da Universidade de Berlim, critica uma decisão do *Reichsgericht* sobre a "desgraça racial" (*Rassenschande*) nestes termos:

> Uma decisão judicial que não deriva de um princípio legal não convence nem educa. Não aumenta o respeito pela lei, mas suscita dúvidas quanto à sua correção (...). Outro perigo é que decisões arbitrárias influenciem outros tribunais que antes nunca teriam ousado aplicar o princípio *sic voleo, sic jubeo; stat pro ratione voluntas* [Quero-o, ordeno-o; que a minha vontade substitua a razão] com a sanção do mais alto tribunal.[536]

Nos primeiros anos do regime de Hitler, um tratado teórico sobre o *status* jurídico dos judeus deveria investigar se os judeus

---

[535] "*Der Mensch kann sich aber auf eine doppelte Weise entgegengesetzt sein: entweder als Wilder, wenn seine Gefühle über seine Grundsätze herrschen; oder als Barbar, wenn seine Grundsätze seine Gefühle zerstören*" (SCHILLER, Friedrich. "Letters upon the Aesthetic Education of Man". *In*: ELIOT, C. W. *Literary and Philosophical Essays*. Nova York: [s.n.], 1910, p. 229).

[536] KOHLRAUSCH. "Rassenverrat im Ausland". *Akademie Ztschr.*, 1938, p. 336, discutindo uma decisão do *Grosser Strafsenat des Reichsgerichts* de 23 fev. 1938 (*Akademie Ztschr.* 1938, p. 349).

CAPÍTULO III – O ESTADO NORMATIVO

estavam sendo tratados com mais ou menos justiça. Tal pergunta não seria relevante hoje. Deve-se lembrar que em países ditatoriais a dicotomia justiça/injustiça é suplantada por outra: legalidade/alegalidade. Finalmente, o próprio *Reichsgericht* recusou-se a reconhecer os judeus que vivem na Alemanha como "pessoas" em sentido jurídico. Em uma decisão de 27 de junho de 1936, o mais alto tribunal alemão condenou os judeus alemães à "morte civil". Em fevereiro de 1933, foi assinado um contrato entre um diretor de produção cinematográfica e uma produtora de filmes. As razões contratuais para o encerramento do contrato eram: "doença, morte ou causas semelhantes que impossibilitem o trabalho do diretor de produção".[537] Pouco depois da assinatura do contrato, quando a onda antissemita ampliou sua escala, a empresa denunciou o contrato e se recusou a pagar o salário acordado. O Tribunal teve de determinar se a origem judaica de um diretor de produção era equivalente a "doença e morte" como razão para a resolução do contrato. O *Reichsgericht* declarou que existia uma analogia e rejeitou a reclamação do diretor de produção. Argumentou que

> a antiga teoria (liberal) do *status* jurídico da "pessoa" não fazia distinção entre raças (...). A filosofia nacional-socialista, no entanto, exige que o direito alemão reconheça somente as pessoas de origem alemã ou aquelas que por lei são declaradas iguais a elas e que somente arianos devem gozar de todos os direitos e privilégios jurídicos. É meramente uma renovação de velhos princípios distinguir entre grupos que têm todos os direitos legais e aqueles que têm apenas um número limitado de direitos. A privação completa de todos os direitos é descrita como morte "civil": o caso perante este tribunal permite uma analogia. Visto que o contrato neste caso só poderia ser dissolvido se "doença e morte etc." impedissem o autor de cumprir suas obrigações, a analogia com a "morte civil" é considerada aplicável sem reservas

---

537 Reichsgericht, 27 jun. 1936 (*Seufferts Archiv*, Band 91, p. 65).

porque as características raciais do autor foram equiparadas a doença e morte.[538]

"Aplicável sem reservas" (*"unbedenklich anwendbar"*) – apenas uma compreensão das nuances do uso alemão pode revelar a enormidade dessa decisão. Quando o mais alto tribunal da Alemanha não hesita em condenar mais de 600 mil pessoas à "morte civil" e depois se justifica com alguns termos técnicos, resta pouco a dizer.

Em 1920, o programa nacional-socialista exigia que os judeus fossem tratados de acordo com as leis que regulavam o comportamento de estrangeiros. Desde 1938, os judeus não são mais protegidos por uma lei para estrangeiros. Eles foram postos fora da lei, *hors la loi*. O programa do partido não trata do *"status jurídico"* dos judeus na Alemanha. Apenas a natureza do Estado de Prerrogativa pode explicar isso. Não o programa do partido, mas a lei marcial é a Constituição do Terceiro Reich. A lei marcial permanente notoriamente permitiu uma redução dos direitos legais de setores inteiros da população – e privou uma minoria dos direitos mais elementares. Essa "aplicação sem reservas" da lei marcial permanente no futuro provavelmente afetará negativamente até a maioria. A extirpação de todos os valores éticos mais primitivos do direito deve, em última análise, ferir todos os que estão ligados a ele.

As palavras de Goethe – *Sollt Ihr strafen, sollt Ihr schonen, / Müsst Ihr Menschen menschlich sehen* ["Deve-se punir, deve-se poupar, / Deve-se olhar para os homens com humanidade"] – *não encontraram eco na Alemanha nacional-socialista.*

---

[538] Reichsgericht, 27 jun. 1936 (*Seufferts Archiv*, Band 91, p. 65).

CAPÍTULO III – O ESTADO NORMATIVO

C) Os estamentos como órgãos do Estado Normativo

1 Autogoverno econômico

Nos assuntos judaicos, os tribunais renderam-se à pressão do Estado de Prerrogativa. Temendo a pressão política sobre os tribunais em outras esferas, os círculos empresariais apoiaram todos os esforços para impedir que autoridades políticas intervenham na administração de seus assuntos econômicos internos e para estabelecer uma administração autônoma sempre que possível. Isso está claro na lei de carteis. Uma portaria do Ministro da Economia de 12 de novembro de 1936 transferiu grande parte da responsabilidade pela fiscalização das atividades dos cartéis das autoridades governamentais para órgãos de autogestão econômica. O ministro escreveu:

> Minha intenção é obter a cooperação de organizações econômicas privadas na execução das atividades de supervisão dos cartéis que o meu ministério exerceu até agora sozinho. Os órgãos administrativos das organizações econômicas privadas deveriam ser responsáveis por garantir que os cartéis estão em harmonia com a política econômica do governo em todos os aspectos.[539]

Contudo, a tentativa mais importante das empresas privadas de se libertarem da intervenção de autoridades policiais encontra-se no sistema de estamentos (*Ständewesen*). A fim de pôr em prática a teoria de que a competência das autoridades políticas deve ser limitada, e para preservar a essência da política econômica nacional-socialista, foi levada a cabo a organização da vida econômica num "sistema de estamentos". Essa nomenclatura, porém, não é

---

[539] *Erlass des Reichswirtschaftsministers, Kart. Rundsch.* 1936, p. 754.

muito reveladora; o "sistema de estamentos" do Terceiro Reich assemelha-se ao antigo sistema de estamentos tanto quanto o nacional-socialismo assemelha-se ao socialismo. O significante "estamentos" serve somente como coloração ideológica protetiva adotada pelos empresários para se protegerem da interferência do Estado de Prerrogativa.

A sua proteção é simplesmente esta: os assuntos sob competência dos estamentos estão *de facto* fora do poder da polícia. Uma contribuição para a publicação oficial *Handwörterbuch der Rechtswissenschaft* demonstra que a criação dos estamentos é uma indicação do repúdio do nacional-socialismo ao "Estado totalitário" ao dizer:

> Numa época na qual o Estado era considerado o detentor exclusivo do poder público, os estamentos, na medida em que se pudesse dizer que existiam, só podiam ser considerados detentores de poder delegado. O nacional-socialismo, que vê o Estado somente como um meio, não como um fim, como forma, não como conteúdo, privou o Estado de sua onipotência.[540]

Um axioma da teoria nacional-socialista do direito é que o poder da polícia foi substituído pelos estamentos nas questões de interesse exclusivo destes. Dado que essa alegação pode parecer surpreendente e contrária ao conceito habitual de totalitarismo, citamos vários escritores bem conhecidos sobre direito policial.

Knauth:

> Existem duas teorias diametralmente opostas: uma confere jurisdição fundamentalmente ilimitada ao poder policial (...) e a outra considera o seu âmbito menor do que até agora.

---

[540] *Handwörterbuch der Rechtswissenschaft*, Band VIII (Berlim, 1936), artigo: "Stand", p. 683.

CAPÍTULO III – O ESTADO NORMATIVO

Por essa razão, a criação de organizações independentes, que tem ocorrido em muitas esferas, é uma prova da tendência à restrição do poder da polícia na esfera em questão. A verdadeira razão para essa evolução é que as considerações à luz das quais essas questões devem ser resolvidas geralmente estão fora da competência da polícia.[541]

Schmidt:

A polícia deve manter-se em segundo plano em questões relacionadas a sistemas de natureza diferente. A polícia não tem interesse no sistema de estamentos, a sua competência limita-se a questões que envolvem a regulação de toda a comunidade.[542]

Höhn:

Os limites do poder policial são definidos pelas tarefas que as ordens concretas existentes impõem à polícia.[543]

Hamel:

A exclusão de certas organizações da competência da polícia ganhou nova importância. A polícia não é totalitária (...) a estrutura natural desses grupos não é da responsabilidade nem do interesse da polícia.[544]

---

[541] KNAUTH. "Die Aufgaben der Polizei im nationalsozialistischen Staat", *D. J. Z.*, 1936, pp. 1.206 e 1.210.

[542] SCHMIDT, Georg. "Zu einem Reichspolizeigesetz". *R. Verw. Bl.*, 1935, p. 838.

[543] HÖHN, Reinhard. "Die Wandlungen im Polizeirecht". *Dtsch. Rw.*, 1936, p. 100.

[544] HAMEL, Walther em FRANK, Hans. *Deutsches Verwaltungsrecht*. Munique: [s.n.], 1937, p. 391.

Koehler:

> Embora em alguns aspectos o poder policial tenha aumentado, ele diminuiu de maneira indireta na medida em que as novas organizações estamentais funcionam como órgãos de autossupervisão (...). O Estado não sujeita os direitos adquiridos dos camaradas étnicos a restrições injustificadas ou arbitrárias.[545]

A posição final que citaremos é uma das mais extremas. O professor Koettgen exige, por um lado, a pena de morte para todas as violações do código étnico e, por outro, argumenta:

> A função da polícia numa comunidade étnica composta por numerosos grupos é meramente complementar. Exige-se dela que se torne ativa somente quando normas específicas se revelam inadequadas. Onde há ordenamentos concretos do Estado em vigor, a polícia não tem função.[546]

Resumindo esse ponto, podemos dizer que a polícia, que é a encarnação do Estado, é qualitativamente, mas não quantitativamente, "totalitária" (cf. p. 220).

A afirmação de que os estamentos protegem o mundo empresarial contra a interferência do Estado de Prerrogativa não apresenta o quadro completo. Para atingir os seus objetivos, os empresários da Alemanha contemporânea exigem não só que o Estado de Prerrogativa se abstenha de intervir nas suas empresas, mas também que o Estado os ajude de uma forma positiva. Um dos mais importantes autores da teoria jurídica nacional-socialista, Reinhard Höhn, afirma que as autoridades policiais devem executar

---

[545] KOEHLER, Ludwig von. *Grundlehren des Verwaltungsrechts*. Berlim; Stuttgart: [s.n.], 1935, pp. 347/348.

[546] KOETTGEN, Arnold. *Deutsche Verwaltung*. 2ª ed. Berlim: [s.n.], 1937, p. 143.

CAPÍTULO III – O ESTADO NORMATIVO

as decisões dos estamentos sem qualquer revisão. As autoridades policiais já não são órgãos exclusivos do Estado (como no período do capitalismo concorrencial), mas são agora também órgãos dos estamentos empresariais. Höhn formula isto:

> A nova concepção da administração leva a uma transformação do direito policial. No sistema que prevaleceu anteriormente, a polícia era um órgão da administração estatal – agora as funções das novas organizações estatais sobrepõem-se às da polícia e é necessária uma mudança da posição anterior da polícia. A ação policial já não é iniciada apenas pela administração policial; mas também responde à organização estamental a que deve servir. É por essa razão que a velha concepção liberal do *status* da polícia deve ser abandonada.[547]

Assim, os estamentos, que são as associações de empresários mais inclusivas, são a mais pura expressão do Estado Normativo. Fazem parte do Estado Normativo e, em princípio, suas atividades são tratadas como apolíticas. Embora as autoridades policiais tenham o poder de intervir nessas atividades (uma vez que sua competência é ilimitada), não o fazem com frequência. A adesão às guildas é (dentro das competências das guildas) uma garantia *de facto* contra o Estado de Prerrogativa. Na medida em que os estamentos se abstêm de ações que a polícia chama de "políticas", eles gozam da segurança do Estado de Prerrogativa.

Os princípios que regem as relações entre os estamentos e as autoridades políticas foram formulados pelo *Reichsgericht* em 28 de abril de 1936, numa decisão que trata da liberdade de imprensa na Alemanha nacional-socialista. O réu foi acusado de um ataque malicioso ao governo devido à sua declaração de que não havia liberdade de imprensa na Alemanha. O Supremo Tribunal distinguiu

---

[547] HÖHN, Reinhard. "Das Führerprinzip in der Verwaltung". *Dtsch. Recht*, 1936, p. 306.

entre liberdade de imprensa ilimitada e regulamentada e admitiu que o nacional-socialismo eliminou a liberdade de imprensa ilimitada. A nova Lei de Imprensa foi formulada na legislação relativa às Câmaras de Imprensa e à profissão jornalística.[548] Dentro das limitações especificadas por essa legislação, a imprensa "ordeira" "goza de uma liberdade de tipo especial" – "a liberdade de imprensa regulamentada". A supervisão dessa "liberdade regulamentada" é de responsabilidade dos órgãos autorregulatórios da imprensa. Tais órgãos, contudo, não possuem o monopólio da supervisão da imprensa. Embora a censura prévia não exista, o *Reichsgericht* reconheceu que "qualquer violação pode ser objeto (para além das medidas dos órgãos autorregulatórios) de ação do Estado com base no Decreto de 28 de fevereiro de 1933".[549] Essa decisão é interessante pela sua atitude em relação à concorrência entre autoridades políticas e estamentais. Nenhuma profissão se aproxima tanto do "político" quanto a de jornalista. Seria muito difícil de evitar colisões entre os estamentos e os responsáveis políticos. Apesar disso, o Terceiro Reich preferiu formar um estamento de imprensa que pudesse lidar ao menos com os aspectos econômicos da imprensa no âmbito do Estado Normativo. O estamento deve ser capaz de atender às questões econômicas cotidianas da imprensa, ao passo que o Decreto de 28 de fevereiro de 1933 sempre pode ser aplicado como último recurso. Esse exemplo tipifica a relação entre os estamentos e poder policial.

---

[548] Schriftleitergesetz de 4 out. 1933 (*RGBl.* 1933, p. 713).

[549] Reichsgericht, 28 abr. 1936 (*D. Jstz.* 1936, p. 1.131). O autor do boato de que não havia liberdade de imprensa no Terceiro Reich não foi absolvido incondicionalmente. O Tribunal decidiu investigar se por "liberdade" ele se referia à liberdade do Sistema de Weimar ou à liberdade regulamentada do Terceiro Reich. Se tivesse sido determinado que ele se referia à última, ele teria sido considerado culpado e condenado a prisão por um período máximo de 5 anos.

CAPÍTULO III – O ESTADO NORMATIVO

2 A Frente Alemã para o Trabalho

Existem certos grupos não incluídos no sistema estamental da Alemanha nacional-socialista, sendo o mais importante deles a classe trabalhadora industrial. A afirmação de que a Frente Alemã para o Trabalho (*Deutsche Arbeitsfront*) é o estamento da classe trabalhadora não convence muito. Até os nacional-socialistas admitem que a Frente Alemã para o Trabalho não é um estamento, "mas a organização que inclui os produtores que aceitam o ponto de vista de que todas as atividades econômicas e sociais pertencem a um processo nacional integrado".[550] A mesma visão pode ser encontrada num artigo do Dr. Mansfeld, chefe da Seção de Direito do Trabalho do Ministério do Trabalho do Reich, que responsabiliza a Frente para o Trabalho pela alma e pelo espírito de todos os trabalhadores alemães. "Coisas melhores", diz ele, "podem ser alcançadas por essa via do que pela luta destrutiva sobre as condições de trabalho industrial".[551] A luta destrutiva por melhores salários e jornadas de trabalho não é somente uma atividade que está fora da competência da Frente para o Trabalho, mas está completamente proibida aos trabalhadores alemães. O princípio da liderança nacional-socialista atribui ao empresário a capacidade de determinar os salários e as condições de trabalho dentro dos limites estabelecidos pelo Estado.

O Terceiro Reich criou estamentos para regular os assuntos econômicos de todos os grupos não proletários. Esses estamentos não devem sofrer interferências das autoridades políticas quando estiverem em causa questões de política econômica. A justificativa para essa atitude pode ser encontrada num artigo recente do professor Koettgen, que sublinha que

---

[550] WIEACKER, Franz. "Der Stand der Rechtsemeuerung auf dem Gebiet des bürgerlichen Rechts". *Dtsch. Rw.*, 1937, p. 7.

[551] MANSFELD, Werner. "Die Deutsche Arbeitsfront". *Dtsch. Arb. R.*, 1933, p. 139.

os deveres econômicos dos artesãos ou jornalistas só podem ser transmitidos por pessoas intimamente familiarizadas com os problemas dos interesses do grupo em questão. A consequência prática disso é que os problemas de honra profissional ou vocacional só podem ser resolvidos por membros da profissão ou vocação específica, de modo que a polícia fica assim privada do direito de interferir em questões de dever profissional (...).

Assim, de acordo com Koettgen, "o direito vocacional não anula o direito policial e uma autorregulação ocupacional completa excluirá a interferência policial com exceções especiais".[552]

Mas e os trabalhadores? Os trabalhadores não têm nenhum código especial de deveres, e tampouco sua honra é protegida por pessoas de suas próprias vocações. Eles estão sujeitos a interferência policial irrestrita. Uma tentativa de chegar a uma decisão independente sobre os problemas econômicos por parte das classes trabalhadoras é rotulada de "luta de classes" – uma questão política a ser tratada pelo Estado de Prerrogativa. Se uma pessoa na Alemanha tem o direito de chegar a conclusões independentes sobre a política econômica e de ser protegida pelo Estado Normativo depende do fato de ela ser ou não membro de um estamento. Aqueles que não são membros de um estamento não estão protegidos contra o Estado de Prerrogativa. Enquanto os estamentos estão em grande parte isentos de controle do Estado de Prerrogativa, a Frente Alemã para o Trabalho é considerada um órgão político e está sujeita ao Estado de Prerrogativa.

Os estamentos e a Frente para o Trabalho representam os dois extremos do Estado nacional-socialista.[553] Se reconhecermos o

---

[552] KOETTGEN, Arnold. "Polizei und Gesetz". *R. Verw. Bl.*, 1938, p. 173.

[553] Neste ponto da nossa discussão, a justificação de nosso tratamento indiferenciado das autoridades estatais e partidárias é bastante evidente. Uma análise puramente jurídica da situação trataria a Frente do Trabalho e os estamentos como corporações públicas. Mas isso só obscureceria a situação real.

CAPÍTULO III – O ESTADO NORMATIVO

fato de que os trabalhadores foram privados de qualquer direito de participar da determinação da política econômica e são considerados inimigos do Estado se tentarem influenciá-lo, enquanto a todos os outros grupos vocacionais é permitida uma autonomia considerável na resolução de seus próprios problemas, o caráter de classe do Estado nacional-socialista torna-se evidente.

O consultor jurídico chefe da *Gestapo*, Dr. Best, entende (pp. 222/223) que a restrição pelo Estado de seu próprio poder é inteiramente apropriada se elas se aplicarem somente às "forças construtivas do povo alemão". Tem importância especial a afirmação de Best de que é essencial para a eficácia "dessas forças construtivas da nação que a atividade do Estado seja previsível". Com apenas uma exceção, toda a nação alemã é "construtiva". Essa exceção, que está fora do sistema de estamentos, é a classe trabalhadora.

Uma alteração aparentemente sem importância da Lei de Seguridade Social (art. 3 § 8, que emenda o § 615 da Lei de Seguridade) dá uma pista inequívoca da estrutura de classes do Terceiro Reich. Nela se lê:

> uma pensão pode ser suspensa se o beneficiário tiver cometido atos hostis ao Estado após 30 de janeiro de 1933. A questão de saber se tais atividades ocorreram de fato será submetida à decisão do Ministro do Interior e do Ministro do Trabalho.[554]

Essa disposição não pretendia ser uma proteção contra a violência e privou retroativamente os aleijados e inválidos desamparados de suas pensões (sua única fonte de renda). Não é por acaso que o Terceiro Reich escolheu a Lei de Seguridade Social como primeira instância na qual as atividades do Estado de Prerrogativa irrestrito foram promulgadas na forma de lei.

---

[554] Gesetz über Änderung einiger Vorschriften der Reichsversicherungsordnung, 23 dez. 1936 (*RGBl.* 1936, p. 1.128); Reichsversicherungsordnung de 19 jul. 1911 (*RGBl.* 1926, p. 9, publicado originalmente em *RGBl.* 1911, p. 509).

PARTE II

A TEORIA JURÍDICA DO ESTADO DUAL

Justitia remota quid aliud est regnum
quam grande latrocinium?
[Se prescindirmos da justiça, o que são os
reinos senão grandes latrocínios?]

Agostinho

CAPÍTULO I

O REPÚDIO AO DIREITO NATURAL RACIONAL PELO NACIONAL-SOCIALISMO

A abolição completa da inviolabilidade do direito é a principal característica do Estado de Prerrogativa. Seu repúdio acarreta a eliminação do princípio fundamental da inviolabilidade do direito de toda a ordem jurídica. Se a inviolabilidade na esfera do Estado Normativo existe somente sob certas condições, então ela não é verdadeira como princípio, pois a inviolabilidade condicional é necessariamente o oposto da inviolabilidade. Tal repúdio ao princípio da inviolabilidade do direito (sua revogação real e potencial) levanta a questão geral do significado do direito.

Pouco antes da ascensão dos nacional-socialistas ao poder em 1933, Gustav Radbruch[555] discutiu o princípio da inviolabilidade do direito tal como definido por Otto Mayer, uma conhecida autoridade alemã em direito administrativo. Segundo Radbruch, o princípio surgiu do direito natural e posteriormente foi incorporado

---

[555] RADBRUCH, Gustav. *Rechtsphilosophie*. 3ª ed. Leipzig: [s.n.], 1932, pp. 182 e ss.

ao sistema do direito positivo. O princípio é que, uma vez promulgada uma lei, o soberano não pode violá-la discricionariamente. Assim, o princípio de que o soberano está investido do poder legislativo por ser soberano é restringido pelo direito natural.[556]

> Dado que a doutrina da inviolabilidade do direito faz parte da herança do direito natural racional, a sua rejeição explícita no sistema jurídico do Terceiro Reich levanta a questão sobre a atitude geral do nacional-socialismo em relação ao direito natural. Sobre essa questão, há uma importante fonte disponível. No seu discurso ao *Reichstag* por ocasião do quarto aniversário de sua chegada ao poder, em 30 de janeiro de 1937, Adolf Hitler fez vários comentários importantes sobre a relação entre o direito e o nacional-socialismo. Ele declarou:

> O homem é incapaz de perceber o significado e o propósito inerentes à existência das raças que foram criadas pela Providência. O significado e o propósito das instituições humanas podem, no entanto, ser medidos pela sua utilidade para a preservação de grupos étnicos (...). Somente o reconhecimento desse axioma pode impedir o homem de adotar doutrinas rígidas quando não pode haver doutrinas e de falsificar os meios em imperativos quando o fim deve ser considerado o único imperativo. Com o passar do tempo, nossa atitude em relação ao direito foi desviada, em parte devido à incorporação de ideias estrangeiras e em parte devido à nossa própria compreensão inadequada. Dois extremos opostos caracterizam esse estado de coisas:

> a suposição de que o direito como tal tem algum valor intrínseco;

> a suposição de que o a principal função do direito é a proteção do indivíduo.

---

[556] O fato de o princípio da inviolabilidade do direito ter origem no direito natural é propositalmente enfatizado por Radbruch, que, no prefácio de seu livro, anuncia a sua oposição a certas correntes de pensamento mais em voga e identifica-se com uma época que o filósofo do direito nacional-socialista Larenz ridicularizou como a "Noite do Iluminismo".

CAPÍTULO I – O REPÚDIO AO DIREITO NATURAL RACIONAL...

Além dessas potencialidades, reivindicações de interesses superiores da comunidade como um todo foram reconhecidas somente na forma de concessões atribuídas à *Raison d'état*. A revolução nacional-socialista, por outro lado, proporcionou ao direito, à jurisprudência e à administração jurídica uma base inequívoca. Sua tarefa é a manutenção e a proteção das pessoas contra grupos antissociais que desejam furtar-se ou que por alguma razão não cumprem todas as obrigações devidas para com a comunidade.[557]

Nesse discurso, Hitler apenas expressou oficialmente o que as teorias nacional-socialistas sempre reconheceram. A mesma linha de pensamento foi expressa sucintamente pelo professor Gerber quando ele declarou que o pensamento político nacional-socialista é "existencial e biológico, sendo os seus dados o processo vital único e primordial".[558] Ao contrário do pensamento político liberal, ele não consiste em "construções racionais abstratas que possuem validade universal"[559] e que, por conta disso, são dignas apenas de desprezo. Gerber afirma que as noções tradicionais relativas à natureza da justiça perderam a sua validade.

O nacional-socialismo insiste que a justiça não é um sistema de valores abstratos e autônomos como os presentes nos *vários sistemas de* direito natural. Tal percepção nos ajuda a apreciar o fato histórico de que cada Estado tem o seu próprio conceito de justiça.[560]

---

[557] A autoridade da qual gozam tais declarações é indicada por sua publicação conspícua na maioria das revistas jurídicas.

[558] GERBER, Hans. "Volk und Staat (Grundlinien einer deutschen Staatsphilosophie)". *Ztschr. f. dtsch. Kult. Philos.*, N. F. 1936, Band III, pp. 15-56, especialmente p. 24.

[559] GERBER, Hans. "Volk und Staat (Grundlinien einer deutschen Staatsphilosophie)". *Ztschr. f. dtsch. Kult. Philos.*, N. F. 1936, Band III, p. 23.

[560] GERBER, Hans. "Volk und Staat (Grundlinien einer deutschen Staatsphilosophie)". *Ztschr. f. dtsch. Kult. Philos.*, N. F. 1936, Band III, p. 42.

ERNST FRAENKEL

Portanto, a justiça não pode ser vista independentemente de determinado Estado existente. *Tot res publicae, tot justitiae!* [Para cada coisa pública, uma justiça]. Depois de mostrar como a ideia cosmopolita de uma justiça universal designada de maneira divina foi suplantada pela doutrina de uma justiça monárquica dinamarquesa e de uma justiça republicana portuguesa, o professor Gerber apresenta a sua concepção da natureza real da justiça como "nada mais do que a certeza do povo de que ele representa uma individualidade social primordial".[561]

Com essa conclusão, Gerber concorda com Alfred Rosenberg, que, numa formulação um pouco mais popularizada, já tinha apresentado as mesmas ideias em 1934.[562] Rosenberg afirmou que a distinção entre "bem" e "mal" é obsoleta; ele expressa isso na sua citação muito reproduzida de um provérbio indiano – "o certo e o errado não andam por aí dizendo: 'aqui estamos'; o certo é o que o povo ariano pensa que é certo".[563]

Não foi por acaso que o primeiro ato após o *coup d'état* nacional-socialista (ou seja, após o Decreto de 28 de fevereiro de 1933) resultou na abolição da regra de *Nulla poena sine lege* [Não há punição sem lei], até então um princípio importante do direito positivo alemão. A *Lex van der Lubbe* previa a pena capital retroativa para um crime sujeito, no momento de sua prática, apenas à prisão. Com a promulgação dessa lei, o nacional-socialismo demonstrou inequivocamente que não se considerava obrigado nem na teoria nem na prática por esse velho princípio do direito natural que, até o *coup d'état*, havia sido um componente inquestionável da concepção alemã de justiça. A *Lex van der Lubbe* tornou

---

561 GERBER, Hans. "Volk und Staat (Grundlinien einer deutschen Staatsphilosophie)". *Ztschr. f. dtsch. Kult. Philos.*, N. F. 1936, Band III, p. 41.

562 ROSENBERG, Alfred. "Lebensrecht, nicht Formalrecht". *Dtsch. Recht*, 1934, p. 233.

563 ROSENBERG, Alfred. *Der Mythos des 20. Jahrhunderts*. 4ª ed. Munique: [s.n.], 1934, pp. 571/572.

CAPÍTULO I – O REPÚDIO AO DIREITO NATURAL RACIONAL...

perfeitamente evidente a transvaloração de valores. A teoria jurídica nacional-socialista percebe isso claramente e até o enfatiza. A *Lex van der Lubbe*

> atingiu a revolta intelectual do século XIX em seu âmago. Ela atacou um sistema que ousou substituir o vigor criativo e o poder dos povos vivos por uma ordem hipostasiada de valores, normas e regras e que, com isso, destruiu completamente a imediatidade da vida ética e política.[564]

É interessante notar que, em 1928, Rudolf Smend tinha previsto a emancipação do Estado moderno de qualquer "legitimação não política como o próprio Rechtsstaat [Estado de Direito] moderno".[565] Mas a redução do Estado de Direito a uma máquina jurídica precisamente articulada significava o início de seu fim. Smend denunciou a legitimação do Estado em nome de qualquer tipo de "ordem transcendental" como algo intolerável. O silêncio significativo que hoje ele mantém pode justificar a conjectura de que a legitimação do Estado por fatos biológicos (que, certamente, não são transcendentes) seria igualmente intolerável. No prefácio de seu *Mythus des 20. Jahrhunderts*[566] [*O Mito do século XX*], Rosenberg destacou o fato de seu livro expressar a atitude de uma geração que tinha perdido a fé nos valores absolutos e universais tradicionais. Se tivermos em conta que esse porta-voz da desilusão e do cinismo se tornou o diretor supremo da educação "filosófica" de um partido que, por sua vez, governa um povo de oitenta milhões, talvez seja justificada a conclusão de que o ceticismo da geração anterior se tornou a fé da geração que agora está chegando à maturidade. A afirmação de Carl Schmitt

---

[564] WALZ, Gustav. "Der Führerstaat". *D. Jstz.*, 1936, pp. 814/815.

[565] SMEND, Rudolf. *Verfassung und Verfassungsrecht*. Munique: [s.n.], 1928, p. 102.

[566] Ver ROSENBERG, Alfred. *Der Mythos des 20. Jahrhunderts*. 4ª ed. Munique: [s.n.], 1934, pp. 571/572.

de que presenciamos hoje a falência das *idées génerales*[567] parece, portanto, menos importante do que a seguinte declaração de um membro da jovem geração nacional-socialista. Na revista *Jugend und Recht* [*Juventude e direito*], Leuner afirma com surpreendente franqueza que

> não há direito de residir nas estrelas; não existe direito igual que seja inato ao indivíduo; não existe, portanto, um *direito natural* universal transétnico. Existe somente uma norma que é igualmente válida para todos os indivíduos, nomeadamente que eles vivam de acordo com os imperativos de sua raça.[568]

Em ligação com a afirmação nacional-socialista de que o direito não tem valor intrínseco por si só, é apropriado citar a famosa afirmação de Hitler de que no Terceiro Reich o direito e a moralidade são idênticos. Contudo, não se deve esquecer que esse dogma[569] pode ter um duplo significado. Por um lado, a observação de Hitler pode implicar que o direito alemão contemporâneo só pode reivindicar validade na medida em que corresponda às máximas da moralidade. Por outro lado, pode implicar que, no Estado nacional-socialista, as normas morais só podem reivindicar validade na medida em que estejam em harmonia com um sistema jurídico que se baseia nos seus próprios valores. Na verdade, a identificação do direito e da moralidade no Terceiro Reich resultou na assimilação da moralidade ao direito nacional-socialista. Essa

---

[567] SCHMITT, Carl. "Nationalsozialistiches Rechtsdenken". *Dtsch. Recht*, 1934, p. 225.

[568] LEUNER. "Spekulatives und Lebensgesundes Staatsrecht". *Jugend und Recht*, 1937, p. 49.

[569] Hitler proclamou esse princípio num encontro de advogados alemães em Leipzig, num famoso discurso (outubro de 1933). Esse dogma, aliás, nega completamente a distinção kantiana entre legalidade e moralidade (Cf. RUSCHE, Georg; KIRCHHEIMER, Otto. *Punishment and Social Structure*. Nova York: Columbia Univ. Press, 1939, p. 179).

CAPÍTULO I – O REPÚDIO AO DIREITO NATURAL RACIONAL...

opinião foi expressa de maneira inequívoca na literatura nacional-socialista. Dernedde, por exemplo, escreve:

> a presente afirmação da identidade indissolúvel do direito e da moralidade significa a integração de ambas as categorias na comunidade étnica. É o oposto do reconhecimento de um direito natural transétnico que limita o poder do legislador.[570]

É evidente que tamanha simplificação dos problemas mais profundos da teoria política contribui muito para grandes sucessos propagandísticos entre as massas populares. As ideias que Maquiavel apresentou a um pequeno círculo de iniciados são disseminadas por Adolf Hitler por meio de todas as técnicas modernas de comunicação, mesmo aos membros adolescentes das organizações da Juventude Hitlerista. O comentário de Figgis sobre Maquiavel aplica-se igualmente a Hitler:

> ele não partiu de nenhum ideal de governo ou do desejo de encontrá-los, não meditou sobre a filosofia do direito. A justiça social não tem para ele nenhum significado fora do grande objetivo da salvação de seu país. Ele tinha o horizonte limitado e a influência limitada que sempre resulta no estreitamento do problema.[571]

Mas o reverso desse empreendimento aparentemente bem-sucedido é a destruição da tradição ética da civilização ocidental. Hermann Heller disse que "uma vez que a consciência se torna um problema de criação de gado, os problemas morais perdem sua inevitabilidade".[572]

---

[570] DERNEDDE, Carl. "Gesetz und Einzelanordnung". *Ztschr. f. d. ges. Staatsw*, vol. 97, p. 377.

[571] Ver FIGGIS, John Neville. *Studies of Political Thought from Gerson to Grotius*: 1414-1625. Cambridge: [s.n.], 1907.

[572] HELLER, Hermann. "Bürger und Bourgeois". *Neue Rundschau*, 1932, p. 725.

O repúdio ao direito natural *é menos surpreendente do que a forma que ele assume. Afinal, a doutrina* do direito natural está desacreditada há mais de um século. Ela foi repetidamente refutada pela ciência política e, no entanto, não perdeu sua vitalidade. Durante mais de cem anos, tem-se negado intelectualmente todo tipo de direito natural, enquanto a nossa consciência tem simultaneamente exigido seu reconhecimento. Numa altura em que, graças à infeliz influência de Bergbohn, o positivismo florescia na Alemanha, a filosofia jurídica americana estava plenamente consciente dessa discrepância. Morris Cohen, numa palestra proferida em 1914, disse que "defender uma doutrina dos direitos naturais hoje requer ou insensibilidade em relação ao progresso mundial ou uma coragem considerável em relação a ele".[573] O quarto de século que se passou desde então não foi capaz de remover esses obstáculos intelectuais, mas as exigências de reconhecimento dos princípios do direito natural aumentaram. Carl Becker, defendendo a causa do direito natural contra as dúvidas intelectuais, afirma que embora tenhamos perdido a fórmula, algo da velha fé permaneceu: (...) "aderimos a ela, se não por convicção segura, pelo menos por necessidade, não vendo outra alternativa senão o cinismo ou o desespero".[574] Essa atitude ambivalente em relação ao direito natural reflete a dupla origem de nossa cultura; nas palavras de Werner Jaeger: "nenhuma tentativa retórica de colmatar esse abismo pode mudar o fato histórico de que a nossa moralidade remonta à religião cristã e a nossa política à concepção *greco-romana de Estado*".[575]

---

[573] Discurso realizado na conferência sobre filosofia jurídica e social em 11 abr. 1914 (Chicago University); publicado em *The Philosophical Review*, vol. XXV, 1916, pp. 761-777, especialmente p. 761.

[574] BECKER, Carl L. "Afterthoughts on Constitutions". *In*: READ, Conyers J. *The Constitution Reconsidered*. Nova York: Columbia University Press, 1938, p. 396. Cf. GIERKE, Otto von. *Johannes Althusius und die Entwicklung der naturrechtlichen Staatstheorien*. 4ª ed. Breslávia: [s.n.], 1929, pp. 318, 366 e 391.

[575] JAEGER, T. Werner. *Paideia, the Ideals of Greek Culture*. Trad. Gilbert Highet. Nova York: [s.n.], 1939, p. 323. Smend estava parcialmente correto

CAPÍTULO I – O REPÚDIO AO DIREITO NATURAL RACIONAL...

Enquanto o fascismo italiano se identifica deliberadamente com a ideia do *Imperium Romanum* e com a teoria romana do Estado, o nacional-socialismo anuncia explicitamente a sua antipatia pelo direito romano. Sofisticadas análises da evolução jurídica da nova Alemanha feitas por intelectuais nacional-socialistas, no entanto, adotaram o prisma de desvendar o significado da substituição do "direito consuetudinário alemão" pelo direito romano. Referindo-se aos estudos de Höhn, que pretendem demonstrar que Otto von Gierke, o profeta do direito cooperativo alemão (*Genossenschaftsrecht*), já não tem relevância,[576] Manigk explica que

> o núcleo filosófico do Direito Alemão (em particular o conceito de *Genossenschaft*) está em contradição com o nosso Estado tal como ele existe hoje (...). A ideia de liderança autoritária foi concretizada na antiguidade romana. A separação de poderes era desconhecida e o Senado chamou o *Princeps* de "nosso Líder".[577]

Quando discutimos a concepção clássica de Estado, não nos referimos à politeia, *à* utopia política. Temos em mente a pólis, a realidade histórica, tal como existia nas cidades-estado gregas. É claro que a antiguidade grega tardia produziu o estoicismo, uma teoria política que estava em contradição direta com o ideal da pólis. A. J. Carlyle escreve que "não há nenhuma mudança na teoria política tão surpreendente em sua completude como a mudança da teoria de Aristóteles para a visão filosófica posterior

---

quando, em seu elogio aos primeiros escritos de Carl Schmitt (especialmente *Die Diktatur*), escreveu: "a atitude clássica em relação ao Estado e a abordagem arcaizante estão lindamente combinadas neste livro" (SMEND, Rudolf. *Verfassung und Verfassungsrecht*. Munique: [s.n.], 1928, p. 104).

[576] HÖHN, Reinhard. *Otto von Gierke's Staatslehre und unsere Zeit*. Hamburgo: [s.n.], 1936.

[577] MANIGK, Alfred. "Rechtsfindung im neuen Staat". *Arch. f. Rechts u. Soz. Phil.*, 1936, p. 176.

representada por Cícero e Sêneca".[578] Carlyle vê a mesma clivagem nas várias noções relativas à igualdade ou desigualdade do homem. Ele justapõe a doutrina da igualdade primitiva à visão antiga sobre a desigualdade. A teoria política especificamente "moderna" é de origem estoica e exerce influência tanto no cristianismo como no Iluminismo. Nessa doutrina, "só existe uma definição possível para toda a humanidade, a razão é comum a todos (...) *não existe raça que, sob a orientação da natureza, não possa alcançar a virtude"*.[579] Para a Alemanha, no entanto, essa doutrina deixou de ser "moderna". O nacional-socialismo postula o seu oposto – nomeadamente, a desigualdade do homem, imutável e condicionada pela raça. Com isso, o passo decisivo de Aristóteles a Cícero é anulado, e a longa tradição do cristianismo e do humanismo, da ciência e da filosofia, é descartada.

Além disso, devido ao seu repúdio ao direito natural, o nacional-socialismo opõe-se à doutrina medieval do poder do príncipe absoluto. A principal característica do ditador não é o fato de ele fazer leis de acordo com a sua vontade. A teoria da ditadura moderna só pode ser apreendida se considerarmos novamente uma distinção corrente na Idade Média que foi esquecida na era da democracia e do Estado de Direito. Mcllwain[580] salienta que, nos tempos atuais, as distinções feitas durante a Idade Média são ignoradas. O rei medieval era considerado absoluto e praticamente impossível de se responsabilizar, mas o seu poder não era arbitrário. A velha máxima, "o que o rei deseja tem força de lei", só era válida – segundo Mcllwain – se essa vontade fosse expressa de uma forma prescrita pela lei e pela tradição e estivesse restrita a determinados

---

[578] CARLYLE, A. J. *A History of Medieval Political Theory in the West*. vol. 1. Edimburgo; Londres: [s.n.], 1903, p. 8.

[579] CARLYLE, A. J. *A History of Medieval Political Theory in the West*. vol. 1. Edimburgo; Londres: [s.n.], 1903, p. 8.

[580] McILWAIN, Charles H. *The Growth of Political Thought in the West*. Nova York: [s.n.], 1932, pp. 364/365.

CAPÍTULO I – O REPÚDIO AO DIREITO NATURAL RACIONAL...

fins. Existiam limitações definidas para a vontade do príncipe medieval, que eram geralmente expressas pela fórmula: "o rei está sujeito à Lei de Deus e à Lei da Natureza". Essa distinção lança nova luz sobre a abordagem seguida na primeira seção deste livro. Pela "Lei Habilitante",[581] Hitler tornou-se o governante absoluto da Alemanha depois de ter anteriormente (pelo Decreto de 28 de fevereiro de 1933) adquirido o poder de um déspota. McIlwain, que obviamente alude à situação alemã atual, lamenta que hoje ambos os conceitos sejam considerados praticamente idênticos.[582] Além disso, ele salienta que a antiguidade concebia o direito como uma questão de política, enquanto o pensamento "moderno" enquadra a política na categoria de direito. Desse ponto de vista, o nacional-socialismo não se pode pretender "moderno". Com seu repúdio a qualquer traço de direito natural racional, a Alemanha virou as costas à comunidade das nações que adere conscientemente às tradições da civilização ocidental. Certamente não se pode dizer que o nacional-socialismo é – como Friedrich Engels disse uma vez sobre o socialismo marxista – o herdeiro da filosofia clássica alemã. Ele é antes a sua negação completa.

---

[581] Gesetz zur Behebung der Not von Volk und Reich (Ermächtigungsgesetz), 24 mar. 1933 (*RGBl*. 1933, p. 141).

[582] McILWAIN, Charles H. "The Fundamental Law behind the Constitution of the United States". *In*: READ, C. J. *The Constitution Reconsidered*. Nova York: [s.n.], 1938, pp. 5 e 7; McILWAIN, Charles H. "Liberalism and the Totalitarian Ideals". *In*: _____. *Constitutionalism and the Changing World (Collected Papers)*. Nova York: [s.n.], 1939, p. 263.

CAPÍTULO II

A CAMPANHA NACIONAL–SOCIALISTA CONTRA O DIREITO NATURAL

2.1 O sistema cristão do direito natural

A rejeição total das tradições racionalistas do direito natural resultou num conflito entre o nacional-socialismo e os proponentes das tradições do direito natural. Somente um estudo dos dois grupos opostos nos permitirá compreender o significado histórico da atitude nacional-socialista em relação ao direito natural.

A revolução do direito natural na Europa ocidental não pode ser compreendida sem referência ao papel dos elementos religiosos. Não é mais possível, tendo em vista as conclusões solidamente fundamentadas de Ernst Troeltsch,[583] desconsiderar o componente religioso no desenvolvimento do direito natural. Troeltsch não hesitou em considerar a teoria cristã do direito natural em seu desenvolvimento final o *Kulturdogma* [dogma cultural] da

---

[583] TROELTSCH, Ernst. *Die Soziallehren der christlichen Kirchen und Gruppen.* 3ª ed. Tübingen: [s.n.], 1923 (tradução ao inglês de Olive Wyon, *The Social Teachings of the Christian Churches.* Londres: [s.n.], 1931).

Igreja. Ele afirmou que para a Igreja esse dogma tinha a mesma importância que, por exemplo, o dogma da Santíssima Trindade. Embora as diversas igrejas e seitas assumissem atitudes diferentes contra o direito natural, nenhuma delas o repudiou completamente. A tradição cristã está, nesse aspecto, intimamente ligada a Zenão, o fundador do estoicismo. Zenão, que testemunhou como contemporâneo a absorção das pequenas cidades-estado gregas pelo império de Alexandre, o Grande, veio a glorificar o "Império da Razão", que é independente de fronteiras políticas.[584] Após o estabelecimento do Império Romano, esse conceito atraiu novos admiradores como Cícero, Sêneca e Marco Aurélio, e teve sua expressão mais significativa no sistema jurídico do *Corpos Juris*. Como herdeira do *Imperium Romanum*, a Igreja Católica Romana adotou as suas doutrinas do direito natural, embora elas tenham sido submetidas a extensas modificações para adaptá-las às suas necessidades.

A adaptação dos princípios abstratos de um direito natural universal e racional às exigências de uma igreja intimamente envolvida em questões temporais foi efetuada pela doutrina medieval do direito natural "relativo". De acordo com essa teoria, o homem foi incapaz, após a Queda, de adquirir novamente o direito natural puro de seu estado anterior. Portanto, ele teve de contentar-se com o direito natural "relativo", embora ainda lhe seja concedido o privilégio de se esforçar para se aproximar tanto quanto possível de um estado de direito natural "absoluto". Troeltsch mostrou[585] como essa teoria, ao longo dos séculos, foi repetidamente contestada por aqueles que nunca duvidaram da possibilidade da realização de um direito natural absoluto. Essa oposição, vinda daqueles que acreditavam

---

[584] ZELLER, Eduard. *Die Philosophie der Griechen*. 5ª ed. Leipzig: [s.n.], 1909 (tradução ao inglês de Alleyne, *A History of Greek Philosophy*. Londres: [s.n.], 1881).

[585] Ver TROELTSCH, Ernst. *Die Soziallehren der christlichen Kirchen und Gruppen*. 3ª ed. Tübingen: [s.n.], 1923.

CAPÍTULO II – A CAMPANHA NACIONAL-SOCIALISTA CONTRA...

na existência de uma comunidade regulada pelos princípios de um direito natural absoluto, cristalizou-se nas seitas que, apesar das perseguições impiedosas, aderiram firmemente a tal crença.

Enquanto essas seitas negavam o caráter relativista da teoria católica do direito natural, o luteranismo o afirmava. Sustentando que a regulamentação jurídica das relações inter-humanas é um assunto mundano que carrega as deformações da pecaminosidade, o luteranismo pregava a obediência incondicional a todos os regimes seculares. Essa "glorificação extremista e conservadora da autocracia" (Troeltsch) pelo luteranismo foi consequência de uma atitude que atribuía pouca importância aos assuntos mundanos. Para o luteranismo, o verdadeiro cristianismo reside na alma interior do homem (*Innere Herzens-Christlichkeit*). Ele independe da ordem política e jurídica do mundo temporal, desde que a liberdade de consciência religiosa não seja violada. O cristão deve se submeter humildemente a um regime duro e injusto e considerá-lo um castigo imposto pelo Senhor. Mas qualquer restrição à liberdade de consciência constitui um ataque aos princípios fundamentais do direito natural cristão.

A doutrina nacional-socialista, dada sua intensa inimizade para com o direito natural, só poderia ser estabelecida num país onde as teorias do direito natural absoluto, tal como representadas pelo sectarismo cristão, embora sempre presentes em pequeno grau, nunca foram consolidadas numa tradição real. O sectarismo cristão na Alemanha raramente superou a fase de movimentos locais incipientes após a supressão total do movimento anabaptista de Thomas Münzer, e nisso a atitude inequívoca de Lutero teve importância considerável. Portanto, é ainda mais notável que o movimento sectário das Testemunhas de Jeová tenha experimentado um crescimento tão surpreendente durante os últimos sete anos. Esses sectários, cujo pacifismo absoluto exige que evitem qualquer compromisso e cuja adoração exclusiva a Jeová envolve a negação de todo tipo de autoridade secular, devem ser considerados a personificação do comportamento que está exclusivamente de acordo com normas derivadas do direito natural absoluto. Nenhum grupo ilegal na Alemanha se opõe de maneira mais intransigente ao nacional-socialismo do que essa obstinada seita. O seu rápido crescimento deve ser interpretado como uma reação à negação desdenhosa de todos os princípios do direito natural pelo Terceiro Reich. Só esse antagonismo fundamental explica o profundo ódio nacional-socialista pelas Testemunhas de Jeová, que se tornaram verdadeiros mártires nas guerras religiosas da Alemanha contemporânea. A ausência de qualquer tradição de princípios de direito natural absoluto fornece presumivelmente uma das razões mais profundas para a falta de compreensão nos países anglo-saxões sobre o que é a Alemanha atual. Influenciada por uma variedade de movimentos sectários, toda a vida pública dos países anglo-saxões foi permeada pelos princípios do direito natural.

Era previsível que a doutrina nacional-socialista, de caráter puramente político (e no fundo desprovida de quaisquer princípios racionais), entraria em conflito com o direito natural relativo institucionalizado na Igreja Católica Romana. Mais surpreendente, porém, foi o conflito com a Igreja Confessante, especialmente se levarmos em conta o fato de a Igreja Luterana não só não ter conseguido oferecer qualquer resistência ao regime nacional-socialista, mas tê-lo, na verdade, ajudado durante as primeiras fases do Terceiro Reich. A Igreja Luterana na Alemanha está agora dividida em dois grupos no que diz respeito a sua atitude em relação ao nacional-socialismo: os "cristãos alemães" capitularam às exigências do regime nacional-socialista; a Igreja Confessante, logo depois de Hitler ter chegado ao poder, se opôs às doutrinas nazistas. No entanto, se comparada à resistência absoluta das Testemunhas de Jeová, a atitude da Igreja Confessante parece um tanto ambígua. A sua resistência limita-se à defesa da liberdade de crença religiosa cristã e não oferece oposição à dissolução do *Rechtsstaat* e ao estabelecimento da tirania. Ela absteve-se de fazê-lo mesmo quando isso ainda era possível. A Igreja Confessante é uma Igreja Luterana e por isso não poderia ter agido de outra maneira.

CAPÍTULO II – A CAMPANHA NACIONAL-SOCIALISTA CONTRA...

Lutero proclamou:

> Se você é oprimido e injustiçado, aceite-o; essa é a essência do regime mundano. Se quer viver neste mundo, deve aceitar isso. O desejo de adotar uma fé que não a fé em Cristo é irrealizável. Se você quer viver entre os lobos, é preciso uivar com eles. Servimos em uma casa onde o demônio é mestre; o mundo é prostituído e muitos desejos malignos são servos. Todos eles são companheiros, e adversários da palavra de Deus. Se seu dinheiro é roubado e sua honra é destruída – é assim que funciona esta casa.[586]

O conflito entre o nacional-socialismo de um lado e as igrejas católica e luterana de outro pode ser explicado em parte pelo fato de que a doutrina do Terceiro Reich (até 1938 um país predominantemente protestante) foi formulada amplamente por apóstatas católicos. O filósofo existencialista Heidegger, o jurista Carl Schmitt, o propagandista Goebbels e muitos outros intelectuais nacional-socialistas de destaque tentaram desintegrar a sólida estrutura do catolicismo que havia moldado seu desenvolvimento espiritual. Como apóstatas de uma teoria do Estado baseada predominantemente no direito natural, eles adotaram a ideia prussiana de Estado com o entusiasmo apaixonado dos convertidos. Como essa ideia do Estado prussiano havia sido elaborada amplamente por pensadores luteranos, esses convertidos, como ex-católicos, eram incapazes de assimilar o freio especificamente luterano ao poder do Estado: a saber, a liberdade de consciência. Lutero havia declarado:

> O regime mundano tem leis que são supremas sobre o corpo e a propriedade e todas as coisas terrenas, mas sobre a alma o Senhor não reconhecerá governante senão ele mesmo.

---

[586] LUTERO, Martinho. *Sämtliche Werke (Deutsch)*. Band 50. Frankfurt; Erlangen: [s.n.], 1851, p. 349. Cf. BRANDENBURG, Erich. *Martin Luther's Anschauung vom Staate und der Gesellschaft*. Halle: [s.n.], 1901, p. 5, nota 6.

Portanto, sempre que o poder mundano ousar fazer leis que afetem a alma, o Senhor interferirá.[587]

---

[587] LUTERO, Martinho. *Von weltlicher Obrigkeit, Sämtliche Werke*. Band 27. Frankfurt; Erlangen: [s.n.], 1851, p. 83. Em seu último trabalho, *Der Leviathan in der Staatslehre des Thomas Hobbes*, Carl Schmitt tenta provar que a liberdade de pensamento e consciência moderna não teve uma origem histórica no protestantismo, como se costuma presumir. Schmitt argumenta que, de acordo com Hobbes, o indivíduo é livre para crer no que deseja crer, contanto que se submeta ao culto religioso prescrito pelo Estado. Assim, o enfraquecimento do onipotente Leviatã foi iniciado pelo próprio Hobbes. "Alguns anos após a publicação do Leviatã, o primeiro judeu liberal deparou-se com essa inconsistência normalmente imperceptível" (SCHMITT, Carl. *Der Leviathan in der Staatslehre des Thomas Hobbes*. Hamburgo: [s.n.], 1938, p. 86). Esse "primeiro judeu liberal", por uma "manobra lógica simples", característica da "mentalidade judaica", conseguiu perverter a linha de raciocínio de Hobbes. Enquanto Hobbes fala de uma esfera de reserva que o Estado onipotente graciosamente concede ao indivíduo em relação à sua religião, Spinoza (pois é a ele que Schmitt se refere com a expressão "o primeiro judeu liberal") postula o princípio da liberdade de crença de uma maneira que torna dever do Estado respeitar todas as opiniões na esfera religiosa, exceto quando elas prejudicam a segurança pública. De acordo com Schmitt, Spinoza deu assim o passo decisivo no desenvolvimento da concepção de Estado neutro e agnóstico dos séculos XIX e XX, *i.e.*, a concepção daquele Estado que evoca o mais profundo desprezo por parte da Alemanha nacional-socialista.

Não é difícil detectar o propósito político dessa nova interpretação histórica. Ao declarar que a doutrina da liberdade de consciência é um produto do pensamento judaico, Schmitt tenta denunciar a luta da Igreja Confessante a favor dessa doutrina como um assunto judaico.

No entanto, Schmitt ignora duas coisas. Primeiro: o princípio da tolerância desenvolvido por Spinoza em seu *Tractatus Politicus* foi concebido por Roger Williams, em Rhode Island, numa época em que Spinoza tinha apenas dois anos de idade. Segundo: a concepção de Spinoza de que a liberdade de pensamento deve ser garantida a todos e que o direito de intervenção é limitado apenas à manifestação pública, e não ao credo privado, não é de forma alguma um produto da "mentalidade judaica". Foi um alemão de origem ariana pura que desenvolveu a mesma ideia em sua tese doutoral: Johann Wolfgang Goethe (cf. GOETHE, J. W. *Dichtung und Wahrheit*. Band 11. Buch: [s.n.], [s.d.]; tradução ao inglês de John Oxenford, *The Autobiography of Goethe*: "From my own Life, Truth and Poetry". Londres: [s.n.], 1891, p. 408).

CAPÍTULO II – A CAMPANHA NACIONAL-SOCIALISTA CONTRA...

Em seu conflito com a Igreja Confessante, o nacional-socialismo aponta as declarações de Hitler de que ele não se concebia como um reformador religioso. No entanto, as suas repetidas garantias de que o nacional-socialismo é apenas um movimento temporal, que deixa a regulação das relações do homem com o Senhor para as igrejas, não conseguiram dissipar as suspeitas existentes. Enquanto o nacional-socialismo reivindicar o poder de decidir o que é temporal e o que é espiritual, e enquanto o Terceiro Reich procurar "governar as almas dos homens", será incapaz de estabelecer relações pacíficas com a Igreja Confessante. Pois esta teria de renunciar aos seus princípios mais fundamentais para consentir com o controle político da consciência.

Para o luteranismo confessante, a liberdade de consciência é um valor absoluto; comprometê-lo equivale a uma renúncia de princípio.

Para compreender as tensões entre a Igreja e o Estado no Terceiro Reich, não se deve enfatizar características superficiais ou atribuir importância indevida ao novo culto de Wotan, no qual alguns professores do ensino secundário têm particular interesse. A devoção a esse culto nunca teria proporcionado ao nacional-socialismo o ímpeto necessário para iniciar e conduzir a luta das igrejas. O conflito surgiu quando o nacional-socialismo foi confrontado com resquícios de uma fé no direito natural absoluto que afirmava sua independência em relação à vontade do Estado. O nacional--socialismo sempre esteve disposto, e ainda está, a reconhecer as reivindicações do cristianismo, exceto quando são incongruentes com o art. 24 do Programa do Partido Nacional-Socialista, que exige que a religião cristã se submeta às necessidades vitais do povo alemão. Assim, na esfera da religião encontramos a mesma reserva que na esfera do direito, a potencial superioridade das considerações políticas que impele o nacional-socialismo a combater os representantes de todas as ideologias influenciadas pelas doutrinas do direito natural. No "Cristianismo com reservas", o Cristianismo é menos importante que as reservas. Embora por razões de propaganda o nacional-socialismo não divulgue sua política religiosa de maneira tão inequívoca como a sua política judiciária, não há nenhuma diferença básica. O nacional-socialismo se recusa a considerar valores religiosos ou éticos (incorporados ou não nos sistemas jurídicos) como absolutos. O valor de uma religião não é julgado de acordo com sua verdade interior, mas de acordo com a sua conveniência política. O ódio de Ludendorff ao cristianismo baseava-se na suposição de que, na próxima guerra, o cristianismo seria incapaz de implementar a exploração máxima de todos os recursos psíquicos do soldado. Durante o Congresso do Partido em Nuremberg, em 1937, Adolf Hitler deu a entender que "uma vez que lhe atribuímos existência eterna, o *Volk* é a personificação do valor supremo (...). As religiões só têm valor se ajudarem a preservar a substância viva da humanidade".[588] É apenas uma questão de tempo até que o cinismo de um *Reichskommissar* nacional-socialista da religião aplique essa fórmula subjetivamente sincera à religião, ou seja, que o seu valor seja determinado pela sua relevância para as necessidades vitais do povo alemão.

Maquiavel pode ser considerado o pai espiritual dessa crítica politicamente orientada ao cristianismo. Em seus *Discorsi* encontramos ideias que reaparecem com muita frequência nos panfletos raciais anticristãos do nacional-socialismo. É claro que Maquiavel não é citado, e as referências maquiavélicas à antiguidade clássica são substituídas por glorificações a tribos germânicas. Segundo Maquiavel,

> a religião pagã divinizava somente os homens que alcançaram grande glória, como comandantes de exércitos e chefes de repúblicas, enquanto a nossa glorifica mais os homens humildes e contemplativos do que os homens de ação. Além disso, nossa religião associa a felicidade suprema à humildade, à submissão e ao desprezo pelos objetos mundanos, enquanto a outra, pelo contrário, associa o bem supremo à grandeza da alma, à força do corpo e a todas as outras

---

[588] Publicado em *D. Jstz.*,1937, p. 873.

CAPÍTULO II – A CAMPANHA NACIONAL-SOCIALISTA CONTRA...

qualidades que tornam os homens formidáveis; e se nossa religião exige de nós fortaleza de alma, é mais para nos permitir sofrer do que para realizar grandes feitos. Esses princípios parecem-me ter tornado os homens fracos.[589]

Os historiadores, nas suas avaliações de Maquiavel, sempre concluíram que uma religião orientada para as exigências do Estado tribal é equivalente ao paganismo. A tendência a negar o caráter absoluto de todos os valores, exceto os políticos, e de reconhecê-los apenas na medida em que servem a fins políticos é o paganismo neomaquiavélico, que representa um dos elementos mais essenciais da perspectiva nacional-socialista. Maquiavel elogia o rei romano Numa Pompílio por ter inventado deuses particularmente apropriados para a cidade de Roma:

> (...) se fosse discutida a questão de saber se Roma estava mais em dívida com Rômulo ou com Numa, acredito que o maior mérito seria concedido a Numa; pois onde existe religião é fácil introduzir exércitos e disciplina, mas onde há exércitos e não há religião é difícil introduzir esta última.[590]

Essa admiração pela antiguidade primitiva é expressiva de um anseio por uma pólis em que não houvesse conflito entre a ética universalista e a *raison d'état* particularista.

Ao rejeitar todas as ideias universais de justiça, o nacional-socialismo substitui os valores humanísticos do Direito natural

---

[589] MACHIAVELLI, Niccolo. "Discourses on the first ten Books of Titus Livius, Book II, Chap. 2". *In*: _____. *The Historical, Political, and Diplomatic Writings of Niccolo Machiavelli*. Trad. Christian E. Detmold. Boston: [s.n.], 1882, p. 232.

[590] MACHIAVELLI, Niccolo. "Discourses on the first ten Books of Titus Livius, Book I, Chap. 11". *In*: _____. *The Historical, Political, and Diplomatic Writings of Niccolo Machiavelli*. Trad. Christian E. Detmold. Boston: [s.n.], 1882, p. 127.

por uma ideia de utilidade nacionalmente restrita. Considerando a estreita relação entre o cristianismo e o direito natural, parece justificada a conclusão de que o Terceiro Reich tende do Deus universal à divindade local, do monoteísmo ao xenoteísmo.[591]

Contudo, a rejeição de todos os valores universais por parte do Estado de Prerrogativa nacional-socialista é uma faca de dois gumes. Embora o Estado de Prerrogativa tenha um poder particular que surge da sua rejeição a todos os valores universais, isso é parcialmente compensado pelos novos inimigos que faz. Esses supostos aliados de seus adversários provêm de grupos com os quais os inimigos do nacional-socialismo nunca contaram como possíveis fontes de apoio. Gürke, um advogado internacionalista nacional-socialista, acerta em cheio quando afirma que os vários inimigos do nacional-socialismo (democratas, socialistas, católicos), apesar de suas diferentes perspectivas, têm em comum "doutrinas que visam à inclusão e à libertação de toda a humanidade".[592] Na Alemanha de hoje, todos os proponentes dos vários tipos de direito natural racional são consolidados num único *bloco* de reação contra a negação completa de todos os valores absolutos por um Leviatã oportunista.

Os dois principais grupos do *bloco* do direito natural baseiam as suas opiniões sobre o direito natural, respectivamente, em pressupostos religiosos e seculares. A seção a seguir examinará as características especiais do grupo do direito natural secular.

2.2 Direito natural secular

Embora seja verdade que a religião cristã está histórica e doutrinariamente ligada ao direito natural, o direito natural

---

[591] HELLER, Hermann. *Staatslehre*. Leyden: [s.n.], 1934, p. 218.

[592] GÜRKE, Norbert. "Der Stand der Völkerrechtswissenschaft". *Dtsch. Rw.*, Band II, p. 75.

CAPÍTULO II – A CAMPANHA NACIONAL-SOCIALISTA CONTRA...

racionalista não depende necessariamente das noções cristãs às quais tem sido frequentemente associado.

Os escolásticos do final da Idade Média já tinham examinado a questão de saber se o direito é racional porque é a vontade de Deus ou se Deus o quis porque ele é racional.[593] Por fim, eles escolheram a última alternativa e, ao fazê-lo, prepararam o caminho para a doutrina da existência de um direito racional independente de Deus. Com a proposição de Hugo Grotius de que uma lei eterna e absoluta ditada pela razão existiria mesmo que Deus não existisse, iniciou-se a era clássica do direito natural secular. Nos escritos de Pufendorff, a teoria do direito racional, longe de constituir uma ideologia revolucionária, fornecia uma justificação para a monarquia absolutista, enquanto em Rousseau legitimava uma forma radical de democracia. O direito natural secular influenciou a legislatura de Frederico, o Grande, e encontrou os seus intérpretes mais entusiasmados nos filósofos do idealismo alemão, Immanuel Kant e o jovem Fichte. Kant chama o direito de menina dos olhos de Deus e o Estado de garantidor do direito. Apesar dos ataques dos teóricos nacional-socialistas que afirmaram que a ideia de direito natural é "não alemã", esse tipo de doutrina, tal como é conhecida hoje, é em grande medida criação de pensadores alemães.[594] Até que ponto ainda persistem na Alemanha resíduos do tipo clássico de direito natural? Como se relacionam com as doutrinas nacional-socialistas contemporâneas que expressam a sua hostilidade em relação ao direito natural de orientação universal na forma crua do antiliberalismo?

---

[593] GIERKE, Otto von. *Johannes Althusius und die Entwicklung der naturrechtlichen Staatstheorien.* 2ª ed. Breslau: [s.n.], 1902, p. 73.

[594] PREUSS, Hugo. *Verfassungspolitische Entwicklungen in Deutschland und Westeuropa (Historische Grundlegung zu einem Staatsrecht der Deutschen Republik)* (Aus dem Nachlass von Dr. Hugo Preuss herausgegeben und eingeleitet von Dr. Hedwig Hintze, Berlim, 1925), pp. 400/401; VIERKANDT, Alfred. *Der Geistig-sittliche Gehalt des neueren Naturrechts.* Wien: [s.n.], 1927, p. 17.

ERNST FRAENKEL

Durante o século XVIII, o direito natural legitimou a distribuição de poderes existentes.[595] Contudo, quando, no decurso da Revolução Francesa, tornou-se evidente que também poderia legitimar as exigências revolucionárias, o direito natural suscitou ódio de todos aqueles que estavam interessados na preservação do *status quo*. A reação contra o direito natural (que tinha sido assim comprometido pelo radicalismo da Revolução Francesa) é mais bem representada por Burke e Hegel.[596]

Ao se opor à forma revolucionária do direito natural racional, Burke apelou para a tradição de séculos de evolução. Quando confrontou o julgamento da razão com os pré-julgamentos da história, o direito natural com o direito histórico, quando afirmou que a prescrição é o mais sagrado de todos os títulos jurídicos, Burke estava lançando as bases para o conceito romântico de história, para a Escola Histórica do Direito e, finalmente, para a Teoria da Restauração.[597] É supérfluo salientar que as ideias de Burke, em particular na forma que lhes foi dada por Savigny, exerceram uma enorme influência na evolução do pensamento jurídico do século XIX. Elas influenciaram em particular o movimento que repudiava o direito natural racional. Para o nosso propósito, precisamos apenas afirmar que o nacional-socialismo negou a sua ligação com Burke e Savigny, apesar de sua rejeição comum ao direito natural racional. O apelo de Burke às forças irracionais do desenvolvimento histórico é, de fato, aplicável somente onde a tradição segue intacta, mas não onde todas as tradições se

---

595 KELSEN, Hans. *Die philosophischen Grundlagen der Naturrechtslehre und des Rechtspositivismus*. Charlottenburg: [s.n.], 1928, pp. 39/40.

596 HELLER, Hermann. "Political Science". *In*: SELIGMAN, Edwin; JOHNSON, Alvin (Coord.). *Encyclopaedia of the Social Sciences*. vol. 12. Nova York: Macmillan, 1934, p. 218.

597 POUND, Roscoe. *Interpretation of Legal History*. Nova York: [s.d.], 1923, p. 19, mostrou que a Escola Histórica do Direito tinha como base uma concepção irracional de direito natural. Cf. REXIUS, Gunnar. "Studien zur Staatslehre der historischen Schule". *H. Z.*, Band 107, pp. 513-515.

CAPÍTULO II – A CAMPANHA NACIONAL-SOCIALISTA CONTRA...

desintegraram. Os nacional-socialistas não são os protetores de uma tradição herdada. Eles representam uma geração que perdeu a sua tradição orientadora. A "boa e velha lei" não é mais sagrada para eles do que uma nova lei derivada de princípios racionais. A noção de que uma lei deve ser respeitada porque é respeitada há muito tempo e está apoiada em uma antiga tradição é tão estranha ao nacional-socialismo (que é guiado estritamente por considerações de oportunismo político) como a crença no direito natural racional. O nacional-socialismo teria respeitado Burke pelo seu ataque à Revolução Francesa. Mas teria considerado traição a sua simpatia pela revolta dos colonos norte-americanos, cujos direitos adquiridos tinham sido negados. Por muito que as teorias racionais e tradicionais da soberania possam diferir, elas concordam no seu reconhecimento ao direito como elemento decisivo da vida social e política. A esse respeito, opõem-se fortemente ao nacional-socialismo, que declara que o direito não tem valor intrínseco. Assim, existe um abismo intransponível entre o respeito tradicionalista pela lei irracional e o desprezo irracionalista pela lei tradicional.

É verdade que a teoria jurídica nacional-socialista tenta explicar a sua rejeição à Escola Histórica do Direito por outros motivos. Larenz afirma que o nacional-socialismo e a Escola Histórica do Direito partilham a mesma convicção de que todo direito deriva dos costumes dos "grupos étnicos" (*Volk und Volkstum*). Mas ele prossegue afirmando que as suas concepções do "espírito étnico" (*Volksgeist*) estão em polos opostos. "Nossa crítica à Escola Histórica do Direito", diz ele, "deve, em primeiro lugar, ser dirigida contra a identificação do espírito do grupo étnico [*Volksgeist*] com a totalidade das crenças do grupo".[598] O nacional-socialismo rejeita a visão romântica de que o direito pode ser "descoberto" se o juiz mergulhar na alma da nação e seguir os usos jurídicos tradicionais.

---

[598] LARENZ, Carl. "Volksgeist und Recht, zur Revision der Rechtsanschauung der historischen Schule". *Ztschr. f. dtsch. Kult. Philos.*, Band I, p. 40, especialmente p. 52.

A Escola Histórica do Direito é censurada por sua hostilidade em relação às leis promulgadas. Não cabe ao juiz determinar a crença jurídica da nação. Essa é a tarefa do Líder, do "grande homem". A Escola Histórica do Direito considerava o sentimento jurídico do grupo étnico a fonte genuína do direito. Larenz, no entanto, atribui ao "grande homem" a responsabilidade de decidir se as crenças do grupo devem ser seguidas. Só ele pode decidir se as crenças do grupo são "genuínas" e, portanto, devem ser reconhecidas, ou se "apenas representam a opinião pública" e, portanto, devem ser desconsideradas. Se o Líder puder decidir se irá ou não apoiar as convicções do grupo relativamente ao "bem" e ao "mal", então a doutrina do "espírito do grupo étnico" foi sutilmente suplantada por uma ideologia que permite ao Líder decidir de acordo com as suas próprias convicções, independentemente do estatuto jurídico de suas decisões.

Hegel mudou sua atitude em relação ao direito natural durante a Revolução Francesa e nas décadas seguintes. O livro de Hegel sobre a Constituição da Alemanha,[599] escrito em 1803, parece de especial importância para o propósito do presente estudo. Burke ficou impressionado com os perigos sociais para a sua classe decorrentes da Revolução Francesa. Hegel, no entanto, considerou esses perigos uma reação à fraqueza política do Sacro Império Romano. Tendo em conta esse perigo, Hegel postulou a supremacia da "política" sobre todas as leis, sejam elas escritas ou baseadas em costumes tradicionais. A ideia de Hegel de que a essência do Estado é politicamente determinada por seu antagonismo em relação a outros Estados era totalmente estranha à teoria racional do direito natural. O que parecia essencial ao ponto de vista do direito natural, nomeadamente, a cooperação do cidadão para a promoção de objetivos pacíficos, não é reconhecido por Hegel como pertencente à esfera do "Estado". Hegel chega ao ponto de

---

[599] HEGEL, G. W. F. "Die Verfassung Deutschlands". *In*: _____. *Sämtliche Werke*. Band VII. Leipzig: [s.n.], 1913, pp. 3-149.

CAPÍTULO II – A CAMPANHA NACIONAL-SOCIALISTA CONTRA...

atacar os teóricos do Estado contemporâneos a ele porque eles identificaram o "Estado" com a sociedade civil.[600]

A tese de Hegel opõe-se à ideia de Kant de garantia da paz permanente pela criação de uma Liga das Nações. Hegel explica que mesmo uma Liga das Nações está fadada a ter inimigos porque o antagonismo interestatal é uma característica essencial de qualquer Estado.

Dado que o Estado é um indivíduo, Hegel acredita que ele só pode ser concebido como inimigo de outros Estado. Hegel enfatiza que, por definição, um Estado deve criar inimigos.[601]

Apesar de aceitar a doutrina dos interesses políticos, Hegel não descarta o conceito de direito natural. Argumentando que "a totalidade moral absoluta nada mais é do que uma nação",[602] ele utiliza o direito natural para justificar o Estado existente, cuja *raison d'état* não pode ser justificada de outra maneira. Assim, Hegel legitimou o apelo à *raison d'état* tal como "se legitimaria um bastardo".[603] (Na época em que o direito natural era dominante, a *raison d'état*, embora desempenhasse um papel importante na prática, era geralmente desprezada pelos pensadores políticos).

Os filósofos nacional-socialistas não são de forma alguma unânimes em sua atitude em relação a Hegel. O *Reichsminister* Dr. Hans Frank fala dele como talvez o maior filósofo político

---

[600] HEGEL, G. W. F. *Grundlinien der Philosophie des Rechts*. 3ª ed. Leipzig: [s.n.], 1930, § 182, p. 334.

[601] HEGEL, G. W. F. *Grundlinien der Philosophie des Rechts*. 3ª ed. Leipzig: [s.n.], 1930, § 324, p. 369.

[602] HEGEL, G. W. F. "Über die wissenschaftlichen Behandlungsarten des Naturrechts". *In*: _____. *Sämtliche Werke*. Band VII. Leipzig: [s.n.], 1913, pp. 329-416, especialmente p. 371.

[603] MEINECKE, Friedrich. *Die Idee der Staatsraison*. Munique: [s.n.], 1924, p. 435.

da Alemanha.[604] Alfred Rosenberg, por outro lado, denuncia a teoria do Estado de Hegel como uma "construção vazia".[605] Mas mesmo autores que devem ser levados a sério, como Koellreutter, afirmam que o nacional-socialismo e a teoria do Estado de Hegel são "antíteses filosóficas".[606] Ele afirma que Adolf Hitler nada tem a ver com a deificação do Estado por Hegel, pois ele (Hitler) constrói a sua filosofia sobre o *Volk* (nação) e não sobre o Estado. Em sentido contrário, Huber e Larenz reivindicam Hegel como nacional-socialista. Larenz,[607] ele próprio um hegeliano, salienta que, em seus primeiros escritos, Hegel via a personificação da moralidade menos no Estado do que na comunidade e no *Volk*. No entanto, essa discussão de Hegel realizada pela literatura nacional-socialista centra-se exclusivamente em problemas textuais superficiais. Loewenstein[608] já salientou que Hegel empregou os termos *Volk* e *Staat* indiscriminadamente e que, em duas referências à mesma passagem grega, uma vez usou a palavra *Volk*, na outra, *Staat*. Por trás dessas escaramuças filológicas, contudo, podem ser descobertas diferenças de opinião mais profundas. Na medida em que o nacional-socialismo rejeita o direito natural racional e aceita uma concepção do "político" derivada da noção de "inimigo", existem de fato ligações estreitas entre ele e o hegelianismo. Porém, na medida em que o nacional-socialismo dá um conteúdo específico

---

604 FRANK, Hans. "Die Aufgaben des Rechts". *Akademie Ztschr.*, 1938, p. 4.

605 ROSENBERG, Alfred. *Der Mythos des 20. Jahrhunderts*. 4ª ed. Munique: [s.n.], 1934, p. 525.

606 KOELLREUTTER, Otto. *Grundfragen des völkischen und staatlichen Lebens im deutschen Volksstaat*. Berlim-Charlottenburg: [s.n.], 1935, p. 14; e KOELLREUTTER, Otto. *Volk und Staat in der Weltanschauung des Nationalsozialismus*. Berlim: [s.n.], 1935, pp. 12 e ss.

607 LARENZ, Carl. "Die Rechts – und Staatsphilosophie des deutschen Idealismus und ihre Gegenwartsbedeutung". *In*: BAEUMLER, A. von; SCHRÖTER, M. (Coord.). *Handbuch der Philosophie*. Munique; Berlim: [s.n.], 1934, pp. 153 e 187/188.

608 LOEWENSTEIN, Julius. *Hegels Staatsidee*: ihr Doppelgesicht und ihr Einfluss im 19. Jahrhundert. Berlim: [s.n.], 1927, nota 45.

CAPÍTULO II – A CAMPANHA NACIONAL-SOCIALISTA CONTRA...

aos seus conceitos políticos (como na teoria racial e na teoria do "sangue e solo"), nem mesmo a mais remota relação existe.

Ao lidar com a questão judaica, Hegel pede direitos civis para os judeus. Ele condena uma política que prive os judeus de plenos direitos tanto no Estado quanto na sociedade. Essa atitude de Hegel é ainda mais interessante porque ele caracteriza os judeus como uma nação. Ele justifica a sua atitude para com os judeus pela ideia de que os judeus são homens e, portanto, têm o direito de serem tratados como homens.[609]

Hegel varreu os restos do direito natural racional que a Escola Histórica não havia destruído. O seu trabalho e o de Savigny minaram a grande tradição alemã do direito natural secularizado, tornando inúteis as tentativas de alguns kantianos de restaurá-lo. No entanto, a refutação científica do direito natural secularizado não levou ao seu desaparecimento. Já em 1910, Ernst Troeltsch levantou a questão de até que ponto o movimento socialista dos trabalhadores tinha sido influenciado por ideias derivadas do direito natural. Nessa altura, no entanto, ele não atribuiu muita importância a essa influência, afirmando que

> o socialismo marxista contemporâneo não baseia as suas teorias na ideia de um direito natural de liberdade e amor, tal qual encontrada na doutrina cristã (...). Elas repousam antes numa concepção de leis naturais do desenvolvimento econômico.[610]

Apenas três anos mais tarde, no entanto, Troeltsch modificou de forma bastante surpreendente a sua opinião e caracterizou a

---

[609] HEGEL, G. W. F. *Grundlinien der Philosophie des Rechts*. 3ª ed. Leipzig: [s.n.], 1930, § 270, p. 212.

[610] TROELTSCH, Ernst. *Verhandlungen des Ersten Deutschen Soziologentages*. Tübingen: [s.n.], 1911, p. 187.

social-democracia como herdeira do "direito natural radical",[611] declarando que ela era agora a portadora das tradições das seitas.[612]

Essa discussão das inter-relações entre o socialismo e o direito natural[613] levanta a questão de até que ponto os remanescentes do socialismo proletário podem cooperar com grupos que acreditam no direito natural racionalista numa frente comum contra o nacional-socialismo. Os defensores do socialismo proletário têm hoje o problema de determinar que expressão podem dar à sua reação espontânea contra a arbitrariedade do nacional-socialismo e à sua hostilidade para com o direito natural sem correr o risco de se tornarem utópicos. O movimento socialista proletário renascente deve, durante o seu atual período de ilegalidade, decidir sobre essa questão crucial. É algo real que está sendo discutido hoje por muitos grupos ilegais na Alemanha.

É um fato bem conhecido que Marx e Engels lutaram durante mais de quatro décadas contra a tentativa de basear as reivindicações do socialismo no direito natural racional. Sua oposição a todas as variedades de "socialismo do direito natural" reaparece constantemente em seus escritos. Eles ridicularizaram tais tentativas como absolutamente utópicas. Engels escreveu: "Proudhon (...) faz à atual sociedade a exigência de remodelar-se, não segundo as leis de seu próprio desenvolvimento econômico, mas segundo as prescrições da justiça (...). Onde nós provamos, Proudhon *prega* e

---

[611] TROELTSCH, Ernst. "Das stoisch-christliche Naturrecht und das modern profane Naturrecht". *In*: _____. *Gesammelte Werke*. Band IV. Tübingen: [s.n.], 1921-1925, pp. 166-191, especialmente p. 186.

[612] TROELTSCH, Ernst. "Das christliche Naturrecht (Überblick)". *In*: _____. *Gesammelte Werke*. Band IV. Tübingen: [s.n.], 1921-1925, pp. 156-166, especialmente p. 165.

[613] WEBER, Max. *Wirtschaft und Gesellschaft*. Tübingen: [s.n.], 1921, pp. 499-501 viu que os primórdios de um direito natural proletário foram frustrados pela hostilidade de Marx ao direito natural.

CAPÍTULO II – A CAMPANHA NACIONAL-SOCIALISTA CONTRA...

lamenta".[614] Em sua *Crítica do Programa de Gotha*, Marx rejeita enfaticamente a justificação do socialismo com base no direito natural e não nas ciências sociais. Ele diz:

> O Partido Operário Alemão (...) mostra que as ideias socialistas não penetraram nem sequer a camada mais superficial de sua pele, quando considera o Estado um ser autônomo, dotado de seus próprios "fundamentos espirituais, morais, livres", em vez de afirmar a sociedade existente (e isso vale para qualquer sociedade futura) como base do Estado existente (ou futuro, para uma sociedade futura).[615]

Em seu *Anti-Dühring*, tal como seus adversários conservadores, Engels enfatizou as consequências destrutivas que uma atitude racionalista baseada no direito natural produziu durante a Revolução Francesa. Engels, é claro, não se referia à revolução enquanto tal, mas à sua degeneração na ditadura napoleônica. O progresso da "Utopia à Ciência" consiste em substituir as construções racionalistas do direito natural pelas leis sociológicas históricas.

Marx não teria sido um verdadeiro discípulo de Hegel se não tivesse assimilado o olhar aguçado e claro deste para as realidades políticas. Hegel provou com clareza inabalável que não existe solução jurídica para conflitos políticos, mas apenas o teste do poder. Marx estava perfeitamente de acordo com a tradição hegeliana, justificando a luta de classes pela redução da jornada de trabalho com as palavras proferidas pelo trabalhador em *O Capital*:

---

[614] ENGELS, Friedrich. *The Housing Question*. Moscou; Leningrado: Co-operative Pub. Society of Foreign Workers in the U.S.S.R., 1935, p. 88 [ed. bras.: *Sobre a questão da moradia*. Trad. Nélio Schneider. São Paulo: Boitempo, 2015, p. 122].

[615] MARX, Karl. *Critique of the Gotha Programme*. Nova York: [s.n.], 1937, p. 17 [ed. bras.: *Crítica do Programa de Gotha*. Trad. Rubens Enderle. São Paulo: Boitempo, 2012, p. 42].

Exijo (...) uma jornada de trabalho de duração normal, e a exijo sem nenhum apelo a teu coração, pois em assuntos de dinheiro cessa a benevolência. Podes muito bem ser um cidadão exemplar, até mesmo membro da Sociedade para a Abolição dos Maus-Tratos aos Animais, e viver em odor de santidade, mas o que representas diante de mim é algo em cujo peito não bate um coração.

E Marx resume o argumento: "tem-se aqui, portanto, uma antinomia, um direito contra outro direito, ambos igualmente apoiados na lei da troca de mercadorias. Entre direitos iguais, quem decide é a força".[616]

Assim, Marx dissolve o conceito de justiça *in toto* e o substitui por "justiças relativas" que são apropriadas às situações econômicas existentes. Ele diz:

As formas jurídicas, nas quais essas transações econômicas aparecem como atos de vontade dos envolvidos, como exteriorizações de sua vontade comum e como contratos cuja execução pode ser imposta às partes contratantes pelo Estado, não podem determinar, como meras formas que são, esse conteúdo. Elas podem apenas expressá-lo. Quando corresponde ao modo de produção, quando lhe é adequado, esse conteúdo é justo; quando o contradiz, é injusto. A escravidão, sobre a base do modo de produção capitalista, é injusta, assim como a fraude em relação à qualidade da mercadoria.[617]

---

[616] MARX, Karl. *Capital*. vol. I. Trad. Samuel Moore e Edward Aveling. Chicago: [s.n.], 1912, pp. 258/259 [ed. bras.: *O Capital*, Livro I. São Paulo: Boitempo, 2013, pp. 308/309].

[617] MARX, Karl. *Capital*. vol. III. Trad. Ernest Untermann. Chicago: [s.n.], 1909, p. 399 [ed. bras.: *O Capital*, Livro III. São Paulo: Boitempo, 2017, pp. 386/387].

CAPÍTULO II – A CAMPANHA NACIONAL-SOCIALISTA CONTRA...

É perfeitamente compreensível que o liberal Benedetto Croce se tenha referido a Marx como maquiavélico. No entanto, essa caracterização é enganosa, uma vez que leva em consideração somente um aspecto de Marx.[618] Mesmo o pensador mais influente do século XIX não conseguiu transcender a contradição inerente à nossa época, aquela entre consciência, guiada por uma crença no direito natural, e intelecto, que exige a sua rejeição. A famosa palavra de ordem "o proletariado não tem ideais a realizar" é complementada por outra, "o proletariado deve pôr em marcha o processo de libertação". Karl Marx afirma que o utopismo consiste em pensar que, nas atuais circunstâncias, as boas intenções serão suficientes para estabelecer um regime de justiça. Contudo, de acordo com Marx, esse estado de harmonia será, com certeza histórica, alcançado assim que a sociedade capitalista criadora de conflitos for superada como consequência da luta de classes. A própria luta de classes, sem dúvida, é governada pelas leis da realidade política, mas a sociedade sem classes que é o seu resultado é o cumprimento dos imperativos do direito natural. Num dos últimos capítulos do terceiro livro de *O Capital*, Marx escreveu:

> Aqui, a liberdade não pode ser mais do que o fato de que o homem socializado, os produtores associados, regulem racionalmente esse seu metabolismo com a natureza, submetendo-o a seu controle coletivo, em vez de serem dominados por ele como por um poder cego; que o façam com o mínimo emprego de forças possível e sob as condições mais dignas e em conformidade com sua natureza humana. Mas este continua a ser sempre um reino da necessidade. Além dele é que tem início o desenvolvimento das forças humanas, considerado como um fim em si mesmo, o verdadeiro reino

---

[618] PLESSNER, Hellmuth. *Grenzen der Gemeinschaft (Eine Kritik des sozialen Radikalismus.* Bonn: [s.n.], 1924, p. 36.

da liberdade, que, no entanto, só pode florescer tendo como base aquele reino da necessidade.[619]

A função histórica da luta de classes, portanto, é a criação de uma base econômica para a ordem da Razão, como Marx expressou em um de seus primeiros escritos:

> só sob o comunismo a nobreza do homem torna-se perceptível. Já hoje isso pode ser visto numa reunião de trabalhadores franceses na qual o estabelecimento da verdadeira sociedade é a preocupação de todos e a fraternidade é a verdade e não uma frase vazia.[620]

Assim, a teoria marxista é caracterizada tanto pela rejeição de todas as aplicações utópicas do direito natural enquanto durar a luta de classes quanto pela visão de uma ordem governada pelo direito natural após o término do conflito de classes. Se essa interpretação do marxismo estiver correta, não pode haver objeção à filiação dos marxistas alemães à Frente Única, que é composta por grupos cujas exigências éticas estão baseadas no direito natural. Os marxistas, no entanto, insistem que a sua oposição ao nacional-socialismo se deve principalmente não à suspensão da inviolabilidade do direito por um período limitado, mas antes à recusa do nacional-socialismo de, em algum momento, subordinar seu Estado a uma ideologia jurídica derivada de valores absolutos.

O esclarecimento da relação entre o socialismo marxista e o direito natural é de importância decisiva porque, até certo ponto, o fracasso do sindicalismo e do reformismo em considerar o problema

---

[619] MARX, Karl. *Capital*. vol. III. Trad. Ernest Untermann. Chicago: [s.n.], 1909, p. 399 [ed. bras.: *O Capital*, Livro III. São Paulo: Boitempo, 2017, p. 883].

[620] MARX, Karl; ENGELS, Friedrich. *Gesamtausgabe*. vol. I. [S.l.]: [s.n.], [s.d.], p. 325.

CAPÍTULO II – A CAMPANHA NACIONAL-SOCIALISTA CONTRA...

abriu o caminho para o fascismo. É da maior importância que as origens intelectuais de George Sorel fossem marxistas. Sorel[621] partilhava o ódio de Marx pelo *"arbitraire"*, isto é, a tentativa utópica de derivar decisões políticas a partir de cálculos racionais. Sorel despojou a luta de classes de seu objetivo visionário e aprovou-a como um movimento por si só. Ele a transformou em um mito, pois, para ele, o movimento era tudo e o objetivo não era nada. Assim, Sorel tornou-se o profeta da política sem objetivo final – o defensor da ação pela ação. Ao longo de sua vida, ele aplaudiu os vários movimentos militantes, não porque acreditasse nos seus objetivos, mas porque adorava sua militância. Vaugeois, que era membro da *Action Française* e próximo de Sorel, exclamou certa vez: *"toute force est bonne autant qu'elle est belle et triomphe"* ["toda força é boa desde que seja bela e triunfe"].[622] Esse aspecto da filosofia soreliana é expresso nos escritos de Ernst Jünger, o mais talentoso autor nacionalista da Alemanha do pós-guerra, que formulou esta atitude: "não é essencial aquilo por que lutamos, mas como lutamos".[623]

Quem acredita que a ação política nada mais é do que a aquiescência às leis do desenvolvimento social partilhará do destino de Sorel. Tal como Sorel, passará do sindicalismo à *Action Française*; tal como Mussolini, discípulo de Sorel, passará do socialismo ao fascismo; tal como Carl Schmitt, um admirador de Sorel, abandonará o catolicismo político pelo nacional-socialismo assim que estiver convencido de que o nacionalismo integral está na ordem do dia. Nos aspectos em que Maquiavel e Hegel podem ser considerados antepassados espirituais do nacional-socialismo,

---

[621] FREUND, Michael. *George Sorel (Der revolutionäre Konservativismus)*. Frankfurt: [s.n.], 1932.

[622] Citado em GURIAN, Waldemar, *Der integrale Nationalismus in Frankreich (Charles Maurras und die Action française)*. Frankfurt: [s.n.], 1931, p. 84.

[623] JÜNGER, Ernst. *Der Kampf als inneres Erlebnis*. 5ª ed. Berlim: [s.n.], 1933, p. 78; e JÜNGER, Ernst. "Die totale Mobilmachung". *In*: _____. (Coord.). *Krieg und Krieger*. Berlim: [s.n.], 1930.

ERNST FRAENKEL

Sorel também deveria ser considerado como tal. Embora a influência de Sorel tenha sido indireta, por meio do fascismo italiano, e sua influência direta tenha sido exercida somente sobre um pequeno grupo de intelectuais, o seguinte *credo* a indica:

> Uma das experiências mais importantes que me levaram, como jurista, ao nacional-socialismo foi a conversa com um jurista americano mundialmente famoso. Em 1932, ele resumiu seu diagnóstico do mundo contemporâneo numa frase: "testemunhamos hoje a falência das *idées génerales*" (Carl Schmitt).[624]

O fato de o mais brilhante teórico político da Alemanha do pós-guerra aderir a um movimento político não por causa de suas ideias, mas por causa de sua falta de ideias, é um sintoma do grau de desenvolvimento de uma política estetizante que venera a violência em si. Deve-se notar, no entanto, que a falência das *idées generales* não constitui a experiência de toda uma geração, mas apenas a de um grupo social desenraizado dessa geração. Esse grupo transforma sua necessidade em uma virtude, sua falta de princípios gerais em um princípio e sua pobreza espiritual em uma teoria política.[625] Ser fascista ou antifascista pode depender da atitude de cada um em relação à validade das *idées génerales*. Só quem acredita na existência de tais princípios estará pronto para lutar, mesmo que isso possa custar a sua vida, contra o nacional-socialismo como sistema político e como niilismo filosófico. É o sacrifício pessoal exigido de cada antagonista do nacional-socialismo na Alemanha que mantém os remanescentes da oposição marxista conscientes da relevância do direito natural: ninguém alguma vez

---

[624] SCHMITT, Carl. "Nationalsozialistisches Rechtsdenken". *Dtsch. Recht*, 1934, p. 225.

[625] Ainda mais característico do que o famoso ensaio de Carl Schmitt sobre a natureza da atividade política é um livro de BEHRENDT, Richard. *Politischer Aktivismus*. Berlim: [s.n.], 1932.

CAPÍTULO II – A CAMPANHA NACIONAL-SOCIALISTA CONTRA...

esteve disposto a arriscar a sua vida por causa de uma crença em "leis do desenvolvimento social". Como observou Leon Trotsky, "a consciência da relatividade dos valores não dá coragem para praticar a violência e derramar sangue".

Por outro lado, a atual impotência política do marxismo na Alemanha impede-o de repetir o erro fatal a que tem estado especialmente sujeito, ou seja, propor imperativos de direito natural como programa para a atividade prática. A tragédia dos movimentos políticos marxistas na Alemanha reside, em parte, no fato de terem se tornado, apesar de muitas advertências de seus fundadores, vítimas de sua crença no direito natural durante o período da dominação capitalista. Alfred Meusel[626] demonstrou de maneira convincente que a social-democracia substituiu gradualmente a análise marxista do imperialismo por uma análise motivada por um pacifismo utópico.

Ele diz que Kautsky analisou corretamente as tendências dominantes na era do imperialismo e previu as suas consequências. No entanto, a sua devoção moralmente admirável à paz fez com que procurasse uma forma de sair do círculo vicioso da guerra mundial e da revolução mundial. Por isso, ele dotou a democracia política de um glamour dourado e inclinou-se à crença de que é possível substituir o imperialismo pelo livre-comércio e pelo desarmamento, não sem luta, é verdade, mas ainda assim sem o doloroso custo da guerra e da revolução. A questão teórica de 1912 tornou-se a decisão fatídica de 1919. Confiando na democracia e na Liga das Nações, a social-democracia alemã viu-se na corrente do pensamento wilsoniano, que se baseava em princípios de direito natural absoluto. Assim, a social-democracia evoluiu de um partido marxista para um partido utópico cujo programa foi formulado com referência ao direito natural. A social-democracia,

---

626 MEUSEL, Alfred. "Der klassische Sozialismus". *Arch. f. Rechts. u. Soz. Phil.*, Band XXIV, 1930-1931, pp. 125-168, especialmente p. 148.

que originalmente tinha rasgado o véu ideológico do sistema econômico da sociedade capitalista, por sua vez, viu a sua ideologia ser desvelada como utópica pelo nacional-socialismo. A tentativa prematura de concretizar uma ordem baseada no direito natural utópico foi fatal para a social-democracia. O partido nacional--socialista amadureceu durante a sua batalha contra o utopismo democrático e pacifista da social-democracia do pós-guerra. A tentativa do nacional-socialismo de extirpar todos os vestígios de direito natural representa o outro extremo e desperta a consciência de todos aqueles que pensam que a vida não tem propósito a menos que nos esforcemos para alcançar um Estado no qual prevaleçam os princípios da justiça.

CAPÍTULO III

NACIONAL–SOCIALISMO E DIREITO NATURAL COMUNITÁRIO

3.1 Direito natural social e direito natural comunitário

A rejeição do direito natural pelos nacional-socialistas provocou todos os grupos sociais para os quais o direito natural racional ainda tem alguma importância positiva, mas essa é somente uma fase da relação entre os nacional-socialismo e o direito natural.

A concepção de direito natural carece de precisão no que diz respeito ao termo "direito"; mas não é menos ambígua no que diz respeito aos fenômenos que podem ser classificados como "naturais". O professor Carl Becker apontou essa dificuldade na sua análise do desenvolvimento intelectual e histórico que precedeu a Declaração da Independência. Sua exposição deixa especialmente clara a relação entre o direito natural clássico da Era do Iluminismo e o desenvolvimento da física newtoniana. Depois de ter explicado que a lei superior (identificada com o direito natural) assumiu diferentes formas em diferentes épocas, Becker trata especificamente da lei de Deus tal como revelada na natureza. Becker distingue, no que diz respeito ao conceito de direito natural, dois tipos de natureza. De acordo com Becker, a "natureza" pode ser concebida como "sujeita ao controle racional" ou como uma "força cega que sujeita os homens e as coisas à sua compulsão".[627] Como o direito natural, em qualquer período, está relacionado ao sistema das ciências naturais contemporâneo a ele, era de se esperar que houvesse mudanças na concepção do direito natural com a substituição da física clássica como ciência natural predominante pela biologia evolutiva.

Uma vez que o nacional-socialismo se baseia num conceito de raça, está implícita sua aceitação do domínio da biologia.[628] A sua teoria racial rejeita o otimismo racional associado à física clássica, que via a descoberta de regras naturais universalmente válidas como o objetivo mais elevado do trabalho científico. O que podemos chamar de pensamento e ação política "biologicista" está baseado no reconhecimento e na promoção de forças "vitais". Tais forças vitais e irracionais são a base da raça e a sua forma política é a comunidade racial. Assim, além do direito natural racional e social, podemos acrescentar à longa lista de variantes históricas um direito natural irracional e comunitário, fundado na biologia.

A distinção entre direito natural social e direito natural comunitário foi enfatizada pelos publicistas já no século XVII. Essa distinção está indicada nos termos *societas* e *socialitas*. Gierke

---

[627] BECKER, Carl L. *The Declaration of Independence*. Nova York: [s.n.], 1922, pp. 57, 60, 265, 274 e 278. Na literatura nacional-socialista, o problema é discutido por MIKOREY, Max. "Naturgesetz und Staatsgesetz". *Akademie Ztschr.*, 1936, p. 932, especialmente p. 942. Cf. NIETZSCHE, Friedrich. *Beyond Good and Evil*: Prelude to a Philosophy of the Future. 1ª ed. Londres: [s.n.], 1901, p. 32.

[628] A interpretação materialista da história tenta derivar o problema da mutabilidade da ciência natural das mudanças nas relações de produção. Cf. BAUER, Otto. "Das Weltbild des Kapitalismus". *In*: JENNSSEN, Otto (Coord.). *Der lebendige Marxismus, Festgabe zum 70. Geburtstag von Karl Kautsky*. Jena: [s.n.], 1924. No entanto, a sociologia das ciências naturais ainda é um território quase inteiramente inexplorado.

CAPÍTULO III – NACIONAL-SOCIALISMO E DIREITO NATURAL...

discute vários teóricos do direito há muito esquecidos que devem ser vistos como expoentes de uma espécie de direito natural comunitário.[629] Esses homens dificilmente mereceriam atenção se Leibniz não estivesse entre aqueles que, como diz Gierke, "derivam o direito da comunidade e veem em cada comunidade um componente orgânico do reino dos espíritos no *universum*".[630] A teoria do direito natural comunitário de Leibniz está contida em seu trabalho inacabado *Elementa Juris Naturalis*. Algumas passagens da obra devem ser citadas devido à importância de se distinguir o direito natural social, que tem origem na Razão, do direito natural comunitário, que tem origem no instinto. Leibniz escreveu:

> Uma comunidade natural existe se a Natureza desejar que ela exista. Sinais que permitem concluir que a Natureza deseja algo são dados sempre que a Natureza nos dota de impulsos e de capacidades para satisfazê-los; pois a natureza não cria nada sem um propósito.[631]

Leibniz nunca avançou muito na diferenciação entre as formas da comunidade natural e da comunidade conjugal, da família, da comunidade doméstica e, finalmente, da comunidade civil. É ainda mais notável que Gurvitch,[632] um jurista francês, tenha se preocupado recentemente com essa teoria quase esquecida do direito natural comunitário.[633]

---

[629] GIERKE, Otto von. *Das deutsche Genossenschaftsrecht*. Band IV. Berlim: [s.n.], 1913, p. 391, nota 47.

[630] GIERKE, Otto von. *Das deutsche Genossenschaftsrecht*. Band IV. Berlim: [s.n.], 1913, p. 392, nota 49; p. 491.

[631] LEIBNIZ, Gottfried W. *Deutsche Schriften*. Band I. Berlim: [s.n.], 1838, p. 414.

[632] Ver GURVITCH, George. "Natural Law". *In*: SELIGMAN, Edwin; JOHNSON, Alvin (Coord.). *Encyclopaedia of the Social Sciences*. vol. 11. Nova York: Macmillan, 1934, pp. 284-290.

[633] As referências anteriores sobre a história do direito natural comunitário são importantes pelo fato de os propagandistas nacional-socialistas dessa

Nas páginas seguintes, serão apresentadas algumas características dos tipos ideais das duas principais formas de direito natural. Contudo, as inúmeras sutilezas concretas do direito natural permanecerão sem discussão. O objetivo desse procedimento não é a descrição de fatos particulares, mas a formulação de tipos ideais.

O *direito natural social* pressupõe que o indivíduo isolado vive numa luta constante com todos os outros indivíduos isolados, exceto quando a guerra de todos contra todos é substituída por uma ordem criada por meio de um ato deliberado da Razão.

O *direito natural comunitário* ensina que existe entre os indivíduos uma ordem harmoniosa baseada em impulsos naturais. Ela tem origem e toma forma no impulso espontâneo dos membros da comunidade (*Wesenswillen*).

O *direito natural social* vê o direito como a principal fonte da cooperação humana.

O *direito natural comunitário* vê o direito como mera manifestação da comunidade, cuja coesão resulta de outras forças sociais, não do próprio direito. O direito, na melhor das hipóteses, tem a função de reforçá-la.

O *direito natural social* é supremo. Como manifestação da Razão onipotente, é ilimitado. O direito natural social representa o triunfo da mente sobre o corpo; despreza os impulsos biológicos porque só existe por meio de sua supressão. Na verdade, sua legitimidade repousa sobre a repressão de tais impulsos.

---

teoria – Professor Wolgast de Würzburg e seu discípulo Dietze – as omitirem. Uma vez que o nacional-socialismo seria uma suposta criação original de Adolf Hitler, essas referências históricas são vistas de maneira desfavorável pelo Terceiro Reich. DIETZE, Hellmuth. "Naturrecht aus Blut und Boden". *Akademie Ztschr.*, 1936, p. 818 representa o melhor resumo da teoria nacional-socialista do direito natural comunitário.

CAPÍTULO III – NACIONAL-SOCIALISMO E DIREITO NATURAL...

O *direito natural comunitário* é o portador de um poder delegado. Seu conteúdo é determinado pelas forças terrentas que lhe deram origem. Delas deriva seu domínio, que é limitado tanto temporal quanto espacialmente. O direito natural comunitário rejeita a Razão se a Razão questiona a legitimidade daqueles instintos biológicos em cuja sanção o direito natural comunal se baseia.

O *direito natural social* é universal. Limitações na abrangência do direito criariam uma era de anarquia. A prevenção da anarquia é a própria essência do direito natural social. O direito natural social é válido para todo o mundo (*jus gentium*). O *jus gentium* como direito natural contrasta com o *jus civile* como direito positivo.

A validade do *direito natural comunitário* é limitada em termos de espaço, de tempo e das pessoas que estão sob seu jugo. A consciência comunitária à qual se deve sua existência emerge apenas no decurso da diferenciação de outras comunidades. Uma vez que o Direito natural comunitário se aplica somente a um grupo social específico, é o direito particular que é direito natural, enquanto o direito internacional é, por definição, direito positivo.

O *direito natural social* é igualitário. Pressupõe a existência de indivíduos iguais e racionais que, de comum acordo, desejaram a criação do direito.

O *direito natural comunitário* é não igualitário em analogia com a família, que é a forma elementar de todas as comunidades e que é organizada com base em relações desiguais entre seus membros.

Antes de encerrarmos esta série de contrastes, devemos apontar as respectivas relações entre "Estado" e "grupo étnico" nos casos do direito natural social e do direito natural comunitário.

Para o *direito natural social*, a nação aparece como uma pluralidade de cidadãos que formam um grupo unificado em virtude de sua cidadania comum. O povo (*Volk*) é um conceito jurídico derivado do Estado, que também é de natureza jurídica.

Para o *direito natural comunitário*, o Estado é apenas a forma superficial da unidade essencial de todos os *Volksgenossen* (camaradas étnicos). A comunidade étnica é uma entidade biológica que existe mesmo quando não está organizada num Estado. O Estado é um fenômeno orgânico derivado da comunidade étnica biológica.

Essa diferença fundamental nos modos de pensar é bem exemplificada por duas passagens do juiz Holmes e de Adolf Hitler, respectivamente. No caso *Missouri vs. Holland*, o juiz Holmes disse em relação aos Pais da Constituição Americana que, "para eles, bastou perceber ou esperar terem criado um organismo, mas levou um século e custou a seus sucessores muito suor e sague provar que eles haviam criado uma nação".[634]

Por outro lado, Adolf Hitler argumentou que o Estado, longe de ser um fim em si, é apenas um meio. De acordo com Hitler, deve-se criar e manter uma comunidade de membros iguais tanto fisicamente quanto politicamente. É propósito do Estado servir a essa comunidade, e os Estados que não o fazem têm a sua existência injustificada. Dado que essa passagem de *Mein Kampf* [*Minha luta*], de Hitler, resumida acima é frequentemente citada como o núcleo da filosofia política nacional-socialista, reproduziremos o texto alemão:

> *Der Staat ist ein Mittel zum Zweck. Sein Zweck liegt in der Erhaltung und Förderung einer Gemeinschaft physisch und seelisch gleichartiger Lebewesen (...). Staaten, die nicht diesem Zweck dienen, sind Fehlerscheinungen, ja sogar Missgeburten. Die Tatsache ihres Bestehens ändert sowenig daran, als etwa der Erfolg einer Filibustergemeinschaft die Räuberei zu rechtfertigen vermag.*[635] [O Estado é um meio para um fim. Seu objetivo é preservar e promover uma comunidade de seres vivos física e mentalmente semelhantes (...). Os Estados que não servem a esse propósito são

---

[634] 252 US 416, 433.

[635] HITLER, Adolf. *Mein Kampf*. 42ª ed. Munique: [s.n.], 1933, p. 433.

CAPÍTULO III – NACIONAL-SOCIALISMO E DIREITO NATURAL...

anomalias, verdadeiras aberrações. O fato de semelhante Estado existir em nada altera essa verdade, assim como o êxito de um grupo de piratas não justifica o saque].

O conceito racional de direito natural prevaleceu na época do surgimento dos Estados Unidos, enquanto o pensamento do direito natural irracional esteve na base da criação do Terceiro Reich. Theodor Buddeberg é talvez quem melhor expressa a atual interpretação alemã do direito natural comunitário. Ele afirma que

> o sistema jurídico de um Estado só pode existir a longo prazo se for baseado no estreito parentesco étnico de seus cidadãos (...). Só o parentesco étnico proporciona a eles a visão comum do que é o direito (direito natural) e a crença comum sem a qual o direito não pode existir (direito divino).[636]

De acordo com essa concepção, o direito divino manifesta-se nos impulsos étnicos subconscientes. Torna-se secularizado em direito natural assim que ultrapassa o limiar da consciência. Como ilustração adicional dessa atitude citamos Pfenning:

> Somente homens da mesma raça e com as mesmas qualidades biológicas hereditárias podem cooperar em um entendimento coletivo (...). Os membros de uma *Gemeinschaft* [comunidade], devido à sua identidade racial, reagirão da mesma forma a qualquer crise que ameace toda a comunidade étnica.[637]

Se considerarmos somente a rejeição do direito natural racional pelos nacional-socialistas, é possível encontrar as suas

---

[636] BUDDEBERG, Th. "Descartes und der politische Absolutismus". *Arch. f. Rechts. u. Soz. Phil.*, Band XXX, 1937, p. 544.

[637] PFENNING, Andreas. "Gemeinschaft und Staatswissenschaft (Versuch einer systematischen Bestimmung des Gemeinschaftsbegriffes)". *Ztschr. f. d. ges. Staatsw.*, Band 96, pp. 312 e ss.

raízes intelectuais na civilização ocidental. O misticismo biológico frequentemente encontrado na literatura nacional-socialista foi, no entanto, importado por aqueles émigrés [emigrantes] russos brancos cuja influência sobre o nacional-socialismo não pode ser subestimada. Não surpreende que Alfred Rosenberg, autor de *Mythus des 20. Jahrhunderts* [*O Mito do século XX*], o pregador da cruzada contra o bolchevismo, o papa do nacional-socialismo, seja um *émigré* russo branco.[638]

Foi sobre esse tipo particular de pensamento que Max Weber disse:

> A ideia central da concepção mística oriental da Igreja é a firme convicção de que o amor fraternal cristão, se puro e forte o suficiente, deve levar à unidade em todas as coisas, incluindo questões de crença. Assim, se os seres humanos se amam misticamente no sentido joanino, todos pensarão da mesma maneira e, motivados pela irracionalidade desse sentimento, agirão com uma solidariedade divinamente desejada (...) esse é o cerne da concepção eslava de *Gemeinschaft* dentro e fora da Igreja.[639]

O significado prático da diferença teoricamente intrigante entre os conceitos de direito natural social e direito natural comunitário pode ser encontrado nas teorias nacional-socialistas do direito internacional, tal como foram reveladas pela política externa do Terceiro Reich.

---

[638] HEIDEN, Konrad. *History of National-Socialism*. Londres: [s.n.], 1934 destacou a influência da emigração russa sobre o desenvolvimento do nacional-socialismo. Nos primeiros estágios do movimento nacional-socialista, Munique era a "Coblenz" dos *émigrés* russos brancos. Foi desses círculos que o nacional-socialismo tomou de empréstimo também essa forma particular de antissemitismo.

[639] WEBER, Max. *Wirtschaft und Gesellschaft*. Tübingen: [s.n.], 1922, p. 631.

CAPÍTULO III – NACIONAL-SOCIALISMO E DIREITO NATURAL...

Há uma inconsistência interessante no estudo de Dietze, *Naturrecht der Gegenwart*[640] [*O Direito natural do presente*]. Depois de atacar a aplicação do direito natural social à política interna, ele aceita sem reservas todos aqueles princípios extraídos do direito natural que, no campo da política externa, legitimaram a remilitarização da Alemanha: os princípios da igualdade de direitos, da autodeterminação, da liberdade de escolha dos instrumentos de defesa etc.

No entanto, se estudarmos a literatura alemã mais recente, especialmente as publicações posteriores a 7 de março de 1936 (quando a Renânia foi remilitarizada), descobriremos uma mudança notável.[641] Gürke, professor de Direito Internacional na Universidade de Munique, formulou com especial clareza a nova teoria nacional-socialista do direito internacional, derivada do conceito de "Comunidade de Direito Internacional": "O direito internacional pressupõe a afinidade racial e cultural dos Estados, além de sua relação contínua".[642] As consequências práticas dessa teoria são igualmente indicadas por Gürke. Ele salienta, por exemplo, que enquanto a Rússia bolchevique for governada por judeus e inspirada pelo marxismo, continuará a ser alheia, do ponto de vista racial e cultural, à "comunidade" das nações e, portanto, permanecerá, de acordo com a doutrina nacional-socialista, fora dos limites do direito internacional. De igual importância é o fato de que, no pensamento nacional-socialista, a comunidade étnica (*Volk*) se estende para além das fronteiras do Estado. O fato de haver camaradas étnicos (*Volksgenossen*) que vivem sob a

---

640 DIETZE, Hellmuth. *Naturrecht der Gegenwart*. Bonn: [s.n.], 1936.

641 O trabalho do Professor Wolgast, da Universidade de Würzburg ("Völkerrecht". *In*: STAMMLER, Rudolf; FINGER, August (Coord.). *Das gesamte Deutsche Recht in systematischer Darstellung*. Teil XIII. Berlim: Stilke, 1934, pp. 698-993), é esclarecedor sobre isso. Wolgast reconhece a sua dívida para com Adolf Hitler, o Líder, e para com Toennies, o Visionário do Terceiro Reich.

642 GÜRKE, Norbert. *Grundzüge des Völkerrechts*. Berlim: [s.n.], 1936.

soberania de Estados estrangeiros teve implicações definidas para o nacional-socialismo. O direito natural social serviu de base ao direito internacional enquanto o Terceiro Reich se rearmava. Na segunda fase de seu desenvolvimento, o regime nacional-socialista considerou o direito natural comunitário um fundamento mais adequado para o seu direito internacional.

O pacto Rússia-Alemanha às vésperas da Segunda Guerra Mundial indicou o sacrifício dessas distinções ideológicas e a adoção de um rumo puramente oportunista. Assim, o nacional-socialismo adotou nas relações internacionais a mesma ideologia de transgressão do direito usada para justificar o oportunismo na condução dos assuntos internos.

Ao analisar as diferenças entre o direito natural social e o direito natural comunitário, guiei-me pelas categorias de Ferdinand Toennies, o grande sociólogo alemão. Toennies,[643] ao discutir a teoria de Hobbes, elaborou as principais proposições do direito natural social, que depois contrastou com a hipótese do direito natural comunitário. Toennies foi influenciado pela tese de Maine sobre a evolução do direito *"do Status ao Contrato"*.[644] Ele considerava o direito natural comunitário apenas hipoteticamente e acreditava que na civilização ocidental a era da "comunidade" (*Gemeinschaft*) passava por uma desintegração progressiva.

Wolgast e Dietze, que afirmam incessantemente ser discípulos de Toennies, tratam o direito natural comunitário como uma realidade política, enquanto Toennies o encarava apenas como uma hipótese. Contudo, em suas tentativas de monopolizar Toennies para o nacional-socialismo, Wolgast e Dietze distorceram deliberadamente

---

[643] TOENNIES, Ferdinand. *Einführung in die Soziologie*. Stuttgart: [s.n.], 1931.

[644] MAINE, Henry. *Ancient Law*. Londres; Toronto: [s.n.], 1917, pp. 67-100, especialmente p. 100. Cf. TOENNIES, Ferdinand. *Gemeinschaft und Gesellschaft*. 6ª ed. Berlim: [s.n.], 1926, Buch III, § 7, p. 182; e TOENNIES, Ferdinand. *Soziologische Studien und Kritiken*. Band I. Jena: [s.n.], 1925, p. 54.

CAPÍTULO III – NACIONAL-SOCIALISMO E DIREITO NATURAL...

as suas teorias. O Movimento Jovem Alemanha distorceu o conceito sociológico de *Gemeinschaft* de Toennies, transformando-o numa panaceia para todos os sofrimentos da sociedade.[645] Foi a partir desse movimento que o nacional-socialismo adotou o fetiche da *Gemeinschaft* que Hans Freyer, em 1930, chamou de "mentira vital de nossa época".[646] Assim, a profecia de Ernst Troeltsch de que a idealização dos grupos nos levaria "brutalizar o romance e romantizar o cinismo"[647] provou-se verdadeira.

3.2 Direito natural comunitário e teoria da ordem concreta

Na doutrina nacional-socialista, a teoria da comunidade é o critério daquilo que é puramente alemão e, portanto, nacional-socialista.[648] Essa atitude é evidente num artigo do professor Heckel,

---

[645] LANDAUER, Karl. "Zum Niedergang des Fascismus". *Gesellschaft*, 1925, p. 168.

[646] FREYER, Hans. *Soziologie als Wirklichkeitswissenschaft*. Leipzig: [s.n.], 1930, p. 240.

[647] Cf. BARKER, Ernest. *Natural Law and the Theory of Society 1500-1800*. Cambridge: [s.n.], 1934, p. 17.

[648] À luz dessa afirmação, é interessante notar que durante o período pós-guerra o conceito de *Gemeinschaft* também foi usado por algum tempo no movimento operário marxista da Alemanha. Embora essa apropriação do conceito de *Gemeinschaft* nunca tenha ido muito longe no movimento socialista, não foi um fenômeno isolado. Uma teoria da *Gemeinschaft* um tanto semelhante pode ser encontrada em *A Origem da família* (...), de Engels. As condições primitivas "que precederam a alienação", tal como esboçadas por Engels, tinham muitos traços do direito natural comunitário.

A afirmação de Plessner de que a teoria marxista só é inteligível para o proletariado como uma teoria da libertação em relação às máquinas está correta. Contudo, quando ele diz que "o socialismo abole a sociedade em prol da comunidade", está generalizando tendências que existiam no movimento socialista de jovens alemão quando o livro foi escrito. Essas tendências nunca se tornaram importantes nas políticas dos partidos da classe trabalhadora alemã (PLESSNER, Hellmuth. *Grenzen der Gemeinschaft; eine Kritik des sozialen Radikalismus*. Bonn: [s.n.], 1924, p. 36).

da Universidade de Munique,[649] no qual ele procura desacreditar Stahl, o fundador do Partido Conservador Prussiano, por ser judeu. Ele completa o argumento apontando que Stahl era, no fundo, um marxista liberal. Como prova, Heckel oferece o fato de Stahl não ver o Estado como uma *Gemeinschaft*, o que significaria, portanto, uma atitude não alemã.[650]

Uma atitude ariana alemã pura não leva necessariamente à adoção da teoria da *Gemeinschaft*. A afirmação de que existe uma ligação entre a raça alemã e o pensamento em termos de *Gemeinschaft* é tão falsa como a afirmação de que o judaísmo e o pensamento normativo estão relacionados. A caracterização de qualquer sistema de pensamento como judaico constitui, aos olhos do nacional-socialismo, a sua condenação mais vigorosa. Assim, o principal requisito do pensamento "alemão" é uma oposição intransigente à intelectualidade "judaica", que é condenada porque seus conceitos principais são considerados abstratos e universais. Essa caracterização bastante negativa realizada pela teoria comunitária do nacional-socialismo serve como justificação do que chamamos de Estado de Prerrogativa. A proposição de que deveria haver normas de validade geral para proteger a liberdade do indivíduo contra infrações por parte do soberano político, a

---

[649] HECKEL, Johannes. "Der Einbruch des jüdischen Geistes in das deutsche Staats – und Kirchenrecht durch F. J. Stahl". *H. Z.*,155, p. 529.

[650] Apesar de ser completamente cético em relação à proposição de que existe uma estreita associação entre a raça de um autor e a sua teoria política, penso que não é sem interesse apresentar pelo menos um exemplo de um autêntico "ariano" que tenha lidado com teoria política e não tenha chegado a uma teoria da *Gemeinschaft*. Justus Möser, cujo germanismo nunca foi alvo de objeções por parte de autores nacional-socialistas, escreveu: "toda sociedade civil é como uma sociedade por ações. Todo cidadão é um acionista. Um servo é um membro do Estado que não possui ações e, portanto, não possui ativos e passivos. Isso não é mais contrário à religião do que ser funcionário da Companhia das Índias Orientais sem possuir ações nela. No fundo, existe um contrato social explícito ou tácito entre todos os proprietários de terras que entregaram as suas fazendas contra ações" (MÖSER, Justus. *Patriotische Phantasien, III*. 3ª ed. Berlim: [s.n.], 1804).

CAPÍTULO III – NACIONAL-SOCIALISMO E DIREITO NATURAL...

máxima de que o indivíduo só pode ser punido de acordo com a lei, a doutrina da igualdade perante a lei – todas essas ideias são rotuladas e condenadas como normativismo "judaico". A fria norma impessoal e abstrata, proveniente da razão e rigidamente fixada, não garante o bem-estar da comunidade e, portanto, é prejudicial ao triunfo da "justiça". Somente o poder de ação totalmente irrestrito e baseado nas "circunstâncias do caso" garante a supremacia do sistema jurídico, cujo objetivo é a proteção do valor central da vida, ou seja, a proteção da comunidade.

A ideia de que a comunidade constitui a única fonte do direito tem um corolário, a doutrina de que não pode haver direito fora da comunidade. Dernedde expressa esse dogma ao insistir que "além das necessidades vitais do grupo étnico não existem valores jurídicos. Essas necessidades não devem sofrer oposição de restrições derivadas do direito".[651] De acordo com a doutrina nacional-socialista, nas relações com quem está fora da comunidade, somente os imperativos políticos são válidos. Aqueles que estão fora da comunidade são inimigos, reais ou potenciais. As relações no interior da comunidade são marcadas pela prevalência da paz, da ordem e da justiça. As relações com quem está fora da comunidade são marcadas pelo poder, pela guerra e pela destruição. Do ponto de vista do nacional-socialismo, o estabelecimento de uma norma jurídica que regesse as relações extracomunitárias, bem como as intracomunitárias, dificultaria o sucesso da ação política. Portanto, a doutrina do direito natural comunitário não está em conflito com o regime de arbítrio do Estado de Prerrogativa. Pelo contrário, ela pressupõe a sua existência, pois somente a comunidade, e nada além da comunidade, tem valor. Gerber escreve:

> o sistema político do nacional-socialismo assenta na *Gemeinschaft* como o valor supremo, isto é, na natureza essencial

---

[651] DERNEDDE, Carl. "Werdendes Staatsrecht". *Ztschr f. d. ges. Staatsw.*, Band 95, 1935, p. 349.

do grupo étnico alemão; o nacional-socialismo é a expressão da concepção de justiça do povo alemão.[652]

Além de expressar a concepção alemã de justiça, a teoria nacional-socialista do direito natural comunitário tem outra função. Trata-se da legitimação da ordem econômica e social existente. O professor Herrfahrdt, da Universidade de Marburg, mostrou de que modo a legitimação da atual ordem social se realiza com base na ideologia da comunidade. Ele diz que

> precisamente em questões relativas ao Estado de Direito e à segurança jurídica, a atividade judicial alemã tem procedido de acordo com a teoria comunitária do nacional-socialismo. Se ainda há nisso resíduos do liberalismo, eles constituem valores permanentes que também são aceitos pelo nacional-socialismo. Entre eles está a livre existência do número máximo possível de indivíduos independentes na área dos negócios.[653]

Dado que a comunidade foi elevada a um *status* semidivino, basta caracterizar uma instituição como comunitária para glorificá-la e dar-lhe legitimidade. Mas por que deveria o conceito de comunidade se restringir à nação como um todo? Por acaso não é a família o protótipo da comunidade? E se a família é uma comunidade, o âmbito doméstico também não o é? E se isso for verdade, então a oficina não é também uma comunidade, bem como a fábrica? Assim, a doutrina da comunidade altera a relação jurídica entre os membros do grupo étnico.

---

[652] GERBER, Hans. "Volk und Staat (Grundlinien einer deutschen Staatsphilosophie)". *Ztschr. f. dtsch. Kult. Philos.*, Band III, 1936, p. 47.

[653] HERRFAHRDT, Heinrich. "Politische Verfassungslehre". *Arch. f. Rechts. u. Soz. Phil.*, Band XXX, 1936, p. 109.

CAPÍTULO III – NACIONAL-SOCIALISMO E DIREITO NATURAL...

A doutrina da comunidade é o pivô de todo o sistema nacional-socialista. A doutrina da *Gemeinschaft* reconhece o dualismo do sistema jurídico: o Estado Normativo e o Estado de Prerrogativa.

A relação entre direito natural comunitário e Estado Normativo ainda precisa ser demonstrada. Tal relação aparece mais claramente no livro *Über die drei Arten des rechtswissenschaftlichen Denkens* [*Sobre os três tipos de pensamento jurídico*], de Carl Schmitt, que é o estudo jurídico mais influente dos últimos anos. Nesse ensaio, Schmitt distingue três tipos de pensamento jurídico:

1. O normativismo, caracterizado como o pensamento em termos de leis e normas abstratas.

2. O decisionismo, pensamento em termos de decisão, sem levar em conta qualquer base legal.

Ele justapõe a ambos a "teoria da ordem concreta" (*konkretes Ordnungsdenken*), que ele descreve como um pensamento que se refere às comunidades concretas existentes no interior do grupo étnico. Schmitt afirma: "para a teoria da ordem concreta, a ordem, mesmo do ponto de vista jurídico, não consiste em primeiro lugar em regras ou no sistema de regras. As regras são antes componentes da ordem e meios para mantê-la".[654]

Essa não é uma ideia especialmente nova na sociologia do direito alemã. Trata-se simplesmente de uma reformulação da proposição defendida por Eugen Ehrlich de que a lei efetivamente aplicada numa determinada situação não se encontra nos estatutos, mas nos costumes jurídicos praticados pelos membros da unidade jurídica em questão. Contudo, a afirmação de que a "teoria da ordem concreta" (*konkretes Ordnungsdenken*) não é nem original nem mesmo característica do pensamento nacional-socialista não esgota o significado

---

[654] SCHMITT, Carl. *Über die drei Arten des rechtswissenschaftlichen Denkens*. Hamburgo: [s.n.], 1934, p. 13.

da teoria de Schmitt, que, como Maunz[655] sustenta com razão, representa uma nova etapa no desenvolvimento da filosofia jurídica nacional-socialista. Não é a "teoria da ordem concreta" como tal, mas sua associação ao conceito de "comunidade" (*Gemeinschaft*) que lhe confere significado. Ehrlich não foi além de afirmar que a ordem social é produzida espontaneamente pelos membros da sociedade com maior frequência do que a ciência jurídica acadêmica imagina. Quando Schmitt observa que "a introdução do conceito de comunidade fez reviver a teoria da ordem concreta",[656] ele atribui aos portadores da ordem concreta a mesma qualidade mística que caracteriza o conceito nacional-socialista de comunidade.

A oposição de Schmitt ao normativismo jurídico é completamente coerente com a sua atitude durante o período republicano. Schmitt também roubou de Hegel a tendência a usar a "concretude" como arma contra a "abstração". Segundo Hegel, os princípios da razão devem ser concebidos como conceitos concretos para que a verdadeira liberdade possa vir a governar. Hegel caracteriza a escola de pensamento que se apega à abstração como liberalismo, e enfatiza que o concreto é sempre vitorioso contra o abstrato e que o abstrato sempre colapsa contra o concreto.[657] No entanto, Schmitt, que descobriu a soberania do Estado sob a lei marcial, que reiterou frequentemente a doutrina de Hobbes de que a autoridade, e não a verdade, é a criadora do direito, e que, em 1932, cunhou a frase "a melhor coisa do mundo é um comando",[658] afastou-se do decisionismo depois de a ditadura ter sido alcançada e a lei

---

[655] MAUNZ, Theodor; FRANK, Hans. *Deutsches Verwaltungsrecht*. Munique: [s.n.], 1937.

[656] SCHMITT, Carl. *Über die drei Arten des rechtswissenschaftlichen Denkens*. Hamburgo: [s.n.], 1934, p. 52.

[657] HEGEL, G. W. F. "Philosophie der Weltgeschichte". *In*: _____. *Sämtliche Werke*. Band VIII. Leipzig: [s.n.], 1923, p. 925 (tradução ao inglês de J. Sibree, *Lectures on the Philosophy of History*. Londres [s.n.], 1890, pp. 470/471).

[658] SCHMITT, Carl. *Legalität und Legitimität*. Munique: [s.n.], 1932, p. 13.

CAPÍTULO III – NACIONAL-SOCIALISMO E DIREITO NATURAL...

marcial se ter tornado permanente sob o Estado autoritário. Isso naturalmente causou alguma angústia nos seus admiradores.[659]

Uma análise crítica das teorias de Schmitt revela que, de acordo com a teoria da ordem concreta, as comunidades concretas não são as fontes primárias do direito. Se assim fosse, então cada grupo concreto, desde que constituísse um todo ordenado, teria de ser considerado equivalente a uma ordem comunitária concreta. Mas, nesse caso, a teoria de Schmitt implicaria logicamente uma teoria liberal da autonomia dos grupos. Mas isso não ocorre. A "teoria da ordem concreta" de Schmitt contém na verdade um elemento decisionista ligado à concepção de "comunidade". São considerados portadores da "ordem concreta" somente aqueles grupos aos quais o nacional-socialismo concede o *status* de "comunidade".

O esclarecimento desse problema não tem importância meramente teórica. Trata-se de um problema prático de significativa relevância política. Völtzer, o Fiscal do Trabalho do Distrito do Noroeste da Alemanha,[660] escreveu um artigo que, considerado conjuntamente com o artigo de Kühn sobre a organização da indústria, adquire um importante significado. Depois de examinar a relação entre a concepção nacional-socialista do Estado e o sistema estamental recentemente fundado, Kühn conclui que a nova organização da indústria cresceu organicamente a partir do nacional-socialismo. Ele diz que, na esfera dos estamentos,

> a autoadministração foi firmemente estabelecida quando o Estado nacional-socialista foi organizado. O nacional-socialismo

---

[659] DAHM, Georg. "Die drei Arten des rechtswissenschaftlichen Denkens". *Ztschr. f. d. ges. Staatsw.*, Band 95, p. 181.

[660] VÖLTZER, Friedrich. "Vom Werden des deutschen Sozialismus". *Ztschr. f. d. ges. Staatsw.*, Band 96, p. 1.

adotou a autoadministração de maneira totalmente coerente com seus próprios princípios.[661]

Kühn salienta também o vínculo intelectual entre a teoria nacional-socialista do Estado e o "sistema estamental". "A coordenação das ocupações, tal como se encarna hoje nos estamentos, contribui extraordinariamente para a formação da comunidade".[662]

Mas se a coordenação das ocupações é uma base particularmente adequada para uma comunidade, que é a encarnação da ordem concreta, por que, então, todos os grupos ocupacionais são considerados aptos a formar tais comunidades exceto o proletariado? De acordo com o ponto de vista nacional-socialista, antes de 1933, os sindicatos estavam contaminados pelo marxismo e infestados de judeus. Porém, em 2 de maio de 1933, os nacional-socialistas assumiram os sindicatos e exterminaram todos os vestígios do marxismo e do judaísmo. Por que os sindicatos, agora purificados, não foram preservados? Por que os empresários, os artesãos, os camponeses, os profissionais liberais, os artistas foram considerados aptos a formar comunidades, mas não os operários? Por que o operário deve estar satisfeito com a Frente de Todos os Trabalhadores Alemães (*Front aller schaffenden Deutschen*), enquanto os outros grupos formam estamentos autônomos aos quais é concedido o estatuto de comunidades acima e para além de sua filiação à Frente Alemã para o Trabalho? Völtzer responde a essa pergunta de maneira direta. Depois de descrever a captura da sede dos sindicatos pelas tropas de choque, ele continua:

> Na prática, o resultado foi a constituição de dois órgãos independentes, de empregadores, de um lado, e de empregados,

---

[661] KÜHN, Friedrich. "Der vorläufige Aufbau der gewerblichen Wirtschaft". *Arch. f. öff. Recht*, Band 27, p. 334.

[662] KÜHN, Friedrich. "Der vorläufige Aufbau der gewerblichen Wirtschaft". *Arch. f. öff. Recht*, Band 27, p. 360.

CAPÍTULO III – NACIONAL-SOCIALISMO E DIREITO NATURAL...

> de outro, cada um deles coordenado internamente. Hoje pode-se admitir que essas organizações fizeram o seu melhor para travar uma luta de classes espiritual sob a égide do nacional-socialismo.[663]

As experiências desse fiscal do trabalho são uma valiosa fonte de informações. Eles revelam que a adesão dos sindicatos alemães à ideia de luta de classes não se deve à sua "infecção pelo marxismo ou à sua corrupção pelos judeus". Uma vez que os mesmos sindicatos, sob os auspícios do nacional-socialismo, estavam prestes a envolver-se no mesmo tipo de luta de classes de antes, deve-se inferir que o trabalho organizado tende a dar seguimento à luta de classes mesmo que seus chefes sejam ideologicamente opostos a ela. Portanto, do ponto de vista nacional-socialista, os sindicatos não podem ser considerados "comunidades".

Não existe norma ou princípio abstrato a partir do qual se possa decidir se determinado grupo é ou não uma comunidade. O problema da teoria da ordem concreta transcende os limites do sistema das "comunidades" concretas. Esse problema exige uma solução decisionista e, uma vez que não há norma, tal decisão deve – se quisermos empregar a terminologia de Schmitt – derivar de um "vazio". Na realidade, porém, esse "vazio" não é de todo um "vazio". É o sistema de valores associado à estrutura de classes da sociedade atual. Essa é uma decisão política por excelência. Portanto, enquadra-se no âmbito do Estado de Prerrogativa.

Vista sob essa luz, a essência da teoria de Schmitt pode ser resumida da seguinte maneira: o sistema jurídico nacional-socialista está encarnado em comunidades concretas. A questão de saber quais grupos constituem comunidades concretas é decidida politicamente, isto é, a decisão não é tomada de acordo com normas

---

[663] VÖLTZER, Friedrich. "Vom Werden des deutschen Sozialismus". *Ztschr. f. d. ges. Staatsw.*, Band 96, p. 9.

preexistentes, mas de acordo com as "exigências da situação". As deficiências da teoria da ordem concreta são óbvias até para os nacional-socialistas. Havestädt,[664] em um artigo no *Verwaltungs-Archiv*, adverte seus leitores contra a atitude que opõe a teoria da ordem concreta à teoria da norma. Ele diz que tal abandono do pensamento normativista só resultaria numa espécie de pluralismo. Havestädt também penetra muito claramente no elemento decisionista no qual se baseia a teoria da ordem concreta quando diz que "qualquer comunidade profissional que se esqueça de sua tarefa deixa de formar uma 'comunidade' e com isso renuncia à pretensão de ser uma ordem".[665] O caráter "real" de uma ordem consiste, portanto, não no fato de sua existência, mas no cumprimento de uma finalidade que lhe é imposta de fora. A teoria da ordem concreta evapora completamente quando a reduzimos a seus elementos normativistas e decisionistas.

Não é por acaso que Schmitt negligenciou a análise dos elementos decisionistas em seus escritos recentes. A literatura nacional-socialista está repleta de tratados sobre a "comunidade" como protótipo da teoria nacional-socialista do direito. Há também um número considerável de estudos que tratam de problemas de direito político. Contudo, não existe um único tratamento sistemático da relação entre o direito político e o que se chama de direito da "comunidade". O professor Huber, de Kiel, é o único que toca no problema. Ele levanta a questão de saber se os princípios jurídicos têm no âmbito político tanta validade quanto em outras esferas da vida. Ele escreve:

> Se o seguidor na ordem política não gozasse de um *status* jurídico comparável ao do membro da comunidade, seriámos

---

664 HAVESTÄDT, Georg. "Grundverhältnisse des Eigentums". *Verwaltungsarchiv*, Band 42, pp. 337-368.

665 HAVESTÄDT, Georg. "Grundverhältnisse des Eigentums". *Verwaltungsarchiv*, Band 42, p. 365.

CAPÍTULO III – NACIONAL-SOCIALISMO E DIREITO NATURAL...

confrontados com uma disjunção tremenda e intransponível no seio da ordem jurídica. O dualismo entre o direito político da ordem política e o direito apolítico das outras esferas da vida seria pior do que a velha dicotomia entre o direito público e o direito privado.[666]

Contudo, vale a pena enfatizar que Hubner limita arbitrariamente a sua discussão de vários tipos de princípios das esferas política e não política ao problema do *status* dos "seguidores". Deve-se salientar, em primeiro lugar, que, em 30 de junho de 1934, Röhm e seus acólitos não receberam o benefício das garantias jurídicas adequadas ao seu *status* jurídico de seguidores de Adolf Hitler. Além disso, um tratado acadêmico sério deveria ter enfatizado que a sujeição às normas jurídicas esperada dos seguidores de um partido político constituiria uma exceção extraordinária ao princípio tão caro ao nacional-socialismo de que as questões políticas não estão abrangidas pelo direito.

No decurso desse estudo, o professor Huber revelou-se um dos proponentes mais extremos da substituição do Estado de Direito por um Estado cuja ordem política não seja restringida por normas jurídicas obrigatórias. Praticamente nenhum escritor contribuiu mais do que Huber para a introdução na ordem jurídica alemã dessa "distinção extraordinariamente importante" e, portanto, para a construção de um "dualismo que é pior do que a antiga distinção entre o direito privado e o direito público". Agora que já não são os inimigos políticos, mas os amigos políticos e seguidores do líder, que estão em perigo, ele recua diante da conclusão de que ele e seus colegas que pensam da mesma forma defendem há anos: a eliminação do direito do domínio da política! Se Huber não tivesse evitado a questão que ele próprio levantou, teria de

---

[666] HUBER, Ernst. "Die Rechtsstellung des Volksgenossen (erläutert am Beispiel der Eigentumsordnung)". *Ztschr. f. d. ges. Staatsw.*, 1936, p. 449.

enfrentar o fenômeno do Estado Dual com a sua distinção entre Estado de Prerrogativa e Estado Normativo.

Hans Peter Ipsen acredita que é possível contornar os problemas do Estado Dual transferindo-os do domínio do direito material para o das competências. O tratamento dado por Ipsen à questão em *Politik und Justiz*[667] [*Política e justiça*] reduz o problema fundamental do direito constitucional alemão recente a mero formalismo. O critério jurídico daquilo que Ipsen chama de "atos de soberania" não se encontra na sua *Justizlosigkeit*, isto é, no fato de estarem imunes às regras de direito material. Consequentemente, Ipsen descreve não os fenômenos em si, mas seus sintomas. Ele diz:

> A independência em relação ao controle judicial começa onde o titular da soberania – o Estado ou o partido – decide *in concreto*. A capacidade normativa do Judiciário de limitar atos de soberania com base em normas jurídicas, ou seja, a competência do Judiciário, é válida somente em geral, estando suspensa sempre que uma condição concreta disponha em contrário.[668]

Embora Ipsen acredite que todos os atos do Estado, sejam eles independentes de ou sujeitos a controle judicial, são consequências de um único e mesmo sistema jurídico,[669] ele não pode ignorar a questão de saber se tais atos são ou não justificáveis do ponto de vista da justiça. No prefácio de seu livro, Ipsen relativiza a ideia

---

667 IPSEN, Hans Peter. *Politik und Justiz* (*Das Problem der justizlosen Hoheitsakte*). Hamburgo: [s.n.], 1937.

668 IPSEN, Hans Peter. *Politik und Justiz* (*Das Problem der justizlosen Hoheitsakte*). Hamburgo: [s.n.], 1937, p. 276.

669 Ele diz que eles se referem "não a esferas heterônomas, mas a esferas homogêneas do Estado nas quais a justiça governa" (IPSEN, Hans Peter. *Politik und Justiz* (*Das Problem der justizlosen Hoheitsakte*). Hamburgo: [s.n.], 1937, p. 239).

CAPÍTULO III - NACIONAL-SOCIALISMO E DIREITO NATURAL...

de justiça ainda mais que outros juristas nacional-socialistas. Ele afirma que não existe somente uma "justiça alemã" em contraste com outras "justiças nacionais", mas que, além delas, existe uma justiça especial dos nacional-socialistas, que é válida somente para os seguidores do partido de Adolf Hitler. As principais conclusões de seu tratado, diz ele,

> só podem ser aceitas por aqueles que estão convencidos pelo seu senso de justiça de que a ordem dada é justa e que estão certos de que a resolução de litígios independentemente do Poder Judiciário e de suas normas é justa (...). No Estado nacional-socialista, todos os que o aprovam podem ter a certeza de que as suas expectativas serão satisfeitas.[670]

E quanto àqueles que não "o aprovam"? Será que Ipsen sugere que aqueles que não fazem parte do grupo étnico, os estrangeiros ou os alemães cuja atitude em relação ao regime é neutra ou hostil, não podem esperar justiça? Provavelmente não são escrúpulos morais que impedem Ipsen de declarar isto abertamente: "a justiça é apenas para nós, os outros devem ser julgados como acharmos adequado". Se Ipsen reconhecesse que o Estado nacional-socialista não só trata amigos e inimigos de forma diferente dentro do mesmo sistema, mas que na realidade existem dois sistemas contraditórios de dominação na Alemanha contemporânea, toda a sua tese seria insustentável e serviria somente para mascarar o verdadeiro problema. Assim, Ipsen não tem escolha senão fugir dessa questão embaraçosa. Isso é ainda mais significativo porque Ipsen revela conhecimentos e habilidades excepcionais e o seu livro é um dos melhores que apareceram na Alemanha nacional-socialista. Na verdade, Ipsen termina o seu prefácio escrevendo: "aquele que não aprova o Estado nacional-socialista não pode contribuir para a

---

[670] IPSEN, Hans Peter. *Politik und Justiz (Das Problem der justizlosen Hoheitsakte)*. Hamburgo: [s.n.], 1937, p. 12.

ERNST FRAENKEL

análise científica do direito alemão".[671] Todos aqueles que tiveram a infelicidade de entrar em conflito com o Estado de Prerrogativa sabem muito bem que o ponto essencial não é a contribuição para a teoria jurídica alemã, mas a compreensão de como funciona o poder na Alemanha. A evasão desse problema por Ipsen é uma forte evidência de que mesmo a monografia mais especializada não pode ser escrita de maneira rigorosa enquanto não houver liberdade de investigação científica. Além disso, a afirmação de Ipsen de que somente um nacional-socialista pode contribuir para a análise do direito nacional-socialista deve ser rejeitada como infundada. Se isso fosse aceito, haveria um completo repúdio a todo o direito internacional, na medida em que nele o juiz de um sistema jurídico tem competência para interpretar as normas de um sistema jurídico diferente do seu.

Todo esse problema foi tratado minuciosamente por Max Weber em *Der Sinn der Wertfreiheit der soziologischen und ökonomischen Wissenschaften* [*O Significado da neutralidade axiológica das ciências sociológicas e econômicas*]. Sobre o hipotético caso de um estudioso do direito anarquista, que rechaça o direito que pretende analisar, Weber disse:

> Justamente esse ponto arquimediano situado fora das convenções e dos pressupostos evidentes (isto é, sua rejeição do direito) pode lhe dar a capacidade de perceber problemas na teoria jurídica aceita que escapam àqueles que a consideram autoevidente. A dúvida radical é a fonte do conhecimento.[672]

---

[671] IPSEN, Hans Peter. *Politik und Justiz* (*Das Problem der justizlosen Hoheitsakte*). Hamburgo: [s.n.], 1937, p. 12.

[672] WEBER, Max. "Der Sinn der Wertfreiheit der soziologischen und ökonomischen Wissenschaften". *In*: _____. *Gesammelte Aufsätze zur Wissenschaftslehre*. Tübingen: [s.n.], 1922, p. 458.

CAPÍTULO III – NACIONAL-SOCIALISMO E DIREITO NATURAL...

Essas observações constituem a justificativa metodológica do presente livro.

No Estado nacional-socialista, a função principal da ciência não é a análise científica dos fenômenos jurídicos e sociais. Hans Frank, Ministro da Justiça alemão, declarou inequivocamente a tarefa da ciência:

> A substância, bem como os objetivos do trabalho científico devem ser o nacional-socialismo. A abstração vazia e a satisfação com resultados altamente teóricos por si só não devem ser o conteúdo dos estudos intelectuais. O seu objetivo deve antes ser a causa do nosso povo. Nem o livro em si (...) nem a satisfação "de que meu trabalho tenha levado à perfeição uma nova abordagem" deveriam ser o objetivo. Somente a convicção de que o trabalho científico realizado serve à promoção do nacional-socialismo é aceitável como justificação para a ciência.[673]

Essa citação ilustra o fato de que na Alemanha de hoje o "político" é supremo não só no direito e na religião, mas também na ciência. A frase de Frank muito citada, "o direito é tudo que é útil ao povo alemão", expressa claramente a ideia de que a Alemanha nacional-socialista reconhece como verdade somente aquilo que promove os objetivos atuais do partido no poder. Tal teoria da "verdade condicional" significa o fim da ciência.[674]

---

[673] FRANK, Hans. "Der Nationalsozialismus und die Wissenschaft der Wirtschaftslehre". *Schmoller's Jahrbuch*, Band 58, pp. 641-650, especialmente p. 643.

[674] Cf. RICKERT, Heinrich. *Kant als Philosoph der modernen Kultur (ein geschichtsphilosophischer Versuch)*. Tübingen: [s.n.], 1924, pp. 50 e 125.

PARTE III

A REALIDADE JURÍDICA DO ESTADO DUAL

Les institutions périssent par leurs victoires.
[As instituições perecem por suas vitórias]

Renan

CAPÍTULO I

A HISTÓRIA JURÍDICA DO ESTADO DUAL

1.1 O Estado Dual e o Estado dualista

Na Alemanha atual, muitas pessoas consideram insuportável o regime arbitrário do Terceiro Reich. No entanto, essas mesmas pessoas reconhecem que a ideia de "comunidade", tal como é hoje entendida, é algo verdadeiramente maravilhoso. Aqueles que assumem essa atitude ambivalente em relação ao nacional-socialismo cometem dois equívocos principais:

1. A atual ideologia alemã de *Gemeinschaft* ("comunidade") nada mais é que uma máscara que esconde a estrutura capitalista ainda existente na sociedade.

2. Essa máscara ideológica (a "comunidade") encobre igualmente a existência do Estado de Prerrogativa que opera por meio de medidas arbitrárias.

A substituição do *Rechtsstaat* (Estado de Direito) pelo Estado Dual é somente um sintoma. A raiz do mal reside no ponto exato em que os oponentes acríticos do nacional-socialismo descobrem motivos de admiração, nomeadamente na ideologia comunitária e no capitalismo militante que essa noção de *Gemeinschaft* supostamente esconde. Na verdade, é à manutenção do capitalismo na Alemanha que o Estado Dual autoritário é necessário.

Qualquer exame crítico que tente revelar a estrutura social do Estado nacional-socialista deve descobrir se os elementos essenciais do Estado Dual apareceram ou não em algum período anterior. Em contraste com formas "dualistas" semelhantes de épocas anteriores, a organização do Estado Dual nacional-socialista é monista. No "Estado dualista" anterior, dois poderes independentes (príncipe e aristocracia, rei e povo) tinham de colaborar para produzir um ato jurídico estatal; o Estado Dual, por outro lado, caracteriza-se pela unidade de sua liderança: "um Líder, um Povo, um Reich!" Apesar de sua unidade organizacional, pode muito bem existir grande variedade e contraste no conteúdo das leis e decretos emitidos pelo Estado.

No Estado dualista, cada ato legislativo ou política fiscal que expressa a vontade do Estado resulta de um acordo específico. A história constitucional do Estado dualista é a história de incessantes compromissos. O Estado Dual, ao contrário, caracteriza-se principalmente por um único compromisso geral e abrangente. Pode-se dizer que existe um Estado Dual sempre que há unificação organizacional da liderança, independentemente de haver alguma diferenciação interna no direito material. Do ponto de vista sociológico, o Estado Dual é caracterizado pelo fato de a classe dominante concordar com a integração absoluta do poder estatal dadas as seguintes condições:

1. Que as ações vitais para sua situação econômica sejam regulamentadas por leis que considerem satisfatórias;

2. Que as classes subordinadas, depois de privadas da proteção do direito, sejam desarmadas economicamente.

CAPÍTULO I – A HISTÓRIA JURÍDICA DO ESTADO DUAL

Ferdinand Toennies e Werner Sombart viam a natureza dual (*"Zwieschlächtigkeit"*) do Estado como sua principal característica.[675] Isso é verdade não só para o Estado dualista, mas também para o Estado monista e absolutista, no qual a dualidade é disfarçada por formas organizacionais e jurídicas.

Somente na Inglaterra, um país que nunca conheceu o fenômeno do Estado Dual, é que essas distinções perdem todo o sentido. Hintze, um dos principais historiadores das formas de governo alemãs modernas, diz que só há um local onde se pode dizer que existiu um Estado de Direito: a Inglaterra. Os governos militaristas, absolutistas e burocráticos do continente enfrentaram diversos problemas. Aqui a questão não era como garantir a supremacia do direito, mas como os dois sistemas jurídicos antagônicos, o antigo direito consuetudinário e o novo direito administrativo, poderiam ser equilibrados e harmonizados. Hintze considera esse antagonismo entre tais sistemas totalmente diferentes um fator decisivo na história do direito alemão. "Estou inclinado a afirmar", observa ele, "que o problema essencial na Alemanha sempre foi e continua sendo o do Estado de Direito".[676]

Falta-nos espaço para uma discussão das razões básicas das diferenças entre os sistemas da Inglaterra e do continente. Deve-se atribuir alguma importância ao efeito das forças armadas (o exército alemão e a marinha inglesa) na política interna dos respectivos países. Segundo Hintze, "o Exército é uma organização que penetra e molda a estrutura do Estado. A Marinha é apenas um punho fechado que se estende para o mundo exterior. Ela não pode ser

---

[675] Ver TOENNIES, Ferdinand. *Gemeinschaft und Gesellschaft.* 6ª e 7ª ed. Berlim: [s.n.], 1926, p. 227; e SOMBART, Werner. *Das Wirtschaftsleben im Zeitalter des Hochkapitalismus.* Band I. Munique; Leipzig: [s.n.], 1927, p. 48.

[676] HINTZE, Otto. "Preussens Entwicklung zum Rechtsstaat". *Forschungen zur Brandenburgisch-Preussischen Geschichte*, Band 32, p. 394.

empregada contra 'inimigos internos'".[677] Essa observação pode servir como ponto de partida para nossa tentativa de descobrir as razões pelas quais a Inglaterra nunca foi um Estado Dual. A sua condição insular e a importância esmagadora da sua marinha para fins defensivos impediram o amalgamento das esferas do direito e do poder. Michael Freund diz que

> a teoria política inglesa nos séculos XVI e XVII foi capaz de elaborar uma distinção entre as esferas do direito e do poder destinada a ser aplicada não apenas estruturalmente, mas também espacialmente (...). Absoluta em alto mar e nas colônias, a sede do Império era governada pelo direito consuetudinário [*common law*] e pelas leis estamentais.[678]

Quando, no decurso da luta relativa aos decretos de *ship-money*, a ameaça de um Estado Dual tornou-se realmente aguda na Inglaterra, questões jurídicas decisivas foram formuladas de uma maneira que ainda é relevante para a nossa análise da Alemanha contemporânea.

No caso *Rex vs. Richard Chambers*, um dos juízes, ao caracterizar essa mudança ameaçadora, disse que "havia um Estado de Direito e um Estado de Governo, e que muitas coisas que não poderiam ser feitas pelo Estado de Direito poderiam ser feitas pelo Estado de Governo".[679] Na Inglaterra, porém, o perigo foi reconhecido e superado a tempo por uma grande luta pela preservação do direito. Há trezentos anos, os principais atores dessa luta estavam conscientes do fato de que a eliminação parcial do direito provocaria necessariamente a destruição de todos os valores. D'Ewes, em sua

---

[677] HINTZE, Otto. *Staatsverfassung und Heeresverfassung*. Dresden: [s.n.], 1906, p. 43.

[678] FREUND, Michael. "Zur Deutung der Utopia des Thomas Morus (Ein Beitrag zur Geschichte der Staatsraison in England)". *H. Z.*, Band 142, p. 255.

[679] Citado em RUSHWORTH, John. *Historical Collections*. vol. II. Londres: [s.n.], 1721, p. 323.

CAPÍTULO I – A HISTÓRIA JURÍDICA DO ESTADO DUAL

autobiografia, observou que "se isso pudesse se passar por direito (...), a conclusão é que nenhum homem teria qualquer valor".[680] Essa aversão inglesa ao Estado Dual foi trazida para os EUA pelos emigrantes expulsos da Inglaterra pelo Arcebispo Laud.

Quando, alguns séculos mais tarde, durante a Guerra Civil, o surgimento de um Estado Dual parecia iminente, a Suprema Corte interrompeu esse desenvolvimento. Em *ex parte* no caso Milligan, o juiz Davis defendeu o Estado de Direito:

> Nenhuma doutrina que envolvesse consequências mais perniciosas foi jamais inventada pela inteligência do homem do que aquela que diz que quaisquer disposições jurídicas podem ser suspensas durante qualquer grande emergência do governo. Tal doutrina leva diretamente à anarquia e ao despotismo; a teoria da necessidade (...) é falsa (...). A Lei Marcial não pode surgir de uma ameaça de invasão. A necessidade deve ser real e presente (...). A Lei Marcial nunca poderá vigorar onde os tribunais estiverem abertos e no exercício adequado e desimpedido de suas competências.[681]

Quando esse voto é trazido para o contexto do estado permanente de lei marcial da Alemanha de hoje, vê-se a correção da afirmação de Morstein-Marx[682] de que as tradições constitucionais alemã e americana representam extremos opostos. O mais surpreendente é que Reinhard Höhn, que ensina teoria política nacional-socialista na Universidade de Berlim, tenha afirmado que entre a antipatia nacional-socialista pelas normas jurídicas e a adesão anglo-saxã ao Estado de Direito "não existe um conflito

---

[680] HALLIWELL, James Orchard (Coord.). *The Autobiography and Correspondence of Sir Simonds D'Ewes.* vol. II. Londres: [s.n.], 1845, p. 130.

[681] 4 Wallace 2 (121, 127).

[682] MORSTEIN-MARX, F. "Roosevelt's New Deal und das Dilemma amerikanischer Staatsführung". *Verwaltungsarchiv*, Band 40, 1935, pp. 155-213.

ERNST FRAENKEL

verdadeiro, mas meramente verbal".[683] De acordo com a definição clássica de Dicey,

> o Estado de Direito pode ser usado como uma fórmula para expressar o fato de que, para nós, as normas constitucionais, as regras que em países estrangeiros fazem naturalmente parte de um código constitucional, não estão na fonte, mas são a consequência dos direitos dos indivíduos, conforme definidos e aplicados pelos Tribunais.[684]

De acordo com o nacional-socialismo, os direitos do indivíduo na esfera do direito público são, na melhor das hipóteses, reflexos das leis, ao passo que, sob o Estado de Direito, o direito público nada mais é do que uma série de direitos individuais.[685] As declarações de Höhn por si só corroboram ainda mais a afirmação de que não se pode levar a sério o estudo da ciência política e da ciência do direito na Alemanha. Desde fevereiro de 1933, tornou-se evidente um fosso intransponível entre o pensamento alemão e o pensamento anglo-saxão.

Atualmente, a situação jurídica do século XVII reencarnou. A tendência derrotada na Inglaterra nessa época alcançou gradualmente sucesso na Alemanha. Durante aquele período, ocorreu uma decisão fatídica. Depois de ter quebrado a espinha dorsal da política de estamentos, a monarquia complementou a lei tradicional dos estamentos com um sistema de poder absoluto direcionado a objetivos políticos.

---

[683] HÖHN, Reinhard. "Parlamentarische Demokratie und das neue deutsche Verfassungsrecht". *Dtsch. Rw.*, 1938, pp. 24-54.

[684] DICEY, A. V. *Introduction to the Study of the Law of the Constitution*. 8ª ed. Londres: Macmillan, 1926, pp. 198/199.

[685] Cf. EBENSTEIN, William. "Rule of Law im Lichte der reinen Rechtslehre". *Revue internationale de la théorie du droit*, 1938, p. 316.

CAPÍTULO I – A HISTÓRIA JURÍDICA DO ESTADO DUAL

Um esboço histórico das mudanças em Brandemburgo e na Prússia após o estabelecimento do absolutismo por Frederico Guilherme, o Grande Eleitor (1640-1688), poderá mostrar a "natureza dual" do Estado em relação ao Estado Dual. Tal esboço se limitará aos territórios dominados pelos Hohenzollern. O sul, o oeste e o noroeste da Alemanha (o país dos camponeses livres) desenvolveram-se de maneira um pouco diferente.

1.2 A história do Estado Dual na Prússia e na Alemanha

A) O estabelecimento da monarquia absoluta

Com a destruição do poder feudal da nobreza pelo monarca absoluto durante os séculos XVII e XVIII, a "natureza dual" do Estado não se extinguiu. A princípio, a renúncia ao poder político por parte dos estamentos só poderia ser obtida em troca de outros privilégios sociais. Por exemplo, a Dieta de Berlim, em sua resolução de 5 de agosto de 1653, declarou expressamente que "a instituição da servidão será preservada onde quer que tenha sido introduzida ou seja parte dos costumes".[686] Além disso, o decreto da Dieta excluía a possibilidade de que autoridades do Eleitor interferissem em questões de competência dos tribunais da nobreza. Nesses tribunais, o ônus da prova foi fixado de uma forma que refletia claramente a realidade das relações de poder: em todos os casos em que um *Junker* reivindicava serviços, o camponês tinha de fornecer provas de que tais serviços não eram devidos. Depois de a Lei de 1681 relativa aos Trabalhadores Agrícolas ter permitido a migração de uma aldeia ou propriedade a outra, um novo compromisso sociopolítico obteve pleno efeito com outra Lei relativa aos Trabalhadores Agrícolas

---

[686] O documento foi reimpresso em ALTMANN, Wilhelm. *Ausgewählte Urkunden zur Brandenburgisch-Preussischen Verfassungs – und Verwaltungsgeschichte.* 2ª ed. Berlim: Weidmann, 1914.

(*Gesindeordnung*) instituída em 1722 e confirmada em 1769 (...). Daí em diante, os costumes locais foram sancionados até o ponto de a venda de servos ser permitida.[687]

Somente em troca de concessões tão importantes a nobreza fundiária renunciaria ao seu poder político e permitiria que a instituição dos *miles perpetuus* [exércitos permanentes] fosse estabelecida.[688] O resultado foi uma monarquia absoluta, mas não totalitária, uma vez que a rendição quase completa dos camponeses à nobreza fundiária impôs restrições às políticas econômicas do Estado em relação aos servos. Assim, o poder do Estado prussiano terminou com o *Landrat*.[689]

Contudo, mais significativo do que as concessões obtidas pelos *Junkers*, foi o fato de, para além do direito tradicional aplicado pelos tribunais, ter crescido uma ordem administrativa orientada pela *raison d'état* monárquica. Essa nova prática administrativa era organizacional e funcionalmente independente do direito material tradicional e da jurisdição dos tribunais. Essa inovação baseou-se no princípio de que "em questões políticas não há direito de recurso". O Estado absoluto era forte o suficiente para suspender ou abolir tanto a jurisdição dos estamentos como o domínio do direito tradicional, baseado no *status*, em qualquer assunto relevante para seus interesses. No entanto, não foi capaz nem quis eliminar o direito material de origem estamental naquelas esferas que não eram vitais a seus objetivos.[690] Assim, os estamentos foram capazes não só de preservar a integridade de seu

---

[687] BRINKMANN, Carl. "Wirtschaftsgeschichte". *In*: LANDESKUNDE DER PROVINZ BRANDENBURG. Band II. Berlim: [s.n.], 1910, p. 398.

[688] ERDMANNSDÖRFER, Bernhard. *Deutsche Geschichte im Zeitalter des Absolutismus*. Band I. Berlim: [s.n.], 1892-1893, p. 423.

[689] Por ocasião do 500º aniversário da Dinastia Hohenzollern em 1915, Otto Hintze teve de admitir que a nobreza prussiana soube como explorar a situação (HINTZE, Otto. *Die Hohenzollern und ihr Werk*. Berlim: [s.n.], 1916, p. 206).

[690] HINTZE, Otto. "Preussens Entwicklung zum Rechtsstaat". *Forschungen zur Brandenburgisch-Preussischen Geschichte*, Band 32, p. 429.

CAPÍTULO I – A HISTÓRIA JURÍDICA DO ESTADO DUAL

direito tradicional em todas as questões atinentes a seus privilégios econômicos, mas conseguiram mesmo lançar as bases para um sistema autônomo em questões econômicas. Não só o *Ständisches Kreditwerk* (cooperativa de crédito responsável por hipotecas dos feudos dos *Jukers*) permaneceu intacto (não foi extinto até 1820): em 1719, houve o acréscimo de um *Marsch-und Molestienkasse* que previa o custeio "litúrgico" (suficientemente significativo) das despesas militares pelos membros individuas dos estamentos. De importância ainda maior foram as sociedades de empréstimo provinciais (*Landschaften*) supervisionadas pela nobreza. A estrutura desses órgãos é adequadamente retratada no § 28 dos *Reglements* do *Ritterschaftliches Pfandbriefinstitut für die Kur-und Neumark*. Essas unidades eram geridas exclusivamente pela nobreza e os oficiais reais estavam explicitamente excluídos de participação.[691]

Se examinarmos a posição jurídica dos estamentos nos principados alemães na virada do século XVIII, veremos uma redução dos seus privilégios tradicionais a uma posição intermediária. O poder dos príncipes foi estendido acima deles e o poder dos senhores feudais abaixo deles. A proteção da corte era concedida plenamente somente à nobreza proprietária de terras mais privilegiada.[692] Com base no poder absoluto dos estamentos sobre os servos, erigiu-se um Estado que eliminou o dualismo de poderes que existia anteriormente. Mas a sua "natureza dual" persistiu de uma forma diferente, no sentido de que uma ordem juridicamente regulada funcionava paralelamente a uma ordem politicamente regulada. Max Weber caracterizou essa situação quando falou da coexistência entre o poder indestrutível das tradições e do poder arbitrário do gabinete real (como um substituto para a supremacia das regras racionais).[693]

---

[691] Dr. Spatz em LANDESKUNDE DER PROVINZ BRANDENBURG. Band II. Berlim: [s.n.], 1910, p. 275.

[692] LOENING, Edgar. *Gerichte und Verwaltungsbehörden in Brandenburg-Preussen.* Halle: [s.n.], 1914, p. 332.

[693] WEBER, Max. *Wirtschaft und Gesellschaft.* Tübingen: [s.n.], 1922, p. 703.

B) Despotismo esclarecido

Durante a segunda metade do século XVIII, o império do direito foi estendido a esferas até então intocadas. O monarca absoluto Frederico, o Grande (1740-1786), ao introduzir certas regras de proteção ao campesinato, impôs restrições jurídicas ao poder da nobreza fundiária. Guiado pelo Iluminismo, o absolutismo monárquico fortalecido tendeu a impor as doutrinas do direito natural àquelas esferas antes consideradas domínio da *raison d'état* e que estavam, portanto, fora da ordem jurídica. Otto Hintze vê essas atividades do despotismo esclarecido como o início do *Rechtsstaat* (Estado de Direito), o sistema característico do século XIX.[694] O despotismo esclarecido, representado em sua forma mais pura por José II da Áustria (1765-1790) e, em menor grau, por Frederico, o Grande, da Prússia, envolveu uma tentativa de eliminar completamente o caráter bífido do Estado. O seu objetivo era a supremacia absoluta da monarquia como detentora exclusiva da autoridade política e, concomitantemente, a sua sujeição ao direito natural. O programa da monarquia absoluta exigia não apenas a centralização da autoridade, mas também um sistema jurídico universalmente válido.

É claro que houve uma discrepância considerável entre o programa e a sua realização. O professor Hugo Preuss disse:

> O *Preussisches Allgemeines Landrecht* [*Código Prussiano de Direito Público e Privado* de 1792] soava como se suas premissas tivessem sido escritas pelo filósofo de Sanssouci, ao passo que as conclusões, mais importantes do ponto de vista prático, pareciam ter sido escritas pelo rei da Prússia.[695]

---

[694] HINTZE, Otto. "Preussens Entwicklung zum Rechtsstaat". *Forschungen zur Brandenburgisch-Preussischen Geschichte*, Band 32, p. 379.

[695] PREUSS, Hugo. *Verfassungspolitische Entwicklungen in Deutschland und Westeuropa (Historische Grundlagen zu einem Staatsrecht der Deutschen Republik.* Berlim: [s.n.], 1925, p. 401.

CAPÍTULO I – A HISTÓRIA JURÍDICA DO ESTADO DUAL

O Iluminismo não fez arrefecer a tirania antinatural dos estamentos sobre os servos ou a *raison d´état* despótica. Frederico, o Grande, descreveu assim a tensão entre a ideologia do direito natural e a realidade da ordem jurídica positiva.

> Existem províncias na maioria dos Estados da Europa nas quais os camponeses fixados no solo são servos de seus senhores. Essa é a mais miserável de todas as condições e a mais revoltante para a humanidade. Tais abusos são justamente detestados e pode-se pensar que bastaria desejar abolir esse costume bárbaro para que ele desaparecesse. Mas isso não é verdade. Esse costume assenta em antigos contratos entre os proprietários do solo e os colonos. Ao se tentar abolir essa instituição abominável, toda a economia rural seria perturbada. Seria necessário indenizar a nobreza em parte pelas perdas que seus rendimentos sofreriam.[696]

Diante desse ceticismo profundamente enraizado quanto ao que "o sistema econômico poderia suportar", é compreensível por que todas as tentativas de reduzir o serviço obrigatório de seis para dois dias por semana fracassaram,[697] e por que a Lei de Trabalho Agrícola de Neumark permaneceu em vigor apesar da existência da *Allgemeinen Landrecht* que garantia a liberdade civil ao campesinato.[698]

A mesma falha pode ser observada no Estado. As instruções para o Diretório Geral que o teórico do direito natural Cocceji (Secretário de Justiça de Frederico, o Grande) escreveu em 1747 contêm a regra: "todas as reclamações e ações judiciais devem ser tratadas pelos tribunais comuns, mesmo quando envolverem o

---

[696] Friedrich II. König von Preussen: *Gesammelte Werke*, Band 9, p. 205.

[697] HINTZE, Otto. "Zur Agrarpolitik Friedrichs des Grossen". *Forschungen zur Brandenburgisch-Preussischen Geschichte*, Band 10, p. 287.

[698] Cf. BRINKMANN, Carl. "Wirtschaftsgeschichte". *In*: LANDESKUNDE DER PROVINZ BRANDENBURG. Band II. Berlim: [s.n.], 1910, p. 298.

Estado ou o Tesouro". Mas um novo regulamento de 6 de junho de 1749 contradiz isso. Ele manteve o princípio geral mencionado, mas especificou numerosas exceções à aplicabilidade da lei, e é de particular importância que a competência de todas as questões que diziam respeito ao *status oeconomicus et politicus* coubesse a agências políticas, isto é, às Câmaras e Conselhos (mesmo que estivessem apenas ligeiramente relacionadas ao *status politicus*).[699] Assim, apesar do direito natural, a monarquia absoluta de Frederico, o Grande, foi regida pelo princípio de que todas as questões políticas estão além da competência do Judiciário. A esfera do *status politicus* permaneceu isolada do Estado de Direito positivo.

As duas décadas que separam a morte de Frederico, o Grande e a queda temporária de seu Estado na era napoleônica são marcadas por desenvolvimentos em direção ao *Rechtsstaat*. O *Allgemeine Landrecht* prussiano continha a famosa definição das funções da polícia. Sob a influência do direito natural, as tarefas da polícia eram definidas como proteção contra o perigo e a manutenção da ordem. É verdade que o *Allgemeine Landrecht* também continha uma disposição segundo a qual a prerrogativa real não estava sujeita a controle jurídico. Mesmo essa disposição representou um progresso definitivo em relação às regras anteriores porque o conceito de prerrogativa real é, sem dúvida, muito mais restrito do que o conceito vago de *status politicus*. O decreto de 1792 para a província da Nova Prússia Oriental previa um amplo controle judicial dos atos administrativos. Um decreto do Gabinete real de 1803 previa que os tribunais e não os conselhos administrativos eram competentes em todos os casos de direito público e privado.[700]

---

[699] A delimitação desse procedimento estava relacionada ao conceito de *status oeconomicus*, que passou cada vez mais a se referir a questões ligadas ao domínio do rei.

[700] Cf. WAGNER, A. *Der Kampf der Justiz gegen die Verwaltung in Preussen (dargelegt an der rechtsgeschichtlichen Entwicklung des Konfliktgesetzes von 1844)*. Hamburgo: [s.n.], 1936.

CAPÍTULO I – A HISTÓRIA JURÍDICA DO ESTADO DUAL

Após a catástrofe de 1806, esse desenvolvimento em direção ao *Rechtsstaat*, em vez de continuar a ser aperfeiçoado pelas reformas de Stein e Hardenberg, sofreu na verdade um sério revés.

C) Burocracia absoluta

A Revolução Francesa e as suas consequências puseram fim à associação entre direito natural racional e *raison d'état* utilitarista que se desenvolveu ao longo do século XVIII. Com a abolição da servidão, a base precária sobre a qual repousava o despotismo esclarecido desintegrou-se. Simultaneamente, como resultado da Revolução Francesa, os círculos politicamente dominantes descartaram o direito natural porque os seus perigos potenciais tornaram-se demasiado aparentes. A substituição parcial dos métodos patrimonialistas por métodos de administração burocrática, que se tornou necessária após a libertação do campesinato, não se limitou às áreas rurais. Eles passaram a permear todo o Estado e transformaram o despotismo da monarquia esclarecida no domínio absoluto da burocracia estatal. Era essa burocracia absoluta que Hegel tinha em mente quando escreveu sobre o Estado em sua *Filosofia do Direito*.

As investigações pioneiras de Georg Friedrich Knapp sobre as consequências sociais da libertação do campesinato tornam desnecessário que nos detenhamos nesse ponto específico. A abolição da servidão só pode ser entendida à luz do Decreto Regulamentar de 14 de setembro de 1811 e da Declaração de 29 de maio de 1816.[701]

Ao mesmo tempo, fracassou a proteção jurídica que a monarquia absoluta introduziu para a prevenção do despejo forçado

---

[701] KNAPP, G. F. *Die Bauernbefreiung und der Ursprung der Landarbeiter in den älteren Teilen Preussens.* 2ª ed. Munique: [s.n.], 1927. O decreto previa a cessão de terras pelos camponeses libertados como compensação aos *Junkers* pelas perdas. Os detentores de direitos hereditários tiveram de ceder um terço de suas terras, os não hereditários, metade, e os camponeses sem cavalos foram totalmente excluídos do solo.

dos camponeses (*Bauernlegen*). Como consequência, as camadas economicamente mais frágeis do campesinato tornaram-se diaristas agrícolas. Otto Hintze[702] calculou que dos 145 mil servos das antigas províncias prussianas (excluindo a Silésia), somente cerca de 45 mil tornaram-se agricultores independentes após a abolição da servidão. O restante foi "arrebatado" pelos *Junkers* e tornou-se parte do proletariado agrícola.[703]

A abolição da servidão hereditária foi acompanhada de um fortalecimento das tendências de formação de um Estado policial. A modificação do conceito de polícia efetuada sob a influência do direito natural durante a era do despotismo esclarecido só pode ser plenamente avaliada com referência à estrutura social do período. a esmagadora maioria da população nem sequer tinha sido tocada pela nova legislação orientada ao direito natural, uma vez que estava sob a jurisdição patrimonialista dos *Junkers* e não das agências do Estado. Para as classes superiores, o despotismo esclarecido significou uma diminuição da pressão da administração policial, uma vez que os estamentos, os quais anteriormente eram autônomos, foram integrados social e economicamente pela monarquia absoluta. Quanto mais as grandes propriedades na Alemanha oriental

---

[702] HINTZE, Otto. *Die Hohenzollern und ihr Werk*. Berlim: [s.n.], 1916, p. 495.

[703] Gustav Schmoller fez a seguinte tabulação da distribuição da população rural sob a monarquia absoluta de Bandenburgo (*Zur Verfassungs-, Verwaltungs- und Wirtschaftsgeschichte*, Leipzig, 1898, p. 623):

1618	1746	1774	1804	
18.558	16.646	18.842	18.097	camponeses
13.644	12.709	17.063	21.045	*cotters*
2.659	18.456	28.925	33.228	ligados aos grandes estamentos

(*Cotters* ou *Kossäten* cultivavam terras, mas sem exploração regular nos campos da aldeia e sem gado).

CAPÍTULO I – A HISTÓRIA JURÍDICA DO ESTADO DUAL

se transformavam em empresas agrícolas capitalistas, melhor se adaptavam ao Estado prussiano rigorosamente organizado.[704]

Esse desenvolvimento econômico teve repercussões políticas muito significativas. Os filhos mais novos dos *Junkers* prussianos foram forçados a ganhar a vida como oficiais do exército prussiano. A política mercantilista foi apoiada pelo sistema da grande propriedade fundiária e é ela própria efeito da operação do sistema capitalista nos feudos.[705]

A abolição da servidão hereditária pelo decreto de 9 de outubro de 1807 apresentou novos problemas à administração prussiana. O domínio administrativo do Estado prussiano, que até então se estendera pelo *Landrat*, incluía agora as camadas mais baixas da população. A introdução simultânea da liberdade de circulação, do fim do sistema obrigatório de guildas e outras restrições à indústria libertaram a população urbana dos laços que antes tinham facilitado o controle do Estado sobre a população industrial e comercial. Mesmo antes de o decreto de 9 de outubro de 1807 (que estipulava que depois do dia de São Martinho de 1810 só deveria haver pessoas livres na Prússia) ter entrado em vigor, a lei de polícia tinha sofrido uma mudança decisiva. Pelo § 3 do decreto de 26 de dezembro de 1808, foi revogada a legislação policial do *Allgemeine Landrecht*, que trazia a marca do direito natural. "O cuidado negativo e positivo com o bem-estar de nossos súditos fiéis" foi entregue à administração policial dos governos provinciais. A elaboração da lei de polícia iniciada pelo despotismo esclarecido foi interrompida pela libertação do campesinato e substituída pela concessão de poderes policiais irrestritos à burocracia absolutista. Como o exercício do poder policial permaneceu com os *Junkers*, a

---

[704] DUMLER, Marie. "Die Bestrebungen zur Befreiung der Privatbauern in Preussen". *Forschungen zur Brandenburgisch-Preussischen Geschichte*, Band 33, p. 187.

[705] HILFERDING, Rudolf. *Das Finanzkapital*. Band II. Wien: [s.n.], 1923, p. 432.

lei de polícia recentemente introduzida compensou-os pelo poder que tinham perdido sobre os servos.

A nova lei de polícia diminuiu enormemente o controle judicial sobre as atividades policiais. Friese, o pai espiritual do decreto de 26 de dezembro de 1808, reconheceu claramente essa mudança. Se a polícia exercesse não apenas funções negativas e de proteção – como permitia o *Allgemeine Landrecht* – mas também funções "positivas" (que envolviam competência ilimitada), e se fosse admitido que "certo grau de poder legislativo era inerente à administração policial", então a polícia tinha também o direito de "intervir em atividades lícitas e decretar ações para as quais não tinha competência legal específica".[706] De maneira correspondente, o § 38 do decreto reduziu ao mínimo o controle sobre a polícia. Isso significou que, na prática, a polícia (uma vez que o *Allgemeine Landrecht* não especificou isso explicitamente) tornou-se capaz de erigir um sistema independente de autoridade paralelo à ordem jurídica do Estado.

Assim, os acontecimentos de 1653 repetiram-se sob condições mais complexas nos anos de 1808-1816. Tal como em 1653, após a Guerra dos Trinta Anos, foi criada uma base para o absolutismo dos príncipes territoriais – depois de os estamentos politicamente despossuídos terem sido compensados com uma extensão de seu poder social – e a derrota nas guerras napoleônicas forneceu terreno para um novo compromisso.

O monarca absoluto conseguiu fortalecer-se em relação à nobreza em troca de um reforço da servidão hereditária. A burocracia absoluta procurou fortalecer-se em relação

---

[706] Friese, citado em LOENING, Edgar. *Gerichte und Verwaltungsbehörden in Brandenburg- Preussen*. Halle: [s.n.], 1914, p. 133. Walter Hamel (*Dtsch. Recht* 1936, p. 413) descreveu esse importante desenvolvimento da lei de polícia. Ele propõe substituir a Lei de Polícia da Prússia de 1931 pelo decreto Friese de 1808.

CAPÍTULO I – A HISTÓRIA JURÍDICA DO ESTADO DUAL

à nobreza entregando-lhe o campesinato em uma forma modernizada, pela abolição da servidão.[707]

A história alemã corrobora a hipótese de que a derrota militar promove o absolutismo político? A reorganização militar que se seguiu ao Tratado de Vestfália trouxe consigo as *miles perpetuus*, enquanto a Paz de Tilsit (1807) foi seguida pela introdução do serviço militar universal. Ambas as reformas que afetaram profundamente a estrutura do Estado estavam estreitamente ligadas, pelo menos, ao fortalecimento, se não ao estabelecimento, do Estado absoluto. Esse processo só poderia ser consumado por meio de um compromisso com as classes dominantes. A posição de poder das classes superiores na Alemanha parece ter surgido parcialmente da consolidação do poder do Estado no período absolutista, pois isso só poderia ser realizado com a colaboração das classes dominantes e à custa das classes mais baixas.

Seja como for, a estrutura política do Estado prussiano no período da reação pós-napoleônica difere essencialmente do absolutismo monárquico do período do despotismo esclarecido, apesar da manutenção de uma forma monista de organização estatal. A libertação do campesinato significou a troca pela nobreza fundiária dos privilégios sociais pelo poder econômico. As perdas e ganhos dessa mudança permitiram aos *Junkers*, pela adaptação ao padrão de desenvolvimento econômico, transformar seus bens patrimoniais em empresas capitalistas orientadas para a exportação. Esse novo tipo de empresa foi facilmente integrado à ordem jurídica burguesa, que estava se modernizando com reformas simultâneas na regulação da indústria e do comércio. Os interesses da aristocracia fundiária dominante estavam, em grande medida, em harmonia com os objetivos econômicos da burguesia comercial e industrial, que tinha sido libertada das amarras do mercantilismo.

---

[707] KEHR, Eckhart. "Zur Genesis der preussischen Bürokratie und des Rechtsstaats (Ein Beitrag zum Diktaturproblem)". *Gesellschaft*, 1932, p. 109.

Pois "enquanto o atraso industrial forçar os agricultores a exportarem, o proprietário fundiário estará bem-disposto em relação à indústria e ao comércio".[708] As tendências de livre-comércio da política tarifária alemã foram a expressão dessa atitude, que possibilitou o fortalecimento da burguesia, por mais que a burocracia absolutista tivesse como principal objetivo miná-la politicamente. No entanto, o desenvolvimento subsequente da indústria reforçou a influência da burguesia e ameaçou o poder político dos *Junkers* proprietários de terras.

A política interna da burocracia aristocrática governante[709] teve como mola mestra a perseguição pela polícia de agitadores populares e precursores da unidade nacional. Por outras palavras, a sua política interna foi essencialmente orientada à defesa contra movimentos democráticos revolucionários (nesse período, idênticos aos movimentos nacionais) que surgiram na Europa após a formação do proletariado industrial. Ao mesmo tempo, a burocracia aristocrática governante, no seu papel de órgão executivo da aristocracia agrária-capitalista *Junker*, caminhava em direção a uma política liberal de livre-comércio e a um sistema racional de direito privado. Durante a Restauração, a dupla natureza da monarquia manifestou-se no conflito entre o Poder Judiciário e a administração.

A Restauração viu um renascimento do estudo do direito. Seu mais ilustre teórico, Savigny, negou a possibilidade de alteração do direito historicamente desenvolvido por meio de legislação. De modo característico, a sua definição de direito dizia respeito somente ao direito privado. O mesmo Savigny, como Ministro da Justiça,

---

[708] HILFERDING, Rudolf. *Das Finanzkapital*. Band II. Wien: [s.n.], 1923, p. 432.

[709] Em contraste com a monarquia de Frederico, o Grande, em que a liderança do exército e a hierarquia superior da administração eram compostas exclusivamente pela nobreza, enquanto o Estado era dirigido politicamente pelo rei e pelos seus conselheiros burgueses, na Alemanha pós-napoleônica, a liderança política também caiu nas mãos da alta burocracia aristocrática. O príncipe von Hardenberg na Prússia e o príncipe von Metternich na Áustria foram os seus representantes mais famosos.

CAPÍTULO I – A HISTÓRIA JURÍDICA DO ESTADO DUAL

afirmou que o Estado poderia declarar os seus próprios órgãos policiais independentes do controle judicial. Essa rejeição da doutrina do direito natural do Iluminismo implicava (na esfera do direito privado) que o direito, tal como se desenvolveu historicamente, era inviolável, enquanto na esfera da administração estatal a rejeição do direito natural tendia a estar associada ao desmantelamento de tudo o que era direito público em favor do poder juridicamente irrestrito da polícia. Ilustrativas dessa tendência são as repetidas tentativas de obstrução do controle judicial das penas impostas pela polícia. As condições voltaram a ser as de 1749. O rescrito de 17 de abril de 1812 atribuiu competência sobre os processos criminais menos graves relativos à servidão exclusivamente à polícia e excluiu explicitamente o direito de recurso. É interessante notar que as punições da polícia às pessoas das classes mais baixas incluíam castigos corporais e que nas áreas rurais a nobreza *Junker*, na maioria dos casos, permanecia na posse da autoridade policial patrimonial. Assim, junto com o direito aplicado pelos tribunais, havia outro corpo de leis criado e aplicado exclusivamente pela polícia. Nos anos seguintes, o Estado policial bloqueou cada vez mais o controle jurídico das medidas policiais, mesmo nos casos em que o poder irrestrito da polícia poderia ter sido limitado pela interpretação legalista do decreto de 26 de dezembro de 1808.

O fim dessa evolução foi prenunciado pelos primeiros sinais da Revolução de 1848. O § 6 da "Lei de Admissibilidade de Recurso Judicial contra Ordens da Polícia", de 11 de maio de 1842, previa que a revisão dos casos policiais pelos tribunais fosse admissível somente se a ordem policial tivesse sido declarada conflitante com a lei por um órgão administrativo superior. O ano de 1847 testemunhou a introdução do *Konflikt* (ver p. 175), que a Alemanha nacional-socialista herdou da Restauração – o período mais sombrio de reação na história moderna da Prússia.

Se levarmos em conta que a polícia tinha também "tarefas positivas", que o controle da polícia pelos tribunais administrativos não existia e o controle judicial deixara de existir, pode-se perceber facilmente por que é que o conceito de Estado Dual surgiu nessa época. Percebeu-se que as questões administrativas eram resolvidas, não de acordo com o direito, mas de acordo com considerações de conveniência política e concepções de *raison d'état*.[710] Quando Franz Schnabel escreveu que "embora o período de reformas de Stein e Hardenberg tenha procurado reduzir as atividades do Estado a tornar o cidadão autossuficiente, seu resultado foi a manutenção e a renovação do antigo Estado Policial",[711] ele se aproximou do significado do período, mas não o compreendeu completamente,.

O conflito entre a ordem jurídica e econômica individualista liberal, por um lado, e o Estado policial absoluto e autoritário, por outro, tornou-se ainda mais agudo à medida que os desenvolvimentos econômicos fortaleciam a burguesia, uma vez que o objetivo principal do Estado policial da Restauração era impedir a ascensão política dessa classe. A Revolução de 1848 foi uma tentativa de resolver esse conflito. Ela foi travada em nome do Estado de Direito, no qual os tribunais reinariam supremos. A Constituição de Frankfurt previa que todas as violações do direito fossem tratadas por tribunais comuns. Toda a atividade do Estado deveria ser examinada pelo mesmo tipo de órgãos judiciais e pelos mesmos métodos jurídicos desenvolvidos no domínio do direito privado.

Será que essa tentativa de permear todo o sistema jurídico com os ideais do positivismo jurídico seria mais bem-sucedida do que a tentativa anterior de o impregnar com o direito natural? O Estado de Direito pelo qual a Revolução de 1848 lutou representava outra tentativa de concretizar o ideal da universalidade do direito. Mas o esforço foi infrutífero por conta da vitalidade dos grupos feudo-burocráticos que pensavam em termos políticos e não jurídicos.

---

[710] WALDECKER, Ludwig. *Von Brandenburg über Preussen zum Reich*. Berlim: [s.n.], 1935, p. 114.

[711] SCHNABEL, Franz. *Deutsche Geschichte im 19. Jahrhundert*. Band II. Freiburg: [s.n.], 1929, p. 110.

CAPÍTULO I – A HISTÓRIA JURÍDICA DO ESTADO DUAL

D) O *Rechtsstaat*

O vigor dessas forças políticas foi amplamente demonstrado pela resistência que ofereceram às forças liberais democráticas após o atraso das forças feudais e a derrota do absolutismo. É especialmente revelador que, durante o conflito entre Bismarck e a oposição liberal na década de 1860, os grupos que exigiam o Estado de Direito e o sistema parlamentar de governo nunca tenham conseguido dominar toda a estrutura do Estado. Ao manter o controle ilimitado sobre os militares, a coroa preservou o núcleo do poder político. Assim, na monarquia constitucional, o controle dos assuntos militares e estrangeiros e o poder de declarar a lei marcial permaneceram "Prerrogativas da Coroa", independentes e separadas do constitucionalismo parlamentar e do Estado de Direito.

Enquanto para os liberais do livre-comércio da década de 1860 as prerrogativas políticas da Coroa pareciam vestígios de uma época passada, os protecionistas do Partido Nacional Liberal da era guilhermina esforçaram-se para fortalecer o poder político e militar do monarca.

No início da Primeira Guerra Mundial, Emil Lederer[712] já via claramente que, no interior do Estado dualista bismarckiano, o poder monárquico era maior do que o do Estado de Direito parlamentar. Ao discutir a lei marcial dos primeiros anos de guerra, Lederer formulou a tese de que o Estado moderno tem uma natureza dupla. Ele afirmou que as forças armadas, que eram então responsáveis pela administração da lei marcial, não eram afetadas pela Constituição e que, para o moderno Estado de Prerrogativa (*Machtstaat*), a Constituição não existe. "O último vestígio do direito natural foi apagado".[713] As forças militares demonstraram

---

[712] LEDERER, Emil. "Zur Soziologie des Weltkrieges". *Arch. f. Szw*, Band 39, p. 359.

[713] LEDERER, Emil. "Zur Soziologie des Weltkrieges". *Arch. f. Szw*, Band 39, p. 373.

a sua absoluta independência em relação ao governo civil e saíram--se vitoriosas sempre que houve um conflito entre o comando do exército e o governo civil. Até onde sabemos, o artigo de Lederer foi o primeiro a retratar a coexistência do Estado Normativo e do Estado de Prerrogativa. A declaração de Lederer de 1915, no sentido de que esses conflitos eram na verdade choques entre dois tipos de Estado, foi confirmada em 1917, quando a maioria do *Reichstag* cruzou espadas com o *Vaetrlandspartei*. Os inimigos do parlamentarismo e da democracia eram representados tanto por grupos aristocráticos monárquicos como por setores imperialistas da alta burguesia (o Grande Almirante Tirpitz era o seu líder mais importante). Ambos os grupos queriam pôr fim à natureza dual do Estado. Na verdade, esse caráter dual parecia ter sido definitivamente superado quando, após a revolução de novembro de 1918, o Reich se tornou uma república parlamentar e as prerrogativas militares foram abolidas. A vitória anterior das forças conservadoras parecia ter sido revertida.

A República de Weimar pretendia organizar e regular normativamente a totalidade da atividade política. No entanto, uma das ilusões fatais dos autores da Constituição de Weimar foi a crença de que a eliminação do poder monárquico significaria a redução à impotência daqueles grupos que, ao propagarem a ideia do *Machtstaat* (Estado de Prerrogativa), procuravam somente aumentar o próprio poder. O caso do *Vaterlandspartei* deveria ter deixado claro representantes da democracia alemã que as funções especificamente políticas do Estado já não eram um atributo da Coroa e que esta se tinha tornado uma fachada que escondia as verdadeiras intenções desses grupos que almejavam o poder. A Revolução de 1918 havia acabado com o dualismo formal da estrutura do Estado, mas a influência política dos círculos imperialistas, plutocráticos e protecionistas que tinham sido os proponentes da *Machtpolitik* desde a época de Bismarck não terminara.

A história da República de Weimar deveria servir como prova de que o poder político constitucionalmente reconhecido da monarquia

CAPÍTULO I – A HISTÓRIA JURÍDICA DO ESTADO DUAL

era menos perigoso para a existência do Estado de Direito do que a negação jurídica de qualquer poder político específico, tal como enunciado na Constituição de Weimar. O poder político, em sua encarnação monárquica, era legitimado por tradições que forneciam a sua justificação. A legitimação tradicional do exercício do poder limita não apenas a fonte do poder, mas também o seu alcance. Quando esses detentores de poder tradicionalmente legitimados foram varridos do palco, os grupos que estavam orientados em primeiro lugar ao poder tiveram que escolher entre as seguintes alternativas: ou (a) estabelecer *praeter legem* um poder político fora da ordem jurídica e rever a Constituição com o objetivo de estabelecer o *Machtstaat* autoritário, ou (b) substituir *contra legem* a Constituição racional do *Rechtsstaat* por um Estado ditatorial. Essa ditadura teria que estar desvinculada dos limites tradicionais da monarquia e dos limites racionais da república.

A tentativa de fazer uma revisão autoritária e orientada ao poder da Constituição de Weimar foi de fato empreendida durante o governo de Brüning. Com a justaposição dos poderes presidenciais extraordinários (permitidos pelo artigo 48 da Constituição) e a manutenção de uma parte considerável do Estado de Direito, reapareceu durante algum tempo a imagem familiar do Estado dualista, mas o fracasso da experiência de Brüning abriu caminho para a anulação total da decisão de 1918.

Não foi por acidente que o Partido Nacional-Socialista se formou originalmente a partir de uma seção do *Vaterlandspartei*,[714] nem é menos significativo que o Terceiro Reich se esforce para se apresentar como continuador da era de Bismarck, tentando apagar os 14 anos (1919-1933) da história alemã que se passaram entre os dois governos. Em um sentido histórico mais profundo, o Partido Nacional-Socialista é a continuação do *Vaterlandspartei*. Este último foi fundado pelos proponentes plutocráticos do Estado de

---

[714] HEIDEN, Konrad. *History of National-Socialism*. Londres: [s.n.], 1934, p. 1.

poder, a fim de complementar a mobilização militar e econômica com a mobilização política. O Partido Nacional-Socialista, como agente de mobilização política, empreendeu uma mobilização econômica (Plano Quadrienal) que, por sua vez, serviu como base indispensável da mobilização militar.

Os precedentes de Hitler na história alemã são Frederico Guilherme, o Grande Eleitor, e Hardenberg. Adolf Hitler não apenas restaurou a conquista do Grande Eleitor (*miles perpetuus*) e a de Hardenberg (recrutamento militar); a conquista de Adolf Hitler é a mobilização total. Tal como o Grande Eleitor e Hardenberg, ele é o criador de uma nova forma de absolutismo. O absolutismo monárquico e burocrático é seguido pelo absolutismo ditatorial.

Indicamos os grupos que fizeram os compromissos que resultaram no absolutismo monárquico e burocrático – nas *miles perpetuus* e no renascimento do serviço militar universal. Cabe-nos agora determinar quais grupos sociais participaram da formação do atual Estado Dual alemão.

CAPÍTULO II

O CONTEXTO ECONÔMICO DO ESTADO DUAL

Embora eu não seja economista, é essencial que discutamos certos aspectos econômicos do atual sistema alemão, a fim de compreender alguns problemas fundamentais. Somente num contexto econômico podemos compreender por que é que o Estado na Alemanha não é nem completamente "baseado em prerrogativas" nem completamente "normativo", mas "dual". Devemos conhecer o tipo e o grau de "necessidade" histórica envolvida na emergência do Estado Dual na Alemanha. Pois é no Estado Dual que encontraremos o ponto de partida para a solução de um problema muito debatido: o sistema econômico alemão é capitalista ou não?

Embora o sistema econômico alemão tenha sofrido muitas modificações, ele permanece predominantemente capitalista. Até agora, pelo menos, as modificações que seguiram o caminho do étatisme [estatismo] e da burocracia são menos significativas do que a persistência de traços capitalistas; mas elas são suficientemente numerosas para justificar que analisemos o atual sistema alemão como um novo tipo ou fase do capitalismo. E esse novo tipo de capitalismo está tão intimamente ligado ao Estado Dual que nenhum dos dois seria possível em sua forma atual sem o outro.

ERNST FRAENKEL

Quando os nacional-socialistas chegaram ao poder, a economia alemã, no que diz respeito à sua estrutura institucional, podia ser caracterizada como um capitalismo privado organizado com muitas características monopolistas e muita intervenção estatal. O capitalismo liberal concorrencial já não estava na ordem do dia; o que prevalecia era um capitalismo quase monopolista bastante "organizado", com enormes conglomerados e muitos cartéis que estavam, no seu conjunto, sujeitos apenas a uma ligeira supervisão governamental. Esse sistema era apoiado por tarifas protecionistas e subsídios governamentais. A propriedade pública e o controle estatal parcial tinham alguma importância em certos ramos da indústria, mas, em geral, esse controle estava restrito a "setores estratégicos" (como transporte e energia) e às indústrias nas quais a participação do Estado na propriedade ou no controle apoiava em vez de modificar o sistema capitalista. Durante a Grande Depressão, o poder do governo na esfera econômica aumentou acentuadamente. No ramo bancário e na indústria siderúrgica, as falências foram evitadas pela intervenção do governo. O Reich estendeu o seu poder regulador a quase todos os aspectos da atividade econômica, inclusive sobre os salários. Como disse um importante sindicalista, o Estado democrático e os grupos que o apoiavam pretendiam agir como "médicos de um capitalismo doente".[715]

Em muitos aspectos, a política econômica do Estado Dual parece mera continuação, uma fase um pouco mais desenvolvida, do "capitalismo organizado" do período de Weimar. Essa semelhança torna-se particularmente clara se ambas as fases forem contrastadas com o capitalismo "liberal", por um lado, e com qualquer tipo consistente de socialismo, por outro. Contudo, a manutenção dessas características institucionais particulares foi acompanhada pela modificação de outras. Tais modificações foram suficientemente profundas e nítidas para justificar a caracterização

---

[715] TARNOW, Fritz. *Parteitag der Sozialdemokratischen Partei Deutschlands zu Leipzig 1931*. Berlim: [s.n.], 1931, p. 45.

CAPÍTULO II – O CONTEXTO ECONÔMICO DO ESTADO DUAL

da economia nacional-socialista como uma fase distinta desse processo histórico. As páginas seguintes tentarão aplicar essa dupla perspectiva aos aspectos institucionais do controle da propriedade e da organização de grupos de interesse.

No que diz respeito à instituição da propriedade privada em geral e da propriedade privada dos meios de produção, devemos notar, em primeiro lugar, que ela foi defendida pelos nacional-socialistas tanto em princípio quanto de fato. Somente a propriedade dos judeus foi atacada. Pode-se notar que o Reich alemão aumentou o peso da propriedade privada em comparação com 1932, devolvendo as suas ações de controle na indústria siderúrgica e em alguns dos maiores bancos a empresas e proprietários privados. O princípio da propriedade privada foi defendido mesmo para empresas pelas quais o programa nacional-socialista demonstrou algum grau de antipatia, por exemplo, lojas de departamento e bancos. Essa preservação do domínio tradicional da propriedade privada é, no entanto, acompanhada por mudanças importantes em *direitos* de propriedade específicos. O direito de dispor da propriedade privada e dos rendimentos dela derivados está sendo modificado em muitas direções, por exemplo, pelo controle de investimentos estrangeiros e especialmente de exportações de capitais, pelo controle da bolsa de valores, por limitações à distribuição de dividendos, pela proibição de comercialização de uma área considerável de propriedades fundiárias, pelo controle dos preços e do consumo e, por último, mas não menos importante, pela tributação. Quanto à propriedade privada dos meios de produção, existe um consenso de que os pequenos e médios empresários capitalistas sofreram mais do que os grandes. Com a intensificação da campanha de rearmamento, até os grandes empresários e capitalistas aumentaram as suas queixas relativas a restrições impostas à propriedade privada. Todos os fatos conhecidos indicam, contudo, que, mesmo agora, eles gozam de pelo menos uma vantagem comparativa.

Embora se tenha, de certo modo, imposto limitações aos direitos de propriedade privada, eles ainda existem e, com eles, a diferenciação da sociedade alemã em grupos de proprietários e de não proprietários. Outro fato importante é que a renda proveniente da propriedade privada está agora, no seu conjunto, muito mais segura do que antes. Esses riscos individuais estão, por assim dizer, incluídos no risco político geral necessariamente envolvido no rearmamento e na guerra.

Quanto à importância do controle público, é óbvio, a partir desse resumo de fatos bastante conhecidos, que o controle governamental, já considerável no período de Weimar, aumentou e continua a aumentar. Contudo, a intensidade e o rigor do atual sistema de controle sugerem a presença de causas adicionais, tais como os requisitos de um controle deliberado dos ciclos de negócios. O atual regime está determinado a usar todo o seu poder para evitar a ocorrência de uma nova depressão. Tal determinação tem muitas razões, algumas econômicas, outras políticas e militares. O controle bem-sucedido, ou melhor, a prevenção das depressões, requer um grau especialmente elevado de intervenção do governo. A justificativa para o aumento do controle político também está interligada com a preparação militar. Além desses fatores, podemos mencionar outro: em qualquer burocracia desenvolvida existe uma tendência inerente ao alargamento da esfera de controle governamental. Historicamente, essa propensão tem sido controlada pela Constituição, pela legislação, pelo Parlamento e pela influência social e política dos setores que são objeto desse tipo de controle burocrático. É claro que alguns controles específicos serão exigidos apenas temporariamente, e posteriormente serão abolidos. Além disso, qualquer burocracia inteligente tentará diminuir possíveis resistências enfatizando o caráter meramente temporário de qualquer dificuldade imposta, mesmo que não tenha ideia de quando a emergência terminará e mesmo que saiba que o novo controle, por conta de direitos adquiridos e dos interesses que cria, tenderá a tornar-se permanente. Existem também certos setores da burocracia que trabalham em estreita cooperação com importantes interesses privados. Essas estruturas tentarão encorajar e consolar os

CAPÍTULO II – O CONTEXTO ECONÔMICO DO ESTADO DUAL

representantes dos grupos de interesses, apontando oportunidades futuras para a iniciativa privada. Mas, muito provavelmente, tudo isso não afeta a tendência geral que, ao longo das flutuações no grau de controle do governo, aponta para um aumento permanente na importância do controle público em questões econômicas, bem como em outras.

Quanto aos métodos de controle central, são necessárias apenas algumas observações gerais. Eles variam desde o comando direto até formas mais indiretas de controle. É importante considerar essas variações no grau de controle porque cada afastamento do comando direto implica a preservação de alguma esfera de iniciativa privada. O caso mais típico parece ser uma combinação entre uma regulamentação geral por meio da lei e de decisões mais concretas de uma autoridade dotada de poder discricionário, mas não arbitrário. Sempre que necessário, são concedidos subsídios estatais.

A regra geral de que as empresas individuais (se não todos os investidores individuais) devem obter um lucro justo sugere que alguma esfera de poder de negociação e de iniciativa foi deixada ao empresário. Existem dois grandes desenvolvimentos na esfera da iniciativa privada e do controle estatal. A primeira é o crescimento de associações monopolistas sob o nacional-socialismo. Foram criados muitos carteis que fortalecem seus membros maiores e mais influentes. O segundo desenvolvimento é o maior crescimento dos "conglomerados e trustes" individuais, apesar da hostilidade ideológica do nacional-socialismo em relação aos trustes. Essa evolução é em parte efeito do antissemitismo e em parte consequência do aumento dos lucros que eram frequentemente utilizados para comprar ações de outras empresas e em parte ainda devida ao fato de o crescimento dos trustes se ter tornado imperativo por conta de dificuldades de obtenção de matérias-primas.

Finalmente, deve-se investigar o papel dos grupos de interesses. O fato fundamental é, evidentemente, que todas as organizações de trabalhadores foram destruídas. Ao contrário da Itália, a

ERNST FRAENKEL

Alemanha nem sequer tem sindicatos estatais para organizar os trabalhadores, para os quais a introdução da arbitragem obrigatória e a correspondente tendência dos sindicatos de se tornarem órgãos estatais durante o período de Weimar pareciam constituir um passo preliminar. Por outro lado, as organizações de interesses de outros grupos não foram destruídas. Na indústria e no comércio, não só os vários "estamentos", mas também os muitos comitês consultivos e organizações de cartel são usados para promover interesses de grupos específicos.

Após essa descrição dos aspectos "estruturais" do sistema econômico nacional-socialista, passemos a um breve resumo das políticas econômicas implementadas pelo Estado nacional-socialista.

Os principais objetivos da política econômica nacional-socialista podem ser resumos em três tópicos:

1. O estabelecimento do *poder* político-econômico do Estado nacional-socialista.

2. O aumento do emprego e da produção.

3. A salvação e a promoção de dois setores principais da economia alemã: as indústrias "pesadas" e os produtores de cereais das grandes propriedades agrícolas da Alemanha oriental. Ambos foram ameaçados de ruína pela grande depressão e – apesar de toda a sua influência política – foram considerados em perigo político durante a última fase da República de Weimar.

Para uma compreensão da política econômica nacional-socialista, parece indispensável lidar primeiro com cada problema separadamente, embora se descubra mais tarde que os três convergem e apoiam-se mutuamente.

1. O poder como objetivo da política econômica significa a subjugação de todas as políticas "econômicas" a considerações de necessidade ou conveniência política. Na atual situação mundial,

CAPÍTULO II – O CONTEXTO ECONÔMICO DO ESTADO DUAL

lutar por um aumento de poder é idêntico a lutar pelo nacionalismo econômico e pelo imperialismo. Esse poder sempre atua tanto externa quanto internamente. De maneira característica, o poder aplicado internamente foi considerado e justificado como um meio para aumentar o poder do grupo nas suas relações externas. A principal tarefa da política econômica consistiria em transformar o sistema econômico em um instrumento de aumento e preservação do poder do Estado e dos grupos. Em consequência, a direção dos assuntos econômicos deve visar principalmente ao aumento do poder de Estado a fim de concretizar objetivos de defesa e, sobretudo, de expansão territorial, mesmo que tal política implique dificuldades consideráveis para muitos produtores ou grupos de consumidores.

A implementação da segunda e da terceira políticas anteriormente elencadas também serviu ao primeiro e mais importante objetivo. A solução do problema do desemprego e da recessão na indústria pesada e na agricultura oriental ajudou muito a fortalecer o poder do regime na Alemanha. A expansão da produção, em particular de produtos alimentares e de aço, reforçou o poder do regime externamente. Esse aspecto do sistema econômico alemão passou cada vez mais ao primeiro plano e, em suas fases mais recentes, ofuscou todas as outras considerações. Mesmo em períodos de "paz", a economia alemã era uma economia de guerra.

Esse objetivo supremo de tornar o Estado alemão tão poderoso quanto possível num curto espaço de tempo impôs diversas condições às decisões sobre políticas concretas a serem implementadas e métodos a serem empregados. À luz do objetivo orientador, qualquer desperdício de recursos potencialmente úteis é um fracasso do ponto de vista do fornecimento do equipamento de guerra necessário. Os recursos devem ser explorados num grau extraordinariamente elevado – mesmo que seja necessário realizar pressão política.

Para um programa de rearmamento eficaz, era necessário não só um rápido aumento da produção, mas também um nível de produção permanentemente elevado. Mesmo que por outras razões que não simplesmente a "preparação" militar, qualquer reação cíclica ou depressão tinha de ser evitada. Contudo, o perigo de uma reação é aumentado pela própria intensidade da "recuperação" provocada pelos gastos públicos. Portanto, é necessário um alto grau de controle direto e indireto. Esse grau de controle tem sido mais facilmente aceito no sistema econômico alemão do que na maioria dos outros países, uma vez que o capitalismo alemão esteve, desde o seu início, mais estreitamente ligado ao Estado do que a maioria dos outros capitalismos.

Além dos dois pontos discutidos até agora – ou seja, a utilização plena e estável de todos os recursos – há uma terceira implicação de extrema importância: a preparação econômica para políticas expansionistas requer uma direção definida do processo econômico quanto ao que deve ser produzido e consumido. Pode-se distinguir dois âmbitos específicos, a saber: (a) comércio exterior e (b) aspectos internos.

a. Desde a famosa mudança na política comercial empreendida por Bismarck em 1878, o capitalismo alemão é mais ligado ao protecionismo que o capitalismo de qualquer outro país. Mesmo no período de Weimar (a partir de 1925), os interesses protecionistas reinavam supremos. Também no tempo de Locarno e Genebra, o argumento mais importante por trás do renascimento do nacionalismo econômico alemão foi a "guerra", juntamente com o temor de que qualquer ataque sério aos ramos nacionais da economia alemã (indústrias pesadas ocidentais e grandes propriedades orientais) perturbasse completamente a estrutura social, política e econômica do país. Na Grande Depressão, o aumento do protecionismo e outros métodos de estrangulamento do comércio mundial foram praticados na Alemanha da mesma forma que em qualquer outro país. Com a chegada de Hitler, o protecionismo nacionalista ou a "autarquia" aumentaria acentuadamente. O novo regime favoreceu os grupos econômicos mais importantes do ponto de vista "nacional": a indústria de ferro e aço e o setor produtor de cereais.

CAPÍTULO II – O CONTEXTO ECONÔMICO DO ESTADO DUAL

No domínio da política econômica externa, o programa de rearmamento exigia um forte aumento das políticas protecionistas tradicionais e uma combinação de duas tendências algo antagônicas: tanta autarquia quanto possível e, ao mesmo tempo, a importação de matérias-primas vitais para o projeto. Essa situação (tornada ainda mais difícil pela falta de ouro e de divisas) obrigou o governo nacional-socialista a utilizar e a expandir, num grau nunca antes visto, todos os meios de controle de importações que tinham sido introduzidos pelo governo Brüning em 1931. Esse tipo de controle revelou-se talvez a mais notável usurpação da liberdade das empresas. Ele foi acompanhado por muitas tentativas econômicas e políticas de expansão e redirecionamento das exportações, a fim de que novos mercados fossem abertos em países considerados especialmente importantes do ponto de vista da expansão militar e econômica.

b. No domínio da política econômica interna, destacam-se dois fatores principais:

1) O aumento do investimento foi muito maior do que o aumento total na produção de bens de consumo.

2) Na esfera do consumo, a participação do Estado aumentou fortemente em comparação com a parcela atribuída aos consumidores privados para fins privados.

Se tomarmos 1928 = 100, o índice de produção industrial total aumentou de 54 em 1932 para 132,7 no primeiro trimestre de 1939. O índice para a produção de todos os bens de consumo aumentou de 74 em 1932 para 118,1 em 1938; o índice de produção de bens de investimento de 35,4 em 1932 para 140,5 no primeiro trimestre de 1939. A produção de bens de consumo aumentou cerca de 60% e a produção de bens de investimento cerca de 260%.[716] O fato de, num período de recuperação, os investimentos se expandirem

---

[716] Ver *Deutschlands wirtschaftliche Lage in der Jahresmitte 1939*, publicado pelo *Reichskreditgesellschaft*, Berlim, 1939.

em um ritmo superior ao do consumo não é, em si, nada fora do comum. No entanto, existem quatro características estreitamente inter-relacionadas da expansão alemã que a distinguem de outros processos semelhantes.

Em primeiro lugar, a produção total expandiu-se mais do que se poderia esperar em condições normais. Esse elevado grau de expansão é ainda mais notável se levarmos em conta as capacidades excedentárias em muitas indústrias que se desenvolveram durante o período de racionalização anterior a 1929. A causa desse elevado grau de expansão após 1932 reside, evidentemente, na elevada taxa de investimento público financiado pela expansão do crédito.

Uma segunda característica particular da prosperidade de Hitler foi o grau de expansão do investimento em comparação com o consumo. Isso certamente foi possível pelo fato de no início do processo existirem enormes capacidades produtivas não utilizadas nessas indústrias de investimento. Mas essas capacidades só poderiam ser utilizadas se alguns novos campos de investimentos fossem abertos ou criados. Isso foi feito precisamente pelo programa de rearmamento, com o seu ritmo de crescimento contínuo. Em geral, todo processo de expansão das indústrias de bens de investimento, ao produzir aumento dos salários, conduz a um crescimento nos gastos com bens de consumos e a um aumento das taxas de juros. Essa reação é altamente indesejável do ponto de vista de qualquer política que queira evitar uma recessão ou mesmo manter sua taxa de crescimento. O regime de Hitler certamente previu tal situação quando embarcou numa política de expansão rápida com o objetivo de rearmar-se. Portanto, foi necessária a introdução de restrições especialmente fortes à expansão do consumo. Esse tornou-se o principal problema da política econômica alemã e quase todas as medidas de controle repressivas e diretivas na Alemanha serviram principalmente a este único objetivo: restringir o consumo tanto quanto possível e colocar tantos recursos produtivos quanto possível a serviço dos preparativos de guerra. Essa foi uma das principais funções do controle sobre importações, investimentos, preços, mercados

CAPÍTULO II – O CONTEXTO ECONÔMICO DO ESTADO DUAL

de capitais, taxas de juros e, finalmente, o meio mais importante de todos: a manutenção de baixos níveis salariais. No geral, a política de contenção do consumo foi altamente bem-sucedida, embora as intenções do governo não tenham sido plenamente concretizadas. Houve aumentos importantes nos preços, mesmo que sob a forma da piora de qualidade. Era imperativo que a política de expansão do investimento evitasse qualquer aumento das taxas salariais nominais acima do nível praticado no período da depressão. Essa política salarial implicou uma tremenda pressão sobre a classe trabalhadora. Hitler não teria sido capaz de levar a cabo essa política se a classe trabalhadora ainda contasse com suas organizações econômicas. O fato de ele não ter copiado Mussolini nesse ponto específico não pode ser explicado pelo estágio mais elevado de desenvolvimento da organização dos trabalhadores na Alemanha; a explicação deve vir de uma análise do impacto da política armamentista e de investimentos sobre as condições salarias e trabalhistas em geral.

Uma terceira característica especial da "recuperação de Hitler" é a persistência e o aumento da proporção do investimento público em relação ao investimento total. No início do governo Hitler, pensava-se que a principal função do investimento público consistia no chamado *pump-priming*, isto é, no estímulo do investimento privado (por meio de um aumento na renda nacional total) até que ele pudesse, mais uma vez, se sustentar por conta própria. Na Alemanha de hoje, contudo, o papel do investimento público revelou-se bastante diferente. Quando a economia alemã se aproximou do ponto de pleno emprego, os investimentos públicos e privados tornaram-se claramente rivais. Mas o governo Hitler manteve o investimento público em nível muito elevado com sua política de rearmamento. Como consequência, a restrição do investimento privado somou-se à restrição do consumo privado. Na prática, somente investimentos privados que servissem direta ou indiretamente ao programa de rearmamento eram permitidos.

Há mais uma característica do "*boom*" do rearmamento alemão estreitamente relacionada com as políticas de preços e salários discutidas acima: embora grande parte dos investimentos públicos tenha sido financiada por crédito adicional, não houve indícios significativos de inflação real na Alemanha, mesmo durante a fase de pleno emprego. Isso pode ser explicado principalmente pela política deliberada de manutenção dos preços baixos e pela política de manutenção dos salários nominais. Além disso, a tributação de uma parte dos lucros impediu o crescimento do poder de compra em mercados menos controlados, o que normalmente tenderia a empurrar os preços para cima. O tempo restrito no qual o regime de Hitler tentou cumprir as tarefas de rearmamento foi obviamente condicionado por uma importante limitação: elas precisavam ser realizadas sem inflação. No entanto, o povo alemão foi forçado a pagar muito caro por essa proteção contra a inflação: teve de submeter-se a todo um conjunto de controles que ultrapassou o domínio da produção e do consumo e atingiu outras formas tradicionais de liberdade, como a liberdade de circulação e a liberdade de escolha profissional.

Em comparação com a situação do início do regime de Hitler, a maioria dos que estavam empregados nessa altura enfrentaram grandes perdas econômicas. Aqueles que estavam desempregados ganharam em sentido absoluto, mas perderam em termos relativos, em comparação com o que teria sido o seu destino sob outros regimes. Essa perda relativa foi subjetivamente equilibrada ou recompensada pelo sentimento de maior "segurança". Objetivamente falando, a perda relativa foi agravada pela probabilidade crescente de que esse tipo de política de rearmamento conduza à guerra.

A maioria dessas considerações também se aplica às classes proprietárias. As limitações em matéria de direitos de propriedade e de liberdade de empresa foram acompanhadas por um aumento considerável nos rendimentos de propriedade e nos lucros. O simples fato de seus direitos de propriedade e sua posição social terem sido salvaguardados foi considerado um valor positivo, que compensaria os sacrifícios que tiveram que fazer, especialmente no campo da política.

CAPÍTULO II – O CONTEXTO ECONÔMICO DO ESTADO DUAL

Essa consideração leva a uma última implicação da política de rearmamento de Hitler. Se a tarefa suprema consiste em utilizar todos os recursos disponíveis para a preparação da guerra num tempo mínimo, então grandes experimentos de reforma social estão fora de questão. Tais reformas, em direção ao socialismo, por exemplo, exigem tempo e energia e, durante um período bastante longo, diminuiriam os resultados da produção. A decisão de proteger a instituição da propriedade privada como base da ordem social existente não era apenas politicamente necessária tendo em conta as preferências dos apoiadores do partido, mas também uma consequência inevitável da política de rearmamento.

2. Devemos agora considerar o outro possível objetivo principal da política econômica nacional-socialista: reempregar os desempregados a todo custo e salvar aqueles setores política e economicamente poderosos mas (até 1932) seriamente ameaçados da economia alemã que já mencionamos, isto é, a indústria pesada do oeste e as propriedades produtoras de grãos do leste.

Em primeiro lugar, sobre o restabelecimento dos empregos, pode-se argumentar que, pelo menos em 1933, esse era o objetivo mais importante, quase o único visível e professado da política nacional-socialista. Esse objetivo foi enfatizado no início porque os outros dois objetivos ou não eram úteis para a propaganda ou ainda não estavam maduros para serem concretizados. Para estimular o emprego, o governo Hitler utilizou muitos dispositivos já empregados por gestões anteriores, e colocou a pressão da máquina partidária nessa campanha. O primeiro período foi de mera improvisação. Durante algum tempo, esse sistema foi razoavelmente bem-sucedido, mas quando atingiu o seu limite, o regime estava pronto para dar ao programa geral de empregos um objetivo específico: o rearmamento. Dali em diante, o objetivo da política de empregos torna-se praticamente idêntico ao objetivo da preparação para a guerra. Nas condições predominantes na Alemanha, as grandes dificuldades do programa de empregos teriam conduzido o sistema existente na direção do nacionalismo econômico e político. Após um período de improvisações, teria se tornado imperativo esperar até que a economia mundial se recuperasse – uma solução que, do ponto de vista político e psicológico, era insuportável – ou organizar todos os esforços de geração de empregos em um "plano". Assim que o regime decidiu realizar um ataque mais sistemático e coordenado ao problema do desemprego, tornou-se indispensável dar uma direção clara ao "plano": gerar empregos para que? Devido às dificuldades implícitas de tal política, o objetivo principal tinha de ser popular. A saída mais fácil era uma política nacionalista. Essa escolha foi apoiada pelas próprias implicações de uma política independente de recuperação.

Para tornar o programa de empregos popular, foi necessário apenas inventariar os recursos materiais não utilizados que teriam de ganhar novo destino, bem como os trabalhadores desempregados. O desemprego e a falta de uso de equipamentos era especialmente grave nas indústrias pesadas. Por acaso não eram essas indústrias e seus aliados, os grandes proprietários fundiários, que exploravam em benefício próprio as riquezas do "solo nacional"? Assim, o programa de geração de empregos articulou-se não só ao rearmamento, mas também à salvação dos setores da economia alemã que tinham sido dominantes durante muitas décadas.

3. Neste capítulo não é possível nem necessário investigar se os líderes nacional-socialistas moldaram deliberadamente as suas políticas econômicas a fim de salvar a agricultura produtora de cerais do leste e as indústrias de carvão, ferro e aço do oeste. Muitos acreditam que o nacional-socialismo não passa, por assim dizer, de um empregado doméstico do capitalismo monopolista alemão. Eles apontam o importante papel que os representantes de ambos os grupos desempenharam nos dias decisivos que levaram Hitler ao poder e os benefícios que tais setores da nação receberam do governo nacional-socialista. Essas teorias simplistas tendem a desacreditar de maneira desnecessária a interpretação econômica do fascismo. Tal interpretação deveria ser formulada em termos de categorias muito mais detalhadas e de maior profundidade.

CAPÍTULO II – O CONTEXTO ECONÔMICO DO ESTADO DUAL

Uma citação do artigo de Schumpeter, *"Zur Soziologie der Imperialismen"* [*Sobre a sociologia dos imperialismos*], parece especialmente pertinente para uma descrição da relação existente entre o nacional-socialismo e o capitalismo privado ou entre a política e a economia da ordem alemã atual.

> O nacionalismo e o militarismo não são criados pelo mesmo capitalismo. Tornam-se, no entanto, capitalizados e, finalmente, extraem sua melhor força do capitalismo. O capitalismo está gradualmente atraindo o nacionalismo e o militarismo para os seus próprios círculos, mantendo-os e alimentando-os. Eles novamente influenciam e modificam o capitalismo.[717]

Os industriais do oeste e os proprietários de terras do leste apoiaram Hitler na esperança de que seriam capazes de permanecer senhores, de usar Hitler para seus próprios propósitos: se necessário, livrar-se-iam dele e de seu movimento. É verdade que esses mesmos grupos receberam certos favores especiais do governo e que, graças à política governamental, foram de fato capazes de obter lucros e ganhos consideráveis em valores de capital e de fortalecer a sua posição nos principais conglomerados. Contudo, quem enfatiza esses benefícios não pode ignorar totalmente o preço que teve de ser pago por eles. Na melhor das hipóteses, os antigos senhores devem agora partilhar o poder com a élite do partido e com a burocracia do Estado e do partido. Os seus direitos de prosperidade e controle também foram consideravelmente limitados. Na verdade, eles não são livres para mudar a liderança nacional-socialista e dependem principalmente da possibilidade de essa liderança não estar interessada em retirá-los de suas posições econômicas e sociais.

---

[717] SCHUMPETER, Joseph. "Zur Soziologie der Imperialismen". *Arch. f. Szw.*, Band 46, p. 309.

Foi demonstrado por muitas investigações teóricas e empíricas que o "capitalismo monopolista", por um lado, e o crescimento do nacionalismo econômico e do imperialismo, por outro, estão intimamente interligados. Esses fenômenos reforçam-se mutuamente.

O atual governo nacional-socialista acrescentou muitas organizações monopolistas às que tinham sido criadas anteriormente e, por assim dizer, herdou delas o mesmo tipo de política externa que elas sempre haviam promovido, o nacionalismo e o imperialismo agudos. Com tudo isso, porém, permanece ainda em aberto a questão de saber se o regime nacional-socialista implementou as suas políticas segundo os padrões elaborados pelos interesses monopolistas ou pelos efeitos contínuos das "situações de monopólio", isto é, se os favores concedidos aos setores mais monopolistas da economia alemã são mais um subproduto da política nacional-socialista do que um de seus objetivos deliberados. Embora esteja inclinado a atribuir uma importância considerável à salvação dos interesses capitalistas mencionados em todo o complexo de objetivos nacional-socialistas, parece-me mais adequado dizer que os nacional-socialistas têm agido *como se* a proteção dos interesses monopolistas e a salvação dos setores mais ameaçados da economia alemã fossem os objetivos mais importantes de sua política econômica. Pode-se então deixar para uma investigação mais aprofundada determinar quanta verdade histórica está contida nas palavras "como se".

Podemos agora resumir o resultado de nossa análise da ordem econômica atual da Alemanha:

1) Embora os direitos dos proprietários privados tenham sido limitados, os tipos e a extensão da propriedade privada tenham sido modificados e o controle estatal tenha aumentado, as instituições fundamentais do capitalismo não foram abolidas.

2) Todas as atividades privadas foram postas, por meio de controles estatais, a serviço da expansão política, principalmente militar.

CAPÍTULO II – O CONTEXTO ECONÔMICO DO ESTADO DUAL

3) O investimento público total está estreitamente correlacionado com a política salarial do regime, que se baseia na destruição de todas as organizações de trabalhadores.

4) Ainda existem: empresas capitalistas, mercados nos quais essas empresas vendem e compram, mercados de títulos de propriedade, transações de crédito privado e todos os tipos de disputas associadas a reivindicações e obrigações.

5) O sistema de atividades econômicas privadas está cercado, apoiado e limitado por uma burocracia pública enormemente aumentada, que atua em parte com base em leis geralmente claras e delimitadas e em parte com base em poderes discricionários mais ou menos amplos, com a reserva de que todo assunto pode ser regulamentado arbitrariamente.

Devemos provar que existe uma relação estreita não só entre os eventos políticos e econômicos, mas também entre a estrutura econômica e a estrutura política. O problema a ser enfrentado é este: qual a função precisa do Estado Normativo e quais as funções do Estado de Prerrogativa na esfera econômica? Que aspectos da ordem política e da ordem econômica correspondem entre si?

O Estado Normativo funciona claramente como a moldura jurídica para a propriedade privada, para as atividades de mercado das unidades empresariais individuais, para todos os outros tipos de relações contratuais e para as regulamentações das relações de controle entre o governo e as empresas. Mesmo que as regras do jogo sejam alteradas pelo legislador, algumas delas são indispensáveis para que se garanta um mínimo de previsibilidade das consequências de determinadas decisões econômicas. Para evitar mal-entendidos, é importante notar que as atividades da burocracia que interferem no "sistema de livre empresa" também são reguladas pelo Estado Normativo, embora a sua interferência reduza enormemente as antigas esferas de liberdade. Nessa medida, as formas jurídicas que definem e protegem os direitos individuais contra outros membros da economia e contra a invasão das autoridades estatais ainda estão vigentes e são utilizadas.

Embora o Estado Normativo detenha alguns poderes em esferas que não são estritamente econômicas, o campo da economia continua a ser o domínio mais importante do "Estado de Direito" condicional na Alemanha atual. Não apenas as empresas privadas, mas também as empresas públicas são regulamentadas e protegidas pelo Estado Normativo. O fato subjacente é a necessidade de descentralização de certas funções em qualquer sociedade de grande escala com tecnologia avançada. Essa descentralização requer uma moldura normativa estável, mas flexível. Na Alemanha atual, essa descentralização das funções vitais à sociedade é efetuada por meio de um complexo de instituições denominadas propriedade privada, contrato e empresa privada. As empresas privadas são protegidas pelo Estado Normativo mesmo sob o nacional-socialismo porque são aceitas como a principal forma de descentralização das funções econômicas.

Quando sugerimos que o Estado Normativo no Terceiro Reich está intimamente relacionado com o sistema de propriedade privada e empresarial existente (embora modificado), fazemos isso principalmente para indicar a diferença marcante entre o tratamento dos interesses da propriedade e do trabalho. Foi no campo do trabalho que o Estado de Prerrogativa avançou para a esfera dos assuntos econômicos, por meio da destruição de todas as organizações de trabalhadores autênticas e pela perseguição constante de todos os antigos e potenciais novos líderes dos trabalhadores como "inimigos do Estado".

Se nossa análise das relações entre o mundo dos negócios e o Estado Normativo estiver correta, segue-se que o Estado de Prerrogativa não pode ser um poder de controle direto e positivo, sendo antes um poder limitante e de apoio indireto.

1) Após a decisão fundamental a favor do nacionalismo radical ter sido tomada em 1933, esse programa ousado exigiu

CAPÍTULO II – O CONTEXTO ECONÔMICO DO ESTADO DUAL

salvaguardas contra perturbações políticas e interrupções prematuras. Tal garantia era indispensável se levarmos em conta os muitos sacrifícios e pressões que essa política imporia a quase todas as classes, e especialmente às classes trabalhadoras e médias baixas. As atividades das agências do Estado de Prerrogativa eram, portanto, um pré-requisito para a execução contínua do programa econômico do governo.

2) Diante da magnitude e da intensidade do esforço exigido da sociedade alemã, as lutas de classes abertas decorrentes da continuidade de organizações de classe relativamente livres prejudicariam a eficiência do regime, com o desperdício de energia e a geração de impasses; por isso, os nacional-socialistas exigiram a supressão das lutas de classes abertas, ao menos em suas formas mais abertas.

3) O Estado de Prerrogativa também é importante para o sucesso das políticas econômicas do governo porque pode utilizar ameaças diretas para fazer cumprir as regulamentações mais severas do Estado Normativo. Dado que essas ameaças não podem ser calculadas ou previstas, o Estado de Prerrogativa é muito mais poderoso que o Estado Normativo: na verdade, a mera potencialidade de tais ameaças é, em caso de dúvida, suficiente para suscitar precaução, mesmo que a sua utilização muito frequente possa perturbar todo o processo econômico. Dessa forma, o Estado de Prerrogativa é capaz de influenciar o comportamento dos capitalistas e dos empresários, embora eles sejam nominalmente não apenas controlados, mas também protegidos pelo Estado Normativo.

A melhor análise da revolução nacional-socialista que poderia ser oferecida com base na interpretação econômica da história foi feita perante o *Reichstag* em 21 de maio de 1935 pelo próprio Adolf Hitler:

> Para assegurar o funcionamento da economia nacional tornou-se necessário travar o movimento dos salários e

dos preços. Era também necessário pôr fim a todas as interferências que não estivessem de acordo com os interesses superiores de nossa economia nacional, ou seja, era imperativo eliminar todas as organizações de classe que seguiam as suas próprias políticas em relação a salários e preços. A destruição das organizações de luta de classes, tanto dos empregadores quanto dos empregados, exigiu a eliminação análoga dos partidos políticos financiados e apoiados por esses grupos de interesses. Esse processo, por sua vez, provocou a introdução de uma nova "Constituição viva" construtiva e eficaz e a refundação do Reich e do Estado.[718]

---

[718] *Fft. Ztg.*, 22 maio 1935.

CAPÍTULO III

A SOCIOLOGIA DO ESTADO DUAL

3.1 A "fábrica-comunidade" e as "tropas de fábrica"

Toda análise sociológica que envolva a utilização do conceito de "comunidade" deve recorrer ao trabalho de Ferdinand Toennies.[719] A distinção entre "comunidade" e "sociedade" não é, em primeiro lugar, uma distinção entre dois tipos de relações. É antes uma distinção entre tipos estruturais, cujo surgimento, desenvolvimento e declínio estão ligados a premissas que podem ser determinadas com rigor.[720] Apesar de sua predileção pessoal pela comunidade, que obtém a sua coerência do parentesco e dos laços tradicionais (como ainda acontece na comunidade da aldeia), Toennies não tinha ilusões sobre o percurso percorrido pela civilização ocidental: da comunidade para a sociedade.

---

[719] TOENNIES, Ferdinand. *Gemeinschaft und Gesellschaft*. 6ª ed. Berlim: [s.n.], 1926.

[720] Cf. FREYER, Hans. *Soziologie als Wirklichkeitswissenschaft*. Leipzig: [s.n.], 1930.

Alfred von Martin levantou, portanto, uma questão significativa quando perguntou "se e em que medida o restabelecimento de uma forma comunitária de organização social é possível hoje".[721] Von Martin usa palavras duras contra aqueles que consideram o desejo por uma "comunidade" um anseio romântico. A esse respeito, ele cita o confuso livro de Sombart sobre o socialismo alemão.[722]

Em comparação com a massa comum de glorificações nacional-socialistas da *Gemeinschaft*, o livro de Sombart tem pelo menos a virtude de, além de querer apagar os dois séculos infernais que desordenaram o mundo a partir do início da Revolução Industrial e voltar às condições de 1750, apelando corajosamente à restauração das condições econômicas que tornariam possível uma forma de organização comunitária. É mais importante reconhecer a coerência de Sombart do que ridicularizá-la. A visão de uma organização comunitária estabelecida depois de terem sido criadas certas condições econômicas necessárias é, de qualquer modo, muito menos fantástica do que a promoção de uma maior industrialização enquanto se espera pelo restabelecimento da comunidade pré-capitalista.

Não se deve esquecer de que o nacional-socialismo, nas suas fases iniciais, continha elementos interessados em construir os prerrequisitos econômicos para a existência da comunidade. As tendências que visavam ao fortalecimento das classes médias baixas, as demandas pela abolição das lojas de departamento, a dissolução das cooperativas de consumo e a eliminação dos trustes, bem como as leis antirracionalização de 1933, eram representativas desse aspecto do Programa Nacional-Socialista. Mas essa seção do Programa Nacional-Socialista foi há muito descartada. Os nacional-socialistas que chegaram ao poder como resultado da

---

[721] MARTIN, Alfred von. "Zur Soziologie der Gegenwart". *Zeitschrift für Kulturgeschichte*, Band 27, pp. 94-119, especialmente p. 97.

[722] SOMBART, Werner. *A New Social Philosophy*. Princeton: [s.n.], 1937.

CAPÍTULO III – A SOCIOLOGIA DO ESTADO DUAL

oposição da classe média ao socialismo estão sacrificando à sua aspiração a um novo império alemão a própria substância de sua *raison d'être* [razão de ser].[723]

Com os Planos Quadrienais, a industrialização da Alemanha, a modernização de suas usinas e fábricas e a acumulação de capital registraram progressos rápidos. Involuntariamente, o nacional-socialismo corroborou a proposição de Ferdinand Toennies de que a tendência da comunidade para a sociedade não pode ser detida. Isso é especialmente verdadeiro no campo econômico.

A único estudo sociológico alemão que abordou esse problema – *Die Massenwelt im Kampf um ihre Form*[724] [*O mundo das massas na luta pela sua forma*], de Heinz Marr – hoje tem interesse somente para a história das ideologias nacional-socialistas, pois Marr afirmou que os problemas dos trabalhadores já não tinham importância central na Alemanha. Ele declarou que tais questões foram substituídas por aquelas envolvendo a situação do camponês e do pequeno artesão. Marr escreveu sob a inspiração de uma espécie de socialismo camponês e todas as suas expectativas foram construídas a partir da suposição de que "a sociedade industrial urbana, embora ainda compreendesse, de longe, a maior parte da população, estava diminuindo constantemente em importância relativa".[725] Mas os anos de 1934 a 1939 mostraram amplamente quão falaciosa era a premissa de Marr. Dado que o nacional-socialismo associou o seu destino à remilitarização da economia alemã, todos os esquemas idílicos construídos em torno de camponeses e artesãos tornaram-se irrealizáveis. Fábricas gigantescas estão, por assim dizer, brotando do solo, exércitos de trabalhadores especializados

---

[723] Ver "Germany's Economic War Preparations". *The Banker*, vol. 41, 1937, p. 138.

[724] MARR, Heinz. *Die Massenwelt im Kampf um ihre Form* (*Zur Soziologie der deutschen Gegenwart*). Hamburgo: [s.n.], 1934, pp. 549 e 564.

[725] MARR, Heinz. *Die Massenwelt im Kampf um ihre Form* (*Zur Soziologie der deutschen Gegenwart*). Hamburgo: [s.n.], 1934, p. 550.

estão ocupados de maneira febril por dez ou mais horas diárias e, pelo menos desde 1935, o exército exigiu, como uma necessidade militar, que a indústria fosse tão mecanizada que as mulheres e as crianças fossem capazes de substituir os trabalhadores qualificados necessários às forças armadas. Assim, o nacional-socialismo não retrocedeu no caminho da Revolução Industrial do século XIX: procurou acelerá-lo.

O tipo de sistema racionalizado, impessoal e complexo exigido pela industrialização é compatível com a ideologia "comunitária"? Quais são as causas e consequências desse experimento que o nacional-socialismo anunciou estar pronto para realizar?

Os nacional-socialistas não são teóricos acadêmicos. Para provar a justeza de sua ideologia comunitária, eles apontam seu sucesso. Eles afirmam que criaram novas formas comunitárias durante sua luta pelo poder. Para eles, as SA (*Sturmabteilungen*, Tropas de Choque) e as SS (*Schutzstaffel*, Esquadrões de Proteção ou Camisas Negras), o Serviço de Trabalho e a Juventude Hitlerista são grandes manifestações da nova ideologia comunitária. Os nacional-socialistas afirmam ter provado (e esse é um de seus dogmas supremos) que a ideologia "comunitária" e a estrutura social "comunitária" podem ser obtidas se existir uma verdadeira vontade de construí-las. Se isso foi possível no caso das SA, das SS e da JH (Juventude Hitlerista), por que não seria possível fora e de tais organizações políticas? Assim, os nacional-socialistas tentaram reorganizar grupos não políticos – a família, a fazenda, a fábrica, os edifícios de apartamentos, os grupos empresariais e de artesãos de acordo com as linhas das organizações políticas militantes.

Uma vez que o espírito das SA tenha penetrado nas oficinas e fábricas com um "sentido comunitário", os objetivos do nacional-socialismo terão sido alcançados. Todo grupo social se converterá então numa comunidade e constituirá como tal uma fonte de pensamento segundo a teoria da ordem concreta. Tais ideias formam o núcleo da teoria social do nacional-socialismo. O mais importante intérprete

CAPÍTULO III – A SOCIOLOGIA DO ESTADO DUAL

acadêmico dessa teoria da "comunidade totalitária", concebida segundo o modelo das formações políticas, é o professor Reinhard Höhn, da Universidade de Berlim. Essa atitude nacional-socialista é muito enfatizada na discussão entre Koellreutter, professor de Direito Constitucional na Universidade de Munique, e Höhn, professor de Ciência Política na Universidade de Berlim. Koellreutter afirmou que é tarefa do direito dar certo grau de calculabilidade aos atos do Estado, para que o povo possa ter certo grau de segurança jurídica. A essa visão, Höhn responde que "tal problema não existe de um ponto de vista orientado à comunidade".[726]

Nesse contexto, o problema da ideologia torna-se particularmente agudo. Se é verdade que os processos de racionalização e de impessoalização foram acelerados, qual é então o significado da difusão dessa perspectiva comunitária? Essa aparente contradição entre a dinâmica da vida econômica e a *Weltanschauung* [visão de mundo] nacional-socialista é dissolvida quando compreendemos a falsidade da ideologia comunitária. Mesmo que toda a população se tivesse tornado nacional-socialista, as atitudes dos membros dos vários grupos sociais (os trabalhadores de uma fábrica, os moradores de um prédio de apartamentos, as pessoas de uma fazenda etc.) não estariam necessariamente orientadas à comunidade, e, como será demonstrado, isso ocorre ainda menos nos grupos mais expostos ao "espírito das SA".

A extensão das atitudes de orientação comunitária do domínio da política para o das relações não políticas foi expressa pelos teóricos do nacional-socialismo neste silogismo: as atitudes das SA são atitudes de orientação comunitária, as atitudes dos grupos de fábrica são idênticas às atitudes das SA, portanto, as atitudes dos grupos de fábrica são de orientação comunitária.

---

[726] Reinhard Höhn, resenha de Koellreutter, *Grundriss der Allgemeinen Staatslehre* (*J.W.* 1936, p. 1.653).

ERNST FRAENKEL

Se examinarmos a premissa principal, a falácia ficará imediatamente óbvia. Não estamos aqui interessados na correção ou falsidade da interpretação que o nacional-socialismo faz de sua própria história, mas na validade da proposição de que as atitudes das Tropas de Choque de orientação comunitária. Pois, mesmo que toda a lenda do período de luta fosse de fato verdadeira, ainda não poderia haver dúvida de que, durante a sua fase clássica, as SA não eram uma *Gemeinschaft* (comunidade) como os sociólogos modernos compreendem o termo. Pelo contrário, formou-se, durante o período da "luta pelo poder", o que poderia ser chamado de "fraternidade" (*Bund*).

Numa das melhores análises sociológicas realizadas por um nacional-socialista, "Gemeinschaft und Staatswissenschaft" [*Comunidade e ciência do Estado*], de Andreas Pfenning, o termo "comunidade" é utilizado para designar as associações militares nacional-socialistas; mas, quando caracteriza esses grupos com as seguintes palavras, vemos que o autor tem algo diferente em mente:

> A experiência de base não foi idealista, ela não veio da vontade de lutar por um ideal, por uma ideia que presidisse com validade eterna as atividades da humanidade. As SA não surgiram da luta por um ideal, pelo Verdadeiro, pelo Bom e pelo Belo. Essa experiência de base surgiu no decurso da luta.[727]

Reinhard Höhn expressa uma concepção semelhante quando escreve que "as SA não são definidas por um conjunto de crenças em comum".[728]

---

[727] PFENNING, Andreas. "Gemeinschaft und Staatswissenschaft (Versuch einer systematischen Bestimmung des Gemeinschaftsbegriffs)". *Ztschr. f. d. ges. Staatsw.*, Band 96, p. 314.

[728] HÖHN, Reinhard. *Rechtsgemeinschaft und Volksgemeinschaft*. Hamburgo: [s.n], 1935, p. 81.

CAPÍTULO III – A SOCIOLOGIA DO ESTADO DUAL

Esses critérios negativos justificam nossa designação das formações de batalha nacional-socialistas como fraternidades (*Bünde*). A categoria sociológica da *Bund* foi desenvolvida pela primeira vez por Hermann Schmalenbach. Desde então, essa noção foi empregada por vários sociólogos alemães, por exemplo von Martin, Marr e Behrendt.

As investigações de Hermann Schmalenbach[729] sobre a *Bund*, indispensáveis à análise científica do nacional-socialismo, são de certa forma influenciadas pela teoria da dominação de Max Weber, especialmente por suas distinções entre dominação racional, tradicional e carismática. Schmalenbach apresenta o seu próprio trabalho como uma extensão do tratamento dado por Toennies à comunidade e à sociedade, e no decurso de sua discussão fica claro que a contrapartida da comunidade na esfera do poder é o que Weber chamou de "dominação tradicional", enquanto a contrapartida da sociedade racionalizada impessoal é a "dominação racional". A partir disso, Schmalenbach chegou à conclusão de que a contrapartida da dominação carismática é a "fraternidade" (*Bund*).

Os seguidores de um líder carismático (*Füher*) não constituem uma comunidade (*Gemeinschaft*), mas uma fraternidade (*Bund*). Eles estão associados não com base em normas tradicionalmente válidas e padrões habituais de conduta, mas em experiências emocionais comuns. O indivíduo nasce na comunidade, mas entra na fraternidade por decisão própria. A comunidade visa à preservação dos valores tradicionais, enquanto uma fraternidade une os indivíduos que foram libertados de todas as normas tradicionais. A comunidade existe mesmo quando o membro individual não está plenamente consciente de sua pertença a esse grupo, mas a pertença à fraternidade envolve um ato de decisão autoconsciente. A comunidade vive de acordo com valores

---

[729] SCHMALENBACH, Hermann. "Die soziologische Kategorie des Bundes". *Die Dioskuren*, Band 1, pp. 35-105.

tradicionais e os transmite à geração seguinte. A *Bund*, composta pelos seguidores organizados de um líder carismático, é (como o próprio carisma) transitória e instável. A comunidade é uma formação estável e contínua. Tal como o carisma, a fraternidade contrasta com as rotinas prosaicas da vida cotidiana. Assim que a autoridade do líder carismático se torna rotineira e contínua, a "fraternidade" deixa de ser uma fraternidade. A rotinização leva à dissolução da fraternidade ou à sua transformação, seja em sociedade ou em comunidade.

Die Räuber [*Os ladrões*], de Friedrich Schiller, fornece uma descrição clássica da "fraternidade". Em torno de Karl Moor, o líder cuja carreira foi interrompida, camaradas igualmente desenraizados reúnem-se para transformar o mundo. Mas, no fundo, eles não querem uma revolução na estrutura da sociedade. Eles não atacam a ordem atual; em vez disso, queixam-se de que outras pessoas, e não eles, estão no poder dentro dessa ordem. Eles desejam apenas a suplantação da élite dominante por uma nova, formada a partir da sua fraternidade. Circunstâncias desfavoráveis obrigaram a fraternidade de Karl Moor a refugiar-se nas florestas da Boêmia e a levar uma vida de ladrões. Em circunstâncias mais favoráveis, Moor teria alcançado o domínio político; seus seguidores teriam se tornado a nova élite, dividido os despojos, mas teriam deixado inalterada a estrutura da sociedade. A revolução carismática bem--sucedida é o tipo ideal da *circulation des élites*.

Pouco depois de sua ascensão ao poder, os nacional-socialistas fizeram uma tentativa genuína de reorganizar as fábricas de acordo com o modelo das SA. Por meio de chamadas nominais, cerimônias diárias de bandeiras e noites de entretenimento e camaradagem, eles tentaram implantar o espírito das SA nas fábricas. No entanto, a experiência fracassou após um curto período. Werner Mansfeld, o especialista nacional-socialista em direito do trabalho, formulou o efeito desse transplante da ideologia da fraternidade para outros grupos sociais, afirmando que "mesmo que não se tenha feito referência ao seu papel como líder, a posição dominante do

CAPÍTULO III – A SOCIOLOGIA DO ESTADO DUAL

empregador seria a mesma que aquela prescrita pelo".[730] Heinz Marr, embora seja um entusiasta do nacional-socialismo, é um sociólogo suficientemente competente para ver as sérias dificuldades a serem ultrapassadas em qualquer reconstrução de grupos sociais com o objetivo de aproximá-los do espírito das formações de batalha nacional-socialistas. "A fraternidade pode causar impressões muito intensas em seus membros, mas tais impressões não duram em suas formas originais". E prossegue afirmando que "relações puramente econômicas e jurídicas são incompatíveis com atitudes de fraternidade".[731] Mas sua análise fica mais aguda quando ele aborda a questão de saber se seria possível implantar atitudes orientadas à comunidade em grupos não comunitários. "Percebemos rapidamente", diz ele, "como é muito mais difícil transplantar atitudes de fraternidade que agora prevalecem na esfera política do Estado para a esfera dos negócios e, em particular, para as grandes empresas".[732]

Após o fracasso das mais diversas experiências, como a criação e dissolução do NSBO (*Nationalsozialistische Betriebszellen-Organisation*), os nacional-socialistas perceberam que o seu objetivo não poderia ser alcançado com os métodos até então empregados. Portanto, atualmente eles estão tentando uma nova modalidade de ataque: as *Werkscharen* (tropas de fábrica). Em 1938, Dr. Ley, o líder da Frente Alemã para o Trabalho, observou que, "sem uma tropa de fábrica firmemente organizada (...), a comunidade

---

[730] MANSFELD, Werner. "Der Führer des Betriebes". *J. W.*, 1934, p. 1.005. Até 1933, Mansfeld foi consultor jurídico da indústria de mineração. "Quando o legislador tenta regular as diferenças entre patrões e trabalhadores, os seus conselheiros são sempre os patrões" (SMITH, Adam. *Wealth of Nations*. Chap. X).

[731] MARR, Heinz. *Die Massenwelt im Kampf um ihre Form (Zur Soziologie der deutschen Gegenwart)*. Hamburgo: [s.n.], 1934, pp. 466-468.

[732] MARR, Heinz. *Die Massenwelt im Kampf um ihre Form (Zur Soziologie der deutschen Gegenwart)*. Hamburgo: [s.n.], 1934.

fabril acabaria por degenerar num sindicato amarelo".[733] Assim, o Dr. Ley atesta o fato de que a destruição dos sindicatos, a eliminação do conselho de fábrica e a repressão violenta de todas as manifestações de consciência da classe proletária conduziram exatamente ao resultado que os inimigos do nacional-socialismo sempre previram: o sindicalismo amarelo. Tendo admitido o fracasso, o nacional-socialismo adotou um novo meio de transformar as empresas capitalistas privadas em "comunidades" – a tropa de fábrica. "Trata-se", segundo o Dr. Ley, "do núcleo militar da comunidade fabril, que obedece cegamente ao *Führer*. O seu lema é: o Líder tem sempre razão".[734] Assim, o projeto de organizar toda a fábrica como uma fraternidade e depois chamá-la de comunidade foi abandonado. Em vez disso, forma-se uma vanguarda dentro da fábrica para representar a fraternidade. O Dr. Ley não deixou nada por dizer quando descreveu as tarefas das tropas de fábrica:

> Se a Alemanha mais uma vez tiver que passar por uma severa prova de força e se esse processo levar a sérios distúrbios nas fábricas, como aconteceu durante a última guerra (...) toda fábrica deverá ser organizada de modo a poder ela própria tomar as medidas necessárias para o estabelecimento da ordem.[735]

O "núcleo militar da comunidade fabril" destina-se a suprimir qualquer expressão independente das reivindicações dos trabalhadores e "estabelecer a ordem". As tropas de fábrica são organizações para a repressão de greves, mas, diz o Dr. Ley "a tropa de fábrica deve ser impedida por todos os meios de se tornar – se não agora, talvez em cinquenta ou cem anos – uma tropa de classe".[736] O Dr. Ley rejeita expressamente a possibilidade de organizar as tropas

---

[733] *D. A. Z.*, 28 abr. 1938.

[734] *D. A. Z.*, 28 abr. 1938.

[735] *D. A. Z.*, 28 abr. 1938.

[736] *D. A. Z.*, 28 abr. 1938.

CAPÍTULO III – A SOCIOLOGIA DO ESTADO DUAL

de fábrica das diferentes empresas em grandes associações. Pelo contrário, "a fábrica é o centro da tropa de fábrica. Portanto, as tropas de fábrica não podem constituir uma organização hierárquica que abranja todas as tropas de fábrica de uma cidade, distrito ou do Reich como um todo".[737]

Na sua descrição das tropas de fábrica, o Dr. Ley enfatiza as diferenças entre elas e as outras organizações paramilitares do tipo das SA e das SS. Essa estrutura das tropas de fábrica difere também daquela organização estamental das ocupações não manuais. Nos vários grupos empresariais e profissionais, não foram levantadas objeções às organizações que transcendam as fronteiras locais. Mas o Dr. Ley e a liderança nacional-socialista procuraram deliberadamente impedir a organização das tropas de fábrica para além do local de trabalho, a fim de evitar o perigo de distrair esses grupos cuja homogeneidade de classe é pronunciada de suas tarefas próprias. As tropas de fábrica recrutam um pequeno grupo dentro de toda a força da fábrica para neutralizar quaisquer deserções por parte do restante da força de trabalho. Sem essa instituição, o Dr. Ley acredita que as fábricas continuariam a ser uma fonte potencial de desordem. Tais perigos seriam reintroduzidos se a organização das tropas de fábrica para além do local de trabalho fosse permitida. Assim, tudo o que o Dr. Ley fez foi conferir o honroso título de comunidade a uma agência de fura-greves. As tropas de fábrica nada mais são do que uma agência policial fabril que se apropria de certas características das fraternidades veladas pela ideologia comunitária.

Entretanto, mesmo as Tropas de Choque nacional-socialistas, que tinham sido verdadeiras fraternidades, continuam a perder seu caráter fraterno e a tornar-se burocratizadas e racionalizadas. Essa evolução tornou-se mais evidente no caso das SS, que se transformaram numa verdadeira força policial. O caráter instável da fraternidade

---

[737] *D. A. Z.*, 28 abr. 1938.

é responsável pelas dificuldades para impor o caráter fraterno a estruturas sociais e econômicas racionalizadas. A incompatibilidade entre o aspecto emocional e inespecífico das atitudes fraternas e as necessidades de sobriedade da empresa econômica constitui um obstáculo adicional à realização do programa nacional-socialista.

Essas considerações teóricas são corroboradas pela experiência. As organizações sociais e econômicas do Terceiro Reich permaneceram o que eram antes da tomada do poder por Hitler: entidades racionalizadas e coordenadas, governadas por cálculos de ganhos e perdas. O fato de essas estruturas sociais serem chamadas de "comunidades" e de, em assuntos sem importância, haver concessões a atitudes orientadas à comunidade, não muda nada. Isso serve apenas para ocultar o verdadeiro caráter dessas estruturas e para reforçar o sistema de dominação existente.

Mansfeld, dando a forma mais explícita possível a esse aspecto do nacional-socialismo, diz: "A fidelidade dos camaradas étnicos (*Volksgenossen*) ao Líder e do Líder aos camaradas étnicos não deve ser confundida com considerações materiais".[738] A pseudo--"comunidade" da Alemanha atual nada mais é do que o sistema capitalista de produção modificado incidentalmente, embora fundamentalmente o mesmo de antes. A teoria da ordem concreta de orientação comunitária nada mais é do que a nova legitimação dessa ordem jurídica capitalista. O entusiasmo romântico pela "comunidade" não deve nos impedir de ver o reforço bem pouco romântico de certos aspectos do capitalismo moderno.

O economista político aplica a esse mundo já pronto do capital as concepções de direito e propriedade vigentes no mundo pré-capitalista, e o faz com um zelo tanto mais ansioso e com unção tanto maior quanto mais fatos desmascaram suas ideologias.[739]

---

[738] MANSFELD, Werner. "Vom Arbeitsvertrag". *Dtsch. Arb. R.*, 1936, p. 124.

[739] MARX, Karl. *Capital*. vol. I. Trad. Samuel Moore e Edward Aveling. Chicago: [s.n.], 1912, p. 692 [ed. bras.: *O Capital*, Livro I. São Paulo:

CAPÍTULO III – A SOCIOLOGIA DO ESTADO DUAL

Pfenning afirmou com uma franqueza incomum que a função de todos os empreendimentos fascistas é "galvanizar, com a ajuda de um Estado forte, a tradição da sociedade de classes burguesa-capitalista e preservar essa ordem por meio da interferência do Estado nos pontos onde surgirem dificuldades".[740] A visão de Pfenning não é de forma alguma rara na literatura nacional-socialista. Neese chega ao ponto de inferir uma lei geral dessa tendência comum a todas as revoluções fascistas ao dizer que "hoje, cada movimento revolucionário deve preocupar-se com a preservação da integridade do sistema econômico".[741] Os nacional-socialistas mais competentes do ponto de vista teórico, estão bem conscientes do caráter social do fascismo; não negam que seja a estrutura política apropriada à fase imperialista do capitalismo. Pfennig observa: "a comunidade é uma necessidade habilmente concebida para a manutenção de certas relações sociais".[742] Segundo ele, a comunidade alemã, que é constituída por "sangue" e não por qualquer conceito racional, tem, graças à sua base racial, um "sistema natural de classes" cuja natureza lhe dá direito à aceitação.

3.2 Comunidade étnica e *boom* armamentista

A refutação da visão de que certas estruturas econômicas e sociais estão permeadas por atitudes orientadas à comunidade não resolve a questão de saber até que ponto o nacional-socialismo conseguiu fundir o povo alemão numa comunidade étnica (*Volksgemeinschaft*).

Boitempo, 2011, p. 835].

[740] PFENNING, Andreas. "Gemeinschaft und Staatswissenschaft". *Ztschr. f. d. ges. Staatsw.*, Band 96, p. 302.

[741] NEESE, Gottfried. "Die verfassungsrechtliche Gestaltung der 'Einpartei'". *Ztschr. f d. ges. Staatsw.*, Band 98, p. 680.

[742] Ver PFENNING, Andreas. "Gemeinschaft und Staatswissenschaft". *Ztschr. f. d. ges. Staatsw.*, Band 96, p. 302.

Neste ponto, devemos recordar o que dissemos anteriormente sobre uma das condições primordiais para o triunfo do nacional-socialismo, a saber, a refutação bem-sucedida do pacifismo utópico que os partidos alemães de esquerda adotaram após a guerra. Os nacional-socialistas desfiaram a fé na salvação pela ordem internacional racional representada pela Liga das Nações e propuseram, em vez disso, o dogma de que a ressurreição da Pátria só poderia ser alcançada pela união de todos os alemães contra o inimigo comum. A ideia de comunidade étnica surgiu, sem dúvida, da derrota na última guerra, da miséria subsequente e da oposição consciente às potências estrangeiras.

Essa ligação entre a crença numa ameaça externa e o despertar da solidariedade interna não é um fenômeno casual. "Somente em casos de perigo comum pode-se esperar uma ação comunitária com algum grau de probabilidade".[743] Ao mesmo tempo, deve-se lembrar que "nenhuma comunidade é tão forte a ponto de ser indissolúvel".[744] É óbvio que se a crença em ameaças externas for a principal fonte de atitudes orientadas à comunidade, as clivagens internas aumentarão à medida que essa crença diminuir.

As atitudes orientadas à comunidade recebem o *status* de valores absolutos na Alemanha nacional-socialista. O Partido Nacional-Socialista vê a preservação desses valores como a sua principal tarefa. Contudo, se a devoção à comunidade depende imediatamente da magnitude de uma ameaça real ou imaginária, é possível explicar o paradoxo que chamaremos de "tesoura política" do nacional-socialismo, isto é, quanto mais bem sucedida for a política externa do nacional-socialismo, maios será a contradição entre a política interna nacional-socialista e a posição internacional da Alemanha.

---

[743] WEBER, Max. *Wirtschaft und Gesellschaft*. Tübingen: [s.n.], 1922, p. 198.

[744] PLESSNER, Hellmuth. *Grenzen der Gemeinschaft (Eine Kritik des sozialen Radikalismus*. Bonn: [s.n.], 1924, p. 54.

CAPÍTULO III – A SOCIOLOGIA DO ESTADO DUAL

Se a comunidade étnica tem um valor absoluto em si mesma, ele depende da existência de um inimigo. Se as atitudes orientadas à comunidade são intensificadas pela existência de um inimigo real ou imaginário, então a preservação da comunidade étnica é favorecida pela existência de um inimigo cuja hostilidade perdura tanto quanto a própria comunidade étnica. Não importa se esse inimigo é real ou imaginário. Nem é de muita importância quem é o inimigo. O simples fato de existir um inimigo é o ponto importante. A existência contínua de um inimigo é um substituto para um objetivo racional.[745] "A guerra é a fonte de tudo. A forma do Estado como um todo é determinada pela natureza da guerra total (...) a guerra total, no entanto, obtém o seu significado a partir do inimigo total".[746]

Adolf Hitler expressou a mesma ideia no Congresso do Partido em Nuremberg, em setembro de 1935: "movidos por impulsos selvagens, povos e raças lutam sem reconhecer os objetivos pelos quais lutam".[747] Um editorial do *Völkischer Beobachter* de 21 de dezembro de 1931 afirmava:

> O *Rechtsstaat* (Estado de Direito) é a organização que unifica todas as energias do grupo étnico para a proteção dos seus direitos, tanto internamente como no mundo em geral (...). Isso só pode ser obtido pela força concentrada

---

[745] Por isso, é interessante recordar que, há mais de 130 anos, os federalistas perceberam o mesmo ponto quando lutavam contra a democracia jeffersoniana. Um de seus líderes, Fisher Ames, escreveu em 1802 a Rufus King: "precisamos, tal como todas as nações, da compressão, no exterior do nosso círculo, de um vizinho formidável, cuja presença suscitará sempre medos mais fortes do que os demagogos podem inspirar no povo em relação ao seu governo" (Citado em GETTELL, Raymond. *History of American Political Thought*. Nova York: [s.n.], 1928, p. 185). Essa carta de Fisher Ames extrai o seu significado do pavor do jacobinismo que varreu o mundo ocidental após a Revolução Francesa.

[746] SCHMITT, Carl. "Totaler Feind, totaler Krieg, totaler Staat". *Völkerrecht und Völkerbund*, Band IV, 1937, pp. 139-145.

[747] Citado em *Rasse und Recht*, 1935, p. 29.

do povo como um todo, do mesmo modo que só explosivos concentrados foram capazes de deter os tanques que atacaram a linha de frente. Essa aplicação organizada das energias concentradas do povo para a proteção de sua vida representa a nossa concepção do *Rechtsstaat*.

Note-se que não foi o autor deste livro quem exumou esse editorial. O Secretário do Ministério da Justiça Freissler – o autor do artigo – considerou-o suficientemente bom para ser reproduzido no *Handwörterbuch der Rechtswissenschaft*.[748] O fato de a opinião de um advogado politicamente motivado durante o período da luta pelo poder ter se tornado a opinião oficial de um alto funcionário do Estado e ter sido incorporada à principal publicação da teoria jurídica nacional-socialista é prova suficiente de que mesmo os melhores juristas nacional-socialistas ainda vivem na atmosfera ideológica dos dias anteriores a 1933. Definir o *Rechtsstaat* como um explosivo concentrado pode ter sido eficaz durante o período de preparação para a revolução carismática. Mas isso ter sido repetido três anos depois de os nacional-socialistas terem tomado o poder revela que o movimento não tinha objetivos substanciais. Uma vez consumada a restauração da regularidade que se seguiu à revolução carismática, nada restou senão recordações e a busca por inimigos – antigos ou novos.

Neste ponto somos capazes de perceber a importância do problema judaico para a política nacional-socialista. A ameaça de perigo racial que os judeus constituem (de acordo com a teoria nacional-socialista) pretende ter uma influência integradora. De acordo com a convicção nacional-socialista, o judeu luta incessantemente para minar a Alemanha, a fim de alcançar o domínio completo sobre o mundo. Portanto, a Alemanha enfrenta um estado de emergência duradouro que só pode ser superado pelo estabelecimento da

---

[748] FREISSLER, Roland. "Rechtsstaat". *Handwörterbuch der Rechtswissenschaft*, Band VIII, pp. 572/573.

CAPÍTULO III – A SOCIOLOGIA DO ESTADO DUAL

comunidade étnica. Os propagandistas nacional-socialistas têm se esforçado para apresentar o judeu como um demônio.[749] Qualquer restrição à liberdade e ao bem-estar material pode ser justificada com base na necessidade de proteção contra esse demônio.

A comunidade étnica é o valor supremo no sistema de valores nacional-socialista. Tudo o que possa prejudicar essa comunidade é considerado um elemento desintegrador. Em qualquer discussão ou disputa sobre questões religiosas, éticas ou sociais há a possibilidade de perturbação da integridade da comunidade. Todo tipo de grupo que se dedica a valores substantivos que não sejam os da comunidade étnica representa esse perigo. Nas palavras do professor Höhn, da Universidade de Berlim: "do ponto de vista da comunidade étnica, qualquer associação que não tenha a própria comunidade como valor central é destrutiva da comunidade".[750] Transformar a comunidade étnica em um fetiche implica a recusa em tolerar associações baseadas em valores diferentes dos seus, a rejeição da autonomia do direito, o repúdio a todas as normas do direito natural racional, a identificação entre justiça e conveniência.

A crença na realidade das ameaças externas contribuiu para o estabelecimento da comunidade étnica; a sua preservação exige a descoberta ou criação de perigos externos. O mito de uma "emergência permanente" não teria credibilidade se não se pudesse demonstrar

---

[749] SCHMITT, Carl. *Geistesgeschichtliche Lage des Parlamentarismus*. 2ª ed. Munique: [s.n.], 1926, p. 87 uma vez pontuou com bastante propriedade que a história do estereótipo da burguesia é tão importante quanto a história da própria burguesia. No entanto, Schmitt acusou injustamente o marxismo de ter dado uma aura quase sobrenatural a esse estereótipo. "Uma síntese de tudo o que é odioso, com o qual não se discute – mas se aniquila". O problema racial tem uma função de fantasma na teoria da comunidade nacional-socialista. [Sobre o "fantasma", cf. SZENDE, Paul. "Eine soziologische Theorie der Abstraktion". *Arch.f. Szw.*, Band 50, p. 469].

[750] HÖHN, Reinhard. *Rechtsgemeinschaft und Volksgemeinschaft*. Hamburgo: [s.n.], 1935, p. 83 ("Vom Standpunkt der Volksgemeinschaft ist jede Wertgemeinschaft eine Zersetzungsgemeinschaft").

que um exército hostil está permanentemente pronto para atacar. Assim, se não há inimigos reais, eles têm de ser criados. Sem inimigos, não pode haver perigo, e sem perigo, não pode haver atitudes orientadas à comunidade, e sem atitudes orientadas à comunidade, não pode haver comunidade étnica. Se não existisse uma comunidade étnica, as associações baseadas em valores religiosos, éticos, sociais ou políticos não poderiam ser suprimidas.

3.3 O conceito de política na teoria nacional–socialista

No pensamento nacional-socialista, o conceito de política é definido por referência ao "inimigo". Toda compreensão mais profunda das políticas nacional-socialistas depende de nossa compreensão da natureza da política tal como interpretada pelo nacional-socialismo. Muitos mal-entendidos sobre as políticas nacional-socialistas surgem de concepções equivocadas sobre o significado da atividade política para o nacional-socialismo.

Seria bom iniciarmos nossa discussão com uma análise das concepções de política implícitas em cada um dos principais tipos de dominação.

A *dominação tradicional* caracteriza-se pelo fato de nem o dominador nem o dominado darem provas de ter uma noção do que chamamos de política. Na Idade Média (período por excelência da dominação tradicional), como F. Kern[751] certa vez destacou, o pensamento social não dava lugar ao aspecto especificamente político do Estado. O domínio do Estado e da política era completamente controlado pelo direito. As ações que hoje seriam vistas como políticas eram consideradas pela era da dominação tradicional como controvérsias sobre direitos subjetivos.

---

[751] KERN, Fritz. "Über die mittelalterliche Anschauung von Staat, Recht und Verfassung". *H. Z.*, Band 120, pp. 63/64.

CAPÍTULO III – A SOCIOLOGIA DO ESTADO DUAL

A *dominação racional* tem sido associada à tentativa de organizar e canalizar conflitos sobre valores por meio de instituições políticas. O historiador austríaco Ludo Moritz Hartmann, um racionalista e socialista democrático, certa vez definiu a política como "a arte de canalizar a atividade social para a forma jurídica".[752] Essa definição é tão apropriada ao tipo racional de dominação quanto é estranha aos outros tipos.

O caráter especial dessa definição torna-se ainda mais claro quando a comparamos com a definição de política de Carl Schmitt[753] como a relação "amigo-inimigo". Essa definição de atividade política tem uma ancestralidade bastante interessante. Ela baseia-se diretamente no ensaio de Rudolf Smend sobre o poder político no Estado constitucional. Smend investiga as características que distinguem governo de administração. Ele conclui que o critério decisivo da definição de governo é o seu caráter "político", ao passo que o que especifica a administração é o seu caráter "técnico". Smend afirma que essa definição se aplica tanto à política interna quanto à externa. "A falta de contentamento", diz ele,

> é uma característica de toda a política externa, na medida em que ela tem objetivos políticos e não técnicos (...). O elemento político que, nos assuntos internos, distingue o estadismo político da administração técnica é exatamente o mesmo.[754]

Em uma nota de rodapé, Smend reconhece, como fonte para essa ideia, o famoso ensaio *Zur Soziologle der Imperialismen*[755]

---

[752] HARTMANN, Ludo Moritz. "Der Begriff des Politischen". *In*: _____. *Festgabe für Lujo Brentano zu dessen 70. Geburtstag*. Munique: [s.n.], 1916, p. 220.

[753] SCHMITT, Carl. "Der Begriff des Politischen". *Arch. f. Szw*, Band 58, p. 1.

[754] SMEND, Rudolf. *Die politische Gewalt im Verfassungsstaat und das Problem der Staatsform (Festgabe für Wilhelm Kahl)*. Tübingen: [s.n.] 1923, p. 17.

[755] SCHUMPETER, Joseph. "Zur Soziologie der Imperialismen". *Arch. f. Szw.*, Band 46, pp. 1-39 e 275-310.

ERNST FRAENKEL

[*Sobre a sociologia dos imperialismos*]. Nele, Schumpeter afirmou que a busca pelo poder sem propósito é o elemento central do expansionismo imperialista.

Da afirmação de Smend de que a falta de propósito é a característica essencial de toda atividade política, Schmitt deduziu a proposição de que a existência de um inimigo é o elemento essencial da atividade política. Assim, Schmitt forneceu uma legitimação para o nacional-socialismo ao mostrar que a ausência de um conteúdo positivo para a atividade política não é uma deficiência, mas antes uma realização completa da natureza da atividade política. A definição de política de Schmitt hipostasia uma concepção política de fraternidade (*Bund*). Esse tipo de política, numa situação em que os valores tradicionais perderam o seu poder vinculante e os valores racionais não são aceitáveis, é orientada para a obtenção do poder por si só. Em 1932, o jornalista americano Knickerbocker perguntou a líderes nacional-socialistas o que o Partido Nacional-Socialista faria depois de tomar o poder. A resposta foi: "mantê-lo!"[756]

Esse foi um breve resumo da concepção nacional-socialista de política. Considerar a luta pelo poder não como uma luta por direitos subjetivos nem como uma luta pela realização de ideias objetivas de justiça, obter e manter o poder sem um reconhecimento jurídico e sem um objetivo jurídico, isto é, independentemente de princípios jurídicos – tudo isso são apenas corolários de um interesse central no poder pelo poder.[757]

Um fator importante na vitória dos elementos direitistas na Alemanha do pós-guerra foi o fato de terem sido dominados pelo *furor politicus* no desastre de 1918-1919 e, impelidos pela sua força, terem triunfado sobre os elementos esquerdistas amplamente

---

[756] KNICKERBOCKER, Hubert R. *The German Crisis*. Nova York: [s.n.], 1932.

[757] Em 20 de setembro de 1922, Mussolini disse em um discurso em Udine: "nosso programa é muito simples – queremos governar a Itália!"

CAPÍTULO III – A SOCIOLOGIA DO ESTADO DUAL

despolitizados. A derrota da esquerda foi precedida por sua renúncia à "política política" – expressa talvez da maneira mais característica por Walther Rathenau na introdução de seu livro *Vom nenuen Staate* [*Sobre o novo Estado*], publicado em março de 1919. "A guerra e suas consequências, a paz", disse ele, "parecem ter sido o florescimento de todas as grandes questões da 'política política' (...) a política externa e a política pública permanecerão em cena por mais algum tempo, mas em breve serão substituídas pela política econômica e social".[758] Contrariamente às expectativas de Rathenau, a política econômica e social permaneceria em cena apenas por um curto período, cedendo o seu lugar aos homens que perceberam que a atividade política e não a política econômica pura seria decisiva.

Parece necessário salientar repetidamente o papel da política externa no desenvolvimento do nacional-socialismo. Não podemos nos esquecer que se abusou da fé nas relações internacionais. O fato de as indenizações de guerra terem sido chamadas de "reparações" e de uma invasão predatória como a ocupação da Bacia do Ruhr ter sido chamada de "sanção" foi um golpe para os grupos de esquerda da Alemanha que acreditavam na validade dos programas de direito natural. Eles jamais se recuperaram desse golpe. A emergência do nacional-socialismo não pode ser compreendida sem que levemos em conta os efeitos da política externa de Poincaré na situação interna da Alemanha.

A negação pelos nacional-socialistas de todos os valores universalmente válidos e a sua repressão a todas as comunidades baseadas em tais valores, a sua negação de uma ordem sancionada pelo direito natural, pode ser considerada, pelo menos em parte, devida a ameaças externas; ao mesmo tempo, é necessário reconhecer que o relaxamento da ameaça internacional foi acompanhado por uma intensificação da guerra contra a desintegração interna.

---

[758] RATHENAU, Walther. *Gesammelte Schriften*, Band V, p. 272.

ERNST FRAENKEL

A ameaça internacional foi aproveitada pelo capitalismo alemão como uma oportunidade para estabilizar a ordem social e econômica e, assim, facilitar a realização de seus próprios interesses. Quando a ameaça diminuiu, tornou-se necessário inventar outra. Os defensores do capitalismo na Alemanha do pós-guerra foram incapazes de convencer as massas do povo alemão de que esse era o melhor de todos os sistemas econômicos. O capitalismo não tinha qualquer chance numa luta democrática contra o socialismo proletário, em cuja extirpação residia a sua salvação. A violência da tirania alemã é indicativa não só de seu poder, mas também de seu medo de perder esse poder, um sinal não só da sua força política, mas também da sua fraqueza social. Hans Kelsen formulou o fenômeno desta maneira: "o capitalismo primitivo (...), bem como o capitalismo em seu período de decadência, caracterizado por um equilíbrio social altamente instável, está sob o signo da autocracia estatal".[759]

Numa forma ideologicamente distorcida, essa proposição foi apoiada pelo professor Herrfahrdt da Universidade de Marburg. À sua própria questão herética – "podemos presumir que o povo está unido pela ideia nacional-socialista, ou é necessário um Líder porque a ideia não tem um poder unificador real?" –, ele responde: "o povo alemão, devido à sua desunião, está unido pela necessidade de um Líder".[760]

Quão espúria é a comunidade étnica de um povo cujo Líder considera necessário punir alguns jovens por caminharem com uniformes não autorizados, porque tal "ofensa" poderia minar a unidade nacional! Quão fundamentalmente diferente é essa atitude daquela expressa pelo estadista inglês Balfour:

---

[759] KELSEN, Hans. "The Party Dictatorship". *Politica*, vol. II, p. 31.

[760] HERRFAHRDT, Heinrich. "Politische Verfassungslehre". *Arch. f. Rechts. u. Soz. Phil.*, Band XXX, 1936, p. 107.

CAPÍTULO III – A SOCIOLOGIA DO ESTADO DUAL

> (...) é evidente que toda a nossa máquina política pressupõe um povo tão fundamentalmente unido que pode se dar ao luxo de discutir com segurança; e tão seguro de sua própria moderação que não é perigosamente perturbado pelo barulho interminável do conflito político.[761]

Quão fundamentalmente diferente é das palavras orgulhosas do primeiro Discurso de Posse de Thomas Jefferson, escrito após uma das lutas mais amargas da história americana:

> Se houver alguém entre nós que deseje dissolver esta União, ou mudar sua forma republicana, deixe-o permanecer imperturbado como monumento da segurança com que o erro de opinião pode ser tolerado quando a razão é deixada livre para combatê-lo.[762]

Na Alemanha de hoje, as forças que poderiam criar uma verdadeira unidade foram destruídas. Hitler não se atreve a seguir as recomendações de Hegel sobre a tolerância às seitas religiosas. Uma política que cancela a licença de um vendedor ambulante porque ele é suspeito de simpatizar com as Testemunhas de Jeová afronta o apelo de Hegel à tolerância – e devemos lembrar que Hegel sempre foi visto como o mais extremo idólatra do Estado. A tolerância que Hegel exigia para as seitas religiosas obviamente não envolvia uma ameaça pública na Prússia de 1820.

Hegel menciona, nesse contexto, os *quakers* e os anabatistas e caracteriza ambos como membros da sociedade civil que não são cidadãos do Estado. Ele propõe que o Estado exerça tolerância para

---

[761] BAGEHOT, Walter. "The Earl of Balfour". *In:* _____. *The English Constitution.* Oxford: [s.n.], 1928, p. xxiv.

[762] JEFFERSON, Thomas. "First Inaugural Address, March 4, 1801". *In:* RICHARDSON, James D. (Coord.). *A Compilation of the Messages and Papers of the Presidents.* vol. I. Nova York: Bureau of National Literature, 1897, p. 310.

com os membros desses grupos, desde que o Estado possa confiar na "racionalidade inerente" a suas instituições.[763]

A Alemanha de Adolf Hitler, contudo, não pode confiar na "racionalidade de suas instituições"; o corpo social do povo não é, no fundo, suficientemente homogêneo.

O capitalismo alemão já acreditou sinceramente que o seu próprio desenvolvimento contribuiria para a paz, o bem-estar e a cultura mundiais. O capitalismo alemão atual perdeu essa crença em sua missão humanitária. Tendo perdido a crença na sua própria lógica, eleva o culto do irracional ao *status* de religião moderna. Tanto o capitalismo primitivo como o capitalismo maduro enfrentaram crises e as dominaram por meios econômicos. O capitalismo tardio da Alemanha do pós-guerra utilizou apenas um método para superar a crise que ameaçava a sua existência, o *boom* armamentista. O capitalismo liberal inicial procurou reduzir ao mínimo as funções do Estado porque tinha fé em suas leis internas. O capitalismo alemão contemporâneo, no entanto, precisa de um Estado que elimine o seu oponente socialista, prove que "o benefício privado é o benefício público" e lhe forneça os inimigos externos contra os quais deve armar-se como condição *sine qua non* para a sua preservação.

Em 1653, os estamentos nobres estavam dispostos a tolerar o governo absoluto do Grande Eleitor em troca de autoridade absoluta sobre os servos. Da mesma maneira, os homens de negócios alemães reconheceram o domínio do Partido Nacional-Socialista em 1933 em troca do fortalecimento de seu próprio poder.

O Partido Nacional-Socialista prometeu que, na medida do possível, evitaria interferências nos negócios, que o empresário voltaria a ser o senhor de sua empresa e que a livre iniciativa seria

---

[763] HEGEL, G. W. F. *Grundlinien der Philosophie des Rechts*. 3ª ed. Leipzig: [s.n.], 1930, § 270, p. 212.

CAPÍTULO III – A SOCIOLOGIA DO ESTADO DUAL

preservada. Outra garantia importante que o Partido Nacional-Socialista teve de estender ao capitalismo alemão foi (como declarou o Dr. Schacht,[764] sob os fortes aplausos dos líderes empresariais alemães) a preservação de um sistema jurídico objetivo e ordenado, o Estado Normativo.

O capitalismo alemão requer hoje ajuda do Estado em dois aspectos: (a) contra os inimigos sociais a fim de garantir sua existência e (b) em seu papel como garante daquela ordem jurídica que é a precondição da calculabilidade exata sem a qual a empresa capitalista não pode existir. O capitalismo alemão requer, para a sua salvação, um Estado Dual, e não unitário, baseado na arbitrariedade na esfera política e no direito racional na esfera econômica. O capitalismo alemão contemporâneo depende do Estado Dual para existir.

Alfred von Marin percebeu o caráter duplo do Estado alemão contemporâneo e expressou as suas conclusões do modo mais direto que é permitido fazer na Alemanha:

> Quando as massas são organizadas por meio de ideologias irracionais, a natureza real do método de dominação predominante é tingida com um tom comunitário. Esse tipo de dominação combina métodos burocráticos racionais e métodos irracionais ou – para usar a terminologia de Max Weber – carismáticos.[765]

O único cientista político da Alemanha nacional-socialista que conseguiu vislumbrar esse problema foi o professor Koettgen, da Universidade de Greifswald. A sua dívida para com Max Weber é evidente:

---

[764] *Fft. Ztg.*, 22 jan. 1937.

[765] MARTIN, Alfred von. "Zur Soziologie der Gegenwart". *Zeitschrift für Kulturgeschichte*, Band 27, pp. 94-117.

É precisamente o Estado-Líder que não pode prescindir de formas carismáticas de liderança, mas ao mesmo tempo os governantes do Estado moderno, a fim de satisfazer as diversas e numerosas exigências da população, são inevitavelmente forçados a depender de formas de organização altamente racionalizadas e burocratizadas.[766]

Essa integração de atividades racionais e irracionais peculiar ao Estado Dual – esse núcleo racional dentro de um invólucro irracional – leva-nos ao ponto mais alto de nossa investigação. Aceitamos a distinção de Karl Mannheim entre racionalidade substancial e racionalidade funcional como particularmente relevante para esse problema. Essa distinção talvez possa ser mais bem exemplificada com uma referência ao xadrez. Quando se diz que o xadrez é muito sério para ser um jogo e muito jogo para ser sério, a palavra "jogo" implica a falta de racionalidade substancial (característica de qualquer jogo), enquanto a palavra "sério" representa o elevado grau de racionalidade funcional, que muitos consideram "excessivamente elevado".[767]

A ordem jurídica do Reich é completamente racionalizada num sentido funcional para a regulação da produção e da troca de acordo com os métodos capitalistas. Mas a atividade econômica do capitalismo tardio não é substancialmente racional. Por tal razão, recorreu a métodos políticos, ao mesmo tempo que conferiu a esses métodos a falta de conteúdo da atividade irracional. O capitalismo, em seu melhor, era um sistema de racionalidade substancial que, apoiando-se na harmonia pré-estabelecida que guiava seus destinos, esforçava-se para remover obstáculos irracionais. Quando a crença

---

[766] KOETTGEN, Arnold. "Die Gesetzmassigkeit der Verwaltung im Führerstaat". *R. Verw. Bl.*, 1936, pp. 457-462.

[767] Ver MANNHEIM, Karl. *Mensch und Gesellschaft im Zeitalter des Umbaus.* Leyden: [s.n.], 1935), p. 27; e MANNHEIM, Karl. "Rational and Irrational Elements in Contemporary Society". *L. T. Hobhouse Memorial Trust Lectures*, Londres, n° 4, 7 mar. 1934, p. 14.

CAPÍTULO III – A SOCIOLOGIA DO ESTADO DUAL

na racionalidade substancial do capitalismo desapareceu, as suas organizações funcionais altamente racionalizadas permaneceram. Qual é o caráter da tensão que surge da justaposição do desaparecimento da racionalidade substancial e de uma racionalidade funcional superdesenvolvida?

Carl Schmitt, enquanto escrevia ainda em nome do catolicismo político, descreveu a incongruência entre a racionalidade funcional e a racionalidade substancial com a agudeza e a lucidez características de seus escritos anteriores: "nossa organização econômica", escreveu Schmitt,

> é uma ordem de consumo completamente não racional aliada a uma produção altamente racionalizada. Um mecanismo que é uma maravilha de realização técnica atende indiferentemente e com igual rigor e exatidão a toda e qualquer demanda, seja ela de blusas de seda ou de gás venenoso.[768]

Enquanto Carl Schmitt ainda acreditava que o catolicismo romano triunfaria – que "a herança seria dela" –, ele esteve profundamente perturbado com essa incongruência. Escreveu:

> Esse alarme sentido pelos católicos genuínos surge do conhecimento de que a noção de racionalidade foi distorcida de uma forma absolutamente fantástica; um sistema mecânico de produção que pretende atender a toda e qualquer necessidade material é descrito como "racional", embora, ao mesmo tempo, a racionalidade do propósito a que essa máquina supremamente racional serve (cujo propósito é o único ponto essencial) seja deixada totalmente de fora da análise.[769]

---

[768] SCHMITT, Carl. *Römischer Katholizismus und politische Form*. Hellerau: [s.n.], 1923, p. 31. Mais tarde, esse livro foi tirado de circulação pelo próprio Schmitt.

[769] SCHMITT, Carl. *Römischer Katholizismus und politische Form*. Hellerau: [s.n.], 1923, p. 30.

Depois de ter dado as costas à Igreja Católica, Schmitt perdeu esse "alarme sentido pelos católicos genuínos", bem como a compreensão de que a única racionalidade essencial é a racionalidade dos fins. Ele procurou segurança na teoria do mito de Sorel, que um jovem nacional-socialista inteligente, Heyne, certa vez caracterizou como "irracional e, portanto, irrefutável e absolutamente a salvo do ataque da crítica racional".[770] Assim, um mito revela-se o refúgio no qual o sistema capitalista alemão procura refúgio. O "mito do século XX" não é apenas o título da bíblia do nacional-socialismo; é também um dos meios pelos quais foi estabelecido e mantido um Estado que se defende contra a crítica racional negando a validade da própria racionalidade substancial. Como disse Heyne:

> A correção de uma ideia não tem interesse para a comunidade política e o movimento político (...) as ideias são apenas ideologias, estão expostas à crítica e, portanto, sujeitas à decomposição (...). Só é verdade aquilo que funciona e que ajuda e apoia o homem e a sua comunidade na luta pela existência.[771]

Assim, o capitalismo alemão, finalmente percebendo a irracionalidade da sua própria existência, descarta a racionalidade substancial. A tensão que surgiu da interação entre o desaparecimento da racionalidade substancial e o elevado desenvolvimento da racionalidade funcional torna-se mais aguda pela autoconsciência com a qual os dois processos são alimentados. Para aumentar a racionalidade técnica, a irracionalidade dos fins intensificou-se; e para atingir esses fins irracionais, a racionalidade técnica é impulsionada. Por causa das indústrias bélicas, os armamentos acumulam-se; por causa dos armamentos, as indústrias bélicas prosperam.

---

[770] HEYNE, Rainer. "George Sorel und der autoritäre Staat des 20. Jahrhunderts". *Arch. d. öff. Rechts*, N. F., Band 29, p. 129.

[771] HEYNE, Rainer. "George Sorel und der autoritäre Staat des 20. Jahrhunderts". *Arch. d. öff. Rechts*, N. F., Band 29, p. 129.

CAPÍTULO III – A SOCIOLOGIA DO ESTADO DUAL

Confrontado com a escolha entre a racionalidade substancial e a irracionalidade substancial, o capitalismo alemão fica com esta. Está disposto a adaptar-se a qualquer irracionalidade substancial em troca somente da preservação dos pré-requisitos necessários à sua ordem tecnicamente racional. O capitalismo alemão preferiu uma ideologia irracional, que mantém as condições existente de racionalidade técnica, mas ao mesmo tempo destrói todas as formas de racionalidade substancial.[772] Se tal ideologia substancialmente irracional for útil ao capitalismo, ele estará pronto para aceitar os seus objetivos programáticos. Essa simbiose entre capitalismo e nacional-socialismo encontra a sua forma institucional no Estado Dual. O conflito no interior da sociedade se expressa na natureza dual do Estado. O Estado Dual é a consequência política necessária de um período de transição marcado por tensões.

O modo como essas tensões serão resolvidas depende de nós.

---

[772] *Er nennt's Vernunft und braucht's allein, / Nur tierischer als jedes Tier zu sein* (Goethe, *Fausto*). ["De Razão dá-lhe o nome, e a usa, afinal, / Pra ser feroz mais que todo animal" (*Fausto*: uma tragédia, primeira parte. Trad. Jenny Klabin Segall. São Paulo: Editora 34, 2004, p. 51].

APÊNDICE I DA EDIÇÃO ALEMÃ DE 1974[773]

PROCESSO PERANTE O *REICHSARBEITSGERICHT* (TRIBUNAL TRABALHISTA DO REICH)

A dupla natureza do regime de Hitler ocorreu-me quando representei vários ex-funcionários do Deutscher Freidenker-Verband (Sindicato dos Livre Pensadores Alemães). A associação havia sido passada à força a uma nova coordenação (*gleichgeschaltet*) e os meus clientes exigiam uma indenização por sua demissão. Sua reivindicação se baseava num acordo salarial interno (*Haustarif*) de 1932, cuja legalidade era contestada pela associação. O Deutscher Freidenker-Verband, réu nesse procedimento cível, trazia em seu nome o subtítulo "Verband für Freidenkertum und Feuerbestattung e.V." ("União para o Livre Pensamento e Sepultamento por Cremação"). O objetivo das diversas medidas policiais destinadas à coordenação forçada do sindicato era interditar sua atividade ideológica e

---

773 Fonte: "Anhang I". *In*: FRAENKEL, Ernst. *Der Doppelstaat*. Trad. Manuela Schöps. Frankfurt: Europäische Verlagsanstalt, 1974, pp. 243-245.

política (*weltanschaulich-politisch*) sem interferir em sua atividade econômica no ramo funerário. Nas palavras do *Reichsarbeitsgericht* (Tribunal Trabalhista do Reich), a atividade político-ideológica do sindicato era "incompatível em sua orientação (*Zielrichtung*) com a natureza (*Wesen*) do Estado nacional-socialista e com os fundamentos cristãos nos quais ele se baseia.

Os tribunais de primeira e segunda instância rejeitaram as alegações de meus clientes com o argumento de que eles não tinham conseguido provar a existência de um acordo coletivo de trabalho (*Tarifvertrag*) por escrito. O ônus da prova nesse caso foi ainda maior porque os autores, ao contrário do réu, não tiveram acesso aos arquivos dos sindicatos que tinham participado do acordo coletivo de trabalho, todos eles então sob controle nacional-socialista. A tentativa de provar a existência de um *Tarifvertrag* escrito por meio de depoimentos de funcionários do sindicato desempregados que haviam participado das negociações do acordo em 1932 fracassou devido à perda de memória (*Gedächtnisschwund*) por eles sofrida. Uma consulta apresentada ao *Tarifregister* (registro salarial) não teve êxito.

Mesmo antes de o acórdão do *Landesarbeitsgericht* (Tribunal Regional do Trabalho) [em Berlim], que indeferiu os pedidos de meus clientes, ter transitado em julgado (*rechtskräftig*), fui contatado por um funcionário da *Deutsche Arbeitsfront* (Frente Alemã para o Trabalho), que alegou que antes da revolta (*Umbruch*) ele havia trabalhado como assessor (*Beisitzer*) no Tribunal Regional do Trabalho. Ele disse que conhecia tanto a mim quanto ao advogado da outra parte, Dr. Meissinger, de nossas aparições anteriores no Tribunal. Ele estava disposto a fornecer acesso a nós dois a uma cópia formal, escrita e assinada do acordo coletivo de trabalho. Ao explicar o motivo de sua atitude, que, mesmo naquela época (final de 1933), era incomum, ele observou que, embora tivesse sido durante décadas funcionário do *Deutschnationaler Handlungs-gehilfen-Verband* (Sindicato Nacional Alemão dos Empregados Comerciários), a orientação decididamente "nacional" de sua

APÊNDICE I DA EDIÇÃO ALEMÃ DE 1974 – PROCESSO...

associação não o impediu de sofrer o mesmo destino que os funcionários de outras associações. As primeiras vítimas desse expediente de coordenação forçada, afirmou ele, foram os comunistas, depois disso os "marxistas" foram os alvos, depois os social-democratas; mais tarde, seguiram-se os sindicatos livres e os sindicatos cristãos. Agora era a vez da sua associação. Antes de sua demissão entrar em vigor, ele queria dar uma lição [os nazistas] (*"denen da noch ein Schnippchen schlagen"*). A prova da existência do *Tarifvertrag* criou uma nova situação.

Embora o Tribunal do Trabalho do Reich, em uma sentença de 7 de novembro de 1934, tenha rejeitado a Revisão (recurso) que eu havia interposto preventivamente (RAG 14.266), ele enfatizou expressamente que os autores poderiam requerer um novo julgamento (*Restitutionsklage*) "invocando (*Geltendmachung*) o acordo coletivo de trabalho tardiamente encontrado".

Posteriormente, no recurso perante o tribunal regional do trabalho, foi concedida aos autores uma decisão favorável, da qual o réu recorreu. Por rotina, acrescentei ao pedido de assistência judicial em nome de meus clientes o pedido para ser reconhecido como o seu representante legal durante o procedimento de recurso. Ainda antes de o meu pedido ser julgado, li nos jornais sobre um decreto (*Verfügung*) do *Reichsjustizminiser* (Ministro da Justiça do Reich) [Franz] Gürtner que estipulava que os advogados judeus já não eram elegíveis para servir como Armenanwälte, ou defensores públicos. Quando levei a questão ao Presidente do Tribunal do Trabalho do Reich, Dr. Oegg, este explicou que ele, como juiz (como eu deveria saber), estava obrigado exclusivamente (*ausschließlich*) pela legislação promulgada de maneira processualmente correta, e não por anúncios de jornal. Uma ordem divulgada somente num jornal não o vinculava. O Presidente Dr. Oegg então emitiu uma certificação assinada de minha nomeação como defensor público (*Armenanwalt*).

Na audiência de 25 de julho de 1936, o réu [o *Deutscher Freidenker-Verband*] não era mais representado – como acontecera

ERNST FRAENKEL

até então – somente pelo Dr. Meissinger, advogado da *Deutscher Arbeitgeberverband* (Associação dos Empregadores Alemães), que também fora recentemente vítima de *Gleichschaltung*, mas também por um segundo advogado, que não considerou necessário apresentar-se. O Dr. Meissinger, com quem eu havia cruzado espadas em vários processos trabalhistas, conseguiu sussurrar rapidamente: "cuidado, *Gestapo*". E o advogado de fato contentou-se em delinear a visão da *Gestapo* e como ela se manifestou nas várias medidas tomadas para a realização de coordenações forçadas. Esses decretos e ordens (*Verfügungen*) eram tão contraditórios e pouco claros que a audiência foi em grande parte ocupada por debates entre os representantes legais sobre a sua interpretação.

Não há necessidade de relatarmos detalhadamente os argumentos ouvidos na audiência de 25 de julho de 1936, os quais podem ser consultados na sentença (RAG 17.161). O Tribunal do Trabalho do Reich resumiu a questão a saber se uma associação, apesar de uma mudança de nome, finalidade e forma jurídica (*Rechtsform*), manteve a sua personalidade jurídica (*Rechtspersönlichkeit*). Os autores argumentaram afirmativamente e o réu rejeitou veementemente essa argumentação. Segundo os autores, o réu, depois de abandonada a sua orientação ideológica e política, continuou a funcionar como "*Bestattungskasse*" ("Banco funerário") (no que lhe foi dado desde então). Dado que o réu continuou agindo de acordo com a sua essência econômica central (*wirtschaftlichen Kerngehalt*), a sua personalidade jurídica nunca deixou de existir. Segundo o réu, a *Gestapo* dissolveu a antiga associação e fundou uma nova.

O processo foi conduzido de forma um pouco mais descontraída e atingiu seu clímax no diálogo entre os advogados. Em resposta à alegação do representante legal dos autores de que o código civil alemão não previa a criação de uma associação do nada (*aus dem Nichts*) por decreto governamental (*durch staatlichen Hoheitsakt*), o advogado do réu argumentou que qualquer ação exigida ou considerada necessária pela *Gestapo* era legal (*rechtswirksam*). "Até mesmo dissolver um casamento?", perguntou o

APÊNDICE I DA EDIÇÃO ALEMÃ DE 1974 – PROCESSO...

advogado dos autores. "Sem dúvida", respondeu o representante do réu. Nesse momento, o presidente do Tribunal interveio e declarou a audiência encerrada porque todas as questões jurídicas haviam sido suficientemente debatidas.

A sentença foi proferida no mesmo dia. O recurso interposto pela outra parte teve seu provimento negado com custas. Tínhamos vencido. O Tribunal do Trabalho do Reich declarou expressamente que "a substituição de uma associação por outra só pode ser realizada de forma válida (*wirksam*) seguindo os procedimentos do código civil" (RAG 17.166).

Poucos dias depois do julgamento, recebi a cópia de uma ordem da *Gestapo*. Fui notificado de que a indenização que o Tribunal do Trabalho do Reich tinha concedido aos meus clientes em seu julgamento fora confiscada e apreendida em benefício do Estado prussiano.

APÊNDICE II DA EDIÇÃO ALEMÃ DE 1974[774]

PROCESSO PERANTE O *AMTSGERICHT* (TRIBUNAL DISTRITAL) DE BERLIM

Deve ter sido em 1938 que recebi um pedido da prisão para visitar um indivíduo detido em prisão preventiva. Tratava-se de um judeu para quem foi emitido um mandado de prisão por violação do Decreto do Presidente do Reich para a Defesa de Ataques Maliciosos contra o Governo da Revolta Nacional de 21 de março de 1933 (*Verordnung des Reichspräsidenten zur Abwehr heimtückischer Angriffe gegen die Regierung der nationalen Erhebung*).[775] A detenção ocorreu quando o acusado, ao folhear a última edição do semanário *Der Stümer* numa vitrine pública de uma parada de ônibus, murmurou para si mesmo: "Isto é um chapéu velho" ("*Das ist ja alles alter Käse*"). Nesse exato momento, disse-me o acusado,

---

774 Fonte: "Anhang II". *In*: FRAENKEL, Ernst. *Der Doppelstaat*. Trad. Manuela Schöps. Frankfurt: Europäische Verlagsanstalt, 1974, pp. 246/247.

775 Nota da tradução ao inglês: na edição de 1974, o decreto foi listado com a data errada. Isso foi corrigido nesta edição.

um membro da SA (*Schutzabteilung*), cuja presença ele não havia notado anteriormente, o prendeu, alegando que ele havia insultado o Führer. Quando perguntei ao meu cliente o que motivou a sua declaração, ele respondeu que se lembrava muito claramente de ter visto a fotografia [exposta na vitrine] havia algum tempo na revista *Die Woche*. Em ambos os semanários, afirmou ele, a fotografia fora publicada como prova das condições catastróficas na União Soviética.

Depois de analisar os documentos do processo, que incluíam a imagem do *Der Stürmer*, e de inspecionar *Die Woche*, o que fiz na *Staatsbibliothek* [uma famosa biblioteca em Berlim, na época a maior do mundo de língua alemã], consegui de fato determinar que as imagens eram idênticas. Depois de obter uma cópia de *Die Woche*, expliquei ao meu cliente que o juiz, se fosse apresentado à imagem em *Die Woche* – ao compará-la com a imagem de *Der Stürmer* disponível nos arquivos –, teria que concluir que a afirmação do acusado era verdadeira. Expliquei que era muito provável que o juiz do tribunal distrital competente retirasse o mandado de detenção e suspendesse a investigação.

Contudo, não estávamos lidando apenas com um mandado judicial de prisão. A *Gestapo* também emitiu um mandado de prisão contra o meu cliente. Não consegui negociar a suspensão dele também. Pois na entrada do quartel-general da *Gestapo*, em Prinz-Albrecht-Strasse, havia uma placa que declarava que judeus estavam proibidos de entrar no edifício. Eu disse ao meu cliente que a *Gestapo* estaria menos inclinada a encerrar a sua investigação se o Tribunal suspendesse a investigação do que no caso de ele ser punido (*Bestrafung*). Altamente inteligente, o acusado questionou-se se não seria "mais esperto" não fazer uso da imagem no *Die Woche* que, enquanto isso, eu adquirira. Eu disse a ele que isso era exatamente o que eu estava pensando.

Na audiência de instrução e julgamento (*Hauptverhandlung*) no Tribunal Distrital, ficou evidente que o acusado conseguia se defender sozinho. Implorou ao juiz que reconhecesse que ele estava

APÊNDICE II DA EDIÇÃO ALEMÃ DE 1974 – PROCESSO...

muito nervoso porque os tempos eram difíceis para os judeus, no seu caso, ainda mais, porque a sua esposa tinha adoecido gravemente. Ele se declarou culpado. Questionado pelo juiz se ainda insistia que *Der Stürmer* havia publicado uma imagem antiga, ele respondeu que não tinha ideia do porquê de ter feito uma afirmação tão ridícula.

Depois que o ansioso membro da SA que fez a prisão testemunhou quão profundamente as palavras do acusado o havia magoado, um soldado do Führer, o promotor pediu uma pena de prisão relativamente curta. A minha declaração final (*Verteidigungsrede*) centrou-se exclusivamente na questão da sentença. O Tribunal apoiou a acusação, mas se recusou a contabilizar a prisão preventiva como pena de prisão, algo que eu não tinha requerido. Na sentença, o Tribunal aceitou o raciocínio da acusação (que eu não contestei) de que, quando uma revista publica uma imagem ultrapassada como sendo nova, trata-se de uma fraude igual àquela em que um vinho velho é vendido como um vinho novo. A prova da intenção difamatória do acusado (*verleumderische Absicht*) foi o uso das palavras "um chapéu velho" ("*alter Käse*"). Depois de cumprir uma pena de prisão relativamente curta, o acusado foi liberto. Ele foi poupado de ser enviado para um campo de concentração.

REFERÊNCIAS BIBLIOGRÁFICAS

"Uma etnografia do direito nazista... "

ACEMOGLU, Daron; MORRISON, James A. *Economic Origins of Dictatorship and Democracy*. Cambridge: Cambridge University Press, 2006.

BARKAI, Avraham. *From Boycott to Annihilation*: The Economic Struggle of German Jews, 1933-1943. Trad. William Templer. Hanover: University Press of New England, 1989.

BENDIX, Reinhard. *Nation-Building and Citizenship*. Berkeley: University of California Press, 1977.

BENDIX, Reinhard; ROTH, Guenther. *Scholarship and Partisanship*: Essays on Max Weber. Berkeley: University of California Press, 1970.

BENZ, Wolfgang (Coord.). *Die Juden in Deutschland 1933-1945*: Leben unter nationalsozialistischer Herrschaft. Munique: Beck, 1988.

BÖCKENFÖRDE, Ernst-Wolfgang. "Entstehung und Wandel des Rechtsstaatsbegriffs" [1969]. *In*: _____. *Recht, Staat, Freiheit*: Studien zur Rechtsphilosophie, Staatstheorie und Verfassungsgerichtsbarkeit. Frankfurt: Suhrkamp, 1991.

BRACHER, Karl Dietrich. "Zusammenbruch des Versailler Systems und Zweiter Weltkrieg". *In*: MANN, Golo; NITSCHKE, August (Coord.).

Propyläen Weltgeschichte: Eine Universalgeschichte, vol. 9 – Das zwanzigste Jahrhundert. Berlim: Propyläen, 1960.

BREUER, Stefan. *Anatomie der Konservativen Revolution*. Darmstadt: Wissenschaftliche Buchgesellschaft, 1993.

BUCHSTEIN, Hubertus; KÜHN, Rainer. "Vorwort zu diesem Band". *In*: FRAENKEL, Ernst. *Gesammelte Schriften, vol. 1*: Recht und Politik in der Weimarer Republik. Baden-Baden: Nomos, 1999.

BUNDESRECHTSANWALTSKAMMER (Coord.). *Anwalt ohne Recht*: Schicksale jüdischer Anwälte in Deutschland nach 1933. Berlim: Verlag, 2007.

CAROTHERS, Thomas. *Promoting the Rule of Law Abroad*: in Search of Knowledge. Washington: Carnegie Endowment for International Peace, 2006.

COLLIER, David. "Data, Field Work, and Extracting New Ideas at Close Range". *APSA- CP*: Newsletter of the Organized Section in Comparative Politics of the American Political Science Association, n° 10, 1999.

COTTERRELL, Roger B. M. "Interdisciplinarity: The Expansion of Knowledge and the Design of Research". *Higher Education Review*, vol. 11, 1979.

CRAFTS, Nicholas; FEARON, Peter (Coord.). *The Great Depression of the 1930s*: Lessons for Today. Oxford: Oxford University Press, 2013.

DEAN, Martin. *Robbing the Jews*: The Confiscation of Jewish Property in the Holocaust, 1933-1945. Cambridge: Cambridge University Press, 2008.

DICEY, A. V. *Introduction to the Study of the Law of the Constitution*. 8ª ed. Londres: Macmillan, 1926.

DREIER, Horst. "Nachwort: Was ist doppelt am 'Doppelstaat'?" *In*: FRAENKEL, Ernst. *Der Doppelstaat*. 3ª ed. Frankfurt: Europäische Verlagsanstalt, 2012.

EHRLICH, Eugen. *Grundlegung der Soziologie des Rechts*. Munique: Duncker & Humblot, 1913.

FATOVIC, Clement. "The Political Theology of Prerogative: The Jurisprudential Miracle in Liberal Constitutional Thought". *Perspectives on Politics*, vol. 6, 2008.

REFERÊNCIAS BIBLIOGRÁFICAS

FIORETOS, Orfeo; FALLETI, Tulia G.; SHEINGATE, Adam (Coord.). *The Oxford Handbook of Historical Institutionalism*. Oxford: Oxford University Press, 2016.

FLEMING, James E. (Coord.). *Getting to the Rule of Law*: NOMOS L. Nova York: New York University Press, 2011.

FORSTHOFF, Ernst. *Der totale Staat*. Hamburgo: Hanseatische Verlagsanstalt, 1933.

FRAENKEL, Ernst. "XLIII". *Die Justiz*, fev. 1933.

_____. *Gesammelte Schriften, vol. 1*: Recht und Politik in der Weimarer Republik. Baden-Baden: Nomos, 1999.

_____. *Gesammelte Schriften, vol. 2*: Nationalsozialismus und Widerstand. Coord. Alexander v. Brünneck, Hubertus Buchstein e Gerhard Göhler. Baden-Baden: Nomos, 1999.

_____. *Gesammelte Schriften, vol. 5*: Demokratie und Pluralismus. Coord. Alexander v. Brünneck. Baden-Baden: Nomos, 2007.

FRIEDLÄNDER, Saul. *Nazi Germany and the Jews, vol. 1*: The Years of Persecution, 1933-1939. Londres: Weidenfeld and Nicolson, 1997.

GERLACH, Christian. *The Extermination of the European Jews*. Cambridge: Cambridge University Press, 2016.

GOULD, Andrew C. "Conflicting Imperatives and Concept Formation". *Review of Politics*, vol. 61, 1999.

GOWDER, Paul. *The Rule of Law in the Real World*. Cambridge: Cambridge University Press, 2016.

HERF, Jeffrey. *Reactionary Modernism*: Technology, Culture, and Politics in Weimar and the Third Reich. Cambridge: Cambridge University Press, 1984.

HUTCHINSON, Allan C.; MONAHAN, Patrick (Coord.). *The Rule of Law*: Ideal or Ideology? Toronto: Carswell, 1987.

JARAUSCH, Konrad. *The Unfree Professions*: German Lawyers, Teachers, and Engineers, 1900-1950. Nova York: Oxford University Press, 1990.

JASPERS, Karl. *The Idea of the University*. Trad. H. A. T. Reich e H. F. Vanderschmidt. Coord. Karl W. Deutsch. Londres: Peter Owen, 1960.

JAY, Martin. *The Dialectical Imagination*: A History of the Frankfurt School and the Institute of Social Research 1923-1950. 2ª ed. Berkeley: University of California Press, 1996.

JELLINEK, Georg. *Allgemeine Staatslehre*. Berlim: Häring, 1900.

JUSTIZ, Kritische (Coord.). *Streitbare Juristen*: Eine andere Tradition. Baden-Baden: Nomos, 1988.

KELLY, Duncan. *The State of the Political*: Conceptions of Politics and the State in the Thought of Max Weber, Carl Schmitt and Franz Neumann. Oxford: Oxford University Press, 2003.

KIRCHHEIMER, Otto. "Einführung". *In*: SINZHEIMER, Hugo; FRAENKEL, Ernst. *Die Justiz in der Weimarer Republik*: Eine Chronik. Neuwied: Luchterhand, 1968.

KLEINFELD, Rachel. *Advancing the Rule of Law Abroad*: Next Generation Reform. Washington: Carnegie Endowment for International Peace, 2012.

KORIOTH, Stefan. "The Shattering of Methods in Late Wilhelmine Germany". *In*: JACOBSON, Arthur J.; SCHLINK, Bernhard (Coord.). *Weimar*: A Jurisprudence of Crisis Berkeley: University of California Press, 2000.

LABAND, Paul. *Das Staatsrecht des deutschen Reiches*. 3 vols., 2ª ed. Tübingen: Mohr, 1888.

LADWIG-WINTERS, Simone. *Ernst Fraenkel*: Ein politisches Leben. Nova York: Campus Verlag, 2009.

LEMKE-MÜLLER, Sabine (Coord.). *Ethik des Widerstands*: Der Kampf des Internationalen Sozialistischen Kampfbundes (ISK) gegen den Nationalsozialismus. Bonn: Dietz, 1996.

LOCKE, John. *Two Treatises of Government*. Org. Peter Laslett. Cambridge: Cambridge University Press, [1690] 1988.

MARSHALL, David. *The International Rule of Law Movement*: a Crisis of Legitimacy and the Way Forward. Cambridge: Harvard University Press, 2014.

MEHRING, Reinhard (Coord.). *Carl Schmitt, Der Begriff des Politischen*: Ein kooperativer Kommentar. Berlim: Akademie Verlag, 2003.

MEIERHENRICH, Jens. "Bringing the 'Dual State' Back In". *Artigo apresentado no encontro da American Political Science Association*, San Francisco, 30 ago./2 set. 2001.

_____. *The Legacies of Law*: Long-Run Consequences of Legal Development in South Africa, 1652-2000. Cambridge: Cambridge University Press, 2008.

REFERÊNCIAS BIBLIOGRÁFICAS

_____. *The Remnants of the Rechtsstaat*: an Ethnography of Nazi Law. Manuscrito, setembro de 2016.

MEIERHENRICH, Jens; SIMONS, Oliver (Coord.). *The Oxford Handbook of Carl Schmitt*. Oxford: Oxford University Press, 2016.

MENGER, Anton. *Das bürgerliche Recht und die besitzlosen Volksklassen*. Tübingen: Mohr, 1890.

MOHLER, Armin. *Die Konservative Revolution in Deutschland 1918-1932*: Ein Handbuch. 2ª ed. ampl. Darmstadt: Wissenschaftliche Buchgesellschaft, 1972.

MÖLLER, Horst. "Fraenkel: Analytiker von Demokratie und Diktatur". *In*: BRECHENMACHER, Thomas (Coord.). *Identität und Erinnerung*: Schlüsselthemen deutsch-jüdischer Geschichte und Gegenwart. Munique: Olzog, 2009.

MOORE, Barrington. *Social Origins of Dictatorship and Democracy*: Lord and Peasant in the Making of the Modern World. Boston: Beacon Press, 1966.

MORRIS, Douglas G. "The Dual State Reframed: Ernst Fraenkel's Political Clients and His Theory of the Nazi Legal System". *Leo Baeck Institute Yearbook*, vol. 58, 2013.

_____. "Write and Resist: Ernst Fraenkel and Franz Neumann on the Role of Natural Law in Fighting Nazi Tyranny". *New German Critique*, vol. 126, 2015.

MÜLLER, Ingo. *Hitler's Justice*: The Courts of the Third Reich. Trad. Deborah Lucas Schneider. Cambridge: Harvard University Press, 1991.

MÜNCH, Ingo von (Coord.). *Gesetze des NS-Staates*: Dokumente eines Unrechtssystems. 3ª ed. exp. Paderborn: Schöningh, 1994.

NEUMANN, Franz. "On the Marxist Theory of the State" [1935]. *In*: TRIBE, Keith (Coord.). *Social Democracy and the Rule of Law*: Otto Kirchheimer and Franz Neumann. Londres: Allen and Unwin, 1987.

NORTH, Douglass C. *Institutions, Institutional Change and Economic Performance*. Cambridge: Cambridge University Press, 1990.

OSLER, Fritz. "Rechtsanwälte in der NS- Zeit". *Anwaltsblatt*, vol. 33, 1983.

OVERY, Richard. *The Nazi Economic Recovery 1932-1938*. 2ª ed. Cambridge: Cambridge University Press, 1996.

PASQUINO, Pasquale. "Locke on King's Prerogative". *Political Theory*, vol. 26, 1998.

PAUER-STUDER, Herlinde; VELLEMAN, J. David. *Konrad Morgen*: The Conscience of a Nazi Judge. Londres: Palgrave, 2015.

PAXTON, Robert O. *The Anatomy of Fascism*. Londres: Penguin, 2005.

PIRIE, Fernanda. *Anthropology of Law*. Oxford: Oxford University Press, 2013.

RENNER, Karl. *Die Rechtsinstitute des Privatrechts und ihre soziale Funktion*: Ein Beitrag zur Kritik des bürgerlichen Rechts. Tübingen: Mohr, 1929.

RIDDER, Helmut. "Der Doppelstaat: Die Ehe von Kapitalismus und NS- Diktatur". *Die Zeit*, 12 jun. 1970.

SCHEUERMAN, William E. S. "Social Democracy and the Rule of Law: The Legacy of Ernst Fraenkel". *In*: CALDWELL, Peter C.; SCHEUERMAN, William E. (Coord.). *From Liberal Democracy to Fascism*. Boston: Humanities Press, 2000.

SCHMITT Carl. *The Crisis of Parliamentary Democracy*. Trad. Ellen Kennedy. Cambridge: MIT Press, [1923] 1988.

_____. *The Concept of the Political*. Chicago: University of Chicago Press, [1932] 2007.

SCHUMPETER, Joseph A. "The Sociology of Imperialisms" [1918]. *In*: _____. *The Economics and Sociology of Capitalism*. Org. Richard Swedberg. Princeton: Princeton University Press, 1991.

_____. *Capitalism, Socialism, and Democracy*. Nova York: Harper, 1942.

SIEFERLE, Rolf Peter. *Die Konservative Revolution*: Fünf biographische Skizzen. Frankfurt: Fischer, 1995.

SIL, Rudra; KATZENSTEIN, Peter J. "Analytic Eclecticism in the Study of World Politics: Reconfiguring Problems and Mechanisms across Research Traditions". *Perspectives on Politics*, vol. 8, 2010.

SILVERMAN, Dan. *Hitler's Economy*: Nazi Work Creation Programs, 1933-1936. Cambridge: Harvard University Press, 1998.

SINZHEIMER, Hugo; FRAENKEL, Ernst. *Die Justiz in der Weimarer Republik*: Eine Chronik. Neuwied: Luchterhand, 1968.

SONTHEIMER, Kurt. *Antidemokratisches Denken in der Weimarer Republik*. Munique: Deutscher Taschenbuch Verlag, [1962] 1978.

REFERÊNCIAS BIBLIOGRÁFICAS

STERN, Fritz. *The Politics of Cultural Despair*: A Study in the Rise of the Germanic Ideology. Berkeley: University of California Press, [1961] 1992.

STROMSETH, Jane; WIPPMAN, David; BROOKS, Rosa (Coord.). *Can Might Make Rights?* Building the Rule of Law after Military Intervention. Cambridge: Cambridge University Press, 2006.

THELEN, Kathleen. "Historical Institutionalism in Comparative Politics". *Annual Review of Political Science*, vol. 2, 1999.

TOOZE, Adam. *The Wages of Destruction*: The Making and Breaking of the Nazi Economy. Londres: Penguin, 2008.

TRAVERS, Martin. *Critics of Modernity*: The Literature of the Conservative Revolution in Germany, 1890-1933. Nova York: Peter Lang, 2001.

WACHSMANN, Nikolaus. *Hitler's Prisons*: Legal Terror in Nazi Germany. New Haven: Yale University Press, 2004.

WACHSMANN, Nikolaus. *KL*: A History of the Nazi Concentration Camps. Nova York: Little, Brown, 2015.

WILLIG, Kenneth C. H. "The Bar in the Third Reich". *American Journal of Legal History*, vol. 20, 1976.

WÜLLENWEBER, Hans. *Sondergerichte im Dritten Reich*: Vergessene Verbrechen der Justiz. Munique: Luchterhand, 1993.

ZOLLMANN, Jakob. "The Law in Nazi Germany: Ideology, Opportunism, and the Perversion of Justice" (Book Review). *German History*, vol. 32, 2014.

"O Estado Dual: uma contribuição à teoria da ditadura"

AA.VV. *Laboratorio Weimar*. Coord. G. Arrigo e G. Vardaro. Roma: [s.n.], 1982.

BOBBIO, Norberto. "Governo degli uomini o governo delle leggi?" *Nuova Antologia*, CXVIII, fasc. 2.154, 1983.

_____. *O futuro da democracia*: uma defesa das regras do jogo. Trad. Marco Aurélio Nogueira. 6ª ed. Rio de Janeiro: Paz e Terra, 1986.

BOLAFFI, A. "Introduzione". *In*: KIRCHHEIMER, Otto. *Costituzione senza sovrano*: Saggi di teoria politica e costituzionale. Bari: De Donato, 1982.

DOEKER, G.; STEFFANI, W. (Coord.). *Klassenjustiz und Pluralismus*. Festschrift für Ernst Fraenkel zum 75. Geburtstag am 26. Dezember 1973. Hamburgo: Hoffmann und Campe, 1973.

FRAENKEL, Ernst. *Deutschland und die westlichen Demokratien*. Stuttgart: W. Kohlhammer, 1964.

_____. *Reformismus und Pluralismus*: Materialien zu einer ungeschriebenen politischen Autobiographie. Hamburgo: Hoffmann und Campe, 1973.

_____. *Zur Soziologie der Klassenjustiz und Aufsätze zur Verfassungskrise* 1931-1932. Darmstadt: Wissenschaftliche Buchgesellschaft, 1968.

KREMENDAHL, H. "Von der Dialektischen Demokratie zum Pluralismus. Kontinuität und Wandel im Werk Ernst Fraenkels". *In*: DOEKER, G.; STEFFANI, W. (Coord.). *Klassenjustiz und Pluralismus*. Festschrift für Ernst Fraenkel zum 75. Geburtstag am 26. Dezember 1973. Hamburgo: Hoffmann und Campe, 1973.

LEDERER, E. "Zur Soziologie des Weltkrieges". *Archiv für Sozialwissenschaft*, XXXIX, 1915.

MARRAMAO, G. "Politica e complessità: lo stato tardo-capitalistico come categoria e come problema teorico". *In*: HOBSBAWM, Eric John. *Storia del marxismo*. vol. IV. Turim: Einaudi, 1982.

PORTINARO, Pier Paolo. *La crisi dello jus publicum europaeum*: Saggio su Carl Schmitt. Milão: Edizioni di Comunità, 1982.

RUSCONI, Gian E. "La 'kollektive Demokratie' di Fraenkel e il corporatismo contemporaneo". *Giornale di Diritto del Lavoro e di Relazioni Industriali*, II, 1980.

_____. *La crisi di Weimar*: Crisi di sistema e sconfitta operaia. Turim: Einaudi, 1977.

SCHMITT, Carl. *Politische Theologie*: Vier Kapitel zur Lehre von der Souveränität. München-Leipzig: Duncker & Humblot, 1922.

STEFANI, Winfried. "Nachrichten". *Politische Vierteljahresschrift*, vo. 16, 1975.

WISE, David; ROSS, Thomas. *The Invisible Government*. Nova York: Vintage Books, 1974.

WOLFE, Alan. *I confini della legittimazione*: Le contraddizioni politiche del capitalismo contemporaneo. Bari: De Donato, 1981.

REFERÊNCIAS BIBLIOGRÁFICAS

O Estado Dual

ALTMANN, Wilhelm. *Ausgewählte Urkunden zur Brandenburgisch-Preussischen Verfassungs – und Verwaltungsgeschichte*. 2ª ed. Berlim: Weidmann, 1914.

BAGEHOT, Walter. "The Earl of Balfour". *In*: _____. *The English Constitution*. Oxford: [s.n.], 1928.

BARKER, Ernest. *Natural Law and the Theory of Society 1500-1800*. Cambridge: [s.n.], 1934.

BAUER, Otto. "Das Weltbild des Kapitalismus". *In*: JENNSSEN, Otto (Coord.). *Der lebendige Marxismus, Festgabe zum 70. Geburtstag von Karl Kautsky*. Jena: [s.n.], 1924.

BECKER, Carl L. "Afterthoughts on Constitutions". *In*: READ, Conyers J. *The Constitution Reconsidered*. Nova York: Columbia University Press, 1938.

_____. *The Declaration of Independence*. Nova York: [s.n.], 1922.

BEHRENDT, Richard. *Politischer Aktivismus*. Berlim: [s.n.], 1932.

BEST, Werner. "Neubegründung des Polizeirechts". *Jahrbuch der Akademie für Deutsches Recht*, vol. 4, 1937.

_____. "Werdendes Polizeirecht". *Dtsch. Recht*, 1938.

BILFINGER, Carl. "Betrachtungen über politisches Recht". *Ztschr. f. ausl. öff. u. Völkerr.*, Band I.

BRANDENBURG, Erich. *Martin Luther's Anschauung vom Staate und der Gesellschaft*. Halle: [s.n.], 1901.

BRINKMANN, Carl. "Wirtschaftsgeschichte". *In*: LANDESKUNDE DER PROVINZ BRANDENBURG. Band II. Berlim: [s.n.], 1910.

BUDDEBERG, Th. "Descartes und der politische Absolutismus". *Arch. f. Rechts. u. Soz. Phil.*, Band XXX, 1937.

BURCKHARDT, Jacob. *Weltgeschichtliche Betrachtungen*. Band 55. Leipzig: Kröner's Taschenausgabe, [s.d.].

CARLYLE, A. J. *A History of Medieval Political Theory in the West*. vol. 1. Edimburgo; Londres: [s.n.], 1903.

CROHNE, Dr. "Die Strafrechtspflege 1936". *D. Jstz.*, 1937.

DAHM, Georg. "Die drei Arten des rechtswissenschaftlichen Denkens". *Ztschr. f. d. ges. Staatsw.*, Band 95.

_____. "Verrat und Verbrechen". *Ztschr. f. d. ges. Staatsw*, Band 95.

DERNEDDE, Carl. "Gesetz und Einzelanordnung". *Ztschr. f. d. ges. Staatsw*, vol. 97.

_____. "Werdendes Staatsrecht". *Ztschr f. d. ges. Staatsw.*, Band 95, 1935.

DICEY, A. V. *Law of the Constitution*. 8ª ed. Londres: [s.n.], 1926.

DIENER, Dr. "System des Staatsverbrechens". *Dtsch. Recht*, Band IV.

DIETZE, Hellmuth. "Naturrecht aus Blut und Boden". *Akademie Ztschr.*, 1936.

_____. *Naturrecht der Gegenwart*. Bonn: [s.n.], 1936.

DUMLER, Marie. "Die Bestrebungen zur Befreiung der Privatbauern in Preussen". *Forschungen zur Brandenburgisch-Preussischen Geschichte*, Band 33.

EBENSTEIN, William. "Rule of Law im Lichte der reinen Rechtslehre". *Revue internationale de la théorie du droit*, 1938.

EICKHOFF, Ludwig. "Die Preussische Geheime Staatspolizei". *Dtsch. Verw.*, 1936.

ENGELS, Friedrich. *The Housing Question*. Moscou; Leningrado: Co-operative Pub. Society of Foreign Workers in the U.S.S.R., 1935.

ERDMANNSDÖRFER, Bernhard. *Deutsche Geschichte im Zeitalter des Absolutismus*. Band I. Berlin: [s.n.], 1892-1893.

FIGGIS, John Neville. *Studies of Political Thought from Gerson to Grotius*: 1414-1625. Cambridge: [s.n.], 1907.

FORSTHOFF, Ernst. *Der totale Staat*. Hamburgo: [s.n.], 1933.

FORSYTH, William. *Constitutional Law*. Londres: [s.n.], 1869.

FRAENKEL, Ernst. "Vorwort zu deutschen Ausgabe". *In*: _____. *Der Doppelstaat*. Trad. Manuela Schöps. Frankfurt: Europäische Verlagsanstalt, 1974.

FRANK, Hans. *Deutsches Verwaltungsrecht*. Munique: [s.n.], 1937.

_____. "Der Nationalsozialismus und die Wissenschaft der Wirtschaftslehre". *Schmoller's Jahrbuch*, Band 58.

_____. "Die Aufgaben des Rechts". *Akademie Ztschr.*, 1938.

_____. "Strafrechts – und Strafvollzugs-Probleme". *Bl. f. Gefk.*, 1937, Band 68.

REFERÊNCIAS BIBLIOGRÁFICAS

_____. *Nationalsozialistisches Handbuch für Recht und Gesetzgebung.* Munique: [s.n.], 1935.

_____. *Gesetz und Richter*: eine Abgrenzung nach den Grundsätzen des nationalsozialistischen Staates. Hamburgo: [s.n.], 1935.

FREISSLER, Roland. "Der Heimweg des Rechts in die völkische Sittenordnung". *Festschrift zum 60. Geburtstag des Staatssekretärs Schlegelberger*, Berlim, 1937.

_____. "Der Volksverrat (Hoch-und Landesverrat) im Lichte des National-Sozialismus". *D. J. Z.*, 1935.

_____. "Rechtsstaat". *Handwörterbuch der Rechtswissenschaft*, Band VIII.

_____. "Totaler Staat? Nationalsozialistischer Staat!" *D. Jstz.*, 1934.

FREUND, Michael. "Zur Deutung der Utopia des Thomas Morus (Ein Beitrag zur Geschichte der Staatsraison in England)". *H. Z.*, Band 142.

_____. *George Sorel (Der revolutionäre Konservativismus).* Frankfurt: [s.n.], 1932.

FREYER, Hans. *Soziologie als Wirklichkeitswissenschaft.* Leipzig: [s.n.], 1930.

FRICK, Wilhelm. "Auf dem Wege zum Einheitsstaat". *Dtsch. Verw.*, 1936.

FRIEDMANN, Alfred. "Geschichte und Struktur der Notstandsverordnungen". *Kirchenrechtliche Abhandlungen*, 1905.

GARDINER, Samuel Rawson. *The Constitutional Documents of the Puritan Revolution.* Oxford: [s.n.], 1899.

GERBER, Hans. "Volk und Staat (Grundlinien einer deutschen Staatsphilosophie)". *Ztschr. f. dtsch. Kult. Philos.*, N. F. 1936, Band III.

_____. "Volk und Staat (Grundlinien einer deutschen Staatsphilosophie)". *Ztschr. f. dtsch. Kult. Philos.*, Band III, 1936.

GETTELL, Raymond. *History of American Political Thought.* Nova York: [s.n.], 1928.

GIERKE, Otto von. *Das deutsche Genossenschaftsrecht.* Band IV. Berlim: [s.n.], 1913.

_____. *Johannes Althusius und die Entwicklung der naturrechtlichen Staatstheorien.* 4ª ed. Breslávia: [s.n.], 1929.

_____. *Johannes Althusius und die Entwicklung der naturrechtlichen Staatstheorien.* 2ª ed. Breslau: [s.n.], 1902.

GOERING, Hermann. "Die Rechtssicherheit als Grundlage der Volksgemeinschaft". *D. Jstz.*, 1934.

GOETHE, J. W. *Dichtung und Wahrheit*. Band 11. Buch: [s.n.], [s.d.].

GURIAN, Waldemar. *Der integrale Nationalismus in Frankreich (Charles Maurras und die Action française)*. Frankfurt: [s.n.], 1931.

GÜRKE, Norbert. "Der Stand der Völkerrechtswissenschaft". *Dtsch. Rw.*, Band II.

_____. *Grundzüge des Völkerrechts*. Berlim: [s.n.], 1936.

HALLIWELL, James Orchard (Coord.). *The Autobiography and Correspondence of Sir Simonds D'Ewes*. vol. II. Londres: [s.n.], 1845.

HAMEL, Walther. "Die Polizei im neuen Reich". *Dtsch. Recht*, 1935.

HANSARD. *Parliamentary History of England*, Londres, vol. XVI, 1813.

HARTMANN, Ludo Moritz. "Der Begriff des Politischen". *In*: _____. *Festgabe für Lujo Brentano zu dessen 70. Geburtstag*. Munique: [s.n.], 1916.

HAVESTÄDT, Georg. "Grundverhältnisse des Eigentums". *Verwaltungsarchiv*, Band 42.

HECKEL, Johannes. "Der Einbruch des jüdischen Geistes in das deutsche Staats – und Kirchenrecht durch F. J. Stahl". *H. Z.*, 155.

HEGEL, G. W. F. "Die Verfassung Deutschlands". *In*: _____. *Hegels Schriften zur Politik und Rechtsphilosophie*. Leipzig: [s.n.], 1913.

_____. "Philosophie der Weltgeschichte". *In*: _____. *Sämtliche Werke*. Band VIII. Leipzig: [s.n.], 1923.

_____. "Über die wissenschaftlichen Behandlungsarten des Naturrechts". *In*: _____. *Sämtliche Werke*. Band VII. Leipzig: [s.n.], 1913.

_____. *Grundlinien der Philosophie des Rechts*. 3ª ed. Leipzig: [s.n.], 1930.

HEIDEN, Konrad. *History of National-Socialism*. Londres: [s.n.], 1934.

HELLER, Hermann. "Bürger und Bourgeois". *Neue Rundschau*, 1932.

_____. "Political Science". *In*: SELIGMAN, Edwin; JOHNSON, Alvin (Coord.). *Encyclopaedia of the Social Sciences*. vol. 12. Nova York: Macmillan, 1934.

_____. "Staat". *In*: VIERKANDT, Alfred (Coord.). *Handwörterbuch der Soziologie*. Stuttgart: F. Enke, 1931.

_____. *Rechtsstaat und Diktatur*. Tübingen: [s.n.], 1930.

REFERÊNCIAS BIBLIOGRÁFICAS

_____. *Staatslehre*. Leyden: [s.n.], 1934.

HERRFAHRDT, Heinrich. "Politische Verfassungslehre". *Arch. f. Rechts. u. Soz. Phil.*, Band XXX, 1936.

HEYDRICH, Reinhard. "Die Bekämpfung der Staatsfeinde". *Dtsch. Rw.*, Band I, Heft 2.

HEYNE, Rainer. "George Sorel und der autoritäre Staat des 20. Jahrhunderts". *Arch. d. öff. Rechts*, N. F., Band 29.

HILFERDING, Rudolf. *Das Finanzkapital*. Band II. Wien: [s.n.], 1923.

HIMMLER, Heinrich. "Aufgaben und Aufbau der Polizei". *In*: PFUNDTNER, Hans (Coord.). *Festschrift für Dr. Frick*. Berlim: [s.n.], 1937.

HINTZE, Otto. "Preussens Entwicklung zum Rechtsstaat". *Forschungen zur Brandenburgisch-Preussischen Geschichte*, Band 32.

_____. "Zur Agrarpolitik Friedrichs des Grossen". *Forschungen zur Brandenburgisch-Preussischen Geschichte*, Band 10.

_____. *Die Hohenzollern und ihr Werk*. Berlim: [s.n.], 1916.

_____. *Staatsverfassung und Heeresverfassung*. Dresden: [s.n.], 1906.

HITLER, Adolf. *Mein Kampf*. 42ª ed. Munique: [s.n.], 1933.

HÖHN, Reinhard. "Das Führerprinzip in der Verwaltung". *Dtsch. Recht*, 1936.

_____. "Die Wandlungen im Polizeirecht". *Dtsch. Rw.*, 1936.

_____. "Parlamentarische Demokratie und das neue deutsche Verfassungsrecht". *Dtsch. Rw.*, 1938.

_____. *Otto von Gierke's Staatslehre und unsere Zeit*. Hamburgo: [s.n.], 1936.

_____. *Rechtsgemeinschaft und Volksgemeinschaft*. Hamburgo: [s.n.], 1935.

HUBER, Ernst. "Die Einheit der Staatsgewalt". *D. J. Z.*, 1934.

_____. "Die Rechtsstellung des Volksgenossen erläutert am Beispiel der Eigentumsordnung". *Ztschr. f. d. ges. Staatsw.*, 1936.

_____. "Die Totalität des völkischen Staates". *Die Tat*, 1934.

_____. "Die Verwirkung der rechtsgenössischen Rechtsstellung im Verwaltungsrecht". *Akademie Ztschr.*, 1937.

JAEGER, T. Werner. *Paideia, the Ideals of Greek Culture*. Trad. Gilbert Highet. Nova York: [s.n.], 1939.

JEFFERSON, Thomas. "First Inaugural Address, March 4, 1801". *In*: RICHARDSON, James D. (Coord.). *A Compilation of the Messages and Papers of the Presidents*. vol. I. Nova York: Bureau of National Literature, 1897.

JEFFERSON, Thomas. *Notes on the State of Virginia*. Richmond: [s.n.], 1853.

JELLINEK, George. *Allgemeine Staatslehre*. Berlim: [s.n.], 1900.

JÜNGER, Ernst. "Die totale Mobilmachung". *In*: _____. (Coord.). *Krieg und Krieger*. Berlim: [s.n.], 1930.

_____. *Der Kampf als inneres Erlebnis*. 5ª ed. Berlim: [s.n.], 1933.

KAUFMANN, Erich. *Die clausula rebus sic stantibus und das Völkerrecht*. Tübingen: [s.n.], 1911.

KEHR, Eckhart. "Zur Genesis der preussischen Bürokratie und des Rechtsstaats (Ein Beitrag zum Diktaturproblem)". *Gesellschaft*, 1932.

KEIR, D. L.; LAWSON, F. H. *Cases in Constitutional Law*. Oxford: [s.n.], 1928.

KELSEN, Hans. "The Party Dictatorship". *Politica*, vol. II.

KERN, Fritz. "Über die mittelalterliche Anschauung von Staat, Recht und Verfassung". *H. Z.*, Band 120.

KIRCHHEIMER, Otto. "Politics and Justice". *Social Research*, vol. 22, 1955.

KNAPP, G. F. *Die Bauernbefreiung und der Ursprung der Landarbeiter in den älteren Teilen Preussens*. 2ª ed. Munique: [s.n.], 1927.

KNAUTH. "Die Aufgaben der Polizei im nationalsozialistischen Staat", *D. J. Z.*, 1936.

KNICKERBOCKER, Hubert R. *The German Crisis*. Nova York: [s.n.], 1932.

KOEHLER, Ludwig von. *Grundlehren des Verwaltungsrechts*. Berlim; Stuttgart: [s.n.], 1935.

KOELLREUTTER, Otto. "Leviathan und totaler Staat". *R. Verw. Bl.*, 1938.

_____. *Grundfragen des völkischen und staatlichen Lebens im deutschen Volksstaat*. Berlim-Charlottenburg: [s.n.], 1935.

_____. *Volk und Staat in der Weltanschauung des Nationalsozialismus*. Berlim: [s.n.], 1935.

REFERÊNCIAS BIBLIOGRÁFICAS

KOETTGEN, Arnold. "Die Gesetzmassigkeit der Verwaltung im Führerstaat". *R. Verw. Bl.*, 1936.

_____. "Polizei und Gesetz". *R. Verw. Bl.*, 1938.

_____. *Deutsche Verwaltung.* 2ª ed. Berlim: [s.n.], 1937.

KOHLRAUSCH. "Rassenverrat im Ausland". *Akademie Ztschr.*, 1938.

KÜHN, Friedrich. "Der vorläufige Aufbau der gewerblichen Wirtschaft". *Arch. f. öff. Recht*, Band 27.

LANDAUER, Karl. "Zum Niedergang des Fascismus". *Gesellschaft*, 1925.

LARENZ, Carl. "Die Rechts – und Staatsphilosophie des deutschen Idealismus und ihre Gegenwartsbedeutung". *In*: BAEUMLER, A. von; SCHRÖTER, M. (Coord.). *Handbuch der Philosophie.* Munique; Berlim: [s.n.], 1934.

LARENZ, Carl. "Volksgeist und Recht, zur Revision der Rechtsanschauung der historischen Schule". *Ztschr. f. dtsch. Kult. Philos.*, Band I.

LASKI, Harold J. "Discretionary Power". *Politica*, vol. I.

LAUD, William. "Sermon on King James' birthday, 1621". *In*: SCOTT, William (Coord.). *The Works of William Laud, D. D.* vol. I. Londres: [s.n.], 1847.

LAUER. "Die richterliche Nachprüfung polizeilicher Massnahmen". *J. W.* 1934.

LEDERER, Emil. "Zur Soziologie des Weltkrieges". *Arch. f. Szw*, Band 39.

LEIBNIZ, Gottfried W. *Deutsche Schriften.* Band I. Berlim: [s.n.], 1838.

LEUNER. "Spekulatives und Lebensgesundes Staatsrecht". *Jugend und Recht*, 1937.

LOENING, Edgar. *Gerichte und Verwaltungsbehörden in Brandenburg-Preussen.* Halle: [s.n.], 1914.

LOEWENSTEIN, Julius. *Hegels Staatsidee*: ihr Doppelgesicht und ihr Einfluss im 19. Jahrhundert. Berlim: [s.n.], 1927.

LUTERO, Martinho. *Sämtliche Werke (Deutsch).* Band 50. Frankfurt; Erlangen: [s.n.], 1851.

_____. *Von weltlicher Obrigkeit, Sämtliche Werke.* Band 27. Frankfurt; Erlangen: [s.n.], 1851.

MACHIAVELLI, Niccolo. "Discourses on the first ten Books of Titus Livius, Book II, Chap. 2". *In*: _____. *The Historical, Political, and Diplomatic*

Writings of Niccolo Machiavelli. Trad. Christian E. Detmold. Boston: [s.n.], 1882.

MAINE, Henry. *Ancient Law*. Londres; Toronto: [s.n.], 1917.

MANIGK, Alfred. "Rechtsfindung im neuen Staat". *Arch. f. Rechts u. Soz. Phil.*, 1936.

MANNHEIM, Karl. "Rational and Irrational Elements in Contemporary Society". *L. T. Hobhouse Memorial Trust Lectures*, Londres, n° 4, 7 mar. 1934.

_____. *Mensch und Gesellschaft im Zeitalter des Umbaus*. Leyden: [s.n.], 1935.

MANSFELD, Werner. "Der Führer des Betriebes". *J. W.*, 1934.

_____. "Die Deutsche Arbeitsfront". *Dtsch. Arb. R.*, 1933.

_____. "Die soziale Ehre". *Dtsch. Recht*, 1934.

_____. "Vom Arbeitsvertrag". *Dtsch. Arb. R.*, 1936.

MARR, Heinz. *Die Massenwelt im Kampf um ihre Form (Zur Soziologie der deutschen Gegenwart)*. Hamburgo: [s.n.], 1934.

MARTIN, Alfred von. "Zur Soziologie der Gegenwart". *Zeitschrift für Kulturgeschichte*, Band 27.

MARX, Karl. *Capital*. vol. I. Trad. Samuel Moore e Edward Aveling. Chicago: [s.n.], 1912.

_____. *Capital*. vol. III. Trad. Ernest Untermann. Chicago: [s.n.], 1909.

_____. *Critique of the Gotha Programme*. Nova York: [s.n.], 1937.

_____. *The Eighteenth Brumaire of Louis Napoleon*. Trad. Daniel De Leon. 3ª ed. Chicago: [s.n.], 1913.

MARX, Karl; ENGELS, Friedrich. *Gesamtausgabe*. vol. I. [S.l.]: [s.n.], [s.d.].

MAUNZ, Theodor; FRANK, Hams. *Deutsches Verwaltungsrecht*. Munique: [s.n.], 1937.

MAYER, Otto. *Deutsches Verwaltungsrecht (Systematisches Handbuch der Deutschen Rechtswissenschaft, Teil VI)*. 3ª ed. Munique: [s.n.], 1924.

McILWAIN, Charles H. "Liberalism and the Totalitarian Ideals". *In*: _____. *Constitutionalism and the Changing World (Collected Papers)*. Nova York: [s.n.], 1939.

REFERÊNCIAS BIBLIOGRÁFICAS

McILWAIN, Charles H. "The Fundamental Law behind the Constitution of the United States". *In*: READ, C. J. *The Constitution Reconsidered*. Nova York: [s.n.], 1938.

McILWAIN, Charles H. *The Growth of Political Thought in the West*. Nova York: [s.n.], 1932.

MEINECKE, Friedrich. *Die Idee der Staatsraison*. Munique: [s.n.], 1924.

METTERNICH. *Nachgelassene Schriften*, Band VIII.

MEUSEL, Alfred. "Der klassische Sozialismus". *Arch. f. Rechts. u. Soz. Phil.*, Band XXIV, 1930-1931.

MIKOREY, Max. "Naturgesetz und Staatsgesetz". *Akademie Ztschr.*, 1936.

MITTERMAIER, Carl Joseph A. "Die Gesetzgebung über Belagerungszustand, Kriegsrecht, Standrecht und Suspension der Gesetze über persönliche Freiheit". *Archiv für Criminalrecht*, 1849.

MORSTEIN-MARX, F. "Roosevelt's New Deal und das Dilemma amerikanischer Staatsführung". *Verwaltungsarchiv*, Band 40, 1935.

MÖSER, Justus. *Patriotische Phantasien, III*. 3ª ed. Berlim: [s.n.], 1804.

NEESE, Gottfried. "Die verfassungsrechtliche Gestaltung der 'Einpartei'". *Ztschr. f d. ges. Staatsw.*, Band 98.

NIETZSCHE, Friedrich. *Beyond Good and Evil*: Prelude to a Philosophy of the Future. 1ª ed. Londres: [s.n.], 1901.

PFENNING, Andreas. "Gemeinschaft und Staatswissenschaft (Versuch einer systematischen Bestimmung des Gemeinschaftsbegriffes)". *Ztschr. f. d. ges. Staatsw.*, Band 96.

PLESSNER, Hellmuth. *Grenzen der Gemeinschaft (Eine Kritik des sozialen Radikalismus*. Bonn: [s.n.], 1924.

POUND, Roscoe. *Interpretation of Legal History*. Nova York: [s.d.], 1923.

RADBRUCH, Gustav. *Rechtsphilosophie*. 3ª ed. Leipzig: [s.n.], 1932.

RATHENAU, Walther. *Gesammelte Schriften*, Band V.

REXIUS, Gunnar. "Studien zur Staatslehre der historischen Schule". *H. Z.*, Band 107.

RICKERT, Heinrich. *Kant als Philosoph der modernen Kultur (ein geschichtsphilosophischer Versuch)*. Tübingen: [s.n.], 1924.

ROSENBERG, Alfred. "Die nationalsozialistische Weltanschauung und das Recht". *D. Jstz.*, 1938.

_____. "Lebensrecht, nicht Formalrecht". *Dtsch. Recht*, 1934.

_____. *Der Mythos des 20. Jahrhunderts.* 4ª ed. Munique: [s.n.], 1934.

RUSCHE, Georg; KIRCHHEIMER, Otto. *Punishment and Social Structure.* Nova York: Columbia Univ. Press, 1939.

RUSHWORTH, John. *Historical Collections.* vol. II. Londres: [s.n.], 1721.

RUTHARDT, Konrad. *Entwurf eines Gesetzes über das Verfahren in Strafsachen.* Regensburg: [s.n.], 1849.

SCHEUNER, Ullrich. "Die Neugestaltung des Vereins- und Verbandsrechts". *D. J. Z.*, 1935.

SCHILLER, Friedrich. "Letters upon the Aesthetic Education of Man". *In*: ELIOT, C. W. *Literary and Philosophical Essays.* Nova York: [s.n.], 1910.

SCHMALENBACH, Hermann. "Die soziologische Kategorie des Bundes". *Die Dioskuren*, Band 1.

SCHMIDT, Georg. "Zu einem Reichspolizeigesetz". *R. Verw. Bl.*, 1935.

SCHMITT, Carl. "Der Begriff des Politischen". *Arch. f. Szw*, Band 58.

_____. "Die Diktatur des Reichspräsidenten nach Artikel 48 der Weimarer Verfassung". *In*: _____. *Die Diktatur.* 2ª ed. Munique: [s.n.], 1928.

_____. "Die Kernfrage des Völkerbunds". *Schmoller's Jahrbücher*, Band 48.

_____. "Nationalsozialismus und Völkerrecht". *Schriften der Hochschule für Politik*, Heft IX, Berlim, 1934.

_____. "Nationalsozialistiches Rechtsdenken". *Dtsch. Recht*, 1934.

_____. "Totaler Feind, totaler Krieg, totaler Staat". *Völkerrecht und Völkerbund*, Band IV, 1937.

_____. *Der Hüter der Verfassung.* Tübingen: [s.n.], 1931.

_____. *Der Leviathan in der Staatslehre des Thomas Hobbes.* Hamburgo: [s.n.], 1938.

_____. *Die Diktatur Von den Anfängen des modernen Souveränitätsgedankens bis zum proletarischen Klassenkampf.* 2ª ed. Munique: [s.n.], 1928.

_____. *Die Diktatur.* Munique: [s.n.], 1921.

REFERÊNCIAS BIBLIOGRÁFICAS

_____. *Legalität und Legitimität*. Munique: [s.n.], 1932.

_____. *Politische Theologie*. Munique: [s.n.], 1922.

_____. *Römischer Katholizismus und politische Form*. Hellerau: [s.n.], 1923.

_____. *Über die drei Arten des rechtswissenschaftlichen Denkens*. Hamburgo: [s.n.], 1934.

_____. *Verfassungslehre*. Munique: [s.n.], 1928.

SCHNABEL, Franz. *Deutsche Geschichte im 19. Jahrhundert*. Band II. Freiburg: [s.n.], 1929.

SCHUMPETER, Joseph. "Zur Soziologie der Imperialismen". *Arch. f. Szw.*, Band 46.

SELIGMAN, Edwin; JOHNSON, Alvin (Coord.). *Encyclopaedia of the Social Sciences*. vol. 13. Nova York: Macmillan, 1934.

SMEND, Rudolf. *Die politische Gewalt im Verfassungsstaat und das Problem der Staatsform (Festgabe für Wilhelm Kahl)*. Tübingen: [s.n.] 1923.

_____. *Verfassung und Verfassungsrecht*. Munique: [s.n.], 1928.

SOHM, Rudolf. *Kirchenrecht (Systematisches Handbuch der Dt. Rechtswissenschaft, Band VIII)*. Munique: [s.n.], 1923.

SOMBART, Werner. *A New Social Philosophy*. Princeton: [s.n.], 1937.

_____. *Das Wirtschaftsleben im Zeitalter des Hochkapitalismus*. Band I. Munique; Leipzig: [s.n.], 1927.

SWOBODA, Ernst. "Das Protektorat in Böhmen und Mähren". *R. Verw. Bl.*, 2 abr. 1939.

SZENDE, Paul. "Eine soziologische Theorie der Abstraktion". *Arch.f. Szw.*, Band 50.

TANNER, Joseph R. *English Constitutional Conflicts of the Seventeenth Century*. Cambridge: [s.n.], 1928.

_____. *Constitutional Documents of the Reign of James I*. Cambridge: [s.n.], 1930.

TARNOW, Fritz. *Parteitag der Sozialdemokratischen Partei Deutschlands zu Leipzig 1931*. Berlim: [s.n.], 1931.

TAWNEY, Richard H. *Religion and the Rise of Capitalism*. Nova York: New American Library, 1926.

THIEME, Hans. "Nationalsozialistisches Arbeitsrecht". *Dtsch. Recht*, 1935.

TOENNIES, Ferdinand. *Einführung in die Soziologie*. Stuttgart: [s.n.], 1931.

_____. *Gemeinschaft und Gesellschaft*. 6ª e 7ª ed. Berlim: [s.n.], 1926.

_____. *Soziologische Studien und Kritiken*. Band I. Jena: [s.n.], 1925.

TROELTSCH, Ernst. "Das christliche Naturrecht (Überblick)". *In*: _____. *Gesammelte Werke*. Band IV. Tübingen: [s.n.], 1921-1925.

_____. "Das stoisch-christliche Naturrecht und das modern profane Naturrecht". *In*: _____. *Gesammelte Werke*. Band IV. Tübingen: [s.n.], 1921-1925.

_____. *Die Soziallehren der christlichen Kirchen und Gruppen*. 3ª ed. Tübingen: [s.n.], 1923.

_____. *Verhandlungen des Ersten Deutschen Soziologentages*. Tübingen: [s.n.], 1911.

VIERKANDT, Alfred. *Der Geistig-sittliche Gehalt des neueren Naturrechts*. Wien: [s.n.], 1927.

VÖLTZER, Friedrich. "Vom Werden des deutschen Sozialismus". *Ztschr. f. d. ges. Staatsw.*, Band 96.

WAGNER, A. *Der Kampf der Justiz gegen die Verwaltung in Preussen (dargelegt an der rechtsgeschichtlichen Entwicklung des Konfliktgesetzes von 1844)*. Hamburgo: [s.n.], 1936.

WALDECKER, Ludwig. *Von Brandenburg über Preussen zum Reich*. Berlim: [s.n.], 1935.

WALZ, Gustav. "Der Führerstaat". *D. Jstz.*, 1936.

WEBER, Max. "Der Sinn der Wertfreiheit der soziologischen und ökonomischen Wissenschaften". *In*: _____. *Gesammelte Aufsätze zur Wissenschaftslehre*. Tübingen: [s.n.], 1922.

_____. "Parlament und Regierung im neugeordneten Deutschland". *In*: _____. *Gesammelte politische Schriften*. Munique: [s.n.], 1921.

_____. *General Economic History*. Trad. Frank H. Knight. Nova York: [s.n.], 1927.

_____. *Wirtschaft und Gesellschaft*. Tübingen: [s.n.], 1921.

WIEACKER, Franz. "Der Stand der Rechtsemeuerung auf dem Gebiet des bürgerlichen Rechts". *Dtsch. Rw.*, 1937.

REFERÊNCIAS BIBLIOGRÁFICAS

WOLGAST, Ernst. "Die auswärtige Gewalt des Deutschen Reiches unter besonderer Berücksichtigung des Auswärtigen Amtes". *Arch. f. öff. Recht, N. F.*, Band V.

_____. "Völkerrecht". *In*: STAMMLER, Rudolf; FINGER, August (Coord.). *Das gesamte Deutsche Recht in systematischer Darstellung.* Teil XIII. Berlim: Stilke, 1934.

ZELLER, Eduard. *Die Philosophie der Griechen.* 5ª ed. Leipzig: [s.n.], 1909.

ABREVIATURAS

Akademie Ztschr.	Zeitschrift der Akademie für Deutsches Recht
ALR.	Preussisches Allgemeines Landrecht
Arbeitsr. Entsch.	Arbeitsrechtliche Entscheidungen
Arb. R. S.	Arbeitsrechtssammlung
Arch. f. öff. Recht	Archiv für öffentliches Recht
Arch. f. Rechts- u. Soz. Phil.	Archiv für Rechts- und Sozialphilosophie
Arch. f. Szw.	Archiv für Sozialwissenschaften und Sozialpolitik
Bad. Verw. Ztschr.	Badische Verwaltungszeitschrift
BGB.	Bürgerliches Gesetzbuch
BGBl.	Bundesgesetzblatt
Bl. f. Gefk.	Blätter für Gefängniskunde
D. A. Z.	Deutsche Allgemeine Zeitung
D. J. Z.	Deutsche Juristenzeitung
D. Jstz.	Deutsche Justiz
Dt. Bergw. Ztg.	Deutsche Bergwerks- Zeitung
Dtsch. Arb. R.	Deutsches Arbeitsrecht

Dtsch. Recht	Deutsches Recht
Dtsch. Rpfl.	Deutsche Rechtspflege
Dtsch. Rw.	Deutsche Rechtswissenschaft
Dtsch. R. Z.	Deutsche Richter-Zeitung
Dtsch. Str.	Deutsches Strafrecht
Dtsch. Verw.	Deutsche Verwaltung
Dtsch. Verw. R.	Deutsches Verwaltungsrecht
Entsch. des KG. und OLG. München	Entscheidungen des Kammergerichts und Oberlandesgerichts München
Fft. Ztg.	Frankfurter Zeitung
Hans. R. u. Ger. Ztg.	Hanseatische Rechts- und Gerichtszeitung
HGB.	Handelsgesetzbuch
Höchst. R. Rspr.	Höchstrichterliche Rechtsprechung
H. Z.	Historische Zeitschrift
Jahrb. f. Entsch. der freiw. Gbk.	Jahrbuch für Entscheidungen der freiwilligen Gerichtsbarkeit
Jgdr. u. Jgdwohlf.	Jugendrecht und Jugendwohlfahrt
J. W.	Juristische Wochenschrift
Kart. Rundsch.	Kartellrundschau
Mbl. f. i. Verw.	Ministerialblatt für innere Verwaltung
N. F.	Neue Folge (Nova série)
OVG.	Entscheidungen des Preussischen Oberverwaltungsgerichts
PGS.	Preussische Gesetzessammlung
RAG.	Entscheidungen des Reichsarbeitsgerichts
Reger	Entscheidungen der Gerichte und Verwaltungsbehörden auf dem Gebiete des Verwaltungsu. Polizeistrafrechts, begründet von Reger

ABREVIATURAS

RGBl.	Reichsgesetzblatt
RGSt.	Entscheidungen des Reichsgerichts in Strafsachen
RGZ.	Entscheidungen des Reichsgerichts in Zivilsachen
R. Verw. Bl.	Reichsverwaltungsblatt
Verkehrsr. Abh.	Verkehrsrechtliche Abhandlungen
V. B.	Völkischer Beobachter
Ztschr. f. ausl. öff. u. Völkerr.	Zeitschrift für ausländisches öffentliches und Völkerrecht
Ztschr. f. Beamtenr.	Zeitschrift für Beamtenrecht
Ztsch. f. dtsch. Kult. Philos.	Zeitschrift für deutsche Kulturphilosophie
Ztsch. f. d. ges. Staatsw	Zeitschrift für die gesamte Staatswissenschaft

Casos

Kammergericht	(Oberlandesgericht Berlin)	25.	6.	37	Recht des Reichsnährstandes 38, n° 63.
"	"	12.	7.	35	R. Verw. Bl. 36, p. 61.
"	"	12.	5.	35	Jgdr. u. Jgdwohlf. 38, p. 272.
Oberlandesgericht	Braunschweig	29.	5.	35	Höchst. R. Rspr. 36, p. 98.
"	Dresden	31.	1.	35	D. J. Z. 35, p. 439.
"	Düsseldorf	10.	7.	35	D. J. Z. 35, p. 1.123.
"	Hamburg	31.	3.	36	D. J. Z. 36, p. 771.
"	"	15.	4.	37	Funk Archiv 37, p. 257.
"	"	4.	5.	37	Hans. R. u. Ger. Ztg. 37, p. 216.
"	"	12.	5.	37	D. Jstz. 37, p. 1.712.
"	Karlsruhe	25.	6.	36	J. W. 36, p. 3.268.
"	Kiel	25.	11.	35	Höchst. R. Rspr. 36, p. 592.
"	Köln	1.	2.	35	J. W. 35, p. 1.106.
"	München	10.	8.	36	Reger 37, p. 571.
"	"	27.	1.	37	Jahrb. f. Entsch. der freiw. Gbk. 15, p. 58.

ABREVIATURAS

"		4.	11.	37	*Entsch. des KG. u. OLG. München 17, p. 273.*
"		8.	12.	37	*D. Jstz. 38, p. 724.*
"	Naumburg	20.	4.	37	*Akademie Ztschr. 37, p. 587.*
"	Stettin	25.	3.	36	*J. W. 37, p. 241.*
"		14.	4.	37	*J. W. 37, p. 2.212.*
"	Zweibrücken	24.	12.	34	*D. J. Z. 35, p. 442.*
Landgericht	Berlin	1.	11.	33	*D. Jstz. 34, p. 64.*
"		7.	11.	38	*J. W. 38, p. 3.242.*
"	Breslau	18.	11.	34	*D. Jstz. 35, p. 413.*
"	Dresden	18.	3.	35	*J. W. 35, p. 1.949.*
"	Hamburg	6.	5.	36	*Jgndr. u. Jgndwohlf. 36, p. 281.*
"					*Dtsch. R. Z. 35, p. 631.*
"	Tübingen	25.	1.	34	*J. W. 34, p. 627.*
"	Zwickau	14.	3.	37	*J. W. 38, p. 2.145.*
Landesarbeitsgericht	Berlin	17.	11.	34	*D. Jstz. 35, p. 73.*
"	Gleiwitz				*Dtsch. Rpfl. 36, p. 59.*
"	München	31.	7.	37	*D. Jstz. 37, p. 1.159.*
Sondergericht	Breslau				*Dtsch. R. Z. 35, n° 554.*

"	Darmstadt	26.	3.	34	*J. W. 34, p. 1.747.*
Sondergericht	Hamburg	15.	3.	35	*J. W. 35, p. 2.988.*
"	Hamburg	5.	6.	35	*J. W. 35, p. 2.988.*
Amtsgericht	Berlin	12.	8.	36	*Igndr. u. Igndwohlf. 36, p. 283.*
"	Berlin- Lichterfelde	15.	4.	35	*Das Recht. 35, n° 8.015.*
"	Berlin-Charlottenburg	3.	9.	38	*J. W. 38, p. 3.172.*
"	Berlin- Schöneberg	16.	9.	38	*J. W. 38, p. 3045.*
"	Frankfurt-Höchst	4.	5.	37	*Dtsch. Recht. 37, p. 466.*
"	Hamburg	15.	4.	35	*Das Recht. 35, n° 8.016.*
"	Wilsen	26.	2.	38	*J. W. 37, p. 2850.*

Tribunais administrativos

Reichsdienststrafhof		11.	2.	35	*Ztschr. f. Beamtenr. 36, p. 104.*
"		15.	6.	37	*Ztschr. f. Beamtenr. 37, p. 104.*
"		30.	8.	38	*Dtsch. Verw. 39, p. 281.*
Badischer	Verwaltungsgerichtshof	11.	1.	38	*Bad. Verw. Ztschr. 38, p. 87.*
Bayrischer	Verwaltungsgerichtshof	8.	5.	36	*Reger 37, p. 533.*
"	"	5.	6.	36	*R. Verw. Bl. 38, p. 17.*
Hamburger	Oberverwaltungsgericht	7.	10.	34	*R. Verw. Bl. 35, p. 1.045.*
Preussisches	Oberverwaltungsgericht	24.	10.	34	*OVG. 94, p. 138.*
"	"	25.	10.	34	*R. Verw. Bl. 35, p. 458.*
"	"	10.	1.	35	*R. Verw. Bl. 35, p. 923.*
"	"	2.	5.	35	*R. Verw. Bl. 35, p. 577.*
"	"	23.	5.	35	*J. W. 35, p. 2.670.*
"	"	21.	11.	35	*R. Verw. Bl. 1936, p. 553.*
"	"	5.	12.	35	*OVG. 97, p. 117.*
"	"	19.	3.	36	*J. W. 36, p. 2.189.*
"	"	27.	5.	36	*J. W. 36, p. 2.277.*
"	"	2.	7.	36	*J. W. 36, p. 3.415.*

ERNST FRAENKEL

"		8.	10.	36	*J. W. 37, p. 1.031.*
"		28.	1.	37	*Verkehrsr. Abh. 37, p. 319.*
"		29.	6.	37	*R. Verw. Bl. 37, p. 762.*
"		10.	11.	38	*J. W. 39, p. 382.*
"		15.	12.	38	*R. Verw. Bl. 39, p. 544.*
Sächsisches	Oberverwaltungsgericht	4.	12.	36	*J. W. 37, p. 1.368.*
"		25.	11.	38	*R. Verw. Bl. 39, p. 105.*
Württembergischer	Verwaltungsgerichtshof	9.	9.	36	*Dtsch. Verw. 36, p. 385.*
Preussischer	Kompetenzgerichtshof	27.	6.	36	*R. Verw. Bl. 36, p. 860.*

POSFÁCIO À EDIÇÃO BRASILEIRA

Honra-nos a oportunidade de apresentar ao público brasileiro a obra *O Estado Dual: uma contribuição à teoria da ditadura*, de autoria do jurista e cientista político alemão Ernst Fraenkel.

Fraenkel é daqueles autores, tão comuns em épocas de crise, cuja biografia e bibliografia se interpenetram, tornando-se absolutamente indissociáveis. Dessarte, é impossível apresentar a teoria sem, antes, posicionar historicamente o teorizador.

Entre os anos de 1933 e 1938, Ernst Fraenkel presenciou, em primeira mão, a degeneração progressiva do *Rechtsstaat*, termo que não ousamos traduzir por *Estado de Direito* porque carrega consigo uma conotação própria.[1] Treinado pelos juristas que tanto haviam batalhado pela República de Weimar, o teórico do Estado Dual valeu-se dos seus conhecimentos jurídicos e sociológicos para levar a cabo uma "etnografia *avant la lettre* do direito nazista".[2]

---

[1] A esse respeito, cf. ABBOUD, Georges. *Direito Constitucional Pós-Moderno*. São Paulo: Revista dos Tribunais, 2021, n. 1.2.1.2, pp. 59 e ss.

[2] *Vide* MEIERHENRICH, Jens. *The Remnants of the Rechtsstaat*: an Ethnography of Nazi Law. Oxford: Oxford University Press, 2018, p. 168.

O termo "Estado Dual" foi usado pela primeira vez em 1937, num artigo publicado por Fraenkel, sob o pseudônimo Conrad Jürgens, intitulado "O Terceiro *Reich* como Estado Dual" (*Das Dritte Reich as Doppelstaat*).[3] Nele, o autor observa que a Alemanha nazista, longe de consistir na realidade total e unitária pretendida por Adolf Hitler, estava cindida em duas metades paralelas e conflitantes, cada qual encerrando uma faceta do poder estatal. À época, Fraenkel distinguiria entre "o Estado como unidade política" (*Staat als politische Einheit*) e o "Estado como aparato técnico" (*Staat als technischer Apparat*).[4]

O exercício do poder político na metade "técnica" obedecia a um sem-número de regras e procedimentos legais que tinham por finalidade garantir a observância de determinados limites, dentro dos quais ele seria legítimo. A seu turno, na metade "política", o Estado operaria de forma arbitrária e caótica.

Para Fraenkel, já em 1937, tal dualidade era marcada por um desequilíbrio irremediável, que fazia com que a metade política adquirisse sempre primazia sobre a técnica, sem, contudo, suprimi-la por completo.[5]

A manutenção do "Estado como aparato técnico" se justificava, à primeira vista, como uma providência estratégica: de nada adiantaria a promessa de dirigismo econômico dos nazistas se as estruturas da República de Weimar que permitiam a intervenção do Estado na economia fossem erradicadas.

Essa intuição fundamental inspirada em parte por Max Weber e por uma certa ortodoxia marxista – é digno de nota, aqui,

---

[3] FRAENKEL, Ernst. "Das Dritte Reich als Doppelstaat". *In*: _____. *Gesammelte Schriften*. Baden-Baden: Nomos, 1999, p. 504. v. 2.

[4] FRAENKEL, Ernst. "Das Dritte Reich als Doppelstaat". *In*: _____. *Gesammelte Schriften*. Baden-Baden: Nomos, 1999, p. 505.

[5] FRAENKEL, Ernst. "Das Dritte Reich als Doppelstaat". *In*: _____. *Gesammelte Schriften*. Baden-Baden: Nomos, 1999, p. 505.

POSFÁCIO À EDIÇÃO BRASILEIRA

que Fraenkel estudou com Hugo Sinzheimer, jurista central no âmbito do direito do trabalho alemão[6] – viria a ser inteiramente reformulada, entre 1937 a 1941, quando Fraenkel já se encontrava em solo americano.

Nesse ínterim, nosso autor teve acesso à maior parte da produção intelectual do Terceiro *Reich* e aos registros dos tribunais e da administração pública nazistas, mantidos quase todos em Berlim, na famosa Biblioteca Estatal da Prússia. A análise de tais documentos, somada às suas próprias experiências no Judiciário de Berlim, permitiu-o confirmar e aprofundar a hipótese inicial sobre a divisão interna do Estado nazista.

Para compreender o Estado Dual, é preciso antes enfrentar a "Constituição" do Terceiro *Reich*, que, de acordo com Fraenkel, consistiria no "Decreto Emergencial para a Defesa contra o Comunismo" de 28.2.1933. A ordem teve por fundamento o art. 48 da Constituição de Weimar,[7] que permitia o presidente do *Reich* adotar, sem o aval do Legislativo, quaisquer medidas que julgasse necessárias para a restituição da ordem social – incluindo a supressão de direitos fundamentais. Dispondo, assim, dos poderes necessários para enfrentar um estado de sítio, os nazistas transformaram um governo autoritário, provisório e constitucional, numa ditadura permanente e inconstitucional.[8]

Não se pode ignorar ainda, segundo Fraenkel, que, nos anos anteriores ao Terceiro *Reich*, o Judiciário alemão falhou sistematicamente em impor limites às prerrogativas concedidas ao Poder

---

[6] Cf. KROSCHINSKY, Matthäus. *Unidade e fragmentação*: em torno da Sociologia Jurídica de Gunther Teubner. São Paulo: Pontifícia Universidade Católica de São Paulo, 2023, pp. 51 e ss. (Dissertação de Mestrado em Direito).

[7] Cf. LIMA, Martonio Mont'Alverne Barreto. *Supremo Tribunal Federal*: Prússia contra Reich. São Paulo: Contracorrente, 2022.

[8] FRAENKEL, Ernst. *O Estado Dual*: uma contribuição à teoria da ditadura. Trad. Pedro Davoglio. São Paulo: Contracorrente, 2024, pp. 139/140.

PEDRO ESTEVAM A. P. SERRANO & GEORGES ABBOUD

Executivo pelo direito do estado de emergência. Ao excluí-las da possibilidade de controle judicial – mesmo durante a República de Weimar –, os tribunais alemães perpetuaram uma nefasta tradição monárquica, segundo a qual a declaração do estado de emergência era um ato incontestável e exclusivo.[9] Com base no Decreto, na Constituição de Weimar e na tradição jurídica alemã, a política foi retirada dos limites da jurisdição estatal. No "vácuo do direito", os dirigentes poderiam agir com plena discricionariedade, a salvo de qualquer controle ou regulação oficial.

Invocado de maneira correta, o direito do estado de emergência se presta a "negar a negação do Estado de direito", a partir do preenchimento obrigatório de três requisitos: (1) a ameaça ou infringência da ordem; (2) a garantia do caráter provisório do decreto; e (3) a finalidade de restaurar, o quanto antes, o Estado de direito.[10] Livre do controle judicial, o golpe de estado nazista (1') baseou-se na decretação de um estado de emergência que tinha por objetivo declarado violar a ordem constitucional; (2') perdurou por tempo indeterminado; e (3') se justificava a si próprio como medida necessária para transformar a Alemanha numa "ilha de paz".[11]

Nessa tríade antidemocrática reside a origem do "Estado da Prerrogativa". Segundo Fraenkel, nessa metade do Terceiro *Reich*, o poder era exercido com arbítrio e violência sem limites, isolando-se de toda e qualquer possibilidade de controle judicial ou democrático.

A criação de um Estado de Prerrogativa, reconhecido oficialmente como legítimo e incapaz de ser contestado em juízo, leva à dissolução gradual dos elementos básicos do Estado de Direito. De

---

9 FRAENKEL, Ernst. *O Estado Dual*: uma contribuição à teoria da ditadura. Trad. Pedro Davoglio. São Paulo: Contracorrente, 2024, p. 142.

10 FRAENKEL, Ernst. *O Estado Dual*: uma contribuição à teoria da ditadura. Trad. Pedro Davoglio. São Paulo: Contracorrente, 2024, pp. 146/147.

11 FRAENKEL, Ernst. *O Estado Dual*: uma contribuição à teoria da ditadura. Trad. Pedro Davoglio. São Paulo: Contracorrente, 2024, pp. 146/147.

POSFÁCIO À EDIÇÃO BRASILEIRA

decisão em decisão judicial, de ato em ato administrativo, foram abolidos os limites constitucionais e legais do Poder Executivo e do Poder de Polícia do Terceiro *Reich*. A impossibilidade de questionar o direito do estado de emergência no Judiciário levaria, assim, à neutralização completa do controle judicial da constitucionalidade das leis e dos atos administrativos (*judicial review*), atributo imprescindível de qualquer governo democrático.[12]

Todas as decisões compreendidas pelo próprio Poder Executivo como sendo puramente políticas e discricionárias, eram postas a salvo tanto dos órgãos de cúpula da jurisdição administrativa, como dos do Poder Judiciário. O exemplo mais esclarecedor da extensão e do poder do Estado de Prerrogativa é o envio de um sem-número de cidadãos alemães aos campos de concentração, mesmo depois de terem sido absolvidos pelos tribunais ou pela Administração Pública.[13]

"Talvez", diz-nos Fraenkel do "Estado Dual", "possamos resumir as diferenças entre um Estado de direito e o Terceiro *Reich* da seguinte forma: no primeiro, o Judiciário controla o Executivo em prol da legalidade; no segundo, o Executivo subjuga o Judiciário em nome da conveniência política".[14] O Estado da Prerrogativa tinha "jurisdição sob a jurisdição", determinando seus próprios limites, à revelia do direito.[15]

A manutenção dessa "estrutura" reclamava, conforme entendeu Ernst Fraenkel, um necessário contraponto, denominado

---

[12] FRAENKEL, Ernst. *O Estado Dual*: uma contribuição à teoria da ditadura. Trad. Pedro Davoglio. São Paulo: Contracorrente, 2024, pp. 167/168.

[13] FRAENKEL, Ernst. *O Estado Dual*: uma contribuição à teoria da ditadura. Trad. Pedro Davoglio. São Paulo: Contracorrente, 2024, pp. 188/189.

[14] FRAENKEL, Ernst. *O Estado Dual*: uma contribuição à teoria da ditadura. Trad. Pedro Davoglio. São Paulo: Contracorrente, 2024, p. 190.

[15] FRAENKEL, Ernst. *O Estado Dual*: uma contribuição à teoria da ditadura. Trad. Pedro Davoglio. São Paulo: Contracorrente, 2024, pp. 215/216.

"Estado Normativo". Trata-se da metade do Terceiro *Reich* dotada dos meios jurídicos necessários à manutenção da ordem, dos quais o Estado Nazista poderia se valer, submetendo-se voluntariamente ao direito, se e quando julgasse conveniente.[16]

A afirmação só nos poderia soar paradoxal se não atentássemos ao fato histórico de que a possibilidade de tudo transformar em política, encerrada no *modus operandi* do "Estado de Prerrogativa", nem sempre se concretizou.[17] Na verdade, e como já vimos, os nazistas também se valeram do direito e de grande parte das instituições herdadas da República de Weimar.

Como bem nota o grande historiador Michael Stolleis, os nazistas estavam fortemente empenhados em manter a impressão de normalidade, para angariar o apoio e a cooperação das elites econômicas e dos juízes e funcionários públicos descontentes com os rumos da República de Weimar. Tais indivíduos, apesar de nacionalistas e intolerantes a qualquer ideia de democracia parlamentar, rechaçavam o terror puro e simples. Antes de subscreverem às metas do partido, era preciso lhes assegurar que um Estado de direito nacional seria instalado na Alemanha e que tudo seria feito "sem excessos, no estrito cumprimento das prescrições legais".[18]

Ocorre que, para que se engendrasse, em face do povo alemão, a ilusão de legalidade do direito degenerado, a violência levada à cabo por meio do "Estado Normativo" ficava restrita

---

16 FRAENKEL, Ernst. "Introdução à edição de 1941". *In*: _____ *O Estado Dual*: uma contribuição à teoria da ditadura. Trad. Pedro Davoglio. São Paulo: Contracorrente, 2024, p. 27.

17 FRAENKEL, Ernst. *O Estado Dual*: uma contribuição à teoria da ditadura. Trad. Pedro Davoglio. São Paulo: Contracorrente, 2024, pp. 216/217.

18 STOLLEIS, Michael. *The Law under the Swastika*: Studies on Legal History in Nazi Germany. Chicago: University of Chicago Press, 1998, p. 5.

POSFÁCIO À EDIÇÃO BRASILEIRA

à sua própria jurisdição, distinta e independente da do "Estado de Prerrogativa".[19]

Para Frankel, o "Estado Normativo" – que não se confunde com o *Rechtstaat* – era necessário para a manutenção de um grau mínimo de previsibilidade do agir estatal, capaz preservar "os fundamentos jurídicos da ordem econômica capitalista", sem os quais a onipotência almejada pelo "Estado de Prerrogativa" se tornaria inviável.[20]

Isso tornou possível aos tribunais alemães limitar, por meio de uma "interpretação sem limites",[21] diversas garantias fundamentais, tais como a liberdade empresarial, a liberdade contratual, o princípio do *pacta sunt servanda*, a propriedade privada, a tutela da livre concorrência e os direitos trabalhistas.[22]

Além disso, o "Estado Normativo" fez com que – gradualmente, e a pretexto de proteger a comunidade do povo alemão – o interesse público sempre prevalecesse sobre o privado, as leis fossem interpretadas através das lentes de uma ideologia racial assassina e o *status* jurídico do povo judeu fosse aniquilado.[23]

Isso porque o formalismo e o positivismo normativista da República de Weimar[24] eram associados, por meio de um raciocínio

---

[19] FRAENKEL, Ernst. *O Estado Dual*: uma contribuição à teoria da ditadura. Trad. Pedro Davoglio. São Paulo: Contracorrente, 2024, pp. 234/235.

[20] FRAENKEL, Ernst. *O Estado Dual*: uma contribuição à teoria da ditadura. Trad. Pedro Davoglio. São Paulo: Contracorrente, 2024, pp. 237/238.

[21] Ver: RÜTHERS, Bernd. *Die Unbegrenzte Auslegung*: Zum Wandel der Privatrechtsordnung im Nationalsozialismus. 8ª ed. Tübigen: Mohr Siebeck, 2017.

[22] FRAENKEL, Ernst. *O Estado Dual*: uma contribuição à teoria da ditadura. Trad. Pedro Davoglio. São Paulo: Contracorrente, 2024, pp. 241-250.

[23] FRAENKEL, Ernst. *O Estado Dual*: uma contribuição à teoria da ditadura. Trad. Pedro Davoglio. São Paulo: Contracorrente, 2024, pp. 252-270.

[24] Cf. ABBOUD, Georges. *Direito Constitucional Pós-Moderno*. São Paulo: Revista dos Tribunais, 2021, Parte I.

declaradamente antissemita, a uma espécie de "filosofia judia do direito", que deveria ser descartada. A norma "fria" e "abstrata", elaborada e fixada pela ação exclusiva do intelecto, em nada poderia ajudar o Terceiro *Reich* a proteger os seus súditos.[25]

O direito nazista, inserido no "Estado Normativo", existia, segundo Fraenkel, para corporificar os anseios da *Volksgemeinschaft*. Agora, quem e o que, de fato, pertencia a essa comunidade era decidido exclusivamente pela política do "Estado de Prerrogativa", sob a égide das circunstâncias reais, em prol da manutenção do regime nazista.

Seguindo Horst Dreier e Jens Meierhenrich, podemos identificar três tipos ideais de interação entre as duas metades do Terceiro *Reich*: (1) o "Estado de Prerrogativa" como força transgressiva; (2) o "Estado de Prerrogativa" como força restritiva; e (3) o "Estado de Prerrogativa" como força constitutiva.[26] O primeiro é usado para designar os momentos em que o exercício ilimitado do poder político mina ou enfraquece as atividades do "Estado Normativo". O segundo, por sua vez, opera de forma mais sutil, consistindo na edição de atos oficiais (judiciais e/ou administrativos) que reconheçam, de maneira implícita, a submissão do "Estado Normativo" ao "Estado de Prerrogativa". O terceiro, por fim, representa o que Bernd Rüthers designaria de aplicação degenerada do direito por meio de uma interpretação sem limites: a expansão ilimitada da discricionariedade judicial.[27]

---

[25] FRAENKEL, Ernst. *O Estado Dual*: uma contribuição à teoria da ditadura. Trad. Pedro Davoglio. São Paulo: Contracorrente, 2024, pp. 330/331.

[26] MEIERHENRICH, Jens. *The Remnants of the Rechtsstaat*: an Ethnography of Nazi Law. Oxford: Oxford University Press, 2018; DREIER, Horst. "Nachwort: Was ist doppelt am Doppelstaat? Zu Rezeption und Bedeutung der klassischen Studie von Ernst Fraenkel". *In*: FRAENKEL, Ernst. *Der Doppelstaat*. 3ª ed. Frankfurt: Europäische Verlagsanstalt, 2012, pp. 274-300 e 285-295.

[27] MEIERHENRICH, Jens. *The Remnants of the Rechtsstaat*: an Ethnography of Nazi Law. Oxford: Oxford University Press, 2018, pp. 183-185.

POSFÁCIO À EDIÇÃO BRASILEIRA

A essas três forças, poderíamos somar um trio de funções desempenhadas pelo "Estado Dual". Em primeiro lugar, a estruturante, que consiste na manutenção de um mínimo indispensável de burocracia e procedimentos administrativos, sem os quais o exercício sem limites do poder político não teria meios de se viabilizar. Em segundo, a simbólica, pelo que entendemos sua capacidade do servir de anteparo ideológico de regimes totalitários, eis que plenamente compatível com projetos revolucionários de poder. Por fim temos, em terceiro lugar, a função representativa, já que o "Estado Dual" nada mais é do que o Estado em que só encontram voz as maiorias eventuais.[28]

Eis a anatomia do Estado nazista, traçada em 1941, por um jurista que permaneceu o tanto quanto pode nas entranhas do Leviathan. Longe, porém, de ser história passada e superada, o diagnóstico de Fraenkel nos serve até os dias de hoje para melhor compreender a realidade de diversas democracias contemporâneas, que agem permanentemente cindidas.

A degeneração, que teve por ápice o Estado nazista, remodela-se, encontra outras formas, embora ainda possamos enxergar alguns traços que lhe marcam a essência. O que se nota é que a Constituição de diversos países tem experimentado uma erosão axiológica, que resulta num enfraquecimento significativo dos valores democráticos de que os textos constitucionais pós-Segunda Guerra são depositários. No interior das sociedades democráticas, ascendem medidas de exceção, isto é, decisões de um agente soberano que suspende, em prejuízo de um inimigo, as disposições constitucionais (Schmitt); o caráter da exceção seria, porém,

---

[28] STOLLEIS, Michael. "Prologue: Reluctance to Glance in the Mirror. The Changing Face of German Jurisprudence after 1933 and post-1945". *In*: JOERGES, Christian; GHALEIGH, Navraj Singh. *Darker Legacies of Law in Europe*: The Shadow of National Socialism and Fascism over Europe and its Legal Traditions. Oregon: Hart Publishing, 2003, pp. 1-18 e 10.

permanente (Agamben), como uma espécie de técnica de governo perenemente utilizada pelo ente estatal.

Recentemente, essa exceção constante diluiu-se. Se, antes, existia um ato centralizado e ostensivo (visível) de suspensão da ordem constitucional (ex. a cúpula do Executivo), hoje, uma porção de decisões singulares executam a exceção, sem, contudo, pronunciá-la. A contemporaneidade depôs o autoritarismo denso, típico das ditaduras do século XX, em nome de um *autoritarismo líquido*, caracterizado pela introdução de medidas de exceção escamoteadas no interior da rotina democrática.

Não existe um Estado de exceção declarado ou declarável, mas *atos singulares,* medidas inconstitucionais que, em conjunto, executam a suspensão da ordem, esvaziam a axiologia constitucional, geralmente em prejuízo de um grupo.

A detecção das medidas de exceção é tarefa dificultosa justamente porque a formalidade legal é respeitada. O autoritarismo estará presente em conteúdo e apenas os olhares atentos poderão identificá-lo. Trata-se, afinal, de "medidas de exceção no interior da democracia",[29] que não provocam a ruptura formal da ordem, mas, decerto, violam-na materialmente.[30]

Hodiernamente, o autoritarismo penetra a rotina democrática sutilmente, é técnica de governo que se aplica enquanto vigente a democracia formal.[31] Novamente, tem-se uma dualidade esta-

---

[29] SERRANO, Pedro. *Autoritarismo e golpes na América Latina*. São Paulo: Alameda, 2016, p. 15.

[30] GARZILLO; Rômulo Monteiro; LACERDA, Fernando Hideo Iochida; BURDMANN, Emmanuel Cais. "O conceito de medidas de exceção segundo Pedro Serrano: Sistematização dos elementos constitutivos". *In*: PIRES, Luis Manuel Fonseca; FRANÇA, Nathalia Penha Cardoso de; SERRANO, Pedro Estevam Alves Pinto (Coord.). *Autoritarismo líquido e Crise Constitucional*. Belo Horizonte: Forum, 2021, p. 105.

[31] SERRANO, Pedro Estevam Alves Pinto; BONFIM, Anderson Medeiros; SERRANO, Juliana Salinas. "Notas sobre o autoritarismo na contemporaneidade".

POSFÁCIO À EDIÇÃO BRASILEIRA

tal, à moda daquela observada por Fraenkel quando examinou o Estado nazista: de um lado, um Estado de cunho democrático de direito, que se realiza formalmente na Constituição e está ao alcance apenas de uma parcela da sociedade (a economicamente incluída), e, de outro, um Estado de exceção, que, embora não se apresente como tal, está amparado por uma técnica de governança permanente de exceção.[32]

Conforme se vê, para além de um modelo de análise da realidade jurídica do Terceiro *Reich*, o "Estado Dual" de Fraenkel encerra mais potencialidades teóricas, que muito nos ajudariam a enfrentar os desafios contemporâneos do direito, e muito tem a nos ensinar nesses tempos difíceis em que a democracia parece desacreditada no mundo todo.

Parabenizamos a Editora Contracorrente pela publicação de mais uma obra incontornável para o pensamento político e jurídico nacional e internacional. É a viabilização de projetos editoriais como o *Estado Dual* que fazem desta uma das mais importantes e vanguardistas casas editoriais do Brasil.

PEDRO ESTEVAM ALVES PINTO SERRANO

GEORGES ABBOUD

In: PIRES, Luis Manuel Fonseca; FRANÇA, Nathalia Penha Cardoso de; SERRANO, Pedro Estevam Alves Pinto (Coord.). *Autoritarismo líquido e Crise Constitucional*. Belo Horizonte: Forum, 2021, p. 19.

[32] SERRANO, Pedro Estevam Alves Pinto; BONFIM, Anderson Medeiros; SERRANO, Juliana Salinas. "Notas sobre o autoritarismo na contemporaneidade". *In*: PIRES, Luis Manuel Fonseca; FRANÇA, Nathalia Penha Cardoso de; SERRANO, Pedro Estevam Alves Pinto (Coord.). *Autoritarismo líquido e Crise Constitucional*. Belo Horizonte: Forum, 2021, p. 17.

NOTAS

NOTAS

A Editora Contracorrente se preocupa com todos os detalhes de suas obras! Aos curiosos, informamos que este livro foi impresso no mês de janeiro de 2024, em papel Pólen Bold 90g.